U0601802

阅读　你的生活

Covering the Body

The Kennedy
Assassination, the Media,
and the Shaping
of Collective Memory

Barbie Zelizer

报道肯尼迪遮之死

新闻媒体与集体记忆塑造

[美] 芭比·泽利泽 ◎ 著

白红义 ◎ 译

中国人民大学出版社
·北京·

推荐序

杨国斌
宾夕法尼亚大学

白红义教授嘱我为他新译的著作《报道肯尼迪之死》写序。我对新闻学没有研究，但十多年前，机缘巧合之下，我荣幸地成为该书作者芭比·泽利泽教授的同事。这些年来耳濡目染，对泽利泽教授的为人为学略有所悟，故冒然领红义教授之命，在此记录一点感想，聊以为序。

《报道肯尼迪之死》脱稿于泽利泽教授的博士学位论文。曾几何时，优秀的博士论文一经出书，便成名著。泽利泽教授这部著作即属此类。此书之前，有新闻学研究，也有集体记忆研究，但两者基本不相往来。此书把新闻学与集体记忆融为一体，创立了从集体记忆角度研究新闻叙事的文化研究路径，对新闻学研究产生了深远影响。

美国第 35 任总统约翰·肯尼迪（John F. Kennedy），于 1963

年 11 月 22 日在美国南部得克萨斯州的达拉斯市遇刺身亡，享年 46 岁。一位风华正茂、富有个人魅力的总统突然遇刺身亡，事件本身充满戏剧性和历史悬念。这给《报道肯尼迪之死》一书增添了很强的故事性和可读性，而泽利泽教授又是一位会讲故事的学者。但正如作者在书的前言和致谢中所说，她写作的初衷并不是讲述总统遇刺的故事，而是表达她自己当记者时常有的一种困惑，即新闻记者靠什么样的本领把乱麻一团的历史事件写成头头是道、有条有理的新闻报道。而美国的新闻记者们，又是通过什么样的手段，在对扑朔迷离的总统遇刺事件进行报道的过程中，确立了他们作为该历史事件权威发言人的地位的？

　　《报道肯尼迪之死》出版于 1992 年，那时距肯尼迪遇刺已经 29 年。作者对这 29 年内美国新闻业对肯尼迪遇刺事件的报道和叙事做了全面而细致的分析，发现记者群体犹如一个"阐释共同体"（interpretive community），在具有高度默契的实践过程中，不约而同地一起营造历史。他们在事件最初的几天里，通过"叙事"和各种修辞策略，把自己描绘成历史事件的见证者，以此获得文化权威。然后又在后来的岁月里，运用同样的叙事和修辞策略，不厌其烦地重复他们在该事件报道中的权威性，使他们的叙事成为正统的集体记忆，从而进一步巩固了他们的权威地位。而实际情况，用网络时代的话说，让人大跌眼镜。泽利泽教授在书中指出，在报道肯尼迪遇刺事件的记者群体中，没有任何一人是真正的目击者，没有哪一个记者曾目睹肯尼迪遇刺瞬间到底发生了什么。但雄心勃勃的记者们却通过似是而非的叙事和修辞，把自己装扮成历史见证人。同时，对于与他们的叙事不相符合的历史解读，如电影、政府调查报告甚至历史著作，他们都视为异端，予以打击。比如，奥利弗·

斯通（Oliver Stone）1991年拍摄的电影《刺杀肯尼迪》（JFK）遭到媒体恶评，它们称斯通并不在1963年的事发现场云云，却罔顾它们的记者本人也不曾目睹肯尼迪遇刺瞬间的史实。

《报道肯尼迪之死》一书的结论，至今仍然震耳发聩：对肯尼迪遇刺事件的报道，实质上是新闻记者赖以建立自己的文化权威和职业地位的手段。说到底，做新闻是为了成就自己的名声和地位。而为了达到目的，新闻记者们煞费苦心地营造故事，甚至不惜打击异己，扭曲事实。

一直以来，美国新闻学界对美国新闻业的种种弊端的揭露和批判几乎从未停止过。《报道肯尼迪之死》的批判可谓尖锐而深刻。就我观察，泽利泽教授的学生们对美国新闻业的批判分析也颇有其师之风范。最近我就读到其中一名学生的文章，文章论述了美国的新闻记者在报道"川普"唐纳德·特朗普（Donald Trump）的过程中，也因其使用历史事件记忆的策略和叙事手法，而有意无意地成就了特朗普及其所代表的右翼保守民粹主义。我们不禁要反思，美国新闻记者这个"阐释共同体"，这些年来都是在共同阐释什么？当然，"阐释共同体"的概念早已被广泛运用。世界各地的新闻记者群体，也同样构成了他们自己的"阐释共同体"。但对于美国之外新闻业"阐释共同体"的看法，我还在等待机会向泽利泽教授请教。

《报道肯尼迪之死》写的是美国历史上不同寻常的大事件，事件本身具有强烈的轰动效应。但泽利泽教授对事件的分析和叙述自始至终保持了极度的镇定和沉稳，语气平和，不急不躁，像讲故事一样娓娓道来。书中没有做直接的价值判断，却在不动声色的叙述中，完成了对美国新闻业的深刻批判。

在我的印象中，白红义教授也是一位善于讲故事的学者。他说话声音不大，讲起话来若有所思，言语之间透露着沉稳和平静。红义教授的这种性格，最适合翻译本书。再加上他学识渊博，读书多，是圈内公认的"文献帝"，又曾于2016—2017年在宾夕法尼亚大学访学，与泽利泽教授进行过面对面的交流和讨论。因此本书属难得的翻译佳作，自不必说。

写到此，我不禁怀念起红义教授来宾大访学时的日子。遥想当年，红义教授与泽利泽教授在费城对话，那可是中西方两代新闻学者的对话，充满了思想和睿智，成就了一段佳话。在更深层的意义上，我心目中的红义教授，正是通过对《报道肯尼迪之死》这部著作的翻译，把另一个时代和另一种新闻文化迎接到数字化的当代中国，并与之展开新一轮、更广泛的对话。愿读者诸君拿起这部精彩的译著，一起加入这场对话。

译者序

白红义

复旦大学新闻学院

谁是芭比·泽利泽？

芭比·泽利泽现任美国宾夕法尼亚大学安纳伯格传播学院雷蒙德·威廉斯传播学讲席教授和媒体风险研究中心主任，多年来一直致力于从文化维度对新闻和新闻业展开研究。过去两年，泽利泽已有三本著作被翻译成中文，分别是《想象未来的新闻业》《严肃对待新闻》和《为了忘却的记忆》，这一系列著作的引进将有助于国内读者加深对这位当代重量级美国新闻学者的了解。当然，中文学界对泽利泽的关注和引用绝非近两年才开始的，她的经典论文《记者作为阐释共同体》被中国学者引用至少也有 20 年历史了。[①]

---

① 陆晔，潘忠党. 成名的想象：中国社会转型过程中新闻从业者的专业主义话语建构［J］. 新闻学研究，2002（71）：17-60.

最近几年，国内新闻学界围绕新闻权威、阐释共同体、关键事件等学术概念展开的理论探讨和经验研究已不在少数。谈起这些概念，就不得不从这本《报道肯尼迪之死》说起。泽利泽正是在此书中率先引入了上述概念，创造性地将它们运用于新闻学研究，不仅极大地开拓了新闻学研究的版图，也由此奠定了她作为文化路径代表人物的地位。《报道肯尼迪之死》将是国内引进翻译的第四本泽利泽教授的著作，这本 1992 年出版的专著实际是她的第二本著作，毫无疑问也是她最为重要的代表作之一。这种重要性不仅直观地体现为过去 30 余年谷歌学术上近 1 200 次的引用，而且体现在本书对西方新闻学研究的思路、概念、理论乃至方法等层面的影响上。

　　泽利泽生于 1954 年，于以色列耶路撒冷希伯来大学获得学士学位（1976 年，英语语言及政治科学）和硕士学位（1981 年，传播学），1990 年在美国宾夕法尼亚大学获得传播学博士学位。毕业后任教于同位于费城的天普大学，1997 年转回宾大任教至今。泽利泽从 1980 年代开始发表学术作品，截至 2023 年已经出版了 15 部独立或合编的著作，发表了超过 150 篇论文。她是美国艺术与科学院院士、国际传播学会会士，曾任国际传播学会主席，目前仍担任重要的新闻学刊物《新闻业：理论、实践与批评》的联合主编。在学术著述之外，泽利泽也是一位活跃的媒体批评家，作品散见于《国家》、美国有线电视新闻网（CNN）、《赫芬顿邮报》等媒体。

　　在宾夕法尼亚大学安纳伯格传播学院的网页上，关于泽利泽的介绍是这样的："作为一名前记者，芭比·泽利泽的研究聚焦于新闻业的文化维度，她尤为关注新闻权威、集体记忆以及危机和战争时期的新闻图像。"① 她的学术旨趣显然与早年的记者生涯有关，正是那段在耶路撒冷当记者的经历促使她思考"新闻记者是如何使自己成为公众'想获知事务的权威'的"，因为"通常情况下新闻记者的工作是不可见的，但大家仍然选择去相信记者"②。而直接回应这个疑问的就是《报道肯尼迪之死》。本书由泽利泽 1990 年在安纳伯格传播学院完成的博士论文改写而成，原题直译为《"报道身体"：肯尼迪遇刺案与新闻权威的确立》③，出版时则做了微调。通过这一案例研究，泽利泽回答了新闻记者如何使自己成为"可靠的发言人"的问题，这一问题意识也体现在她此后对新闻摄影如何记录纳粹暴行、新闻图片如何报道死亡等议题的研究上，从而探索同一问题的不同答案。④

《报道肯尼迪之死》说了什么

1963 年 11 月 22 日，时任美国总统的约翰·肯尼迪在达拉斯遭枪击身亡，这不仅成为美国历史上的重大事件，也使美国新闻业产生巨大震动。泽利泽称之为美国新闻业的"关键事件"（critical in-

---

① 关于泽利泽的更详细介绍，可访问宾夕法尼亚大学安纳伯格传播学院的网站，网址为：https://www.asc.upenn.edu/people/faculty/barbie-zelizer-phd.

② 陈静茜，白红义. 新闻业能做什么？：美国宾夕法尼亚大学芭比·泽利泽（Barbie Zelizer）教授学术访谈［J］. 新闻记者，2018（7）：84 - 90.

③ 原题为 "Covering the Body"：The Kennedy Assassination and the Establishment of Journalistic Authority。

④ 关于泽利泽的更详细介绍，可访问宾夕法尼亚大学安纳伯格传播学院的网站，网址为：https://www.asc.upenn.edu/people/faculty/barbie-zelizer-phd.

cidents），因为"肯尼迪遇刺已经演变成一起记者用来检测他们自己行动标准的关键事件，他们用它来讨论、挑战和协商新闻实践的适当边界"。也就是说，本书的重点其实不在美国记者当时所展现的报道肯尼迪遇刺事件的新闻实践，反而是此后他们对一系列实践操作的解读、阐释和反思。正如作者所言，"通过检视记者对肯尼迪遇刺事件的叙事，这项研究探究了记者如何建立起作为这一事件权威发言人的角色"。

　　肯尼迪遇刺事件的历史意义毋庸讳言，但在很大程度上，它也是一起"话语事件"。不只是在事件发生之时，在此后的周年或其他时期，美国记者始终在不断地生产关于肯尼迪遇刺的叙事，新闻报道、纪录片、图书、采访录、行业期刊文章乃至电影都有可能成为承载记者叙事的媒介。这是因为新闻业一开始未能很好地履行媒体的职责，在刺杀事件发生时，最有力的影像资料、目击者证词等都不是出自媒体之手，反而成为"公民目击"的一个典范。① 但是，记者们通过对此后一系列事件的报道，如医疗情况简报会、约翰逊宣誓就职、国葬等，重新确立了自己的权威发言人地位，并在此后对事件的纪念和回顾中巩固了自身的新闻权威。

　　全书加上后记总共十三章，与博士论文相比多了两个章节，分别是第六章对专业性论坛如何讲述刺杀故事的分析，以及后记中的围绕《刺杀肯尼迪》这部电影所引发的刺杀故事的讲述权之争的讨论。前者由博士论文中的第五章拆分而来，后者则明显是在出版前夕新增的。第一章导论对本书使用的核心概念、研究路径、资料来

源等进行了交代，剩下的十二章则被分成四个部分，大体按照事件的发展进程进行论述。全书完整而细致地展现了新闻记者是如何借助修辞、叙事等工具将一起险些脱离掌控的事件纳入既定的叙述轨道，使之成为强化新闻权威的关键事件的。

在研究中，泽利泽化用了文学理论家斯坦利·费什（Stanly Fish）提出的"阐释共同体"概念，明确提出"记者作为阐释共同体"，试图弥补已有的专业范式之不足。记者通过话语、叙事、集体记忆等手段，经由对"关键事件"的阐释而产生共享的理解，这么做的最终目的则是确立记者享有的"新闻权威"。这几个核心概念虽然不是泽利泽的原创，但她将其从文学、社会学等学科引入新闻学研究，重新赋予了其理论意义，由此搭建起一个独特的分析框架。在"专业"范式仍占据新闻学研究的主流之时，泽利泽的研究另辟蹊径、独具一格，将经典的"新闻的社会建构"进一步拓展为"新闻的社会-文化建构"，提示学界不光要研究新闻如何被生产出来，也要关注新闻背后的意义制造。

本书的学术贡献

在 20 世纪 90 年代的美国新闻学研究中，《报道肯尼迪之死》可谓独树一帜，从研究议题、核心概念，到研究方法，均体现出强烈的文化取向。克里斯·安德森（Chris Anderson）曾提炼了美国新闻学研究的三条线索，其中第二条线索的关键词是文化、叙事和话语共同体。在对这部分内容进行的论述中，安德森以《报道肯尼迪之死》一书为基础分析了泽利泽的重要贡献与少许不足，并指出泽利泽的研究路径与第一条线索对新闻组织、客观性和专业的研究形成了鲜明的对比。① 泽利泽的学生奥伦·迈耶斯（Oren Meyers）甚至称这一路径为新闻学研究中的文化学派，与着重考察个体、组织和制度的传统学派形成显著差异。②

具体而言，本书的学术贡献有以下几点：

首先，本书比较早地将新闻学研究与记忆研究进行了结合，大大地推动了对新闻业记忆工作的研究。新闻业是一种重要的记忆机构，但早期研究通常把新闻文本作为记忆工作的重要材料，通过新闻业讲述的历史故事来研究新闻中的记忆。③ 而新闻业本身也是集体记忆的对象，著名的新闻人、特定的新闻机构以及重要的历史事件都可能蕴含着关于新闻业的集体记忆。④ 泽利泽通过肯尼迪遇刺事件研究了美国电视记者在这一重大历史事件的集体记忆的塑造过程中所扮演的重要角色，开创性地将两个原本有些隔离的研究领域汇聚到了一起。

其次，泽利泽在书中使用的几个核心概念在本书出版后的30余年时间里被新闻学学者广泛使用，经过她本人、她的学生及其他学者的努力，均成为新闻学研究中的关键概念。1993年，泽利泽

① ANDERSON C. Journalism：expertise，authority，and power in democratic life [M] // HESMONDHALGH D，TOYNBEE J. The media and social theory. New York：Routledge，2008：248－264.

② MEYERS O. Israeli journalism as an interpretive memory community：the case study of Haolam Hazeh [D]. Philadelphia：University of Pennsylvania，2003.

③ MEYERS O. Memory in journalism and the memory of journalism：Israeli journalists and the constructed legacy of Haolam Hazeh [J]. Journal of Communication，2007，57（4），719－738.

④ 白红义. 记者作为阐释性记忆共同体："南都口述史"研究 [J]. 国际新闻界，2015（12）：46－66.

发表《记者作为阐释共同体》一文，以水门事件和麦卡锡主义为例，明确地阐述了记者使用的双重阐释模式，进一步将"阐释共同体"这一概念理论化。① 此后几年，学者们将其应用于不同的案例中，持续拓展对这一概念的使用方式。另一个重要概念"新闻权威"最早出自大卫·伊森（David L. Eason）对珍妮特·库克（Janet Cooke）丑闻事件的研究②，经由泽利泽的发掘也成为一个描述新闻业社会位置的经典概念，被广泛运用于不同的研究中。其中，泽利泽的学生马特·卡尔森（Matt Carlson）于 2017 年出版的《新闻权威：数字时代新闻的合法化》一书，从技术、受众等多维视角更系统地发展了这一概念。③ 近年来，一些学者也在尝试发展"关键事件"这一概念，使其更具有分析的可操作性。④

最后，除了若干理论概念之外，本书在研究方法上的启发意义也不容小觑。泽利泽非常重视记者在常规渠道和非正式渠道中对新闻业议题的讨论，所以她在研究中广泛利用了公开的新闻报道、行业期刊、回忆录、影视作品等二手材料，其数量之多、类型之广、分析之细均令人惊叹。在前互联网时代，作者能搜集到数量如此庞大的文本资料实属不易，而对这些公开文本的系统分析更加体现出了泽利泽强大的材料解读能力。在书中，她将这些已经发表的公共

---

① ZELIZER B. Journalists as interpretive communities [J]. Critical Studies in Media Communication，1993，10（3）：219-237.

② EASON D L. On journalistic authority：the Janet Cooke Scandal [J]. Critical Studies in Mass Communication1986，3（4），429-447.

③ CARLSON M. Journalistic authority：legitimating news in the digital era [M]. New York：Columbia University Press，2017.

④ TANDOC E C，JENKINS J，THOMAS R J，et al. Critical incidents in journalism：pivotal moments reshaping journalism around the world [M]. New York：Routledge，2021.

话语称为"新闻话语"，可以说是对卡尔森近年来提倡的"元新闻话语"（metajournalistic discourse）分析路径的早期探索。有所不同的是，元新闻话语囊括了新闻行动者和非新闻行动者所生产的话语语料，更具有数字时代的特征。①

结语

《报道肯尼迪之死》出版已逾30年，书中讨论的案例肯尼迪遇刺也已是一甲子之前的事件。但经典之作的魅力就在于它能提供超越时空限制的智识启发，体现出高超的学术想象力。因此，尽管书中使用的这些概念和方法对中文学界而言已不再陌生，但鉴于本书在新闻学术史中的重要地位和启发意义，仍有必要将其引进翻译过来，以让更多的新闻学者、新闻工作者和新闻学子有所了解。

2015年，我受中国人民大学出版社翟江虹老师之邀，接下了这本书的翻译任务，却没想到7年之后才终于交出了译稿，这当然主要归咎于我自己的拖延。2016年8月，我前往宾大安纳伯格传播学院访学，随身只带了一本《报道肯尼迪之死》的英文版，原本计划在这一年里完成翻译工作，不料在粗粗译出导论和第一章后就忙于写作其他论文，未能完成计划。回国后则陷入评职称、挂职、调动等杂务，中间断断续续地进行后续章节的翻译工作，直到2022年8月才在几轮的翻译和校对后提交了译稿，对译事之艰终于有所

① CARLSON M. Metajournalistic discourse and the meanings of journalism：definitional control，boundary work，and legitimation ［J］. Communication Theory，2015，26（4）：349 - 368.

体会。

略有些遗憾的是，我在安纳伯格传播学院访学期间恰好赶上泽利泽教授在休学术假，因而未能旁听她主讲的课程，只是在学院见过几面，最终在回国之前与同在宾大访学的陈静茜老师对她进行了一次学术专访，后发表在《新闻记者》杂志上，算是完成了一次学术追星之旅。虽然早在复旦大学新闻学院读博士期间，我就读过泽利泽教授的经典论文《记者作为阐释共同体》，博士论文也对其做了引用，但印象不算深刻。我的博士论文研究了中国调查记者的职业意识，依然沿袭着所谓的"专业"范式，最重要的经验材料是我完成的深度访谈和搜集的众多二手资料。那时的我并没有意识到，我的研究对象实际上就是一个高度具有阐释共同体特征的职业群体，他们围绕职业角色、媒体功能和自我认同的讨论表达的都是一些共享的观念。

毕业后在一些朋友自己组织的读书会上，我第一次完整地阅读了《报道肯尼迪之死》一书，对我随后几年的研究产生了极为重要的启发。博士论文出版后，我曾一度决定放弃研究记者，但在泽利泽的文化视角的指引下，对诸多新旧案例有了别样的理解和思考，仿佛打开了一扇新的大门。我的第三本专著《边界、权威与合法性：中国语境下的新闻职业话语研究》就是这一阶段研究成果的集中呈现，最近有幸获得上海市第十六届哲学社会科学优秀成果奖的著作类二等奖，算是一个意外之喜。正是基于对《报道肯尼迪之死》的喜欢，英文不甚出色的我才斗胆接下了翻译任务，但没想到阅读和翻译其实有很大的差异。书中引用的大量各类文献与我有时空隔膜，唯恐翻译有差。而且泽利泽教授的英文写作极为考究，用词、句式乃至表达都字斟句酌，这也给翻译带来了很大难度。所以在译出初稿之后，我花费了更多时间在校译之上，经过四校后才赶在截止日前提交给出版社。

这本译作最终能够出版有赖很多人的努力。首先，非常感谢宾夕法尼亚大学安纳伯格传播学院和社会学系双聘教授杨国斌老师为译本撰写了热情洋溢的推荐序。杨老师是我在宾大访学时的合作导师，正是他的慷慨应允使我有机会在美国一流的传播学院里学习和工作了一年，给我留下了非常美好的费城记忆。其次，感谢中国人民大学新闻学院的刘海龙教授将此书推荐给中国人民大学出版社，并推荐我来翻译。感谢中国人民大学出版社的瞿江虹老师，几年来一直不离不弃，持续推动本书的进展；责任编辑陈希、李艳红老师提供了高效的编校服务，为我减轻了不少负担。最后，感谢我在上海社会科学院新闻研究所和复旦大学新闻学院指导的研究生们所做的部分初译、试读、校对等工作，他们是李拓、程薇、张恬、曹诗语、邵枫、简丹丹、雷悦雯、王嘉怡、施好音，如果没有他们的协助，这本书的出版恐怕还要再延迟一些。

因为个人能力有限，这个译本难免会有不少瑕疵甚至是错误，欢迎读者朋友批评指正，以便在有机会再版的时候一一修正。尽管译作在现行的考核体系下不算什么重要成果，但我依然觉得它是有意义的。

白红义

2023 年 7 月 27 日初稿

2023 年 11 月 2 日改定

目　录

前言和致谢

　　本书不是作为一部关于肯尼迪或肯尼迪之死的著作开始创作的，而是始于一项对新闻权威的探究。作为一名记者，我以前经常困惑于那些凌乱不清的对话通过何种方式演变为成熟全面的新闻报道，并且还能够以一种确定性的口吻娓娓道来。当我离开新闻行业进入学术界后，这种困惑依然伴随着我，并成为我博士论文的主题，最终也成为这本书的焦点。用童话故事中的语言来说，它是一个有关皇帝新衣的案例。记者具有一种把他们自己设定为真实世界的全知全能观察者的能力，这种能力看似到处可见却又无处可寻。

　　因此我着手来揭露它，但我当时并没有意识到这个媒体与约翰·肯尼迪的死亡之间的故事在很多方面远大于我原本希望捕捉的内容。在此过程中，我遇到了很多人，他们对于这个故事所表现出的长期如一、真心诚意、有根有据的关注，成为我研究数据的来源，并以无法言明的方式影响了我对这个特殊故事的讲述。1991
年12月，奥利弗·斯通的电影《刺杀肯尼迪》（JFK）①引发了另
外一个未曾料到的转向，它使我在本书即将付印时如痴如醉地坐在
那里，一手拿着《电视指南》②，一手拿着笔记本电脑，分析和揣度
人们对于这个刺杀故事的关注度有多高。这次经历导致本书后记直
接讨论奥利弗·斯通的电影如何引发了这个刺杀故事的转向，也促
使我重新聚焦以往一直讨论的某些议题，关于这些议题的所有最新
进展进一步合法化了我自己对新闻权威和集体记忆的检视。

　　《报道肯尼迪之死》一书能够问世要感谢许多人。在宾夕法尼
亚大学（后文简称"宾大"）拉里·格罗斯（Larry Gross）的帮助
和指导下，我得以顺利地开展这项研究，并且形成了全书的初稿。
他向我提供了全方位的支持，批判性地审视我的研究，并在相处中
展现出幽默友好的一面。因此，我至今仍然深深地感激他。宾大的
其他老师如罗杰·亚伯拉罕斯（Roger Abrahams）、查尔斯·博斯
克（Charles Bosk）、卡罗琳·马文（Carolyn Marvin）和约瑟夫·
图罗（Joseph Turow），也都给予我鼓励，他们向我提出的批评深
化了我的思考。查尔斯·博斯克在鼓励我探究肯尼迪遇刺事件上扮
演了关键角色，罗杰·亚伯拉罕斯则经常为我的写作注入灵感。在
本书写作的不同阶段，约翰·戈德史密斯（John Goldsmith）、凯
瑟琳·霍尔·贾米森（Kathleen Hall Jamieson）、菲莉丝·卡尼丝

---

　　①　电影的英文名称 *JFK*，即美国前总统约翰·菲茨杰拉德·肯尼迪（John Fitz-
gerald Kennedy）全名的首字母缩写。——译者注
　　本书作者注释按章集中，排在书末。脚注均为译者注，以下不再一一说明。
　　②　美国著名的电视节目周刊，创刊于1953年，一度成为美国家庭必备的电视节目
向导。

（Phyllis Kaniss）、约翰·尼罗（John Nerone）、迈克尔·舒德森（Michael Schudson）、伊维塔·泽鲁巴维尔（Eviatar Zerubavel）、耶尔·泽鲁巴维尔（Yael Zerubavel）都给予了我富有洞见的评论。我还要感谢安纳伯格传播学院的约翰·马西（John Massi）和阿黛尔·查特拉因（Adele Chatelain）、肯尼迪图书馆的吉姆·切德罗内（Jim Cedrone）、"绝唱"书店的安德鲁（Andrew）和琳达·维尼阿克齐克（Linda Winiarczyk）、范德比尔特电视档案馆、休斯敦KTRK电视台、吉尔伯特·凯茨制作公司等，他们或是向我提供了技术方面的支持，或是帮助我获得了与刺杀事件有关的文件。此外，安纳伯格传播学院还向我提供了急需的资金支持。

还要感谢安纳伯格传播学院亲爱的同学们，尤其是维克托·卡尔达罗拉（Victor Caldarola）、科琳·戴维斯（Colleen Davis）、艾米·乔丹（Amy Jordan）、帕梅拉·桑卡尔（Pamela Sankar）、玛莎·西费特（Marsha Siefert）、洛伊丝·西尔弗曼（Lois Silverman）、黛安娜·齐默尔曼·乌姆布尔（Diane Zimmerman Umble）等人，事实证明他们是真心诚意的朋友和老练成熟的批评者。天普大学修辞与传播系，尤其是该系的特里西娅·琼斯（Tricia Jones）给予了我必要的支持，萨里·托马斯（Sari Thomas）和玛莎·威滕（Marsha Witten）对书稿的部分内容提出了有益的建议。芝加哥大学出版社的约翰·特里内斯基（John Tryneski）满怀热情地支持了这个计划，贾尼丝·费舍尔（Janice Fisher）精心地编辑了本书。我要特别感谢艾伦（Ellen）、佩里·伯曼（Perry Berman）、安妮塔·施皮格尔（Anita Spiegel）以及比尔·劳滕伯格（Bill Lautenberger）四人，他们帮助我维持了学术工作以外正常生活的运转。在我急需儿童照护服务的时候，黛比·格雷厄姆（Debbie Graham）和沙林·扎尔（Sharin Zar）及时伸出了援手，并且还表现出儿童照护方面的上佳禀赋。

最后感谢我的家人。在我写作这本书稿之时，我的父亲科迪·泽利泽（Cody Zelizer）过世了，而我最小的孩子吉迪恩（Gideon）又恰好出生。一死一生两件大事使得我以一种特殊的视角去审视这个研究项目，它比以往更为重要又更不重要。我的姐姐朱迪·希夫林（Judy Shifrin）富有创意地把本书的中心思想转换成能够将我的研究主题化的艺术作品。我也要感谢三位非常特别的人，我的妈妈多萝西·泽利泽（Dorothy Zelizer）和我的两个大一些的孩子诺亚（Noa）和乔纳森（Jonathan），他们切身体会到本书给他们的日常生活带来的直接影响，这种影响并不总是令人愉快的。尽管他们并不清楚这个研究项目的最终结果是什么，但是他们仍然给予我支持和拥抱，并且还专门为我作画和写诗。不过，最重要的是，本书得以出版还要归功于我的丈夫迈克尔·格利克（Michael Glick）。对于本书的研究领域，他在某些方面的理解比我更为深刻。他身兼读者、支柱、信使、批评者、朋友等多重角色，一句致谢远不足以表达我的谢意。我把这本书献给他。

第一章 导论：叙事、集体记忆与新闻权威

一个非常错误的常识认为，过去是固定、永恒和不变的，而现在则是不断变化的。相反，至少在我们自己的意识中，过去是可塑的和灵活的，随着我们的回忆对已发生的事情所进行的重新阐释和说明而不断变化。[1]

这是一个由美国记者重新讲述的有关约翰·肯尼迪遇刺事件的故事，他们既向公众讲述，也向自己讲述。对大多数成年美国人来说，根据 1963 年 11 月 22 日发生的事件形成的记忆是难以磨灭和刺痛人心的。而对美国记者来说，这一天又具有额外的意义。那些负责"报道身体"（cover the body）——这是一个用来形容无论总统去往哪里都会被贴身报道的新闻术语——的记者只不过是在履行他们的职责，巡查一个新闻条线（journalistic beat）。然而，对那些在当天受命前往达拉斯的记者来说，这个术语具有令人恐怖的弦

外之音。"报道身体"变成了报道肯尼迪尸体的代号，一个指代这一事件的书面用语，而该事件至今仍搅动着大多数美国人的记忆。

本书的主题是讨论记者和美国媒体在那些记忆中的位置。哪些因素使得他们成为可信的、权威的和首选的刺杀事件讲述人，这是一个具有许多曲折和微妙之处的传奇。它起源于大众普遍展现出的对于记者的敬意，因为人们直截了当地将记者提升至这样一种地位：对"真实世界"的权威而可信的观察者。然而，从对于水门事件（Watergate）① 的讨论，到有关美西战争（Spanish-American War）② 或 1937 年兴登堡号空难（Hindenburg disaster）③ 的回忆，新闻业中充斥着某些实践行为，这类行为使得人们质疑记者讲述新闻的权利。几乎无人思考，到底是什么优势使得媒体能够更加胜任为公众提供一个"首选"版本的现实。因此，它们在文化权威领域的边界仍处在未被探究的状态，这在很大程度上是因为很少有人去质疑它们。

---

① 1972 年 6 月 17 日，以美国共和党尼克松竞选班子的首席安全问题顾问詹姆斯·麦科德（James W. McCord, Jr.）为首的五人，潜入位于华盛顿水门大厦的民主党全国委员会办公室，在安装窃听器并偷拍有关文件时当场被捕。尼克松受此事牵连，于 1974 年 8 月 8 日宣布将于次日辞职，从而成为美国历史上首位因丑闻而辞职的总统。《华盛顿邮报》的两位记者鲍勃·伍德沃德（Bob Woodward）和卡尔·伯恩斯坦（Carl Bernstein）对整个事件进行了一系列的跟踪报道。因此，水门事件不仅是美国历史上最不光彩的政治丑闻事件之一，也对美国新闻业的发展产生了重要影响。

② 美西战争是指 1898 年 4 月至 8 月，美国为了夺取西班牙在美洲和亚洲的殖民地古巴、波多黎各和菲律宾而发动的战争，最终结果是西班牙请求停战，美国获胜。

③ 兴登堡号是德国的一艘大型载客硬式飞艇和兴登堡级飞艇的主导舰船。它由齐柏林公司（Luftschiffbau Zeppelin Gmbh）在腓特烈港的博登湖设计并建造，建成后由德意志齐柏林飞艇运输公司（Deutsche Zeppelin Reederei）于 1936 年 3 月投入运营。1937 年 5 月 6 日，它在新泽西州曼彻斯特镇莱克湖海军航空总站上空尝试降落，却被烧毁。兴登堡得名于德国陆军元帅保罗·冯·兴登堡（Paul von Hindenburg），他在 1925 年到 1934 年间担任魏玛共和国总统。

通过检视记者对肯尼迪遇刺事件的叙事，这项研究探究了记者如何建立起作为这一事件权威发言人的角色。记者把对美国第35任总统的报道变成了有关他们自己的一个传说，从而强化了他们在"真实世界"相关事件中的文化权威角色。

何为文化权威？

要想理解媒体如何将自身设定为肯尼迪遇刺事件的权威发言人，就必须具备对文化权威运作方式的更为一般性的理解。在学术研究中，在赋予某些人比其他人更具有权威性的特殊素质方面，长期以来已经产生了诸多关于支配、权力和专业知识的争论。本书认为，权威充当着编码知识（codified knowledge）的一种来源，引导人们以合适的标准行事。埃米尔·涂尔干（Emile Durkheim）使用集体再现的概念，认为人们正是通过集体再现才建构出一种集体化的理解世界的方式的。这一概念表明，权威产生于通过再现形式赋予其意义的个体。[2]民俗学者、人类学者和社会学者都采用这一视角，将权威视作一种将共同体成员黏合在一起的仪式行为。维克多·特纳（Victor Turner）把仪式视为这样一种时刻：个体对权威展开质疑，并且巩固自己作为共同体成员的身份。[3]罗杰·亚伯拉罕斯将各种形式的文化表演视作群体内部相互认证的方式。[4]安东尼·吉登斯（Anthony Giddens）针对权威的运作提出了一种非线性观念，坚称关于权威的观念是经过编纂的，然后反馈给其编纂者，这些编纂者对其进行再一次的编纂。[5]

此处的假设是权威在持有相同观念的人群中创造了共同体，这个前提将权威的运作限定在传播实践的范畴内。詹姆斯·凯瑞（James Carey）持一种传播的文化观或仪式观，认为传播是一种"神圣的仪式，能够将人们聚合起来，使得人们之间产生交情和共性……这种仪式可以通过相互分享、参与活动、结成团体、缔结友情、获取共同信念等方式进行"[6]。（权威在传播实践中显著增强），这一显著增强的阶段为共同体成员提供了一种质疑和认可有关"权威"的基本观念的方式。权威因此变成了一种共同体的构造，作为保持共同体团结的材料而发挥作用。本书就采纳了这一文化权威的视角，探究像记者这样的群体如何以及为何会热衷于推出他们自己版本的公共事件。

换言之，权威之所以重要，不仅在于它对公众的影响，也在于它对传播者的影响。文化权威有助于记者运用他们对公共事件的阐释将其自身塑造为有权威性的共同体。当如此众多的群体——记者、政客、历史学家——通过建构现实将外部事件塑造成更为合意的形式时，这一点尤为重要。作为公共话语的一个内在特征，权威的运作使得某些群体有可能通过重新讲述刺杀故事而达到下述目的：塑造美国公众对于那起事件的记忆。

权威与记忆的交互

我们对于刺杀事件的大部分记忆，来自故事被重述过程中所包含的不同要点，因为权威也是在不同的时间点上被塑造的。权威的模式在集体记忆中被塑造出来，在那里它们所呈现出的具体的首选形式是由它们的重述者来决定的。按照乔治·赫伯特·米德（George Herbert Mead）的观点，集体记忆帮助人们使用过往给当下赋予意义，以便他们完全地行使跨越时空的权力。[7]记忆作为"重构的工具"而非挽回的工具已经在莫里斯·哈布瓦赫（Maurice Halbwachs）的研究中得到过有效的讨论。[8]根据他的观点，集体记忆构成了一种对于过往的共享式记忆，这些过往的亲历者有意识地采取某些策略使这些记忆保持鲜活。集体记忆反映了一个群体经过长时间形成的关于什么是重要、优先和适当的的编码知识。

近年来，集体记忆的议题已经吸引了不同学科的关注。在地理学领域，拉尔夫·洛文塔尔（Ralph Lowenthal）讨论了集体记忆在公共领域的运作。[9]在历史和批判研究领域，芭芭拉·克鲁格（Barbara Kruger）和菲尔·玛瑞安妮（Phil Mariani）编撰了一部讨论历史和记忆相关关系的文集。[10]在文化研究领域，伯明翰当代文化研究中心出版了一本广受好评的著作《制造历史》。[11]乔治·利普希茨（George Lipsitz）写了《时光的飞逝》一书，从美国研究的角度讨论了大众记忆和大众文化的运作。[12]另一本论文集《集体回忆》则汇聚了社会心理学、人类学、传播学、民俗学和社会学等不同学科的研究。[13]当迈克尔·卡门（Michael Kammen）从美国视角探究传统与集体记忆的互动时，皮埃尔·诺拉（Pierre Nora）则从法国的角度在对法国国家记忆的细致追踪中讨论了许多同样的问题。[14]1989年，《传播，再现》和《美国历史学刊》这两本学刊都设置了有关社会记忆或集体记忆的特辑。[15]

当研究者努力把记忆视作一种潜在的社会活动时，他们也看到他们并不必然能够达成一致的意见。正如传播学学者约翰·尼罗和埃伦·沃特拉（Ellen Wartella）所说，在那些重述过去的传播实践中，竞争被置于核心位置。[16] 而思考集体记忆的基本兴趣点就在于，这种记忆所呈现的围绕事件的权威看法而展开的竞争。

集体记忆对于文化权威的讨论之所以重要，是因为它允许权威模式随着时间演进而出现。作为跨越时空的编码知识的承载者，集体记忆代表着对于某种实践行为的再塑造，人们通过这种实践行为将自己建构为文化权威。在肯尼迪遇刺这一案例中，这意味着自从肯尼迪总统死亡事件开始，承担各自议程的不同群体针对这一事件已经提出不同甚至可能相互竞争的叙事版本。

肯尼迪遇刺：集体记忆中的关键事件

关键事件（critical incidents）就是克洛德·列维-斯特劳斯（Claude Lévi-Strauss）所说的"热点时刻"（hot moments），一个社会或者一种文化能够通过这些时刻或者事件评估其自身的重要性。[17] 在对媒体组织决策过程的一次讨论中，乔治·格伯纳（George Gerbner）创造了这个名词，他认为关键事件给组织成员提供了一种方法，以化解对公认权威提出的挑战。[18] 当从话语层面使用这个名词时，"关键事件"指的是那些人们借此传播、挑战、协商他们自己的行动标准的时刻。按照这个观点，集体记忆取决于对某些类型的关键事件的讨论。对记者来说，关键事件向他们启示了一种方法，即要注意那些对新闻共同体的持续健康发展有重要意义的时刻。关键事件维护了话语和叙事在长期塑造共同体方面的重要性。

对美国媒体来说，肯尼迪遇刺事件可以被看作一起关键事件。它是美国新闻实践演变过程中的一个转折点，这不仅是因为它在危机发生时唤起了对信息的迅速披露，而且因为它使得电视化的新闻业合法地成为国家公共经历的调停者。[19]这一事件体现出了对新闻专业知识和目击证词的迫切需要，导致公众依赖记者来澄清事实。记者在报道肯尼迪遇刺事件时使用了不为他们所熟悉的新闻实践方式，在不同情况和新技术的组合中进行临场发挥以满足公众对信息的持续需求。自那以后，记者便在他们关于适当的新闻实践的讨论中将这一事件作为一个参照物。[20]换句话说，肯尼迪遇刺已经演变成一起记者用来检测他们自己行动标准的关键事件，他们用它来讨论、挑战和协商新闻实践的适当边界。

重新讲述肯尼迪遇刺事件的核心在于对一些关键画面的图像式重复，类似肯尼迪和李·哈维·奥斯瓦尔德（Lee Harvey Oswald）中枪的场景、卡罗琳·肯尼迪（Caroline Kennedy）和她的妈妈跪在总统的灵柩旁边、小约翰·肯尼迪（John-John Kennedy）恭敬地行礼、永恒的火焰和无人骑乘的骏马。每当肯尼迪遇刺事件被重新叙述的时候，这些被媒体用各种形式捕捉到的时刻，就被作为这个国家集体记忆的标志重复播放。叙事将这些画面以有意义的方式组合起来，并为其增添完整性、时空序列和形式，存留至今的叙事承载着集体权威。[21]同样重要的是，这些叙事也会为那些将其融入公众集体意识的人带来声望。正如乌尔里克·奈塞尔（Ulric Neisser）在他对"闪光灯记忆"（flashbulb memories）的讨论中所言，"记忆之所以能够成为闪光灯，主要是由于事后有人为其赋予重要性：事后既可以是当天晚些时候，也可以是第二天或接下来的岁月。需要解释的是（记忆的）长期持久性"[22]。因此，回忆肯尼迪遇刺事件以及塑造公众记忆该事件的方式就逐渐被美国记者视作策略性成就。

新闻权威的运作

然而，记者关于肯尼迪遇刺事件的记忆具有的策略性本质尚未在新闻学研究中获得足够的探索。学者们不是促进该事件对于记者意味着什么的思考，而是倾向于把肯尼迪遇刺的报道当作一项关于信息传播的研究。他们已经思考了有多少人知道点什么、花了多长时间获悉此事、从哪里得到信息等问题。最早的一个相关研究是由布拉德利·格林伯格（Bradley Greenberg）和埃德温·帕克（Edwin Parker）于 1965 年编辑的论文集[23]，相似的视角也被应用在关于肯尼迪遇刺报道的其他研究中[24]。

迈向一个关于新闻业的替代性观点

绝大多数聚焦于事件的信息传播的研究起源于新闻实践中两个流行的观念：一个是关于新闻业作为一门专业的地位，另一个是权威对于理解新闻生产实践的重要性。

将新闻业作为一门专业去审视，只能产生一幅并不清晰的图景。学术界一直以来倾向于使用"专业"这一理念，以从概念上将记者纳入一个其成员都具有必备编码知识体系的共同体。[25]专业被界定为一种针对工作的意识形态倾向，通过技能、自主性、培训教育、能力测试、组织、行为规范、颁发执照和服务导向等得以实现，专业可以赋予记者一种共同体的感觉。[26]然而，并不像医学或法律这样的经典专业，新闻业仍未获得专业性的外在特征：许多记者并不真正地阅读新闻教科书、进入新闻学院学习或者参与新闻业的培训项目。[27]成文的新闻业行为规范尚付阙如，伦理规范在很大程度上仍不存在，多数记者拒绝设立行业准入程序。[28]记者对专业协会的态度也十分冷漠，最大的专业协会"美国专业记者协会"声称，其成员只占全部美国记者的17%。[29]记者只是在非常有限的意义上作为一个专业集体的成员而行事。正如一位研究者所表明的："现代记者确实是一种专业，但是记者并不归属于某个专业……专业性的制度形式似乎总是将记者排除在外。"[30]

　　关于新闻权威的流行观点也产生了一幅类似的不太清晰的图景。传播学研究者把权威想象为一种传递行为或是对他人的影响，这在很大程度上加剧了凯瑞曾讨论过的错误观点。新闻权威要么被视为对受众的影响，要么被当作对组织行为者的影响，要么被看成对广泛的社会文化系统的影响。第一种观点将新闻权威概念化为"记者所说"与"受众所信"之间一对一的相互关联，二者通过新闻权威或"可信性"来形成一种促使受众产生信念的功能。[31]第二种观点是组织研究中的主流看法，认为新闻权威是参与者在新闻机构内部竞争权力的一系列策略。[32]这种观点源于沃伦·布里德（Warren Breed）对新闻编辑室中社会控制的经典研究[33]，认为记者通过采取策略性行为获得相对于他人的权力——掌控时间、为组织调配资源而设定可预测的框架、调解人际冲突、使目的性行为常规化或是参与其中[34]。最后一种观点将新闻权威视为一种社会建构，其目的是解决有关权力和支配的更为宏观的社会文化问题。[35]"权威"被当作新闻建构背后的权力标记，重点在于新闻话语对外部政治和经济的权力议题的吸纳。[36]每种观点在将新闻权威概念化

7

的过程中都依赖着线性观、影响观、效果观。

对专业共同体和效果层面权威观的强调都使得思考新闻实践的集体面向变得十分困难。通过呼应凯瑞所说的传播的传递观，现有关于新闻权威的观点强调它会对他人产生可感知的效果，并探索其与影响观的结合。受此启发，我们从对受众产生影响的层面来理解刺杀故事，尤其是通过对刺杀事件的重新讲述。与此同时，我们没有从集体性知识或者新闻实践指南的层面去思考新闻权威的功能。

与之类似，将记者视为一个专业共同体成员的观点忽视了记者发展他们自己的集体感的非正规方式。例如，我们要做的并不是把记者看作"不成功的专业人士"[37]，而是追问记者如何积极地把他们自身形塑为一个共同体。在罗伯特·帕克（Robert Park）提出的新闻作为一种知识形式的观点中[38]，在迪安·奥布莱恩（Dean O'Brien）对新闻拟态环境的检视中[39]，以及在迈克尔·舒德森对知识如何在记者群体之间被塑造的思考中[40]，这种集体性的存在都得到了暗示。更一般地说，对新闻机构的社会学研究坚持认为，大多数记者对他们自己的集体性拥有一种不同的感觉，他们所具备的高度专业化分工以及深厚的专业知识，促使他们偏爱水平化管理而非垂直化管理，并且使得他们更倾向于接受合议制权威而非等级制权威。[41]然而，记者很少被他们的上级明确地告知行动的规则或边界，他们对适宜性集体感知的内化表明了一种更大程度的"创意自主性"（creative autonomy）[42]，以及一种共享的、超出具体新闻机构的集体或制度框架的存在。换句话说，记者积极地参与文化讨论和争论，通过与其他记者谈论那些对他们而言很重要的议题来完成工作。因此，专业可能不是最有效的想象新闻集体性的语境，仅仅把记者看作专业人员的模式的视野非常有限，不利于我们全面把握新闻实践、新闻专业性和新闻共同体这些概念，也不利于我们全面认识新闻权威。

上述观点表明，记者生成集体感的方式，既不如专业准则制造集体感那么正式，也不像效果观制造集体感那样呈现出线性特征。8 这促使我们对新闻权威下一个操作性定义。我们可以把新闻权威概念化为"记者提升自己作为'现实-生活'事件的权威和可靠的发言人的能力"，它是文化权威的一种具体案例，借助这一权威，记者具有了提供现实世界之权威版本的权利。新闻权威置身于新闻实践之中，记者长期以来有机会接触技术、叙事和制度的环境，这些环境能够支持他们轻易地将自己所偏爱的"现实-生活"的版本进行流通。大多数新闻实践是一种"秘密工作"，记者通过建构现实的解释性框架来呈现事件，但是并不会揭示这一过程的秘密、来源或方法。[43] 只有当他们描绘的内容不为受众所喜欢时，受众才会进行抗议。因为事件的选择、形成和呈现最终取决于记者如何决定以这种方式而不是那种方式来建构新闻，其如果要以"记者"的身份恰当地行事，那么就必须依赖其利用集体知识准则的能力。正因为身处受众和被报道事件之间，记者才能够对于所述故事的权威性进行一些假定，进而对他们更为合意的以及他们认为在战略上更为重要的事件进行建构。正如接下来的章节所展示的，这种假定对于帮助记者推出他们自己版本的刺杀故事十分有益。

记者作为阐释共同体

对阐释共同体这一概念表现出兴趣的学者不会局限于媒体研究领域。德尔·海姆斯（Dell Hymes）认为，共享对于现实世界进行同一类阐释的成员构成了"言语共同体"。[44]斯坦利·费什把阐释共同体界定为那些既生产文本，又能"决定所阅读内容的形式"的群体。[45]人类学和民俗学研究认为，阐释共同体成员在互动的过程中，能够展现出某种权威模式和传播模式。[46]所有这些观念与罗伯特·贝拉（Robert Bellah）及其同事提出的"记忆共同体"（communities of memory）概念——针对"时间"概念共享同一套阐释的群体——产生了一些联系。"为了不忘记（他们的）过往，共同体开始对构成性叙事进行重述。"[47]

这对于重新讲述刺杀事件的记者来说意味着什么？有关新闻实践的大部分研究往往低估了叙事在塑造新闻集体性时发挥的作用。[48]尽管记者在对类似与肯尼迪之死有关的公共事件进行描绘的过程中，会关心叙事策略、事实与虚构间的差别、文体的决定因素、议题呈现方式等问题，但是媒体研究领域还是很少提及叙事实践。记者的重述模式可以揭示下列问题：记者如何将对事件的阐释权归于自己；特定版本的阐释通过何种方式在新闻机构之间流转；记者如何将其他群体对同一事件的替代版本进行边缘化处理。这些模式表明，记者在发挥一个阐释共同体的功能，这是一个通过叙事和集体记忆来证明自己真实可靠的群体。

记者能够构成阐释共同体意味着知识在他们行业内部流通的渠道并不仅限于专业性准则所确认的正规渠道，例如教科书、培训课程、资格认证等。这表明，记者采取何种集体性行动将自身的行为合法化，与他们的新闻传播活动对受众群体的影响几乎没有关联。然而，这并不意味着诸如医生和律师等其他专业共同体不会做同样的事情，也并不表明新闻共同体毫不关心新闻专业性。相反，新闻共同体通过有关自身的话语及在其基础上形成的共同记忆来激活这种关心。

因此，将记者视为一个阐释共同体提供了一个关于新闻记者和新闻实践的替代性分析焦点。对于记者的集体性而言，记者之间公认的区别，例如条线记者与综合记者的差异、专栏作家与撰稿人的差别、主持人与健康报道记者的不同，都不如共同体这一更为综合性的维度那么重要。诸如个体、组织/制度或专业结构等不同维度都潜在地表明了记者寻求树立他们作为文化权威的不同动机。本书将要揭示的是，这种共同体的维度已经显现在对刺杀事件的重述中，尤其是因为它已经帮助媒体完成了集体合法化的目标。

本研究不仅按照社会学模型将新闻共同体视为一门专业，而且将其视作一种利用叙事和集体记忆来进行自我维系的阐释共同体。通过叙事，个体的角色、组织/制度和专业结构变成勾画新闻实践方式和原因的关键因素。通过共享的叙事知识，记者能够拥护有助于他们维系一个权威的阐释共同体的集体价值和观念。这一视角强调了记者为其自身使用可靠性、权力或权威的方式，对受众、组织 *10* 以及权力这一范围更广的社会文化问题具有重要意义。

迈向一种肯尼迪遇刺事件的文化观

传播活动对参与其中的群体具有文化功能这一观念，在面对记者重述肯尼迪遇刺事件这一现象时提出了一些问题。叙事如何被用来合法化记者呈现事件的权利？刺杀事件对参与报道的记者意味着什么？这起事件的哪些面向更为重要？它们如何随着时间流逝而被建构为重要的面向？记者如何使用关于他们报道的叙事来巩固他们作为一个权威的阐释共同体的身份？这些问题和其他问题构成了特纳、凯瑞和其他学者所说的刺杀故事的"文化"维度的一部分。

此处暗示了对新闻权威依赖于受众默许的一种认可。在受众并不行使其质疑权时，运用叙事以使记者对公共事件的叙述合法化才会收效最佳。因此，强调这起事件的文化维度首先取决于那些促使故事成长壮大的受众。

通过追溯媒体如何从叙事层面，以及探讨记者如何以一种有利于实现自我合法化的方式来处理这起刺杀事件，本研究检视了刺杀故事在标示新闻共同体的过程中所发挥的作用。借助与吉登斯、涂尔干、哈布瓦赫的对话，本书探讨了记者如何将叙事实践作为对共享的知识符码进行集体表征的方式，记者会将叙事实践反馈到自己所在的共同体之中，从而将自己建构为文化权威。他们的叙事如何随着时间和空间变化，以及集体记忆生产共享的知识体系的方式，都可被视作建立新闻权威过程中的部分内容。

新闻权威在此处被假定为一种"理想型"（ideal type）。其他的社会学研究已经采纳了类似的路径，如伊维塔·泽鲁巴维尔对时间的研究、欧文·戈夫曼（Erving Goffman）对谈话形式的讨论。[49]尽管这一方法论的目的并不是为正在研究的理论构造提供一个无所不包或决定性的图景，但它确实能够帮助人们更为清晰地把握这种构造涌现的主要模式。通过研究那些能更全面地理解构造形成的话语模式，本研究提供了一个理论层面统一但经验层面多元的关于新闻权威运作的研究视角。

本研究也使用了巴尼·格拉泽（Barney Glaser）和安塞尔姆·施特劳斯（Anselm Strauss）所说的"策略性选择案例"来探查新

闻权威的存在。[50]选择肯尼迪遇刺事件作为一个策略性案例的理由在于上文所述的适宜性，而且媒体对刺杀事件的重述也能够体现其重述其他关键事件时具有的特征。换句话说，重述肯尼迪遇刺事件的过程中所表现出来的权威形成模式可以成为研究媒体重述其他事件的蓝本。

本书的结构

本研究对已经发表的公共话语进行了系统性分析，记者通过这些话语去回忆自己在报道肯尼迪之死的过程中所扮演的角色。本研究采用历时性文本分析的方法，研究了通过下列渠道所获取的叙事材料：印刷媒体、专业和行业评论、电视回顾片、电影纪录片以及1963年以来出版的相关图书。

本研究通过在不同的公共事务索引数据库中发现的同时期引文，来探究有关媒体在肯尼迪遇刺事件报道中所扮演的角色。[51]将近30年的媒介化话语和专业性话语中的叙事在本书中得到了仔细考察。媒介化话语是指记者与一般公众讨论肯尼迪遇刺事件时形成的话语，包括大众媒体对最初的肯尼迪遇刺报道的描述以及对这些报道的讨论。[52]专业性话语是指记者在他们行业内对肯尼迪遇刺报道的讨论，这些材料出现在行业期刊、公开演讲和专业新闻评论上，如《哥伦比亚新闻评论》《华盛顿新闻评论》《编辑与发行人》《广播》《鹅毛笔》等。不同专业协会的会议记录也被纳入研究范畴，如美国专业记者协会、美国报纸编辑协会、美国全国广播工作者协会等。[53]本书的研究材料还在适当的时候得到了扩展，例如分析在教科书、操作手册和其他已经发布的新记者指南中的各种指导性话语。然而，本书的焦点仍是媒体中的新闻话语和关于媒体的新闻话语。

本书由四部分组成。第一部分是刺杀故事的语境（第二章和第三章），详述了媒体能够讲述刺杀故事的总体背景。这部分把肯尼迪遇刺事件放置于文化和历史的语境中，包括新闻专业性的状态、电视新闻的出现、变动中的文化权威边界以及 1960 年代叙事的自反性。每个特征都与记者提升他们作为肯尼迪遇刺事件的权威发言人的能力结合起来进行了讨论，这是为了表明为什么肯尼迪遇刺事件能够作为美国记者认定的关键事件而出现。这部分也探讨了修辞合法化策略在新闻实践中的核心地位。

第二部分"讲述"（第四章到第六章）转述了刺杀故事的原始叙事语料库，媒体根据这些叙事语料库不断地对事件进行复述。这部分检视了报道肯尼迪之死的记者在事件发生时所做的记录，并将其与事件发生后的几周内记者在媒体和专业论坛上对同一事件的最初重构进行了比较。它还追溯了刺杀故事如何从这一叙事体系演化成对美国记者而言的关键事件。研究试图揭示，记者通过哪些叙事调整来重塑和改写这一故事，甚至在肯尼迪遇刺事件发生之时也是如此。

第三部分"提升"（第七章和第八章）检视了文化权威的边界在更大程度上的变化，这些变化影响了记者宣称他们自己是刺杀故事的一部分的能力。这部分探讨了肯尼迪遇刺事件的官方记忆是如何被质疑和消解的，致力于重新思考事件的非官方重述者又是如何获得了对肯尼迪之死进行记录的权力的。这部分还展示了媒体在试图重述刺杀故事时如何贬低其他来源以提升自己的地位，尤其是那些历史学家和独立批评者。关于官方档案的权威性、技术和集体记忆的运用情况等议题都在记者将他们自己提升为肯尼迪遇刺事件首选重述者时所做的尝试中有所涉及。

第四部分"追忆"（第九章到第十一章）探讨了媒体如何在集体记忆中延续它们作为刺杀故事的一部分。这部分思考了记者如何将其自身嵌入独立的记忆系统以维持叙事的鲜活性，这个系统聚焦于新闻共同体的三个维度，即个体、组织/制度和专业结构。记者运用这些不同的记忆系统来延续他们的刺杀叙事版本及其作为权威性重述者的角色。

语境、讲述、提升和追忆——这些机制在建立和延续记者作为肯尼迪死亡事件的权威发言人的过程中居于中心地位。通过检视这些机制如何被使用，本研究追踪了美国历史上的一个中心时刻被媒体经典化的过程。

13

第一部分
语境

第二章　刺杀发生之前

肯尼迪遇刺发生在几个具有文化重要性的条件交汇的时刻，这些条件影响了记者如何设定、追忆、阐释、挑战和延续该事件。这些条件的图景不是那些远离事件的历史学家在文档资料中寻章摘句塑造的，而是那些曾亲身体验该事件的参与观察者，他们的行动和观点已经成为那十年的重要关切和问题中的一部分。这些观点调整着刺杀事件的重述，使之成为美国媒体历史上的一个关键事件。

专业性、文化权威和 1960 年代叙事的自反性

记者对肯尼迪遇刺事件的重述是回顾当时主要事件的大量文献

中的一部分。由于夹杂着对文化权威和日常生活中历史的重要性等相关问题的进一步渲染和强调，自反性叙事使得 1960 年代成为一个在社会、文化和政治层面都经历转型的年代。[1]莫里斯·迪克斯坦（Morris Dickstein）说，这个年代提供了一个"使人们能够由此启程进行各种社会争论的出发点"，并且鼓励人人都成为"利益相关方"。[2]社会和文化事业都被赋予了历史的使命。一位 1960 年代历史的记录者托德·吉特林（Todd Gitlin）后来声称："下述观点似乎尤其正确：当首字母大写的历史一词降临尘世之时，它要么对生活产生干扰，要么使得生活中的可能性成真；身处历史的长河中，或者说贯穿于历史的长河中，人们生活在一种超负荷的水流密度之中——人们的生命紧密地联系在一起，向彼此提出要求，将彼此吸引到共同的事业中。"[3]

有些人认为，他们的日常生活已经被历史和历史的重要性所浸润。"我们培育出一种大胆的假设，"其中有人说，"我们身处历史性时刻，这一时刻极其关键、前所未有，最终在时机成熟时也会将我们自身容纳在内。"[4]历史不仅仅是可接近的，它也融入了个人和群体都声称的寻求自我证明的使命之中。

18 事件作为 1960 年代叙事的基石

通过各种历史事件，对于 1960 年代的记录很好地审视了这十年。事件有助于标记公共时间，划分"之前"和"之后"时期，并生成这个时代的动荡、社会创造、变革的标志。

然而，哪些事件能够被重塑，取决于更为宏大的社会、文化和政治议程。一些作家，诸如诺曼·梅勒（Norman Mailer），坚持认为 1960 年代起始于 1960 年的总统大选。梅勒关于 1960 年民主党全国代表大会的著名文章《超人来到了超级市场》，鼓吹了一位有"12 张面孔"的英雄的到来。[5]其他人认为，大选是"历史上的一场自由落体式变革（暗杀、骚乱、越南战争、水门事件、石油禁运、伊朗人质危机①、太平洋沿岸国家的经济崛起、苏联无休无止进行的戈尔巴乔夫改革、中国）的开端，孕育出了一个崭新的世界，而美国需要在这个新世界中寻找一席之地"[6]。

作家们把这十年描绘成一个游乐场，其间充满了几乎失控的混乱和鲁莽，每个角落都有活动着的剧院。约翰·肯尼迪、马尔科姆·艾克斯（Malcolm X）②、马丁·路德·金（Martin Luther King)③ 和罗伯特·肯尼迪（Robert Kennedy)④ 的遇刺，引发了一个严肃的问题：美国政治领导层的质量。据此，一家杂志的编辑称这一时期为"20 年的'意外性'执政期"[7]。越南战争激发了人们对美国海外征战的权威性和合法性的质疑，与此同时，民权运动又在国内大后方激起声势浩大的激进主义行动。五角大楼文件⑤的

---

① 伊朗人质危机（Iran hostage crisis）是指伊朗伊斯兰革命后，美国大使馆被占领，52 名美国外交官和平民被扣留为人质的一次危机。这场人质危机始于 1979 年 11 月 4 日，一直持续到 1981 年的 1 月 20 日，长达 400 余天。

② 马尔科姆·艾克斯（1925—1965），美国黑人民权运动领袖之一。

③ 马丁·路德·金（1929—1968），美国黑人民权运动领袖之一。

④ 罗伯特·肯尼迪（1925—1968），约翰·肯尼迪总统的弟弟，曾经担任美国司法部长。

⑤ 1971 年 6 月，《纽约时报》和其他一些报纸披露了一批描写美国卷入越南战争的国防部绝密文件。这些文件是由国防部官员丹尼尔·艾尔斯伯格（Daniel Ellsberg）透露给外界的。在文件公布之前，美国政府曾试图以"国家安全"为由阻止文件的发表，但未果。这就是美国政治史和新闻史上著名的"五角大楼文件事件"（The Pentagon Papers case）。这批国防部的绝密档案表明，美国政府在越南战争初期就采取蒙蔽、欺骗公众的行径以获取人们对越南战争的支持。

出版和水门丑闻事件的开端都展示了政府内部私人空间的非法行为。学生行动主义和抗议文化——以言论自由运动、大学生抗议和肯特州立大学枪击事件①为代表——则显示出美国大学生群体内部正在经历巨大的分裂和对立。

肯尼迪遇刺常常被塑造为此后陆续发生的事件的原型。一位作家说，它是"改变世界的一天"，一次预示纯真结束的成人仪式。[8]暗杀象征着美国人民集体经历的一次断裂。[9]许多记录者都感到，肯尼迪的死亡带来了很多对文化权威的现存边界的质疑。"整个国家都陷入了一个谎言，"社会行动人士凯西·海登（Casey Hayden）回忆说，"我们被告知享有平等，但我们发现它并不存在。就我们所见，我们是仅有的讲出真相的人。"[10]另一位批评者说："我们开始怀疑医生通过对病患胸部进行敲打诊断病情的权威性和合法性，也开始怀疑警察进行日常巡逻的权威性和合法性。"[11]

19　　由于质疑外部权威，记录者开始自己扮演文化、社会和政治的仲裁者的角色。"1950 年代的批评者倾向于呼吁……回归传统，而1960 年代的批评者往往用个人证词来结束争论。"[12]迪克斯坦如是说。用弗雷德里克·詹明信（Fredric Jameson）的术语来说，就是作者采用了一种"修正过的权力、支配、权威和反独裁主义的政治语言"[13]。他们关于日常生活的叙事逐渐聚焦于权力——质疑它、

---

　　① 肯特州立大学枪击事件（Kent State shootings）是 1970 年 5 月 4 日发生在美国俄亥俄州肯特州立大学的一起事件。当天上千名肯特州立大学的学生在抗议美军入侵柬埔寨的活动中与在场的国民警卫队发生冲突，学生中 4 人死亡、9 人受伤，这一事件随后引发大量罢课和抗议。事后，尼克松组织的总统特别调查委员会认定，国民警卫队开枪是没有必要且不可原谅的。

协商它、谴责它，最终创造权力能够实现的新形式。当作者提升即时性、对抗性以及个人见证的价值，并且使得对事件的主观看法合法化之时，他们就会将 1960 年代视为一个共识逐渐消逝的时代。这种协商一致的意见是否曾经存在过，现在变得不那么重要了，重要的是它被用来回忆那个年代。

与引起这种共识有关的特定群体是那些已经崭露头角的专业人士。尽管对权威的合法性存在更大的质疑，但中产阶级群体中还是涌现出一批专业人士，他们开发出了一条"跑得更快、延伸得更远的跑道"[14]。对历史及他们在其中位置的关切也会影响他们的行动。大规模爆发的公共事件使得一些专业——写作、艺术、医学——的根基发生了动摇，因为这些事件促使相关的专业人士重新思考合理行动的边界到底在何处。有关权力和权威的问题对专业人士不断变动的自我描绘构成了直接挑战，他们逐渐开始设法解决持续存在的与文化权威相关的问题。

新闻专业性与文化权威

媒体不能免受这些变化所产生的影响。回过头来看，记者声称 1960 年代已经成为一个专业实验和个人参与的时代。《时尚先生》杂志认为："不再有观察者，而只有参与者。对记者来说，尤其如此。他们是问题的一部分，是解决方案的一部分，也总是故事的一部分。"[15]

记者在事件中的高度参与带来了写作、报道和呈现新闻的新形态。由于报道某些事件需要记者身处现场，因此一些记者在新闻写作中采取了一种主观化视角。另一些记者则以一种伪历史的方式来描写日常生活。还有一些记者在边缘地带上展开"新新闻"实验，或者展开广泛的地下写作实验。[16] 在中心地带，其他记者离开了扮

20　演"档案记录报"角色的古板报纸，进入一些不太安全的新兴媒体。[17] 如大卫·哈伯斯塔姆（David Halberstam）① 注意到，这是一个"各种意义上的旧秩序（种族、道德、文化、精神等层面）正在遭受挑战和发生改变的时代，对记者来说这是一个富足的时代。有一段时间出现了关于新闻应该由谁来定义的争论，是掌权者还是街头百姓。就好像……既有的权威结构的每一个元素似乎都处于守势"[18]。所有这一切都意味着，对文化权威变动中的边界的普遍关注给记者带来了具体的专业性挑战、新的实践以及使自己合法化的替代方式。

新闻业与肯尼迪政府

媒体在 1960 年代经常关注的一个场域是肯尼迪政府。在记者的叙事中，他们强调了那些他们认为在肯尼迪担任总统期间提升了新闻业地位的维度。

---

① 大卫·哈伯斯塔姆（1934—2007），美国资深记者，先后在《纽约时报》《哈泼斯周刊》担任记者。1964 年，他因报道越南战争荣膺当年的普利策奖，被美国总统林登·约翰逊（Lyndon B. Johnson）称为"国家的叛徒"。哈伯斯塔姆先后创作了 20 多本畅销书，内容涵盖战争史、媒体史、美国汽车工业衰落史、民权运动史、棒球史、1950 年代史等，他有志于创作出三部关于美国战后影响巨大的三次最重要的局部战争（朝鲜战争、越南战争和伊拉克战争）的著作，前两部即《最寒冷的冬天》和《出类拔萃之辈》。2007 年 4 月 23 日，哈伯斯塔姆在采访途中因车祸罹难，未能完成自己的心愿。

总统的关注

约翰·肯尼迪政府对美国记者提出的问题表现出了异乎寻常的关注。除一次新闻发布会外,肯尼迪召开的所有新闻发布会都被"记录在案"[19]。他在总统任上做出的一些为人所知和被人记住的标志性决策,即便不是出于某种动机,也是考虑了媒体的因素,如决定与理查德·尼克松(Richard M. Nixon)辩论①、因运往古巴途中的导弹而对苏联发出警告②,或是为猪湾事件③承担责任。有一种描述肯尼迪挑剔的媒体行为的观点甚至认为,记者"在那里帮助他安排现实,使风格变成实质,将权力界定为对表象的精心策划"[20]。

肯尼迪总统对媒体的关注早在他竞选时就有迹可循。新闻秘书皮埃尔·塞林格(Pierre Salinger)提到,肯尼迪曾指示他的工作

---

① 1960 年 9 月 26 日,时任美国副总统的理查德·尼克松和参议员约翰·肯尼迪在总统候选人全国电视辩论中交锋。辩论长达两个多小时,双方首战以平局告终。这是美国历史上第一场总统辩论,也是第一次电视辩论。辩论开始前,美国的舆论、学术界普遍认为,尼克松的政治实力要远超肯尼迪,但最终初出茅庐的肯尼迪以微弱优势战胜尼克松成为美国历史上第二年轻的总统。因此,与尼克松的辩论并不是发生在肯尼迪的总统任期内,原文此处不太严谨。

② 1962 年 7 月,苏联为了应对美国 1959 年在意大利与土耳其中部设立的中程弹道导弹基地所带来的威胁,在古巴转投社会主义阵营之后便立刻将导弹运至其国内并部署。苏联的导弹部署计划被美国洞悉之后,美国总统肯尼迪于 1962 年 10 月 22 日晚上 7 时向全世界发表讲话,宣布将对古巴实行武力封锁,并要求苏联立刻撤走攻击性核武器。美军动用大量兵力完成了对古巴的武力封锁,危机持续了 13 天,最后以苏联与美国的相互妥协而告终。

③ 猪湾事件(Bay of Pigs invasion)是指 1961 年 4 月 17 日,在中央情报局的协助下逃亡美国的古巴人在古巴西南海岸猪湾,向菲德尔·卡斯特罗(Fidel Castro)领导的古巴革命政府发动的一次失败的入侵。猪湾事件标志着美国反古巴行动的第一个高峰。美国国内外对这次进攻的批评非常激烈,刚刚上任 90 天的约翰·肯尼迪政府为此信誉大失。古巴由于担心美国再次进攻,开始与苏联靠近,最终导致了 1962 年的古巴导弹危机。

人员要尽可能地为媒体报道 1960 年的竞选活动提供方便。[21]有关竞选游说过程的文字记录一旦形成，几分钟之内，肯尼迪就会将这些记录交给记者。塞林格解释说，这些"即时记录"免除了记者与竞选办公室进行烦琐的核实所耗费的时间。[22]塞林格没有言明的是，这些文字记录给记者一种感觉，似乎总统正致力于满足他们的需求。迎合记者与操纵记者之间的张力渗透在对肯尼迪政府的描述中。

21

　　在肯尼迪政府早期，肯尼迪对媒体的关注受到了新闻界的好评。记者在报道中对肯尼迪赞赏有加，有时还会故意拦截和压制针对他的批评性报道。1961 年阿瑟·克罗克（Arthur Krock）在《纽约时报》上写道："媒体向总统提出的采访要求要比以前更多……肯尼迪先生对这些问题的价值评判是公平而慷慨的。"[23]《时代》周刊的休·赛迪（Hugh Sidey）这样看待肯尼迪政府："对一个年轻记者来说，曾经有过比这更美好的时代吗？我对此表示怀疑……那是一个新闻记者的黄金时代。他与我们交谈，倾听我们的意见，尊重我们，嘲笑我们，对我们生气，与我们一起玩耍，同我们一齐欢笑，纠正我们的错误，并一直将我们新闻业提升到一种重要的、备受尊重的新境界。"[24]记者使肯尼迪在文化和正直方面的声誉永垂不朽。对他们来说，肯尼迪似乎象征着美国的一切。后来，记者汤姆·威克（Tom Wicker）① 认为，肯尼迪时代的媒体，"如果它没有为肯尼迪遮遮掩掩，或者故意睁只眼闭只眼，那么就不会让他或者白宫在其任期内受到应有的严密而彻底的监督"[25]。

---

　　① 汤姆·威克（1926—2011），被尊称为美国二战后最著名的记者。在几家小报工作过一段时间后，于 1960 年进入《纽约时报》华盛顿办事处任驻白宫记者，后接替詹姆斯·赖斯顿担任华盛顿办事处主编。

在很多其他因素的共同作用下，媒体不会严苛地对待肯尼迪。他被认为优雅而雄辩，精力充沛又机智诙谐。他既是哈佛毕业生，又是战斗英雄。他的修辞风格、年轻活力以及对于"新边疆"的承诺被解读为具有吸引力、与众不同和令人耳目一新。按照威克的观点，这促使媒体"给予肯尼迪比他的任何继任者都要更多的便利。一个（因素）是……这个男人的智慧、魅力、年轻、英俊的外表和总体的风格，以及记者中间的一种感觉——似乎他更喜欢我们而不是政客，而且他更倾向于成为我们当中的一员，而非政客当中的一员……因此，媒体对肯尼迪至少有一种无意识的美好愿望"[26]。记者乐于在报道中夸大肯尼迪的这些方面，就像他们对其他方面轻描淡写一样，比如他患有艾迪生氏病①和有过婚外情。[27]

记者忽视的一个方面是肯尼迪与记者的私人关系。肯尼迪与一些高级记者维持着社会关系，包括查尔斯·巴特利特（Charles Bartlett）[他介绍肯尼迪与杰奎琳·布维尔（Jacqueline Bouvier）②相识]、约瑟夫·艾尔索普（Joseph Alsop）、本杰明·布拉德利（Benjamin Bradlee）等。在大多数记者的作品中，他生活中的这个方面都被忽略了。尽管《纽约时报》记者詹姆斯·赖斯顿（James Reston）建议总统不要在社交场合与记者见面，但当他的建议遭到断然拒绝时，媒体并没有对此大惊小怪。[28]记者本杰明·布拉德利1973年的回忆录《与肯尼迪交谈》受到了媒体的广泛好评，这本书叙述了布拉德利如何与总统定期交换有关政府和新闻界的流言及

① 艾迪生氏病（Addison's disease），全称"原发性慢性肾上腺皮质功能减退症"，是一种罕见的肾上腺功能紊乱性疾病，主要表现为疲乏无力、食欲不振、恶心、呕吐、血压偏低等，病情严重者可出现休克、低血钠、低血糖等。

② 杰奎琳·布维尔，即第一夫人杰奎琳·肯尼迪（Jacqueline Kennedy）的原名。

信息。[29]作家泰勒·布兰奇（Taylor Branch）是一个例外，他在《哈泼斯周刊》①上严厉地批评了肯尼迪和布拉德利之间的关系。在一篇副标题为《作为奉承者的记者》的文章中，布兰奇称这本书为"一位美国记者所写的关于总统的最可悲的回忆录"，"报道肯尼迪的布拉德利几乎不是典型的记者——愤世嫉俗、冷酷无情，手持匕首用于自我伪装，眼睛不停地搜寻肮脏的事物。他完全不同于之后尼克松时代的那个自己"[30]。

　　然而，肯尼迪对新闻业的熟悉使他受到大多数记者的喜爱。他们强调了一个事实，那就是1945年，肯尼迪曾作为特别通讯员为国际新闻社服务，他的妻子则是《华盛顿时代先驱报》的"特约摄影师"。[31]1957年，他凭借《勇敢者传略》一书获得了令人垂涎的普利策奖。[32]因此，在1960年11月的一篇头条文章中，行业期刊《编辑与发行人》感叹新闻界失去了"一位一流记者"，说道："一位知道如何撰写新闻报道的总统和一位能够拍摄新闻图片的第一夫人将在1月20日后入主白宫。"[33]资深专栏作家约瑟夫·克拉夫特（Joseph Kraft）后来评论道："如果他能安然无事地离开白宫，那么他很可能会以某种方式转向新闻业。"[34]格洛丽亚·斯泰纳姆（Gloria Steinem）也回忆道，在历届政府中，肯尼迪政府头一次让他们感受到"我们写的东西可能会被白宫阅读"[35]。所有这些因素使得新闻共同体"自然成为肯尼迪的支持者。他和记者对同样的事情感兴趣，上同样的学校，读同样的书，有同样的分析思维。总的来说，同与政客共事相比，肯尼迪与记者的相处要更加融洽"[36]。

---

　　① 《哈泼斯周刊》（Happer's）创办于1825年，初为文学类期刊，1925年取消插图，转为关注公共事务的文化类期刊，内容包括政治时事、科学、艺术、文学作品和文艺评论。

这些内容是否属实已经不重要了，因为无论事实什么样，记者就是按照这种模式去回忆肯尼迪的。

从亲近到新闻管理

肯尼迪与新闻共同体并不疏离而更像是其中的一部分，这种感知有助于解释肯尼迪之死对于美国记者产生的中心效应。然而，肯尼迪和媒体之间的亲近光环随着时间变淡了，尤其是当总统进行形象管理的尝试与他表达的对媒体独立的关切之间发生冲突时。几十年后，专栏作家大卫·布罗德（David Broder）回忆了总统如何成功地把一部分新闻记者变成了自己的啦啦队。[37]《新闻周刊》被指责定期调整它的新闻报道以便改善肯尼迪的形象，而《纽约时报》也因为隐瞒了有关猪湾事件的信息而被严斥。[38]总统对形象管理的关切经常性地得以呈现，它们包括：白宫取消了22份对《纽约先驱论坛报》的订单，因为该报对肯尼迪政府的报道令总统不快[39]；在《时代》周刊的编辑面前对该刊记者休·赛迪咆哮，因为他低估了肯尼迪的支持人群的数量[40]；由于《华盛顿邮报》记者对肯尼迪的一条评论，而冷却了与当时的知己布拉德利之间的长期关系[41]；因为肯尼迪感到被记者的报道冒犯而拒绝记者接触他的工作人员[42]。为《新闻周刊》报道肯尼迪的记者查尔斯·罗伯茨（Charles Roberts）后来坚持认为，肯尼迪政府"不能容忍任何批评……'你要么与我们站在一起，要么就是我们的敌人'，这是总统任命的秘书肯尼·奥唐奈（Kenny O'Donnell）告诉我的"[43]。

可以预见的是，这类活动在一定程度上削弱了记者"暂缓判断"的立场，有关"新闻管理"的指责开始在白宫记者中间流传。古巴导弹危机后，阿瑟·克罗克写道："新闻管理政策不仅存在，而且是以直接和故意的方式实施的，这种实施方式比以往任何一届非战时的美国政府都更加自私自利、更加大胆。"[44]在1961年4月26日的新闻简报中，伊西多尔·范斯坦·斯通（I. F. Stone）①指责肯尼迪存在欺骗行为，而且领导水平有所下降："总统的敌意似乎不是针对在古巴惨败中暴露出来的愚蠢，而是针对揭露这些愚蠢的自由媒体。"[45]几年后，亨利·费尔利（Henry Fairlie）抱怨说，肯尼迪的新闻管理政策和他对记者的社交式奉承都使记者很难客观地评价他。[46]所有这一切都表明，肯尼迪与媒体的密切关系在他过世时已经开始瓦解。然而，大多数媒体对于肯尼迪政府还是表现出一种总体支持、亲近友好、忠诚信赖的态度，这一更大的图景依然如故。

作为"电视总统"的肯尼迪

无论记者选择赞扬还是批评肯尼迪政府，他们都承认，肯尼迪对电视有一种特殊的重视。这使他得到了"电视总统"的称号。如哈伯斯塔姆观察到的那样，肯尼迪和电视"镜头为彼此而生，他是电视荧屏上第一位伟大的政治巨星"[47]。

在一定程度上，肯尼迪与电视的亲近关系被认为是由他的家庭成员精心策划的，他的家人一直在努力推动他在电视上亮相。哈伯斯塔姆讲述了下列故事：

> 1959年，桑德尔·瓦诺克尔（Sander Vanocur）当时还是全国广播公司（NBC）②的一名年轻记者，被电视网派驻到芝

---

① 原文只写了 I. F. Stone，实际全名为 Isidor Feinstein Stone（1907—1989），美国著名记者。

② 全国广播公司（National Broadcasting Company，NBC）是美国三大全国性商业广播电视网之一，1926年成立，总部设于纽约。

加哥。他很快发现杰克·肯尼迪（Jack Kennedy）[①] 的妹夫萨金特·施赖弗（Sargent Shriver）[②] 在有意培养与自己的良好关系……一天晚上，在施赖弗家的派对上，一个面色红润、拥有一头棕发的老年男子走向瓦诺克尔并说道："你是桑德尔·瓦诺克尔吗？"瓦诺克尔表示自己正是。"我是乔·肯尼迪（Joe Kennedy）[③]，"这位男子说道，"我在小石城看到过你，你在那里干得不错。我一直告诉杰克，要多花点时间，多注意一下像你这样的人，少关注纸媒记者。我想他正要来了。"[48]

随着肯尼迪开始执政以及他的执政理念日趋成熟，他对新闻业的兴趣和对电视业的好奇心也与日俱增。

当人们认为肯尼迪之所以赢得 1960 年大选，正是得益于他对电视业的了解时，人们对于电视业的好奇心一下子被激发出来了。那些在电视上看过他的人高度赞扬了他在"大辩论"中的表现：通过广播收听辩论的人认为尼克松是胜者，而那些在电视上看过辩论的人则认为肯尼迪获胜了。[49] 这些辩论有助于改善肯尼迪在民调中下滑至第二的处境。[50] 人们认为他赢得大选"在很大程度上是因为他在我们客厅的电视屏幕上所呈现出的模样和声音"[51]。

记者们回忆起肯尼迪如何在辩论中充分利用他对媒体的了解来获得优势：他在电视上亮相之前好好进行了休整，用化妆品掩盖面

---

① 约翰·肯尼迪也被称作杰克·肯尼迪。

② 萨金特·施赖弗（1915—2011）是约翰·肯尼迪的妹妹尤妮斯·肯尼迪·施赖弗（Eunice Kennedy Shriver）的丈夫，美国政治家和社会活动家，曾在肯尼迪和约翰逊执政时期的政府部门工作。

③ 即约翰·肯尼迪的父亲老约瑟夫·帕特里克·肯尼迪（Joseph Patrick Kennedy, Sr.，1888—1969），爱尔兰裔美国商人、金融实业家、外交官。

部瑕疵，并且事先接受了充足的相关训练。[52] 主持这次辩论的唐·休伊特（Don Hewitt）后来说："电视钟爱着杰克·肯尼迪。"[53] 他在电视上出现的重要意义已经超出了政治竞选的范畴，电视"合法地成为传播政治话语的主要工具……这不仅仅是肯尼迪的胜利，也是新型媒体的胜利。几个小时之后，没有人能够回忆起电视上的人物说了什么内容，只能想起来他们长得如何，给人以什么样的感觉"[54]。辩论之后，记者埃德温·格思曼（Edwin Guthman）回忆道，电视新闻业的时代据称已经开始了。[55]

25　　肯尼迪决定以总统的身份定期举行电视直播的新闻发布会，也产生了类似的影响。纸媒记者认为它是"仅次于猪湾事件的政府灾难"[56]，但是电视记者对此则欣喜若狂。他们称赞了肯尼迪总统为组织第一次新闻发布会而做的精心准备。记者们注意到："在准备这场精彩的表演上，好莱坞也不可能做得更好了。"一名记者回忆起肯尼迪如何从纽约请来一位电视顾问安排发布会现场布置，用白色纸板驱散面部阴影，并在最后一刻重新缝制了讲台后面的窗帘。[57] 肯尼迪对每场发布会的准备都是"深入而细致的"[58]，并伴有一份严谨的通报。在此期间，塞林格预测记者有可能提什么问题，并从肯尼迪的工作人员那里收集回复，然后总统召开一个"新闻发布早餐会"，在那里他练习回答问题。[59]

　　现场直播的新闻发布会为肯尼迪提供了一个合适的舞台。汤姆·威克认为，对总统来说，这是一个"完美的论坛，可以让人了解他的外貌、他的智慧、他的机智、他的自信。肯尼迪让美国人第一次看到了一位行动中的总统……他在这种艺术形式上或许比在总统任期内的任何其他方面都做得更好"[60]。经常代表《纽约时报》参与新闻发布会的詹姆斯·赖斯顿回忆起总统是怎样"用小数点让你不知所措，或是用一个微笑和一句俏皮话让你放松警惕的"[61]。1962 年 10 月 22 日，肯尼迪选择在晚上 7 点的电视直播中要求苏联从古巴撤走导弹，这就是肯尼迪政府的典型特征。他的信息对国家的影响与这些信息通过电视传播有很大关系。"在电视上发出最后通牒，而不是依靠正常的外交渠道，肯尼迪的行动产生的影响被放大了很多倍，他向全世界发出'我们不会退缩'的信号。"[62]用大卫·哈伯斯塔姆的话说，这些行为"让电视记者成为对政客来说比纸媒记者更为强有力的中转人"[63]。

肯尼迪在他执政期间一直高度重视电视。1962 年 12 月，他成为第一位接受三家电视网记者非正式电视采访的总统。[64]本杰明·布拉德利对于这种偏离常规的实践感到不安，他在日志中写道：

> 1962 年 12 月 17 日，总统今晚进行了电视直播，回答了每家电视网驻白宫记者的问题……我在家收看了直播，作为一个以书面文字为生的人，我感到专业受到了威胁。节目异乎寻常地出色，节奏良好、色彩明快，内容幽默而庄重。我觉得相比之下，文字叙述变得苍白无力了。[65]

当布拉德利面见总统向他表明电视采访会对纸媒记者产生令人不安的影响时，肯尼迪反驳说："我总是说，当我们不必经过你们这些混蛋（印刷媒体）时，我们就真的可以使我们的故事直达美国人民了。"[66]肯尼迪允许摄像机拍下他整合亚拉巴马大学的努力[67]，他前往巴黎、维也纳和柏林的旅途，以及他对苏联人发出的远离古巴海岸的警告。在另一个领域，杰奎琳·肯尼迪带领美国人民通过电视参观了白宫。[68]因此，肯尼迪成为新闻界形成共同体的推动者，对电视记者而言尤其如此。

肯尼迪担任总统期间的影像，为人们在肯尼迪去世后缅怀他设定了基调。因此并不奇怪，出版于肯尼迪遇刺后一周的《新闻周刊》的纪念特刊，用下列言语来赞扬他对新闻业和电视业的影响："从没有一位总统能够如此接近媒体，也没有哪位总统如此迫切地希望正在发生的历史被记录下来，他甚至在国家面临危机的时候，还让电视摄像机从他的肩膀后面窥视。"[69]在文化权威的边界正在发生改变时，肯尼迪和新闻界之间的关系在某种程度上界定了新闻共同体，这对寻求自我合法化的记者很有帮助。肯尼迪的兴趣强调了新闻业的重要性，把它提升为一门专业，并赋予那些电视工作者以合法性。因此，肯尼迪政府为记者提供了一个处理文化权威、历史和专业主义等宏大问题的途径。

不断变化的文化权威边界以及肯尼迪对新闻业始终如一的兴趣，都有助于将1960年代初塑造为"新闻业的伟大岁月"[70]。记者们称赞肯尼迪家族提供了优质的新闻报道素材，诸如《纽约时报》和《新闻周刊》这样的知名新闻机构的发展也被视为新闻业开启更广泛的专业扩张的前奏。观察者感到，新闻业的专业地位得到了提高。到1962年，记者"越来越将自己的工作视为一份专业……这意味着相应的义务、权利和责任随之而来。他们得到了更好的收入，变得更有责任、更为严肃。他们不能轻易被折服，也不能轻易被利用"[71]。记者们感到，他们正在进入一个成长和成熟的时期，许多人认为他们将会迎来文化和社会合法化的新机遇。

电视新闻不确定的合法性

然而，这种成长并没有在媒体之间得到均衡的分配。在肯尼迪登上总统宝座时，电视新闻的地位仍处在争议之中。它被新闻共同体认为是一个调皮捣蛋的孩子，被斥为"新闻业的轻浮之物，一头笨拙的无法满足日常突发新闻需求的野兽"[72]。所有纸媒记者仍坚信"他们的媒体是更严肃的、更合法的新闻媒介"[73]。印刷媒体相对于电视媒体的优越性，"是连 1960 年代的电视新闻人自己都普遍接受的看法……那时电视原创报道的案例极为少见，这种媒体本质上仍是一种衍生品"[74]。电视记者在报道某一事件时，如果有独到的角度，他常常将其提供给通讯社记者，以便引起纽约总部编辑们的注意。[75]因此并不奇怪，就在肯尼迪遇刺前几个月，国际新闻学会①拒绝了一项接纳广播和电视新闻人入会的提议，认为他们不能算是真正的记者。[76]

合法化的开端

然而到了 1960 年代早期，人们对电视新闻的兴趣开始变得浓厚起来。1960 年夏，美国家庭平均每日使用电视的时间达到了 4 到 5 个小时，88％的家庭拥有电视机。[77]特定技术的进步改善了电视新闻的播送质量，尤其是录像带的普及和 1962 年通信卫星被投入使用。[78]电视网得以调整新闻呈现的既有形式，从只有"头部特写"转为更为复杂的、包含实际新闻影像的播报形式。

制度变迁也有利于电视新闻发挥其优势。联邦通信委员会（FCC）的官员提议建立一个独立的、专注于电视新闻的新闻协会组织。[79]新任命的 FCC 主席牛顿·米诺（Newton Minow）倡议增

---

　　①　国际新闻学会（International Press Institute，IPI）是一家民间的国际新闻机构领导人组织，宗旨为促进世界范围内的新闻交流以及提高新闻业务，1950 年 10 月，其由 16 个国家的 34 位编辑在哥伦比亚大学倡议成立。

加电视新闻的时间，以填充他所说的电视娱乐节目的"广袤荒原"。
1963 年秋，哥伦比亚广播公司（CBS）[①] 和 NBC 都把原本 15 分钟
的电视新闻延长到了整整半个小时，而美国广播公司（ABC）[②] 则
在 1967 年之前一直延续着时长较短的模式。[80] 为了纪念这一时刻，
肯尼迪接受了三大电视网的采访，当其中一家电视网发现摄像机发
生故障后，他又接受了第二次采访。[81] 电视网还创建了新的分台以
满足日益增长的信息需求。[82]

　　电视新闻的合法化也与媒体的技术属性有关。支持者开始提
出，在传递某些种类的新闻报道时，电视或许是一种比印刷媒体更
好的媒介。新技术也被视为有助于摄像师和记者报道"对他们而言
过去可能无法报道"的事件。[83] 观察者指出了一系列电视新闻更能
胜任的新闻报道。例如，民权运动就通过电视获得了绝大部分的公
众支持，因为运动的"领导者……能娴熟地操纵电视新闻，清楚地
了解通过某些影像调动选民的方式"[84]。正如大卫·哈伯斯塔姆后
来评论的，"在肯尼迪生命的最后一年，（《时代》周刊记者休·赛
迪）注意到一个逐渐发生的变化，与其说是肯尼迪对该杂志的公正
性的看法，不如说是他对杂志重要性的估计。随着电视的出现，情
况发生了变化。在华盛顿，印刷媒体的权力正在迅速滑落。电视提
供了更好的渠道，所以电视得到了更好的报道机会"[85]。电视日益
增长的地位甚至令一名纸媒记者称，报纸"只不过是肯尼迪新闻发
布会上的'群众演员'——表演舞台显然是为电视准备的"[86]。

---

　　① 哥伦比亚广播公司（Columbia Broadcasting System，简称 CBS）是美国三大全
国性商业广播电视网之一，1927 年成立，总部设在纽约。
　　② 美国广播公司（American Broadcasting Company，简称 ABC）是美国三大全国
性商业广播电视网之一，1943 年成立，总部设在纽约。

在记者看来，电视的合法性日益提升的背后，隐含着对其技术进步越来越多的接受和认可。记者认为电视技术的"改进"——即时性、视觉元素、戏剧性——使电视新闻成为真正的新闻形式。人们开始认为，与印刷媒体相比，电视提供了一种更"优质"的新闻业。

合法化的巩固

所有这一切在 1964 年 7 月，肯尼迪遇刺第二年的夏天，发生了巨大变化。彼时，电视新闻业已经成为美国日常生活和政治领域中一股强劲的力量。记者们认为这一点在旧金山牛宫举行的共和党全国代表大会上得到了展示。在那里，记者被视为"游戏本身的玩家"[87]，遭到大会代表的嘘声，并被安保人员和警察带离会场。重要的是，纸媒记者并不是这场游戏中的唯一玩家。汤姆·威克回忆道："观众愤怒地对着玻璃隔间①里的人——电视'评论员'和'主持人'——举起拳头，这传达了以下信息：在公众脑海里，'新闻界'已经与电视密不可分了。"[88]

纸媒记者和电视记者之间的连接强调了他们成了一个专业共同体。更重要的是，电视记者作为新闻生产者的角色已经令他们值得被仔细考虑。如共和党候选人巴里·戈德华特（Barry Goldwater）后来所说，"在旧金山我就本该知道，我会在那里赢得提名但输掉大选"[89]，他的工作人员"没有意识到抑制电视新闻对于戏剧性的渴望有多么重要"[90]。电视记者已经变成一股需要应付的力量。

回过头来看，记录者认为，牛宫发生的事件反映了电视记者在

①　"玻璃隔间"指的是电视机屏幕。

获得合法性方面的重要变化，他们前一年还被一家国际性新闻机构拒绝接纳为成员，但现在被认为是"活跃的玩家"。1963 年不确定的专业性开端在 13 个月后被推到了明确的合法地位。电视记者——言下之意，也就是所有记者——用以证明自己具有合法性的条件已经发生了明显的变化。

　　媒体对肯尼迪遇刺事件的报道在某种程度上带来了这一明显变化。一位批评者说，电视"是这场震荡的中心。它以其不可磨灭的图像、信息、即时性、重复性和特写镜头，为公众定义了这场悲剧"[91]。1963 年底，罗珀民意研究中心①的一项调查显示，美国依靠电视来获取新闻的人与依靠印刷媒体的一样多。[92]到了 1960 年代末期，电视成为人们首选的新闻媒介的时代已经到来。

作为关键事件的刺杀

　　肯尼迪遇刺事件正好处于电视逐渐被视为合法的新闻媒介的过程之中。电视新闻业据称在达拉斯获得了成长，"因为它从未面临过这样一个故事，需要承担如此多的责任去讲述这个故事"[93]。记者自己看到了肯尼迪的命运与电视交织在一起，这又突显了这两个领域对合法化的追求。重要的是，电视行业里的人，尤其是电视记者，把肯尼迪视为帮助自己出生的助产士。《广播》杂志在肯尼迪遇刺事件一周后刊发了一期特刊，其中一节的标题是"肯尼迪为电

---

　　① 　罗珀民意研究中心（Roper Center for Public Opinion Research）于 1947 年成立，是世界上关于社会科学数据的顶级数据中心之一，尤其是在公众舆论调查方面。

视增加的维度"。它是这样描述的：

> 从美国人第一次在"大辩论"中看到这个年轻人，到一位美 *30*
> 国总统通过电视特写告诉美国人民，我们即将封锁古巴甚至可能
> 采取进一步的措施，他把广播和电视带出了新闻业的第二梯队，
> 使其与更古老的印刷媒体成为同行。电子新闻业及其新闻人的地
> 位日益突出……这种媒介不再需要进一步确保其在社会中的位置，
> 它的地位已经通过 CBS 的沃尔特·克朗凯特（Walter Cron-
> kite）①、NBC 的切特·亨特利（Chet Huntley）和大卫·布林克利
> （David Brinkley）对总统的独家专访得到了印证。[94]

新闻共同体的成员感到，肯尼迪对电视的兴趣既促进了广电行
业的发展，也增强了记者的专业合法性。这种观点显而易见地出现
在悼念肯尼迪总统的文章中，刊印在行业刊物中类似"肯尼迪保留
了新闻人的前景"等题目下。[95]

所有这一切都将肯尼迪遇刺报道置于一个更大的背景下，即美
国媒体的合法化。那些认为电视新闻应负责传播这起悲剧的观点，
支持了更大的关于记者权威的话语，同时也强调了电视新闻的价
值。公众是通过电视了解肯尼迪遇刺事件的，在很大程度上，电视
技术提供了关于这一事件的国家记忆。

电视记者的合法化被理解为一个渐进但明确的过程。就像那个
时代的其他实体，这一合法化被认为得到了自反性叙事的帮助，这

----

① 沃尔特·克朗凯特（1916—2009）是美国著名电视新闻主持人，早年在合众通
讯社（即后来的合众国际社）接受职业记者训练，1950 年加入 CBS，1962 年至 1981 年
担任 CBS《晚间新闻》节目主持人，先后报道过肯尼迪总统遇刺、越南战争、冷战、人
类登月等重大事件。

些叙事解决了文化权威的边界变化和专业性的界定等问题，改变了关于何为重要的共识，以及对历史在日常生活中日益增强的重要性的认识。那个时代的记录者因而调整了他们的叙事——关于1960年代、关于肯尼迪政府、关于电视新闻的合法化——直到类似的观念出现。在讲述和重述刺杀故事时，记者所援引的背景强调了历史和历史事件对专业合法化的作用。

这并不是说所有的专业人士都变成了历史学家，只是说更为直接地接触历史事件影响了专业人士如何决定他们实践的恰当边界。这种情况使得记者更容易借助历史来进行自我合法化的尝试。记者看到他们自己承担了更多的文化权威角色，并以新的、不同的方式扮演社会的、政治的，最终是历史的仲裁者的角色。他们以一种使正在进行的关于时间、专业和他们讲述故事时使用的新兴技术的事件变得有意义的方式，让关于肯尼迪遇刺事件的记忆得以永存。

31

所有这些都直接影响了肯尼迪遇刺事件被媒体重新讲述的方式。大多数对1960年代的重构都把有关电视新闻业的叙事与有关肯尼迪政府的叙事联系在一起，这种联系随着总统遇刺而被撕得粉碎。在一个具有讽刺意味的转折中，肯尼迪之死激发了那个时代的观察者们的关注和能量，为他们提供了一种方式来就权威、权力、连接性和历史重要性等议题进行及时的辩论。记者用肯尼迪的死亡来使电视合法化，因此这种在他生前提供了最佳服务的媒介在他死后继续为其服务。

肯尼迪遇刺事件由此成为一个记者展示其作为专业人士的合法化过程的舞台。它为电视记者从行业的局外人到"核心玩家"的流动提供了背景。通过这种方式，它成为新闻专业人士的一个关键事件。通过该事件，他们得以评估、挑战和协商关于记者何为的共识性观念。

第三章　修辞合法化与新闻权威

记者确立自己作为肯尼迪遇刺事件的权威发言人的能力，可以从他们审慎和策略性地使用叙事的方式上得到确证。记者对于自身合法性的宣称，既是基于他们所采取的修辞手段，也得益于他们借助叙事重构了新闻背后的种种活动。因此，媒体需要通过叙事手段使其对于肯尼迪死亡事件的说法合法化。

创造一个叙事场所

叙事如何使其讲述者合法化——将叙事者确立为与某故事相关的、可信的、权威的发言人——长久以来就是公共话语和传播学的理论家们感兴趣的话题。该话题的中心议题是，实现语言的理性化和策略性目标。

亚里士多德（Aristotle）也许是第一个提出修辞术能够发挥劝服效果或行使权力的人。正如传播学者约翰·卢凯奇（John Lucaites）和西莉斯特·康迪特（Celeste Condit）所说："修辞性话语的主要目的和劝服一样……修辞性叙事存在于其文本性之外。"[1]类似地，马克斯·韦伯（Max Weber）也将叙事视为某种策略性行为，认为演讲和讲故事这类理性活动中包含着获取合法性的意图。[2]离当下更近的学者尤尔根·哈贝马斯（Jürgen Habermas）坚持认为，发言者采用语言这一手段，以使得人们对其活动形成不同类型的共识："在达成理解这一功能性层面，交往行为能够传递并更新文化知识；在协调行动的层面，交往行为扮演着促进社会整合、加强群体团结的角色；在社会化这一层面，交往行为能够帮助人们形成个体认同。"[3]哈贝马斯主张，发言者经常通过语言和话语来实现与自由或依赖等有关的目标。这是由于发言者的用词和表达能够支撑或者破坏社会凝聚力、群体团结与合法性。[4]传播支持共识的形成以达成上述目标的能力，决定着该传播行为能否真实有效地完成。

33

学者们也认为，叙事提供了某种基础性逻辑架构，使人们得以执行更为一般性的交往规则和惯例。例如，一些视叙事为策略性实践的观点认为，叙事暗含着建构社群和塑造权威的功能。[5]大约 20 年前，罗兰·巴特（Roland Barthes）提出：叙事是维持集体知识代码（collective codes of knowledge）的有效工具。对于发言者来说，叙事发挥着类似元代码（meta-code）的功能。叙事借助于在社会和文化层面都十分清晰的意义代码来有效地分享、传递故事。[6]同样，借助于叙事中的元代码，通过讲述相关的故事，现实才能够被解释。但是，只有对于那些共享了其所援引的元代码的人来说，这种现实才是能够被解释的。叙事能够创造社群，被当作促进合法化的策略性行为，以及拥有建构现实的功能，这些要点都表明了叙事行为的策略性本质。

因此，讲述者也许会使用一系列不同的叙事手段和文体风格来维护自身的地位和声誉，这不足为奇。海登·怀特（Hayden White）表示："一旦我们注意到文本中存在着权威这一主题，我们就能体会到，叙事中所声称的真相，甚至叙事这一权利都在某种程度上取决于它们与权威之间的关系。"[7] 因此，至少在部分层面上，有关叙事的问题也就和权威与合法化的问题紧密相连了。

当我们研究特定的故事如何演变发展时，就能发现叙事在获取权威性方面所发挥的作用尤为重要。海登·怀特、汉斯·凯尔纳（Hans Kellner）和其他学者的研究表明，随着时间的推移，发言者会通过与原始事件的关系来为自己重新定位，从而重构他们的权威。[8] 与叙事活动关系不大的目标也会被不同程度地纳入叙事。在怀特看来，这就意味着："与其说历史探究的动机是必须证实某些事件的发生，还不如说是为了确定某些事件的发生对于某一特定群体、社会或文化设想当前的任务和未来的前景意味着什么。"[9] 哪些讲述者最终会成为某个特定故事的权威发言人，与他们在修辞上的合法化实践以及从文化层面构成的权威性有关。

上述关于叙事和修辞合法化的前提与新闻专业人士直接相关。长久以来，人们认为新闻记者的工作包含了几个相互交织的层面：叙事、权威与修辞合法化。[10] 尽管所有的专业团体都会具备形式严密的知识体系，但是记者的专业权威却在很大程度上来自他们如何

34

描绘自己所知的内容，而不是来自他们究竟知道些什么。这意味着，关于实践问题的具体决策会完全取代他们所拥有的知识。[11]因此，媒体呈现新闻的方式——如何组织、构造给定的新闻故事——与其如何采集、报道新闻同样重要。也就是说，媒体通过叙事这一有效手段合法地成为某个故事的发言人。

新闻业通过叙事来获取合法性的问题在大众媒介化时代（mass-mediated age）变得尤为显著，因为媒介技术已经扩展了向记者开放的公共论坛的范围。过去半个世纪以来，媒介技术使得故事讲述者更有可能通过卓有成效的、富有权威的方式与公共事件相联系。[12]随着现代形式的公共话语所涉及的内容日益复杂，其传播目标也不尽相同，因此，获取修辞合法化的过程中也就涌现出不少问题。这在媒介化的公共话语中体现得更为明显。[13]

在这些限定性因素里，文化权威的基础被嵌入叙事之中。不仅在肯尼迪遇刺事件的报道中，而且在一系列仍在进行的关于文化权威、新闻专业性以及电视新闻合法性的论述中，记者都使用叙事将自己的行动合法化成专业人士所为。通过叙事活动，记者巩固了自己作为一个阐释共同体成员的身份，这个共同体是由它的故事、叙述和修辞支撑起来的。

刺杀事件的重述策略

重新讲述肯尼迪的死亡为研究叙事所包含的重构工作提供了很多机会，大量文献资料由此问世。肯尼迪遇刺的悲剧发生后的36

个月之内，大约有 200 本相关书籍被出版。在此之后，又有数量过千的期刊文章和书籍、几十部电视回顾片，还有至少 12 篇新闻通讯以及无数个专注于刺杀文献的书店诞生。[14] 在大众媒体的相关内容中，记者的姓名通常被置于他们所属的新闻机构之前，作为 11 月那四天发生的刺杀事件的权威象征。因此，重述刺杀事件也就给了记者传播故事、获取地位的机会。

媒体不是唯一竞相重述刺杀事件的主体，尤其是在 1960 年代末，人们开始相信阴谋论时，更多的主体加入重述刺杀事件的行列中。正如丹·拉瑟（Dan Rather）所言，那时候的"新闻人、警方、情报部门都在审查相关的证据"[15]。与此同时，历史学家、小说家和编剧也都参与了这项活动。从《新闻周刊》记者查尔斯·罗伯茨 1967 年对独立评论人马克·莱恩（Mark Lane）的作品的早期批评中就可以看出，媒体不会在重述肯尼迪遇刺事件中扮演次要角色。罗伯茨指出，莱恩声称自己提供了"唯一一份完整的刺杀事件目击者名单"，然而这份名单中却没有包含"坐在媒体巴士上的大约 50 名华盛顿记者"[16]。早在 1967 年，记者就热衷于把自己提升为记录肯尼迪遇刺事件的核心角色。

对于记者而言，关于肯尼迪之死的叙事使他们有机会重新评估和思考有关专业实践的共识性观念、新闻权威的恰当边界等方面的问题。记者在报道刺杀事件时有很多方式体现他们所扮演的角色。例如，在相关报道中对肯尼迪政府进行评判[17]；在带有怀旧色彩的"嵌着时代烙印的"文章中融入记者的个人记忆[18]；在各类文章、书籍和纪录片中从调查研究的角度切入刺杀事件，其中还包含着新鲜的阴谋论视角。在 1988 年播出的一部电视回顾片里，肯尼迪被子弹击中的影像之后，解说员评论道："这是肯尼迪及其夫人

35

在灾祸降临前的最后几秒钟（停顿），这几秒钟永远铭刻在我们心中。一小时之后，NBC 记者切特·亨特利和弗兰克·麦吉（Frank McGee）播报了这则我们最不愿意听到的消息。"[19]刺杀记忆的传递确保记者以讲述者的身份嵌入对事件的重述中，从而在刺杀故事中为新闻叙事创造了一席之地。

　　不论采用何种媒体形式，对刺杀事件的重述都取决于记者决定如何从叙事上重构该事件。可以这么说，叙事中容纳了叙述者对于刺杀事件的参与。这意味着，绝大多数刺杀叙事都署有作者的姓名。除一些以机构或集体名义发表的社论外，有关肯尼迪之死的文章或报道几乎没有匿名发表的。与之相反，新闻界对于该事件的回忆基本上都和记者个体的名字联系在一起。例如，CBS 的一部纪录片，通过新闻主播丹·拉瑟的视角，记录了其在达拉斯的四天的报道历程。这部片子中反复出现拉瑟的身影，由此确立了拉瑟作为刺杀事件叙述者的核心地位，并且强调了他在电视网最早从达拉斯发回的报道中的作用。[20]

　　重述达拉斯事件可以采取很多不同的方式。1963 年 11 月发生的那些事情变成了一段模糊的历史，媒体可以轻易地重新塑造这段历史。例如，1988 年 NBC 的一部电视回顾片就被分成不同的部分，以便记者能够通过好几轮的解说来重构刺杀事件。在这部片子中，埃德温·纽曼（Edwin Newman）是画外旁白人，切特·亨特利、大卫·布林克利和弗兰克·麦吉是画内解说员；一些记者——如比尔·瑞安（Bill Ryan）和汤姆·佩蒂特（Tom Pettit）——则充当该事件的现场记录者。[21]一旦简要地确立了这种分工，片中每位记录者似乎就在事件的时序框架中处于相同的位置。然而，事实上，埃德温·纽曼在刺杀发生 25 年后才叙说此事，弗兰克·麦吉是在刺杀发生当晚进行讲述的，而汤姆·佩蒂特则是在凶手李·哈维·奥斯瓦尔德被枪杀①的几分钟后进行讲述的。纪录片以单一时间框架将他们的讲述组织在一起，这就无法体现出占据不同时间框架的讲述之间有什么差异。这种组织方式使得画外旁白人处于中心地位，让人误以为他们很接近在达拉斯发生的事件。那些在时间和空间上距离最初的肯尼迪遇刺事件都很遥远的发言者，反而被授予了某种权威。

这种特殊的叙事重构——通过记者讲述当年的报道过程，进而回忆刺杀事件——将叙事者纳入其中，而无视他们在报道刺杀事件时原本所处的位置。这部纪录片不仅记录了几名记者与刺杀事件之间的联系，而且时常创造出原本不存在的联系。它还使得记者在刺杀事件过去多年以后，仍能在远离案发地的地方与该事件建立起合法联系。[22]该事件的原始记录——有关肯尼迪遇刺的电视镜头或是描写了此事件全过程的文字记录——通常稳定不变，对该事件的重述却变幻不定。这是由于每部纪录片或出版物都允许记者将他们所报道的事件置于不同的语境之中。而他们选择的语境往往与更为宏大的话语相关，尤其是电视新闻的合法性或新闻业作为一种专业的地位得到巩固之类的主题。

值得注意的是，人们意识到对于刺杀事件的重述少不了叙述者，这就引出了一套集体代码。借助于这套代码，记者同意将自己的在场纳入叙事之中。叙事在刺杀事件的重述中所占据的特殊地位，使得记者之间能对叙事的重要性形成共识。在记者眼中，叙事

---

① 凶手奥斯瓦尔德在刺杀肯尼迪的当天就被警方逮捕。两天后，奥斯瓦尔德在被警察从警局押往监狱的途中被一名叫杰克·鲁比（Jack Ruby）的夜总会老板枪杀。

有助于他们形成共同体，促进他们对现实的建构，还能够实现他们自身合法化的目标。就一切情况而论，叙事都是一种理性的策略性行为。

媒体主要通过三种策略来重述刺杀故事，同时还在重述过程中进一步确立自己的权威。这三种策略——提喻法①、省略法、个性化——在再现肯尼迪遇刺事件的过程中既独立起效又相互协作。

提喻法

提喻法——以部分"代替"整体的叙事策略[23]——使得记者能够将其在以往报道过程中所积累的权威调用到他们未曾经历过的事件中。通过提喻法，记者可以聚焦于他们亲身经历过的一些事件元素，从而扩充对于整个刺杀事件的重述。

例如，《纽约时报》记者汤姆·威克用一把通过得克萨斯州教材仓库的窗户取出的步枪来代替自己对刺杀事件的目击。[24]另一名记者通过射入奥斯瓦尔德腹部的子弹来说明肯尼迪遇刺事件嫌犯遭遇枪杀。[25]在另一个案例中，总统专车后座上伸向空中的一只脚被用来表示肯尼迪的死亡。[26]

媒体将刺杀报道从问题重重的表现转化为专业上取得的成就，是提喻式重述所取得效果的最好体现。关于刺杀报道的研究坚称，记者对于事件发生那几天的报道是卓有成效的。[27]尤其是记者对于奥斯瓦尔德被杀的报道以及用直播镜头捕捉到的他被子弹击中的瞬间，虽说它们最初被视为逾越了新闻业的合适边界，但日后都成为报道典范。类似地，媒体在对肯尼迪葬礼的报道中成了这一仪式的

---

① 以局部代表全部和以全部指代部分。

司仪，由于积极参与了弥合全国人民内心创伤的行动，这些媒体受到了肯定和赞扬。[28]在刺杀事件又经历了两次转折的那个漫长周末①里，对于肯尼迪遇刺事件的报道被记者、学者和公众吹捧为当代媒体史上的一次巨大成就。

　　然而，只要我们进一步审视当年的事件，就不难发现，这只不过是在刺杀发生的那个周末之后才被建构出来的一种观念。新闻界的胜利时刻不均匀地散落在刺杀事件发生的那几天。用威克的话来说，对于刺杀的报道刚开始时，"刺杀就已经结束"[29]。这些报道很及时也很全面，但充斥着很多问题：有些记者并未目睹肯尼迪遭到枪击，有些记者也未曾听到枪击的声音，他们只是在道听途说和各种流言的基础上写成了新闻报道。记者并没有联系到可识别的权威消息来源，所以他们提供的信息有不少缺陷。[30]经过实践检验的一些新闻报道手段——如依靠目击证人、寻找声誉好的消息来源以及核实事实等——当时都无济于事，信息传递的速度已经超过了记者搜集信息的能力。面对媒体史上最大规模的受众，他们手忙脚乱。

　　记者的专业性还进一步遭受到由业余人士和外行们的积极参与所带来的挑战。有关刺杀事件的最为详细的目击证词来自普通旁观者，而不是车队中的 50 余名记者。与记者不同，这些旁观者并没有受雇去报道"总统的身体"，可是无论如何，他们实际上也进行了相关报道。[31]影像资料也并不是由身处总统车队中的记者提供的，而是来自当地的商人、家庭主妇和商务人士，其中就包括著名的扎普鲁德影片。[32]由裁缝师亚伯拉罕·扎普鲁德（Abraham Zap-

_38_

---

①　指从肯尼迪遇刺的周五到他被下葬的下一周的周一。

ruder）提供的刺杀事件影像，是相关影像资料中被研究次数最多的。扎普鲁德一开始其实忘了带电影摄影机，他迅速回家取了机器，并最终在总统车队抵达之前赶回到现场。[33]

　　上述要点在本书后面章节中还会得到更详细的探讨。这里所做的概述意在强调记者对肯尼迪之死进行报道时存在的问题。就提供信息这一职能而言，记者根本没有达标，他们的报道反映出新闻业的失败。新闻权威的建构因而不是借助记者的行为，而是来源于他们对自身行为的叙述——也就是说，记者需要在语言修辞上将自己合法化，从而抵消其漏洞百出的行为所带来的负面影响。

　　记者通过将刺杀故事纳入包含两大高潮事件的更大范围的叙事中来达到这一目的，这两大高潮事件分别是奥斯瓦尔德被杀和肯尼迪葬礼。记者报道奥斯瓦尔德被杀的方式成为意外事件报道的典范。《广播》杂志称记者对枪击场面的捕捉是"电视史上的第一次"[34]。同样地，在报道肯尼迪葬礼时，记者以一种有助于抚平国家创伤的形式主导了这一事件。[35]刺杀故事的这两个维度促使观察家们将整个报道吹捧为一场胜利。记者在相关报道中也尽力迎合这种观念。他们将对于刺杀的叙述塑造成一个长长的故事，从肯尼迪遇刺的周五一直延伸到他被下葬的下周一。通过这种操作，他们夸大了自己的成功之处，而对自己的失败和错误轻描淡写。他们的成功报道——有关肯尼迪葬礼和奥斯瓦尔德被杀的报道——似乎代表了新闻界在整个刺杀事件中的表现。由此，他们避开了潜在的批评声。

　　因此，在那个被拉长的周末所发生的一系列事件推动了记者通过提喻法完成修辞合法化。利用叙事中的一部分来代表整个叙事，提升了记者的优势地位。奥斯瓦尔德被杀和肯尼迪葬礼举行时，记者都在场，这就弥补了他们没有目睹肯尼迪遇刺的缺憾。一旦肯尼迪的死亡以及奥斯瓦尔德的嫌疑得到证实，核实事实就显得不那么重要了。同样地，当非官方目击者（通常是旁观者）复述了现场事件后，权威信源的消息也就显得不太重要了。信息发布的迅速及时——得益于通讯社、广播和电视——与记者采集信息的相对滞后之间的矛盾，到了肯尼迪葬礼时，就显得不那么突出了，因为此时几乎不需要采集信息。在这些情况的综合作用下，媒体错过了总统遇刺事件的实际发生，就从一个独立的、使人质疑新闻专业性的事故转化成更大范围的新闻界巨大成就的一部分。因此，提喻法不仅帮助记者对那些他们未曾经历过的事件承担责任，还掩盖了他们报道中某些层面所暴露出来的问题。

提喻式重述会由于其所涉及媒体种类的增多而变得复杂。例如，技术通常被描述为完成新闻工作的核心因素，摄影、摄像以及其他媒介技术使得记者在刺杀事件中重新确立起自己的角色，并在某种程度上使他们承担了他人的工作职责——其他记者和新闻机构乃至非记者（例如扎普鲁德）的职责。

然而，采用长篇叙事对于电视业发挥优势尤为有利。电视叙事的范围从周五一直持续到下一周的周一，刺杀事件的主导叙事框架也就此成形。这种大范围的叙事不仅讲述了肯尼迪遇刺和下葬的故事，还展示了记者在报道过程中所经历的各种困难、艰辛和取得的成就。讲述刺杀故事就意味着讲述电视如何报道此事件。

记者还利用提喻法来为自己在新闻共同体内夺取有利地位。通过重组叙事形式，记者力图使某些报道渠道（电视和报刊）领先于其他渠道（广播），使某些报道群体（全国性媒体）领先于其他群体（地方性媒体）。（全国性）电视台的角色被用来代表整个美国新闻业。

40

因此，提喻法发挥了多种作用：通过让媒体为整个故事的完整性负责，它使得媒体在更宏大的刺杀叙事中扮演了可靠讲述者的角色；提喻法模糊了记者报道中"专业"与"非专业"之间的界限，使得记者可以对那些超出他们亲身经历范围的事件承担责任；提喻法还使得公众较少讨论记者实际上做了些什么，而更多地关注此次新闻报道给他们留下的印象，记者和新闻机构都希望这种印象一直持续下去；提喻法也激发了新闻业的内部斗争，确立了全国性电视台和全国性报刊在刺杀叙事中的核心地位。总而言之，提喻法使得记者，尤其是电视记者，成为刺杀故事的权威讲述者，而不论记者个体在事件中的所为、所见和所闻究竟是什么。

省略法

重述刺杀故事所采用的第二种策略是省略法。与提喻法一样，省略法也被用于重新安排故事材料等活动。但是，它又提供了一种不同的编排方式，以达到树立权威性这个更大的目标。记者重新组织了与最初的刺杀事件有关的时间、人物和地点元素，但是，广播、地方性媒体和业余人士所扮演的角色却在记者对事件的重述中被略去不提。

广播为刺杀叙事如何省略了原事件中的核心要素提供了最突出的案例。虽说大多数电视纪录片在探讨电视在报道刺杀事件中的作用时，都是以当时的广播新闻为背景的，但几乎没有人认可广播的报道——无论是通过媒体层面、电视网层面抑或个体记者的层面。影像资料显示，大量手握笔记本和铅笔的记者聚集于达拉斯的帕克兰医院（Parkland Hospital）门口，听着广播记者断断续续地转述着通讯社对所发生事件的报道。[36]然而，对于广播在这种情况下所发挥的作用，电视纪录片却只字未提。相关书籍和文章反复引用的故事片段，也只是被模糊地注明"来自电台主播"。几乎在所有情况下，一旦涉及新闻界对于达拉斯事件的回忆，广播的作用都会被简单地抹去。

刺杀叙事也弱化了地方性媒体的重要性，实际上它们在刺杀报道中发挥的协助作用对于揭示事件的全貌至关重要。惨剧发生时，地方性媒体——尤其是达拉斯媒体，也有其他地方的媒体——很快因为它们提供的帮助而受到了赞扬。[37]一家行业刊物花费大量笔墨，详细描绘了地方性媒体如何"玩转"这个故事。[38]俄勒冈州的广播电台就因为其对于公众的责任感而受到称赞。"这些广播电台，"这篇文章评论道，"应该为它们隶属于广电行业而感到自豪。"[39]然而，随着时间的流逝，有关刺杀事件的各种回忆已经不再提及地方性媒体，当代的相关复述和回忆实际上也完全抹杀了地方性媒体在刺杀报道中的作用。

在其他对于刺杀报道的重新编排中，一些特定的人物从事件中消失了。例如，时任 CBS 达拉斯分台地方新闻部主任的记者埃迪·巴克（Eddie Barker），提供了第一则未经证实的肯尼迪已死的报道。当时，《广播》杂志描述了事情经过："KRLD 电视台①记者埃迪·巴克同相关医生交谈之后，首先发布了肯尼迪总统去世的报道。身处纽约的沃尔特·克朗凯特频繁地提及这则报道，但还是强调它并非官方声明。因此，CBS 抢在其他媒体好几分钟之前发布了肯尼迪先生死于枪伤的消息。"[40]巴克发回相关消息之后，同样位于刺杀现场的 CBS 记者丹·拉瑟也发布了两条确认肯尼迪死亡的非官方消息，这些消息都早于官方声明。[41]

41

---

① 即 CBS 达拉斯分台。

然而，在大多数当前对事件的记录中，巴克在刺杀报道中的作用几乎被淡化至忽略不计了。如今，只有在最全面、最详细的记录中才能找到巴克的身影。反而，记录材料基本遵循着 1989 年记录中的时间线："从年轻记者丹·拉瑟那里得知肯尼迪总统去世的消息后，沃尔特·克朗凯特的眼眶中溢满了泪水。"[42] 1983 年的另一版本的记录中同样声称："多亏了拉瑟，CBS 创造了另一项'第一'——首先发布肯尼迪去世的消息。"[43] 一份写于 1978 年的记录也暗示，先是拉瑟，然后才是巴克，获取了肯尼迪去世的消息。[44]

　　更多最近的对事件的描述已经推翻了早前记录中的要点：位于纽约的 CBS 新闻部最初是从巴克那里获悉肯尼迪去世的消息，随后又从拉瑟那里得到了相关消息；克朗凯特是在官方确认肯尼迪死亡后才让泪水噙满眼眶的，而不是在拉瑟发回相关消息的时候；"首先"报道肯尼迪死亡的是巴克，而不是拉瑟。如今，大多数对于 CBS 往昔报道的记述，都在抹除名气较弱的埃迪·巴克（受雇于 CBS 分台）之功绩的基础上突出强调丹·拉瑟的作用。也就是说，地方性记者的角色向来不被重视。与此同时，人们又在详尽描绘知名度更高、地位更显赫的全国性记者的作用。

　　叙事也转移了有关"电视可能促成了李·哈维·奥斯瓦尔德之死"的争议。大量记者闯入奥斯瓦尔德被枪杀的那条通道，他们携带着电线和设备聚集在那里，这种侵扰行为遭到了许多官方人士和新闻界人士的谴责。[45] 这些谴责中影响最大的来自美国报纸编辑协会①举办的特别会议，这场会议集聚了 17 家新闻机构的负责人。他

---

① 美国报纸编辑协会（American Society of Newspaper Editors，ASNE）1922 年成立于纽约，是由美国各大报和有影响的中小报纸的主编和编辑部负责人组成的全国性新闻组织，后更名为美国新闻编辑协会（American Society of News Editors）。

们会聚一堂，探讨《哥伦比亚新闻评论》所称的"电视审判"现象。[46]由沃伦委员会①发布的首份对于肯尼迪死亡的官方调查报告中，有一节内容名为"新闻人的活动"，审视了记者在达拉斯的行动中存在问题的方面。[47]然而，时至今日，记者在刺杀报道中的问题行为甚少被提及。如今关于奥斯瓦尔德故事的叙述中，大都将这些方面重新描绘成新闻业的成就，因为记者通过直播镜头捕捉到了奥斯瓦尔德被杀这一最新消息。

每种省略手段都与新闻专业性和新闻业的合法性等更宏大的主题相联系。这些省略手段贬抑了广播、业余人士和地方性媒体的作用，而夸大了电视、新闻专业人士和全国性媒体的角色。对于电视业在奥斯瓦尔德之死中所存过失的轻描淡写，则进一步支持了新近兴起的关于成为一名专业记者，尤其是全国性电视台记者，意味着什么的解释。因此，省略法反映了正在进行的有关新闻权威合理边界的讨论。持续至今的叙事中强调了全国性记者，尤其是全国性电视台记者在报道刺杀事件的过程中所体现出的专业性。媒体在重述刺杀故事时省略了那些也许会破坏、抹黑、否定自身权威性的元素，由此进一步维护了它们的权威地位。

个性化

重述刺杀故事的第三种策略是个性化，即记者从个人经历的角

---

①　沃伦委员会（Warren Commission）的正式名称为约翰·肯尼迪总统遇刺事件总统委员会（President's Commission on the Assassination of President John F. Kennedy），主席为时任美国最高法院首席大法官的厄尔·沃伦（Earl Warren），因而也被称为"沃伦委员会"。该委员会由美国总统林登·约翰逊指定，成立于1963年11月29日，负责调查肯尼迪总统被刺和嫌犯李·哈维·奥斯瓦尔德被杀的原委。

度回忆刺杀事件。

　　记者首先使用他们所熟悉的有关刺杀事件的元素来进行个性化的故事讲述，通常是根据刺杀发生那几天他们在达拉斯的所见所闻。《新闻周刊》记者查尔斯·罗伯茨在一篇名为《达拉斯目击者》的文章中详细讲述了他本人的见闻。[48]《时代》周刊记者休·赛迪强调，"1963 年 11 月 22 日当天，我和肯尼迪总统都在得克萨斯州的达拉斯……当时身处达拉斯的记者们都不会忘记这一天"，他通过这种说法让他对于肯尼迪总统的记述获得了某种权威性的认可。[49]《纽约时报》记者汤姆·威克在他的一本著述中写道："我担任了两年的白宫通讯记者，其间报道了肯尼迪总统遇刺事件。"[50]

　　在复制传播刺杀事件那几天所拍摄的照片的过程中，照片上记者的躯干或头部周围都被加上了各种人工标记。罗伯茨的一篇文章中包含了林登·约翰逊（Lyndon B. Johnson）① 在空军一号上宣誓就任总统时他本人在现场的照片。在这张照片中，白色粗箭头指向罗伯茨的头部，这个箭头同时也位于林登·约翰逊的头部后面。[51]罗伯茨还在另一本书的封底上翻印了他在达拉斯报道时的记者证照片。[52]

　　电视回顾片的开头都讲述了刺杀故事讲述者在 1963 年 11 月的活动轨迹，具体说明他们去了达拉斯的什么地方。肯尼迪去世 25 周年纪念日当天，曾经担任全国性媒体记者的史蒂夫·贝尔（Steve Bell）在费城一档晚间新闻节目里回忆了当时的场景："在

43

────────

　　① 林登·约翰逊（1908—1973），1961 年至 1963 年间担任美国第 37 任副总统，在肯尼迪遇刺身亡后继任总统，于 1964 年获得连任，即于 1963 年至 1969 年间担任美国第 36 任总统。

内布拉斯加州的奥马哈市，我和妻子刚被医生告知，我们的第一个孩子马上就要降生了。随后不久，肯尼迪总统遇刺，我被遣往达拉斯报道这场灾祸的余波。"[53]接下来，这档节目不仅讲述了肯尼迪遇刺时发生的事情，还展示了贝尔当年在达拉斯的各种活动，其中就引用了贝尔当年所做的电视报道的镜头。

确认记者当时身处达拉斯，对于确立他们的刺杀事件权威发言人身份至关重要。那些当时不在现场的记者，就会记录下自己尝试前往达拉斯的各种努力。"枪击案发生时，我距离火奴鲁鲁还有一个半小时的航程。"时任肯尼迪政府新闻发言人的皮埃尔·塞林格写道。随即，他马上要求飞机调转航向，飞回华盛顿。[54]刺杀事件发生 25 年后，当埃德温·纽曼被要求讲述当年 NBC 对刺杀事件长达六个半小时的报道时，他开篇就说道："我当时已经被告知去往达拉斯。可是我并没有去，而是乘坐 NBC 包租的飞机前往华盛顿。"[55]在另一部电视回顾片中，记者约翰·钱塞勒（John Chancellor）讲述了肯尼迪总统遇刺时他在德国柏林的一些经历。[56]目前仍不清楚，为什么上述两位记者的个人经历可以赋予他们某种特殊权威，以使他们能够谈论肯尼迪死亡事件。

在有些案例中，对刺杀事件的回忆是建立在某些记者——如哈里森·索尔兹伯里（Harrison Salisbury）和沃尔特·克朗凯特——在报纸或电视网总部追踪刺杀事件的基础上的。在一篇题为《纽约编辑之观点》的文章中，索尔兹伯里回忆了当年他是如何为《纽约时报》组织刺杀报道的，而对于刺杀事件的重构又进一步强化了他所扮演的重要角色。[57]事实上，从一开始，监控刺杀报道的重要性就在整个刺杀故事中得到了强调。1963 年 12 月，玛丽亚·曼内斯（Marya Mannes）写道："我当时听到了一些熟悉的声音，它们来

44

自那些声誉卓著、具有高度权威性的事件阐释者：爱德华·摩根（Edward Morgan）和霍华德·史密斯（Howard K. Smith），沃尔特·克朗凯特、埃里克·塞瓦赖德（Eric Sevareid）和查尔斯·科林伍德（Charles Collingwood），切特·亨特利和大卫·布林克利，马文·卡尔布（Marvin Kalb）和罗伯特·皮尔波因特（Robert Pierpoint）。"[58]曼内斯提及的上述记者中，几乎没有在刺杀事件发生时身处达拉斯的。他们当中的大多数人都是在远离达拉斯的城市追踪、评论刺杀事件的主播或记者。[59]

由此，个性化策略使得媒体能够调用一些记者的个人经历，合法地重构刺杀事件。然而，通过个人当年的经历来重述刺杀故事，记者回避了其中可能存在的问题：在远离刺杀发生地的城市报道刺杀事件，也许是一种有缺陷的工作方式。事实上，新闻机构将个性化叙事作为回顾刺杀事件的合法手段，这又进一步强化了个性化叙事的重要地位。不论是否有意为之，个性化叙事还搭建了一种可信的框架。借助于这种框架，其可以确立某些记者作为刺杀故事合法讲述者的地位，而不论他们在刺杀报道中的实际角色是什么。

修辞合法化：通过调整叙事以实现文化权威

通过在叙事中扮演刺杀故事的权威讲述人的角色，媒体确立了自身的修辞合法性。虽说记者并非仅仅在叙事中才能成为刺杀故事的首选发言人，但叙事还是奠定了记者权威性的基础。由于记者对肯尼迪之死的重述以多种形式将叙述者包含其中，因此，对于此事的重述在很大程度上要依赖于记者的"在场"。叙事由此启动了一个多少有点循环发展的过程，使记者作为权威发言人的身份得以合法化。久而久之，刺杀故事就主要出自记者之口，而记者拥有足够的权威来讲述这一事件。出于同样的原因，通过在事件中的"在场"，记者作为合法讲述人的身份也逐渐得以强化。

记者重新讲述刺杀故事时采用的叙事策略搭建起一个广泛的网络，他们可以在其中借助某些修辞手段重构自己在刺杀报道中的角色。个性化可以在总统之死这个宏观背景中着重展示记者的重要性；省略法可以在故事中略去某些记者、实践和新闻机构，使其无法出现在回忆中；提喻法可以将记者的讲述置于电视新闻业的合法化和新闻专业性等宏大语境中。后面的章节将会具体探讨媒体使用这些叙事策略的方式，但在这里应当指出，这些叙事策略都是建立在自我指涉话语（self-referential discourse）的基础上的。在很多情况下，这种话语为刺杀事件提供了虚假的权威性。

叙事的中心地位也是建立在人们认可并接受"调整叙事是重述刺杀事件的正当方式"这一理念的基础上的。这一理念移除了在其他情况下可能阻碍记者实现合法性的障碍。某些人声称他们特殊的刺杀叙事是以现实为依据的，而且这些故事的传播范围很广，流传的时间也很长，这些因素似乎都滋养了媒体要将自身合法化的意图。并且，这促使媒体进一步调整自己的叙事，以与更宏大的议题相契合——例如新闻专业性、文化权威以及电视新闻业。在这一轮又一轮的修辞合法化过程中，记者通过自己的重述发挥着一个阐释共同体的功能。

值得注意的是，人们将叙事调整为重述刺杀故事的一种模式，与肯尼迪遇刺事件中的混乱局面有着很大关系。受众当时处于困惑不解、头脑空白、极度不确定的环境中，尽管这种情况没有持续太久。因此，媒体之所以能够介入此事并成为权威发言人，在某种程度上是由于公众当时已经停止了自主判断。刺杀事件所带来的对于凝聚力和群体整合的巨大需求——不仅对于记者而言，也是对于公众而言——使得记者能够通过其叙事成为文化权威。

第二部分

讲述

第四章 "报道肯尼迪之死":
讲述刺杀事件

这种麻木的悲伤必须被明确地表达出来。

《报道者》社论[1]

1963 年 11 月 21 日，50 多名记者和往常一样，随同约翰·肯尼迪一起前往达拉斯，报道他的竞选之旅。这 50 多名记者被要求"贴身报道"，这是一种负责全程追踪总统一举一动的新闻报道任务。对于记者而言，这并不是一个特别令人激动的条线，因为他们进行全程报道简单来说就是紧紧地跟随着总统，总统走到哪里他们就得跟到哪里。但当不可预料的意外事件发生时，这一报道任务就会变得异常重要。在这种情况下，"贴身报道"使得记者和新闻机构能够随时获得最新消息，为新闻机构提供了一种可以对意外事件进行常规化处理的方式。[2]

然而，在 1963 年 11 月 22 日，"贴身报道"又具有了另一层含义，因为肯尼迪遇刺事件使得新闻报道的合理边界受到质疑。当时，记者都被寄希望于"报道"肯尼迪的死亡之躯。在报道这一刺杀事件时，记者什么可以做、什么不能做——或者说已经做了什么、没有做什么——都在瓦解着人们对成为一名专业记者意味着什么的固有见解。通过追溯肯尼迪去世时媒体对这场刺杀事件的报道的相关叙述，就可以发现固有见解发生了怎样的变化。

自肯尼迪遇刺以来的数十年里，媒体已经将它们对肯尼迪死亡的报道转变为一种纪念被杀总统的长篇叙事。记者的记忆似乎持续了既悲伤又哀恸的四天，从肯尼迪抵达达拉斯开始，贯穿了总统车队的经过和肯尼迪的死亡，以肯尼迪的国葬结束而告终。这四天的故事已经成为讲述肯尼迪逝世的细节时的主要内容。无论媒体在这期间看到了什么、听到了什么、做了什么，通过这个为期四天的故事，它们都要为构成整个刺杀故事的许多小事件承担责任。

然而，在刺杀事件发生时，记者面临的任务更为分散。他们的报道需要他们采取超出固有新闻标准的行动。这场悲剧落入了盖伊·塔克曼（Gaye Tuchman）所说的"惊天大新闻"①的类别，这类故事避开了常规化的新闻运作，没有固定的报道原则，并呼吁采取临场发挥和重新定义的报道策略。[3]赫伯特·甘斯（Herbert Gans）同样讨论了"让人惊呼"②的故事，这类故事将那些并不司空见惯的故事包括在内。[4]因此，刺杀事件要求媒体尽其所能地通

---

① 原文为 what a story，有异乎寻常之事的意思，此处沿用了《做新闻》中译本（塔克曼．做新闻：现实的社会建构［M］．李红涛，译．北京：中国人民大学出版社，2022：64．）的翻译。

② 原文为 gee whiz，此处沿用了《什么在决定新闻》中译本（甘斯．什么在决定新闻［M］．石琳，李红涛，译．北京：北京大学出版社，2009：198．）的翻译。

过临场发挥、训练有素的直觉或者纯粹的好运来获取相关信息。这样一来，记者就陷入了一种窘境，虽然他们没有一个报道此类故事的标准化指南，但记者做了什么或者声称他们做了什么，都与他们如何将自己视为专业人士有很大关系。记者对专业性、新闻实践和那些在规划权威性报道过程中帮助或阻碍过他们的媒介技术的基本理解，都在激励着他们的所作所为。正是因为他们需要构思这样的新闻故事，却没有什么正式的规范可以依凭，所以建立自己的权威就至关重要。

"报道肯尼迪总统死亡之躯"：报道汇编

尽管记者对肯尼迪遇刺事件进行了迅速而全面的报道，但报道该事件的记者仍面临着困难和意想不到的情况。大多数记者并没有目睹事件的发生，有些记者甚至没有听到枪击声，在将传闻、谣言和错误信息纳入他们报道当中的同时，他们也没有找到广受认可且权威的消息来源。大多数记者所依赖的新闻报道方法，比如获得目击者的身份、接近消息来源和事实验证，都被证明是无效的，运用这些方法产出的故事并不完整。信息传播的速度超过了记者搜集信息的能力，他们的无能为力对于媒体史上最大规模之一的受众来说是显而易见的。

当肯尼迪被暗杀时，新闻编辑很快就将这一事件称为"他们一生中最重要的新闻"[5]。24 小时内就有超过三百家媒体代表抵达达拉斯。[6]由于这起事件有众多不可预测且可能难以处理的报道角度，因此新闻机构将不同记者分配去报道整体的刺杀故事中一个个看似限定的"迷你事件"（mini-events）。然而，记者被分派的报道任务　*51*

与当时发生的事件可能并不相符。这起刺杀事件始终都是一个"突发故事"。例如,对李·哈维·奥斯瓦尔德移监的报道,变成了对他被杀的报道;对林登·约翰逊继任总统的报道,意味着见证他在拥挤的空军一号上宣誓就职。那些被分派去撰写肯尼迪枪击事件相关后续的记者反而去报道了警察蒂皮特(J. D. Tippit)① 被杀以及帕克兰医院那场令人迷惑不解的医疗简报会。虽然肯尼迪的国葬提供了一个论坛,让关于刺杀事件的不同线索被暂时地汇集起来,但是记者还是得通过对他们而言看似可控的故事才可以处理一起更大规模的刺杀事件。这意味着记者常专注于新闻报道中一个个独立且孤立的时刻,有关这些瞬间的报道随后会被一起纳入更为宏大的叙事中,使得重新去回忆、衡量和思考新闻实践的来龙去脉成为可能。

报道的时刻

虽然(报道的时刻)在这里被作为一种分析工具,但将刺杀故事简化为一个个离散的报道时刻事实上也反映了记者的任务取向。记者通常专注于他们被指派的更为紧迫的任务。[7] 他们的报道通常集中于五个时刻:枪击发生时;在医院时;约翰逊宣誓就职时;肯尼迪被射杀的后续,包括奥斯瓦尔德被杀;肯尼迪的葬礼。以下几页概述了记者如何叙述刺杀事件中的这些时刻。

---

① 据称,在肯尼迪总统遇刺后不久,达拉斯警察 J. D. 蒂皮特被李·哈维·奥斯瓦尔德枪杀。当时,蒂皮特阻止了奥斯瓦尔德的脚步并打算审问他。

枪击发生时

虽然总统的随行人员中有超过 50 名华盛顿记者,但在肯尼迪被暗杀的那一刻,大多数记者都在开往达拉斯市中心的两辆媒体巴士和一辆公用汽车上。所以按照一名记者的观点,对刺杀事件最开始的报道始于"这一事件最核心的事实已经结束之时"[8]。当一些记者从总统的随从队伍里脱身出来的时候[9],总统乘坐的轿车已经驶向帕克兰医院了。因此,关于刺杀事件的报道从一开始就是重构和派生的。但大多数记者只是错过了最初发生的枪击事件。

广播、电视、印刷媒体关于枪击事件的典型报道样式分别如下:

> 车队的行车路线看起来好像发生了一些问题。我再重复一遍,车队的行车路线好像发生了一些问题。是去帕克兰医院,应该发生了一起枪击事件。帕克兰医院被通知准备接诊一名严重的枪伤患者。正如我所见,官员们转身前往了帕克兰医院的急诊室。[10]

52

> 大约 12 时 32 分,车队转弯进入了一条专用车道。人群更为稀少……听到了三声枪响,就像是玩具爆炸。(NBC 摄像师)戴夫·魏格曼(Dave Weigman)从车上跳下来,带着已开机的摄像机跑向总统。人们在尖叫,俯下身抱紧他们的孩子。我离开车队,紧随警察之后,这些警察似乎在追捕某人。整个车队都在快速移动。[11]

> 当我们的媒体巴士随着降速的车队缓缓地移动到一个通向地下通道的斜坡上时,当时在路边站着等待看美国总统经过的稀稀疏疏的人群中出现了一些混乱。当我们开出地下通道时,我看到一名骑着摩托车的警察从路沿上开了过去,穿过了一片

空旷的区域，沿着铁路路堤开了几英尺①，然后从摩托车上下来，爬上了路堤。[12]

每篇报道的视角都是局部性的，没有能够证实总统受到枪击的描述。相关的描述始于旁观者不确定的视角，有时将暗示、谣言、半真半假和可证实的事实综合在一起。记者要明确地知道到底发生了什么是需要时间的。后来一些记者坚称，他们"没有意识到某些严重的事情已经发生，直到……两三分钟后"[13]。

对于想要维护其优先观察者地位的记者来说，这种情况带来了明显的困难。虽然"贴身报道"的任务授予了他们颇为充裕的职权边界——特别是对事件本身的接近性和可接触性——以便于让他们在报道中展演他们的权威地位，但是他们错过了事件本身这一事实，引发了人们对其专业性的质疑。与此同时，由于新闻机构渴望获得不间断的信息流，因此，被派出进行"贴身报道"的记者所感受到的脱节被放大了。

当肯尼迪被枪杀时，美联社的杰克·贝尔（Jack Bell）就在总统车队的一辆公用汽车里。《纽约时报》在事件发生后第二天发出了他的报道，并在这篇报道的开头提到，在车队行进的过程中，"他从第四辆车上目睹了枪击"[14]。这种说法令人怀疑，特别是贝尔是通过他所听到的而非他所看见的来证明自己有资格讲述这一事件的："当时有一声巨响，像是山洞里炸药爆炸的巨大声音，从我们身后刚刚坐车经过的高楼之间传来。紧接着又有两声别的巨响传来。我们这些坐在记者公用汽车里的人还没从这些不详的声音中回过神来，就似乎从得克萨斯人表示欢迎的欢呼声中听到了一些噪

---

① 1英尺约合 0.3 米。

声……我前面的男人忽然尖叫起来：'我的上帝，他们在向总统开枪。'"[15]贝尔回头看向那栋建筑物，他认为枪声是从那里传来的，但他说"没有看到明显的活动迹象"[16]。他的叙述表明他不相信他所看到的。当记者乘坐的公用汽车停在帕克兰医院时，他跳了起来，看向总统乘坐的豪华专车后座："我立刻停了下来，盯着后座看，发现总统面朝下，全身伸展地平躺着，一动不动。他穿着的高级西装几乎没有褶皱，但是车里有血迹。'他死了吗?'我问一个特勤人员。'我不知道，'他回答，'但是我不认为他死了。'"[17]即使其他人都认为总统的半个脑袋被击穿了，但面对第一手证据，贝尔仍需进一步确认。

具有讽刺意味的是，美联社对此次刺杀事件的目击者描述来自一名摄影师。在拍摄车队时，詹姆斯·奥尔特根斯（James Altgens）打电话给他在达拉斯的编辑，向其告知肯尼迪被枪杀的消息。"我看到了，"他说，"肯尼迪的脸上有血。肯尼迪夫人跳起来，抓住肯尼迪，叫道：'哦不!'车队飞快地驶向高速公路。"[18]美联社全数使用了这一描述。奥尔特根斯所拍摄的一名趴在肯尼迪豪华专车后部的特勤人员的照片在枪杀案发生后25分钟就被传送了出去。[19]两周后，《编辑与发行人》杂志发表了一篇关于奥尔特根斯的文章，题为《肯尼迪刺杀现场的孤独摄影者》。在追溯他作为一名专业摄影师的职业生涯时，该文称赞奥尔特根斯的照片在"直到一些业余人士拍摄的影片出现前的24小时内"[20]都是独家新闻。

在枪击事件发生时，合众国际社①的梅里曼·史密斯（Mer-

---

① 合众国际社（United Press International，UPI）是美国第二大通讯社，1958年5月由合众通讯社与国际新闻社合并而成，总社设在纽约。

riman Smith）和贝尔坐在同一辆记者公用汽车上。他像贝尔一样没有看到刺杀事件却听到了枪响。通过车上的无线电话，他报告说："在达拉斯市中心，有三枪射向了肯尼迪总统的车队。"[21] 看到了却没反应过来，或是听到了却没看到，又或是既没看到也没听到——这就是记者叙述这一事件的基础。正如威廉·曼彻斯特（William Manchester）① 后来谈论史密斯时所说的："史密斯并不是一个像他看起来那样精明的记者，尽管他对武器很有经验，当时以为广场上的那三声枪响听起来像是自动武器发出的，但在之后发出的一条消息中，他又将其辨认为爆炸声。不过他的报道速度是惊人的。"[22] 有关刺杀事件的初步报道虽然传播得很快，却只显示了部分事实。

　　政府信息系统的几近瘫痪加剧了完整信息的匮乏。与罗斯福（Roosevelt）② 的死亡不同——"他的死讯是由白宫同时向三家通讯社打电话宣布的"[23]，肯尼迪的死亡则显示出官方的信息传递渠道暂时被阻塞，变得混乱，甚至根本不可用。记者最初有三种选择：排除有问题的信息，或是采用有问题的信息，抑或是承认信息尚未得到核实但将其包括在内。如同威尔伯·施拉姆（Wilbur Schramm）后来所说，报道达拉斯刺杀事件的记者"正面临着一个新闻业的经典问题：什么是证据？什么时候一篇报道能有足够的证据来证明它可以被传递下去？"[24] 记者缺乏时间、消息来源以及环

---

① 威廉·曼彻斯特（1922—2004）是美国著名记者和通俗历史作家。国内读者较为熟悉他的《光荣与梦想》，该书从 1932 年富兰克林·罗斯福总统上台前后一直写到 1972 年的水门事件，勾画了整整 40 年间的美国历史。此外，曼彻斯特为丘吉尔、麦克阿瑟、肯尼迪和洛克菲勒家族等写的传记也有较大的影响力。

② 原文如此，应该是指富兰克林·罗斯福（Franklin Roosevelt，1882—1945），美国第 32 任总统（1933—1945），美国历史上首位连任四届（病逝于第四届任期）的总统。

境来令人满意地解决这些问题。

有关枪击事件的信息被零碎地串联在一起。记者首先需要确定现场确实有人开枪了，然后确定枪击事件伤害到了总统，无论他的伤势是否致命，有关他死亡的传言是否属实，最后确定他已经死亡。随着这一顺序一步一步深入下去，记者对所发生事件的确定性在逐步增加。但是每一步都会有新的问题、不确定性以及差错出现。以精确的、基于事实的、可验证的专业目标来完成报道几乎是不可能的。

报道的主要目的是迅速告知公众发生了什么。大约 61 分钟过去了，记者沿着初步的报道顺序继续深入。最先的一批报道在枪响后四分钟就由通讯社发布了。[25] 六分钟后的 12 点 40 分，沃尔特·克朗凯特在 CBS 的《地球照转》节目①中紧急插播了合众国际社的消息："在得克萨斯州的达拉斯市，肯尼迪总统的车队遭到了三枪袭击，最初的报道称总统受了重伤。"[26] 广播节目进行了不连贯的零碎式消息更新，其中大多数是对通讯社报道的改写，例如："我们现在中断本节目，为您带来 ABC 电台的特别通告。今天在得克萨斯州的达拉斯市中心，肯尼迪总统的车队遭到三枪袭击……州和地方警察已经封锁了肯尼迪家族居住的海恩尼斯港②区域，禁止任何人靠近。"[27] 在肯尼迪被正式宣告死亡之前，全国超一半以上的人已经听到了有人意图刺杀总统的新闻。[28]

---

①　《地球照转》（*As the World Turns*）是美国 CBS 在白天时段播出的一部肥皂剧，从 1956 年开播直到 2010 年剧终，其中最红的时间段是 1958 年至 1978 年间。

②　海恩尼斯港（Hyannis Port）位于马萨诸塞州，肯尼迪家族在海恩尼斯港海边拥有三处相邻的房产，占地大约 2 公顷，人称"肯尼迪大院"，这里也是约翰·肯尼迪当年竞选总统时的大本营。

55 　　这些说法并不表明记者所了解的情况远远超过他们的报道所揭示的内容。正如威廉·曼彻斯特后来所述，在枪击发生的第一个小时内，"公众和真正的知情人之间的比例大约为 38 000 000∶1。像克朗凯特和亨特利这样的主持人和那些沮丧的听众一样不了解情况，他们能做的也只是向听众传递相关细节"[29]。当时的一段录像显示记者在帕克兰医院外成群结队地挤在一起，手里拿着记事本和铅笔。因为广播记者的报道相对不受设备的限制和拖累，所以许多记者在听广播里面播送的改写自通讯社消息的报道。电视报道也基本是同样的操作。

　　随着事件的发展，记者通过跨越通常由新闻机构或媒介形态施加的边界来分摊任务。当地新闻工作者帮助全国性新闻机构充实细节。[30]《纽约时报》记者汤姆·威克坚持认为："没有人考虑过独家新闻，它似乎并不重要。"[31]合作作为一种行动标准，"被认为比新闻业历史上的任何时候都更加重要"[32]。尽管在日常的新闻实践中存在着典型的对抗与竞争，但记者在重述他们的报道时强调了合作在当时是更重要的事。对"合作"的重视凸显了讲述刺杀故事时仪式性的一面，转播新闻故事在其中临时性地成为一个需要通过共同知识来实现的集体目标。因而，这个刺杀故事被想要设置共有边界和集体框架以建立权威地位的记者征用就说得通了。

在医院时

　　在总统被枪击不到一小时后，在帕克兰医院举行的临时新闻发布会使得记者获得了第一次通过制度性传播渠道来获取信息的机会。[33]这场由代理新闻秘书马尔科姆·基尔达夫（Malcolm Kilduff）主持的发布会确认了总统已经逝世的消息。在新闻发布会后还进行了一场医疗情况简报会，由外科医生马尔科姆·佩里（Malcolm Perry）和神经学家肯普·克拉克（Kemp Clark）出席，这场简报会引起了人们对肯尼迪头部创伤确切性质的困惑，并被称为"美国新闻业历史上最骚动的时刻……场面一度是混乱的。一些记者几乎无法控制自己的情绪。医生对记者所提出问题的回应，往往会被另一名记者提出的一个完全不同的问题打断。误读是难以避免的……医疗情况简报会本应消除误解，然而在帕克兰医院举行的这场简报会却增加了误解"[34]。当记者问佩里一颗子弹是否可能从正面击中总统时，他给出了肯定的回答。《时代》周刊记者休·赛迪意识到了其中的含义，带着哭腔说道："医生，你是否知道你在做什么？你把我们弄糊涂了。"但是记者很快把佩里的回答传达给了受众，第二天早上，全体美国人都已经"确信有枪手从地下通道的顶部开了枪"[35]。这反过来又引起了一场关于肯尼迪头部伤情的大争论。[36]

　　不久之后，将总统灵柩从医院运送到空军一号的过程，成为一些记者离总统本人距离最近也是最权威的目击现场。《纽约时报》记者汤姆·威克在对铜棺材周遭活动的描述中，掺杂了目击者看到的复杂细节："肯尼迪夫人走在灵柩旁边。她看起来很悲伤，呆呆地看着地板。她仍穿着在沃斯堡和达拉斯向欢迎人群致意时的那套树莓色的西装，但已经脱下了早些时候戴着的与之相配的礼帽，她的黑发被风吹得乱七八糟。"[37]威克的描述主要集中在这位遗孀的外表和行为上。十天后，他对这一事件的描述与（这件事的核心）相距更远："他们将遗体放在铜棺材中。一些白宫工作人员表情呆滞，沉默不语，蹒跚、茫然地随着灵柩行进。肯尼迪夫人手放在灵柩上，低头前行，没有戴礼帽，衣服和长裤都溅上了水。她随着灵

56

枢走进灵车。工作人员也纷纷登上车辆，跟随在后。"[38]在第二篇报道中，威克描述了杰奎琳·肯尼迪和白宫工作人员的行为，这暗示他做出了具有隐喻性的让步，把他们都囊括进所描述的图景之中。此时，记者已经完全不考虑这位遗孀的悲痛而去报道她在灵枢旁的行为，将其作为关于政府和政府机构连续性的更大范围讨论的一部分。值得注意的是，用汤姆·威克自己的话来说，灵枢的转移"就是我整个下午亲眼看到的唯一一件事"[39]。

　　帕克兰医院发生的事稍微抵消了肯尼迪被枪击后的第一个小时里极度令人不安的混乱。记者得以激活他们平常获取信息的制度性渠道。总统灵枢的运输使亲自见证这一过程的记者巩固了他们的目击者地位。记者身处帕克兰医院时提供的一些细节使他们合法地成为报道该事件的代言人。因为这个原因，从医院发出的相关细节报道，诸如记者在医院外的徘徊、医疗情况简报会、遗体运输过程的故事，充斥在广播、文字、图片以及录像等各种形式的刺杀报道中。这并不是因为这家医院成了更大范围的刺杀叙事的中心。更确切地说，是因为直到可以获得有关刺杀的更为权威的摄像和摄影记录时，医院发生的事件才标志着事情回归了正常的秩序。在医院的报道为记者提供了一种可以维持他们作为专业人员的权威的方式，从而为他们的报道背书。换言之，强调在医院时这个特殊的报道时刻有助于提高记者在更大范围的刺杀叙事中的可信度。

约翰逊宣誓就职时

　　在枪击发生后，对此次刺杀事件的报道分为三个不同方向：约翰逊宣誓就职、对肯尼迪死亡的深入调查以及全国对逝世总统的哀悼。[40]在第一个报道方向上，记者们被分派去报道林登·约翰逊继任总统，从而形成了后来威廉·曼彻斯特所称的"另一个故事"[41]。由于肯尼迪方的工作人员、身在华盛顿的司法部长罗伯特·肯尼迪和新任总统之间的信息沟通极为混乱，最终产生了一个仓促的决定，即在空军一号起飞前为约翰逊在机场举办就职典礼，约翰逊同意记者可以作为目击者出现在现场。[42]

这样的情况让新总统宣誓就职这一事件，成为那个周末里为数不多的能够让记者扮演一个官方认可的目击者角色的场景之一。三名记者同意承担报道新闻的任务。合众国际社的梅里曼·史密斯说："白宫交通办公室的基格斯·福弗（Jiggs Fauver）……抓住我说，基尔达夫现在需要三名记者跟着总统专机空军一号直接飞回华盛顿……到了楼下，我跑进车道，恰好看到基尔达夫刚乘着我们的通讯车离开。《新闻周刊》的查尔斯·罗伯茨、西屋广播公司的锡德·戴维斯（Sid Davis）和我恳求一名警官用他的警车把我们送到机场。"[43]戴维斯登上飞机就开始报道就职典礼，但是他并没有返回华盛顿[44]，而是向飞机起飞后才抵达的一整车记者提供了就此次事件的联合报道。一名记者说："我很久都不会忘记我脑海中的画面，那个男人（戴维斯）站在一辆白色汽车的后备厢上，背后是得克萨斯州的蔚蓝天空。当他告诉我们空军一号拥挤的机舱里发生了什么的时候，我们所有人围着他的膝盖绕成一圈。"[45]约翰逊的就职宣誓被以这种方式载入了史册。白宫摄影师塞西尔·斯托顿（Cecil Stoughton）的作用尤为重要，他拍摄了这次活动的官方照片。《编辑与发行人》撰文称，约翰逊举起手的照片"可能成为我们最具历史意义的照片之一"[46]。

但是有关约翰逊宣誓就职的不确定性和仓促的安排使得相关报道显得参差不齐。《纽约时报》抱怨说："目前还没有获得出席这次就职仪式的相关人员的确切名单。"[47]约翰逊成为总统时宣誓的34个单词被逐字叙述，几乎没有人试图将这34个单词包含在更大的叙事当中。相关报道写得就如同是对（人物）摄影姿态的描述一样，生硬地记录了谁站在谁旁边，每个人穿着什么颜色的衣服。

尽管如此，记者目睹约翰逊宣誓就职这一事实对于建立其专业信誉至关重要。这赋予了记者在更宏大的刺杀故事中的专业性在场，并且这种在场是受到记者团其他成员的高度重视的。在刺杀发生当晚，查尔斯·罗伯茨接受了《亨特利-布林克利播报》节目①的采访，谈论了他见证新总统宣誓就职的经历。[48]罗伯茨还以他出席新总统的就职仪式以及乘空军一号返回华盛顿的经历为依据，在1967年出版了一本关于刺杀事件的书。[49]

后续

一个规模更大的记者群体开始着手解开一些暗杀线索。他们的后续工作于周五晚上展开。那天午夜，达拉斯警方正试图抓紧时间组织一次对被控刺杀肯尼迪的凶手李·哈维·奥斯瓦尔德的公开摄影。警察局大厅里挤满了人，有一百多个，"与交通高峰期的大中央车站没有什么不同"[50]。警方试图应对记者不断累积起来的对信息需求的压力，却招架不住越来越多的记者涌入。有人认为，由此产生的局面近乎混乱："摄影师站在桌子上拍照，其他人则向前推进拍摄特写镜头……奥斯瓦尔德在房间里只待了几分钟，之后警察局局长杰西·柯里（Jesse Curry）就进行了干预并下令将其送回监

---

① 《亨特利-布林克利播报》（*Huntley-Brinkley Report*）从1956年10月29日开播，到1970年7月31日停播，一直是NBC晚间新闻节目的王牌。它采用了由纽约演播室的切特·亨特利与华盛顿演播室的大卫·布林克利联合播报的形式。

狱，因为他发现'新闻记者们快要挤到奥斯瓦尔德了'。"[51]奥斯瓦尔德将于周日上午从市监狱转移到县监狱。在掌握了关于这次转移的相关细节之后，记者成群结队地抵达了监狱现场。到了周日上午10点，估计有50名新闻工作者出现在监狱的地下室，包括摄影师、摄像师和媒体记者。[52]这是刺杀事件发生后的周末，这时候的报道条件对记者来说是最得心应手的。

59

紧接着转移就开始了。记者们又推又挤，想要和奥斯瓦尔德说上一句话。一名当时在场的记者回忆道："所有的新闻记者都在向他伸出话筒并且问问题，他们还把闪光灯举起来，在他的周围、头上和脸上照来照去。"[53]"被允许照向护卫队的来自电视直播和摄像机的灯光让人眼晕，这增加了在地下室观察到那些反常瞬间的难度。"[54]这样的情况在之后引发了是否是记者加速了奥斯瓦尔德的死亡的争论。NBC的汤姆·佩蒂特后来回忆道：

> 在人群中，任何记者都很难分辨出谁是谁。但是对于电视记者来说，这一问题因需要实况转播而变得更加复杂。通过麦克风和摄像机（无论是录像还是直播）录制的内容将被不加编辑地播出。在过道中发生的事没有得到被评估的机会就播了出去。而且电视记者不能自由地走动，因为他的行动受到麦克风电缆长度的限制。[55]

在某些观察者看来，在这之后发生的事是"电视史上的第一次"[56]。杰克·鲁比（Jack Ruby）① 从记者群中走了出来，掏出枪

---

① 杰克·鲁比（1910—1967），美国得克萨斯州达拉斯的一个夜总会老板。1963年11月24日，鲁比在众目睽睽之下枪杀了肯尼迪遇刺事件的嫌犯李·哈维·奥斯瓦尔德。1967年1月3日，鲁比在监狱中死于肺癌。

扣下扳机，奥斯瓦尔德瘫倒在地上。讽刺的是，这群围住奥斯瓦尔德想要记录下他转移过程的记者立刻消失了，他们转而将关注点放在以声音、图片和电视直播的方式记录这场谋杀上。

广播记者着重播报了奥斯瓦尔德被枪杀的新闻，国际广播电台向全世界的听众播放了那声枪响。[57]来自纽约 WNEW 广播台的艾克·帕帕斯（Ike Pappas）是当时在场的一名记者：

> 我拿着麦克风往前走，并对自己说：这是你最后一次可以和李·哈维·奥斯瓦尔德说话的机会，得再问一遍那个问题。我问他："你想说什么为自己辩护吗？"当我刚说完"辩护"这个词时，我就用余光注意到，一个穿黑色条纹衣服的人穿过人群走到我面前，挤进来，然后"砰"的一声，发生了爆炸。我的身体感觉到了由开枪射击引发的空气冲击波……然后我对自己说，就算你以后再也没机会对着麦克风说什么了，现在也必须得说。这是历史。我听到有人在我背后喊道："他中弹了。"因而我想我唯一可以说的就是："奥斯瓦尔德中弹了。一声枪响。奥斯瓦尔德中弹了。"[58]

尽管帕帕斯当时在场，但他并不是靠自己一个人把奥斯瓦尔德中弹的消息拼凑起来的。从某种程度上说，他对这一突发事件的播报源于他周围记者们的描述。

奥斯瓦尔德在照相机和摄像机的注视下被枪杀，文字报道详细描述了这一令人难以置信的事实。[59]拍摄到这场凶杀案的静态照片促使《达拉斯新闻晨报》的编辑们决定出版当天报纸的第二个版本：那张清晰显示着鲁比拿枪指向奥斯瓦尔德的照片，被刊登在报纸的头版。而就在这张照片被拍摄的几秒钟之后，《达拉斯时代先驱报》的摄影记者罗伯特·杰克逊（Robert Jackson)①拍摄了另外一张记录奥斯瓦尔德被击中后瘫倒在地的照片。[60]一篇题为《刺杀事件图片由街上的业余人士拍摄》的行业分析文章认为，此次对奥斯瓦尔德被杀的抓拍在很大程度上弥补了肯尼迪遇刺事件中大量图片由业余人士拍摄的不足。那些图片被认为是"失焦的"，而那些拍摄者也是"不专业的"[61]。有关奥斯瓦尔德之死的图片报道维护了新闻摄影师工作的专业性，因为直到此事之前，除了奥尔特根斯拍摄的关于总统车辆的照片，专业新闻摄影记者在记录刺杀事件上几乎毫无贡献。

　　但是对奥斯瓦尔德枪击案进行了报道的主要是电视。据《广播》杂志描述："电视史上第一次有一场真实的凶杀案被进行了全国直播。当时，数百万 NBC 的观众看到了 11 月 24 日在达拉斯发生的这场对被指控两天前刺杀肯尼迪的男子的致命枪击案。"[62]这起事件在 NBC 上被实况播放。CBS 用一个当地（记者的）摄像机记录了这一事件。尽管（CBS）电视网的纽约总部并没有将那台摄像机作为直播镜头，但他们能够通过转播录像监视器完成即时报道。[63]ABC 的摄像师当时已经前往县监狱，所以不得不用非视频的方式进行报道，以此作为弥补。[64]

　　记者的在场很快成为奥斯瓦尔德谋杀案报道中不可或缺的一部分。一张记录了奥斯瓦尔德倒在地面的照片的图注写道："达拉斯的警探们在新闻工作者和其他人的注视下与鲁比搏斗。"[65]有记者记录下了 NBC 记者汤姆·佩蒂特和其他在场记者的惊呼声。在转播中佩蒂特大喊"他中弹了，他中弹了，李·奥斯瓦尔德中弹了"，

---

　　①　原文为 Bob Jackson，疑有误，应为 Robert Jackson。

这构成了一种使记者成为合法的目击证人的路径。他们还提到了佩蒂特所属新闻机构的制度性在场。

61　　　刺杀事件发生后一周出版的那期《广播》杂志用一个特别栏目刊登了奥斯瓦尔德谋杀案的后续："奥斯瓦尔德在警探的陪同下，走向达拉斯市监狱地下室的一个车库坡道，被带向一辆装甲车，这辆装甲车将把他运到县监狱。突然，电视屏幕右下角出现了一个男人的背影。一声枪响，奥斯瓦尔德一边喘着粗气一边倒下，痛苦地抓着身侧的东西。"[66]这段叙述的第二句话极为生动，在许多媒体的报道中都被一字不差地重复着："突然，电视屏幕右下角出现了一个男人的背影。"（并被予以强调）枪击奥斯瓦尔德的杀手是从电视屏幕的一角，而不是从地下室的一角走出来的，这一现实和电视图像的并置，为电视对这一事件的报道赢得了极大赞誉。就奥斯瓦尔德之死而言，电视的特点是提供了一个比它所基于的实际生活看起来暂时更容易被接受的"现实"。

有关奥斯瓦尔德谋杀案的报道在某种程度上解决了记者作为目击证人地位的不确定性问题，而这正是他们报道肯尼迪遇刺事件时的主要困境。在运用各种方式对事件进行报道时，新闻记者使用辅助技术手段确认了他们作为目击证人的角色。现在在摄像机和人眼的见证下，奥斯瓦尔德谋杀案强调了媒体特别是新闻摄影师和电视记者的存在，并将其纳入对刺杀事件的编年纪事中。记者将在录像带、录音带和照片的协助下，在各个媒体上轮番传播这起谋杀案。通过技术，他们的反应将被嵌入对故事的重述中。

哀悼

在华盛顿又形成了另一个新闻报道的舞台。从周六开始，媒体开始关注越来越多的哀悼者。在葬礼前，肯尼迪的遗体将被停放在国会大厦的圆形大厅中，这为记者提供了一个机会，可以连续报道与刺杀事件有关的活动。对这些活动予以公开展示的决定，表现出了媒体对刺杀事件深远的规范性和组织性回应。

报纸取消了广告栏，以便腾出地方多刊登一些报道。[67]《大观》杂志①搁置了一篇关于杰奎琳·肯尼迪在白宫生活的文章，因为该杂志认为在肯尼迪遇刺后发表这篇文章是不恰当的。[68]电视网取消了商业广告，用特别报道代替了预定的节目。[69]肯尼迪遇刺事件是周一晚间它们报道的唯一新闻，电视镜头不间断地聚焦在那些对着总统棺椁凭吊的普通民众身上。NBC连续播报了将近42个小时。[70]长时间的连续报道标志着许多观察者所说的电视的最佳时刻，它"把观众带到新闻现场"[71]。媒体对肯尼迪葬礼的报道在周一达到高潮。据收视调查公司尼尔森估计，这是有关肯尼迪遇刺那个周末的电视节目最受关注的一天，93%拥有电视的家庭观看了前往阿灵顿国家公墓②途中的葬礼流程。[72]

在刺杀事件的所有报道时刻里，媒体的核心作用是提供慰藉。对刺杀事件的报道使记者变成了团结和安抚人心的代理人。"宣泄情感、打消疑虑，并重振美国人的精神"成为当时的守则，而不是例外。[73]信息传播的渠道"让人们放心，政府正在顺利运转，没有阴

---

① 《大观》杂志（*Parade*）由一家私人控股企业 Field Enterprises 创办于 1941 年，后被《华盛顿邮报》收购。它最初只是一家很小的刊物，如今已成为美国最为流行的新闻周刊杂志之一，读者以女性居多。

② 阿灵顿国家公墓（Arlington National Cemetery）坐落于美国弗吉尼亚州阿灵顿郡，与首都华盛顿特区隔波托马克河相望，是美国 100 多个国家公墓中最著名的一个，主要安葬士兵、政治家、对国家有重要贡献者等，长眠于此对死者来说是一种光荣。肯尼迪遇刺身亡后，肯尼迪夫人坚持将其葬在阿灵顿国家公墓。

谋，也没有进一步的威胁"[74]。后来，行业杂志专门为广播和电视留出版面，发文赞扬它们在报道新闻时表现出的风度、尊严和成熟。[75]电视主播埃德温·纽曼在刺杀当晚说：

> 在接下来的几天里，我们将听到许多关于国家需要治愈创伤，以及所有美国人需要团结一致的言论。我们可以把这些话当作空洞的口号，或者当作真正需要得到满足的实际需求。无论我们做什么，都不能保证今天发生的事情不会再次发生。但是在我们力所能及范围之内的事，我们都应该做。在我们能力范围内，要更严肃地对待我们的公共生活。[76]

　　詹姆斯·赖斯顿于刺杀次日在华盛顿专栏上的文章，或许是第一篇发表在报纸上的具有慰藉性质的新闻性文章。这篇题为《美国为何哭泣》的专栏文章开篇写道："今晚，美国哭泣了，不仅是为了死去的年轻总统，也是为了自己。悲伤是普遍的，因为在某种程度上，这个国家最坏的方面已经战胜了最好的方面……然而，令人欣慰的是，虽然他没有时间完成任何事情，甚至没有展现出自己的潜力，但他并没有使国家处于危机或危险之中。"[77]这篇文章被其他记者称赞为"意义非凡的……文章所内含的东西比现实更好"[78]。赖斯顿的专栏文章最终被视为刺杀报道里具有里程碑

63 意义的一篇。其他新闻机构也把记者的文字放在显眼的位置。科罗拉多州的一家报纸重新将沃尔特·李普曼（Walter Lippmann）的专栏移到了头版头条，将他对此事的反应刊登在了关于刺杀事件的细节报道旁边。[79]

　　记者对哀悼和葬礼的报道强化了他们提供慰藉的角色。媒体报道展现的内容充满了稳定、团结和具有连续性的信息。悼念肯尼迪

就像悼念朋友一样。诸如动乱、威胁或阴谋的可能性等政治问题被搁置一旁。这种气氛是持续性的且没有被打断。

葬礼在阿灵顿国家公墓举行很久之后，哀悼的声音依然在久久回荡。肯尼迪下葬后的第二天，《纽约时报》回忆起"低沉的鼓声、马蹄的撞击声、仪仗队的抑扬顿挫、远处传来的钟声、乐队演奏进行曲和赞美诗的声音"[80]。声音以一种即时的方式播放，让来自世界各地的听众能够感受到事件的发展。[81]此时由记者自己创造出的缄默则加强了他们的支持性作用。

那个周末的沉痛情绪主要来自电视对视觉图像的处理。讽刺的是，电视的成功源于评论员的沉默，正如《纽约时报》在一段用括号括起来的单独段落中评论电视的表现时所言："常常是一片寂静。"[82]这篇文章接着写道："当这一天的历史被写就，电视作为一种媒介所留下的记录，将构成写满荣誉的一章。"[83]《广播》杂志称电视的连续报道成熟、庄严、熟练、专业。[84]除了对奥斯瓦尔德被杀的记录，"人们感受到的真正的电视新闻"还包括杰奎琳·肯尼迪带着女儿卡罗琳跪在圆形大厅里亲吻灵柩上国旗的场景，肯尼迪的儿子小约翰在圣马修大教堂外向爸爸的灵柩敬礼的场景，身材高大的夏尔·戴高乐（Charles de Gaulle）①和身材矮小的海尔·塞拉西（Haile Selassie）②同行的画面，以及那匹庄严的无人骑乘的骏马。[85]在许多这样的时刻，"为了确保隐私，镜头转向别处，使

---

①　夏尔·戴高乐（1890—1970），法国军事家、政治家、外交家、作家，法兰西第五共和国首任总统。

②　海尔·塞拉西（1892—1975），埃塞俄比亚帝国末代皇帝。1930 年即位，称海尔·塞拉西一世。1936 年流亡英国伦敦，1942 年回国复位。1974 年，在军事政变中被捕并宣布退位，翌年于拘禁中逝世。

得电视的良好品位得以彰显"；而在另一些场景中，电视摄像机则在预测观众想要看到的内容。[86]

慰藉、信息和权威

64　　尽管在报道过程中有高光时刻，也有不尽如人意之时，但媒体依然体现了其讲述肯尼迪遇刺事件的能力。其中一些时刻——比如肯尼迪的葬礼和奥斯瓦尔德被杀——构成了专业上的成就。其他时刻——尤其暗杀之时——则充斥着不符合专业标准的行为。在后一种情况下，新闻实践中既成的准则让位于记者以任何可能的方式对意外情况做出反应的能力。因此，尽管记者在医院的新闻发布会上很不守规矩，但无法获得消息来源，导致了其对在医院发生的事件的过分强调。对新总统宣誓就职的报道，虽然因报道形式以新闻摄影为主而非散文式描述而受到欢迎，却是生硬、失衡和死板的。奥斯瓦尔德谋杀案则对新闻实践侵入事件本身提出了严肃的质疑。

　　因此，将刺杀报道塑造成一个专业上取得成功的故事，并不总是由记者在现场的经历背书，反而是被嵌入后来重构报道活动的叙事之中的。随着时间的推移，修辞合法化将作为一种矫正方法，被用来解决新闻业在许多方面遭遇的失败。在重述他们的报道时，记者将成功地以专业人士的身份示人，并恢复他们报道肯尼迪之死的权威地位。

　　在刺杀事件发生的那个周末快结束时，媒体已经开始从更大的叙事角度来对故事进行精雕细琢了。CBS的查尔斯·科林伍德在周一晚间的节目中就肯尼迪枪击事件提供了一个完善过后的叙述。当时，他手里拿着一张在事件中拍摄的静态照片：

> 照片里是枪响之后的一个瞬间，是（总统乘坐的）那辆顶篷大开的林肯轿车里的场景。总统正在向左边倾斜，肯尼迪夫人半站起身来，似乎伸出一只手臂试图揽住丈夫。坐在总统前面座位上的约翰·康纳利（John Connally）州长，半个身子转向总统。他要么已经中枪，要么就是马上也要中枪。那个时候，没有人知道总统受了多么严重的枪伤。但从那一刻起，达拉斯发生的事件便以令人目眩的速度发展了起来。[87]

科林伍德的说法与四天前电视记者逐字转播的通讯社报道大相径庭。在后来的版本中，关于枪击的照片成为科林伍德报道的焦点。他表现出的对事件细节的谙熟掩盖了一个事实，那就是他自己没有目睹那件事。这张照片使他成为一名具有合法性的目击者——如果没有目击到事件，那么目击到对事件的记录也可以。因此，叙事的重构工作支撑起他对事件的部分权威，并将媒体在故事重述中的角色嵌入其中。正如科林伍德在 11 月 25 日晚上说："在这个电视和广播的时代，所有消息都传播得很快。当人们坐在电视机和收音机前为新闻感到惊愕时，办公室和家庭里的工作都将陷入停顿。"[88]很少有关于刺杀的报道遗漏了这一点。

因此，毫不奇怪的是，媒体后来描述的它们在报道刺杀事件时所做的报道工作往往与它们最初的活动不符。记者对各种报道难题的解决贯穿了那个漫长的周末——如缺乏目击者的立场、获得高级别信息来源的需求、验证事实的压力，以及无与伦比的信息传播速度——这意味着更大的语境将帮助记者将报道中的个人失误重新塑造成更大的戏剧性事件中的偶然部分。

　　这就解释了为什么到了周一，许多记者已经开始从权威记录者的角度重述事件，他们在报道中用更明确的观察代替旁观者不太确定的话语。利用旁观者的目击描述、业余人士拍摄的照片、警方和医疗机构提供的初步报告，以及后来拍摄到的影像，记者开始着手解决自身充满漏洞的权威地位问题。因为他们的重述将分散的报道时刻置于一个连贯的叙述中，所以专业记者的形象不会出现在像肯尼迪遇刺事件这样的单一事件中，而是出现在它们最终被重新塑造的主叙事框架中。这使得记者成为整个事件的权威发言人，而不仅仅是他们个人看到和听到的零星事实（或者在最糟糕的情况下，他们既没有看到也没有听到）。更重要的是，他们的重述开始揭示出更宏大的话语所具有的特征，刺杀故事最终也会被纳入其中。

　　在叙述他们在报道肯尼迪遇刺事件中所扮演的角色时，记者划定的事件边界超出了总统遇害的实际情况。通过对故事的提喻式再现，他们将事件重构为一个主叙事：星期五早晨，当肯尼迪总统及其夫人在达拉斯的爱田机场①受到几束红玫瑰的迎接时，这一叙事开始；而星期一下午，当已故的肯尼迪总统被安葬在阿灵顿国家公墓时，这一叙事结束。这段由四天构成的时间进入了集体意识之中，并被记者作为一个单一故事流传下来，试图为肯尼迪死亡事件画上句号。它使媒体的存在变得有意义，不仅因为它们提供的信息，而且因为它们有能力讲述一个扣人心弦的公共

---

　　① 原文是 Love Airfield，但机场的完整表述是 Dallas Love Field Airport，可译作达拉斯拉夫菲尔德机场或达拉斯爱田机场。该机场是位于美国得克萨斯州达拉斯市西北约10公里处的一个民用机场，归达拉斯市政府所有，由达拉斯民航局运营管理，为达拉斯、沃斯堡和阿灵顿市提供航空服务。

戏剧故事，并引导美国人民走出震惊和悲伤，达成和解。[89]因此， 66
如何评价它们提供信息的技能在一定程度上取决于如何评价它们的
修辞才能。

这种情况确立了边界，媒体可以借此将自己作为权威的阐释共
同体的身份合法化。为了做到这一点，记者必须克服刺杀事件带来
的信息提供方面的诸多难题。为了应对这一事件的非常规性和不可
预测性，以及对信息产生的迫切的制度性需求，记者需要把自己构
建成一个不止于提供信息的共同体。因此，他们重塑了自己的角
色，既提供慰藉——一方面充当仪式的司仪，另一方面也在治愈国
家方面发挥积极作用——也提供信息。

记者的故事之所以在事件之外仍能经久不衰，还有一个原因，
那就是对技术的使用。记者对刺杀事件的记忆与电视对该事件的报
道同步发展，这并非偶然。专业性记忆的开始和结束与媒体所提供
的报道直接对应，记者所采用的四天的时间跨度使事件具有连续
性。然而，对电视技术参数的迅速应用，引发了一个严重的问题，
即记者讲述刺杀事件的权威最初在多大程度上是正当的。随着时间
的推移，这一技术所提供的叙事得以延续，证实了记者的专业性在
很大程度上依赖电视媒体。技术在某种意义上弥补了专业实践的不
完备性。

因此，肯尼迪之死的主导叙事无论在字面意义还是在比喻意义
上都是对"报道身体"的讲述。它传达的讯息一方面是信息，另一
方面是安慰或慰藉。媒体试图以这种方式为他们看来持续困难和难
以理解的事件画上句号。关于"报道肯尼迪总统死亡之躯"的故事
所隐含的信息，为记者创立一个新闻专业性的故事奠定了基础。故
事的权威性并不总建立在新闻实践的基础上，也建立在关于实践的

叙事之上。在这一叙事中，记者赋予了自己在故事中的核心角色。因此，记者——尤其是电视记者——开始策略性地使用刺杀故事，从而使自己成为合法的专业人士，并把这一叙事转变成关于美国记者的故事，同时也是关于美国第 35 任总统的故事。

第五章 "报道肯尼迪之死"：
媒介化评价

在刺杀事件发生后的几周内，记者努力将对它的报道变成了一个专业上取得成就的传说。他们在媒体上的叙事强调了记者的即兴和本能行为比其既定的专业常规更为重要。记者因此将专业新闻实践的概念扩大化，把自己合法化为刺杀事件的权威发言人。

记者对他们的刺杀报道进行了两类评价：一是通过报道中出现的失误解决了他们的权威中存在的局限性，二是展示了他们如何通过成功的报道克服了这些限制。

失误的故事

记者在报道中存在失误的故事源于公众的看法，即刺杀事件

"可能为当代美国媒体的新闻采集能力带来最为沉重的负担"[1]。事件混乱无序、报道时刻分布不均衡、记者不能获得信息来源以及无法核实事实，这些问题都要求记者采取各种应对策略予以解决。

　　某种程度上，事件的不寻常特征以及由此带来的人们无休止的信息需求都使得记者必须具备应对策略。《纽约时报》记者汤姆·威克从汽车收音机里听到总统死亡的消息，当时他正和其他记者一起在帕克兰医院外等待后续。"没有权威性，"他后来对这条广播评价道，"没有可支撑的证据，但我立即相信了，因为在那种情况下这则消息听起来很正确、很真实。"[2]他后来在别的地方也说道，他知道"当时在场的记者中没有人能清晰有序地展现那个超现实的下午到底发生了什么，他们只是用点滴细节匆忙拼凑出来一幅整体画面罢了"[3]。尽管如此，记者还是被期望立即对意外情况做出反应，凭借直觉变通既定的规则和程序，来正确地进行报道。通过对一些新闻实践规定提出质疑以及重新设定附加于其上的意义，他们能够处理好报道中的问题并重获报道事件的权威。

错失独家新闻

　　媒体报道中的一个失误是错失了独家新闻。这种观点的出现是因为肯尼迪枪击这一发生在周末的重大事件，其主要目击者是业余人士而非新闻专业人士。在公众看来，记者能做的就是将外行人提供的故事碎片整合起来，除此之外，他们别无选择。这些业余人士，如亚伯拉罕·扎普鲁德、玛丽·马奇莫尔（Mary Muchmore）以及奥维尔·尼克斯（Orville Nix）用胶片摄影机记录了枪击事件，从而超越了"记录总统车队的电视摄像机，它们没有拍到任何可用的图像"[4]；业余摄影师玛丽·穆尔曼（Mary Moorman）和大卫·米勒（David Miller）提供了肯尼迪被枪杀的静态照片证据，他们用宝丽来相机捕捉到了刺杀的瞬间。一份行业出版物认为这些照片距离远、不专业、不聚焦。[5]专业摄影师承认他们"从没有机会拍照"，除了美联社拍摄到的特勤人员冲刺到肯尼迪汽车后面的照片。[6]琼·希尔（Jean Hill）和霍华德·布伦南（Howard Brennan）等目击者也讲述了他们的所见所闻。

所有这些非专业活动都挑战了记者的专业性。许多记者错过了独家新闻，但是为了使对肯尼迪遇刺的报道变成新闻专业性取得的成就，有必要通过重新定义"独家新闻"来削弱它的重要性。新闻机构的目标从生产第一手资料转为搜集二手信息。例如，合众国际社"将达拉斯业余摄影师玛丽·马奇莫尔拍摄的一组照片卖给纽约的 WNEW-TV 电视台，声称它为电视提供了肯尼迪总统遭遇刺杀的首幅胶片图像"[7]。同样，《生活》杂志也因其在 11 月 29 日刊登了长达四页的一组由扎普鲁德拍摄的现场图像而受到赞誉。因记者不能自己提供影像而产生了有限的替代性选择，但上述两个案例都未能处理好细节问题：《生活》杂志刊登的照片没有提到摄影者扎普鲁德的名字，并且称这组图像是"一系列非凡且独家的图片"，因为它"首次"展示了肯尼迪死亡的细节。[8]

专业摄影师理查德·斯托利（Richard Stolley）详细描述了《生活》杂志如何派他策划购买扎普鲁德影片的过程。他观察到，扎普鲁德"对我们很温和，他是一名中年裁缝，而不是总统新闻发布会上世界著名的摄影师，但他提供了总统被杀时唯一的影像记录，对此他几乎总是表示抱歉"[9]。为了超越合众国际社、美联社和其他新闻杂志竞争对手的竞标，《生活》杂志支付了 15 万美元购买影片的全部版权。这无疑是为了提升杂志销量，但它也用金钱弥补了杂志工作人员错失独家新闻的过错。有趣的是，这笔买卖还强调了技术的重要性，因为《生活》杂志购买的是技术性的刺杀记录，而非报道本身。这拓宽了记者将自己视为讲述刺杀故事权威的实践途径，因为购买他人尝试报道的记录就等同于记者自己已经报道了事件。

类似的尝试也出现在静态摄影领域。《达拉斯时代先驱报》记者詹姆斯·费瑟斯顿（James Featherston）声称自己从刺杀现场的一名女旁观者那里获得了一张总统遇刺的宝丽来照片，尽管有些报道称他是用武力得到这张照片的。[10] 有时照片发布出来却没有提及拍摄照片的业余人士的名字，这违反了普遍接受的向拍摄者致谢的规则。

在一年后的访谈中，记者仍对错过肯尼迪遇刺这一重大独家新闻而感到不安。他们认为，大多数新闻机构——那些机构因没有展现肯尼迪遇刺的图片或镜头而被人们称赞有良好的新闻品位——其实也会播出刺杀镜头，只是它们没有图片或影像资源罢了。一位研究者说：“达拉斯以外的美国公众并没有目睹总统遇刺的过程，仅仅是因为发生刺杀的街区没有安装电视摄像机。要过一段时间才会出现关于此事件的影像资料，而那时这些资料的历史价值将超越其新闻价值。”[11] 因此，媒体未能拍摄到事件的现场画面重创了记者作为专业人士的权威。

然而，技术减弱了这种不安感，因为记者有可能把信息搜集从一阶转变为二阶，即由自己搜集信息变成搜集别人已经获得的信息。用他们的话来说就是，记者把“错失独家新闻”调整为二阶实践，他们可以购买、拿走或借用他人记录的信息。因此，技术帮助记者保住了专业形象。

成为二手见证人

媒体报道的另一个失误集中出现在对目击者的报道上，这也是现场新闻的核心内容。长期以来，目击者报道在法律体系内饱受争议，因为它的不可靠性往往会破坏其价值[12]，尽管目击者证词提供了大量数据，但这些数据却是导致刺杀记录具有不确定性的一个挥之不去的影响因素。

在报道肯尼迪之死时，目击者证词的可靠性及谁有能力和资格提供证词的问题，由于聚集在一起观看总统车队的人数量众多而变得复杂。记者与群众混在一起，他们的观察与非专业目击者的证词既有一致也有差异。这使得目击者报道作为记录新闻的一种特定形式受到质疑，也明显影响了新闻界对目击者角色的宣称。《新闻周刊》记者查尔斯·罗伯茨认为，记者应该是"训练有素的专业观察员"[13]。然而，很少有记者目睹了总统被杀。正如威廉·曼彻斯特后来所说的那样，记者"在他们所处的位置上没有了解到什么内容……他们依赖同事与宽容路人的合作，希望这些人可以提供可信的消息"[14]。罗伯茨回忆说，"如果说那天我在达拉斯学到了些什么，除了震惊和悲伤带来的麻木感之外，那就是目击者证词是最糟糕的一类消息来源"[15]。在他 1967 年出版的关于肯尼迪遇刺的书中，罗伯茨对目击者报道作为一种体裁的权威性进行了驳斥。他说："根据目击者回忆写出的关于达拉斯的内容越多，就越证实了我的怀疑。"[16]罗伯茨回忆起总统汽车、草地小丘、新总统宣誓就职等相关的细节，尽管他自己的回忆有些瑕疵，但是反映了目击者证词的一些问题：

目睹枪击之后发生的事件，就像谚语所说的目睹"木瓦厂里的一场爆炸"，每一秒都不知道该往哪里看。我不会宣誓证实一些我未亲见的事件。事后看来，我现在才意识到，在暗杀后几个小时内，我费尽心力从目击者口中获得的信息却是他们想象、震惊、疑惑的产物。或许比这还要糟糕的是——一些旁观者有着可怕的欲望，他们希望可以因目睹巨大悲剧而获得公众关注，又或者一些旁观者假装掌握着刺杀事件最丰富的一手信息，而实际上并非如此。[17]

虽然罗伯茨抱怨目击者证词很不完整、过于主观且漏洞百出，但他还是仔细记录了自己的目击者身份。他的书被称为"目击记者对逐点研究的记录"[18]。该书的封底上有一张展示他记者证件的图片，题为"刺杀事件期间（他）佩戴的官方白宫记者徽章"。封面则告诉读者："当枪声响起时，罗伯茨正在肯尼迪车队中的第一辆媒体巴士上。只有两位记者目睹了林登·约翰逊在达拉斯的空军一号上宣誓就职，然后陪同新任总统、他的妻子和肯尼迪夫人乘坐运有已故总统遗体的飞机前往华盛顿，他是其中之一。"[19]

罗伯茨的书展示了一张约翰逊宣誓就职的照片，图片配有文字"站在总统后面的是查尔斯·罗伯茨，本书的作者"[20]。同样的图片还出现在《新闻周刊》上，且有一个白色加粗的箭头指向罗伯茨，图片旁边的配文是"远途归来：查尔斯·罗伯茨（依旧带有箭头）报道林登·约翰逊宣誓就职"[21]。所有这一切都表明，虽然罗伯茨（或者出版商）对他的目击者身份感到矛盾，但他还是仔细地做了记录。大量的证据都证实了目击者身份对于新闻共同体成员的重要性。

罗伯茨不是唯一承认这种矛盾心理的记者。汤姆·威克在刺杀发生后的第二天在《纽约时报》上指出，"在媒体巴士上的大多数记者都离得太远了，看不到枪击事件……记者们注意到总统的车已经加速并迅速驶离，但是他们并没有意识到出现了严重的情况"[22]。威克为总统车队中大多数记者没有看到刺杀瞬间感到惋惜。然而，他本人的目击者报道却广为流传，且被看作更为详细的刺杀事件目击者报道之一。[23]

记者试图通过重新安排故事片段来弥补目击者报道的不可靠性，所以目击者报道对整体的刺杀报道就没有那么重要了。记者通过使用提喻法、省略法和个性化的技巧（如第三章中论述的），来减少目击者报道的缺陷，同时这也强调了目击者报道作为一种记录保存方法的重要性。技术也帮助记者实现了这一目的，记者通过技术输出（如照片和影像等）提供的新闻性在场的记录来稳固他们的影响力。例如，"见证"奥斯瓦尔德被枪杀的镜头说明，无论作为目击者这一点帮助记者看到了什么，他们的这种身份都是极其重要的。因此，技术通过重新定义新闻实践的各个方面，帮助记者维护了他们作为新闻专业人士的权威。当专注于那些记者作为第一目击者报道的新闻事件时，记者就使二手目击者的身份带来的不足在刺杀事件的整体叙事中显得没那么严重了。

因此，目击者的角色既被认为是新闻权威的基础，也被视为一 72
种有瑕疵的新闻记录方法。记者对此存在的矛盾心理表明，他们仍然不清楚它应该发挥什么样的作用，这也暗示了为什么刺杀事件会促使人们对某些专业实践进行重新排序。

对事件的干扰

记者干扰周末刺杀事件的可能性也被媒体进行了报道。这一特殊的失误出现在报道奥斯瓦尔德谋杀案的故事中，记者公开考虑了他们在两个方面的责任：人身方面（促进了奥斯瓦尔德的死亡）；法律道德方面（传播尚未确认的真相以及过早地给奥斯瓦尔德定罪）。

奥斯瓦尔德谋杀事件中出现的人身方面的干扰对记者来说是有疑问的。他们公开质疑，如果不对事件形成干扰他们是否能顺利进行报道。在市监狱地下室中，奥斯瓦尔德被一群记者围住，杰克·鲁比从人群中近距离击中了他。记者们质问是否是他们导致了奥斯瓦尔德的死亡，他们也在思考新闻实践是否与安全转运奥斯瓦尔德的程序相矛盾。人们指责大量的记者、电缆、摄像设备围绕着奥斯瓦尔德，导致他周围的空间混乱不堪。玛丽亚·曼内斯当时在《报道者》中写下了她的抱怨：

> 新闻工作者拿着麦克风挤在地下室的走廊里，到处都是机器声与说话声。随后那些大胖子带着瘦小、苍白的囚犯进来了，然后出现了一个戴着帽子的男人的背影，奥斯瓦尔德被击中了两枪。接着混乱、混战、喊叫充斥着走廊，年轻的汤姆·特鲁伊特（Tom Truitt）拿着麦克风在镜头里进进出出，试图了解到底发生了什么。我脑海中浮现出这一问题：警察究竟为何将一个刺杀总统的刺客近距离地暴露在如此混乱的人群面前？[24]

许多记者的抱怨集中在电视及其复杂的技术上，这并非巧合。电视新闻的新奇性意味着许多报道者不习惯电视新闻记者随身携带的设备。

记者的另一个担忧在于他们在法律道德层面对新闻事件的干扰，特别是报道半真半假的消息和过早地将奥斯瓦尔德定为有罪。73 《新闻周刊》杂志对奥斯瓦尔德没有杀害任何人的说辞评价道："这是谎言。"[25]《纽约时报》发表了一个通栏标题，写着"暗杀总统的刺客被枪杀"[26]。对此，一位观察者遗憾地声称少了"被指控"一词。理查德·托宾（Richard Tobin）在《星期六评论》上指出，事实不足以证明奥斯瓦尔德有罪，"对于肯尼迪总统遇刺，李·哈维·奥斯瓦尔德尚未合法地被起诉，更别提认罪。根据美国法律或新闻界公平竞争的标准，《纽约时报》无权将他称为'暗杀总统的刺客'……还没有庭审、陪审团或法律判决，为什么《纽约时报》却用了那样的通栏标题？"[27]这促使《纽约时报》编辑特纳·卡特利奇（Turner Catledge）发表公开信承认文章有误。[28]

对在媒体上讨论刺杀事件的记者来说，记者干扰新闻事件的范围很广，从电缆摆放的位置到关于媒体决定新闻现实这类较大的问题。在人身、道德和法律层面的干涉报道行为是否削弱了新闻专业性，记者对此提出了疑问。因此并不奇怪，他们通过干扰报道来展现什么行为对记者来说是合适的这类基本疑问，特别是与仍在萌芽期的电视技术相结合。

向技术的屈服

还有一些较小的报道失误，从错误传达极小的细节到根本没有刊播整个事件。其中包括错误引用、不准确，以及关于枪支使用、枪击数量、袭击者数量、刺客射击位置的相互矛盾的报道[29]，人们甚至还讨论了杰奎琳·肯尼迪的裙子上是否溅满了鲜血[30]。

许多报道失误都与技术有关，事实上，记者认为他们并不总是能掌握好技术。达拉斯电视记者罗恩·赖兰（Ron Reiland）是随同警察前往奥斯瓦尔德藏身的得克萨斯剧院的"唯一一名记者"，他因未能处理好室内拍摄所需的设备，"遭受了当时最严重的错失独家新闻的损失"[31]。NBC 的记者比尔·瑞安一边举着车队的照片，一边逐字读着技术人员脚下的美联社公告，因为"没有录像带，也没有影片"[32]。在帕克兰医院的 NBC 记者罗伯特·麦克尼尔（Robert MacNeil）也曾因线路过载而电话连线失败。[33]CBS 花了将近 20 分钟的时间才让沃尔特·克朗凯特的脸部镜头与声音同步，这一小事故促使电视网官员后来安装了一个特殊的"摄影演播室"，以便能同步传输画面和声音。[34]

一个记者在技术上的闪失往往是另一个记者的胜利。尽管记者间存在着普遍的合作气氛，但在对枪击事件的重述中也充斥着对抗和竞争的故事。在肯尼迪中枪后，合众国际社的梅里曼·史密斯和美联社的杰克·贝尔抢着打电话报道这起事件。史密斯坐在记者公用汽车的前面，抢先用无线电话完成了任务。威廉·曼彻斯特后来对这件事做出了如下描述：

> （史密斯决定）越是拖延贝尔与美联社接线员联系的时间，合众国际社报道刺杀的导语就会越详细。所以他一直在使用电话，口述了一次、两次、三次、四次。愤怒的贝尔从中间的后排座椅站起来，要求打电话。史密斯没有停下来，他坚持让达拉斯接线员回读他说的话。他认为高架电线可能干扰了他传播消息。没人相信他的这个理由。车里的每个人都能听到合众国际社接线员的声音。转播很完美。贝尔涨红着脸，尖叫着，试图夺取电话。史密斯把电话夹在膝盖之间，蹲在仪表板下……（然后）把电话给贝尔，那一刻电话已经无法使用了。[35]

在技术上取得胜利的记者也会遭受其害。正如 NBC 记者汤姆·佩蒂特所说，在他对奥斯瓦尔德谋杀案进行电视直播之后的短短几分钟内，"当其他记者可以自由进入警察总部以获取更多信息时，我却不得不守着直播麦克风"[36]。佩蒂特认为自己受到了技术工具的限制，哪怕这些技术工具对其帮助甚大，用《广播》杂志的话来说，"为他在电视史上赢得了一席之地"[37]。

围绕刺杀事件产生的报道失误在很大程度上是技术导致的。一方面，规范性的困扰如错失独家新闻、成为二手证人或干扰新闻事件都可以通过技术予以解决，而这也有助于树立其他行动标准，帮助记者保持专业人员的权威。另一方面，记者承认他们对技术的掌握不够纯熟。所有这些都给媒体提供了一条途径，即通过叙事来表达对专业性的正式提示有所不足的忧虑，并重新思考新闻实践和新闻权威的标准。

成功的故事

记者并不是只看到了刺杀报道有问题的那一面。虽然刺杀事件中的报道失误让他们对自身权威受到的限制表示担忧，但通过将现场判断和预感确立为"真正"专业的标志，他们又在报道成功的故事中欢庆自己克服了上述限制。这种说法是矛盾的，因为虽然记者把即兴和本能行为称为"自然"出现的实践，但实际上基于即兴与本能的报道是记者应对新闻共同体施加压力的适应行为。因此，"凭直觉"行事的说法一般不用于为个人错误开脱，而更多的是维护与之有关的新闻文化的重要性。权威实际上来自新闻共同体。

成功的故事通常采取下列三种形式中的某一种，记者不同程度地声称自己是"最快的""最好的"和"唯一的"。

成为最快的

肯尼迪遇刺事件要求记者采取不可预测和非常规化的方式行事，这些方式也是媒体长期和独家关注的焦点，使记者有机会在报道肯尼迪遇刺事件时实现一系列"最快"。权威则来自此类报道。

记者用"成为最快的"来指代肯尼迪事件发生后盛行的报道风格。在肯尼迪死亡事件中，"成为最快的"这一新闻展现方式不同于媒体对其他事件的呈现。例如，虽然广播在哈定总统①逝世报道中所起的作用挑战了新闻实践的既有观念，但它远没有在肯尼迪遇刺报道中所起的作用那样持久。在此之前，电视记者尚未有机会在报道此类事件中发挥核心作用，当然也不会像在周末刺杀报道中那样有过如此持久的影响。[38]

这种情况为记者制定了各种指导方针以便在报道刺杀事件时考虑到自身的权威。首先，没有类似事件可供大多数记者去"排练"培养专业经验。[39]其次，在刺杀报道期间，媒体需要持续报道，这要求记者长时间以并不熟悉的方式行事。因此，肯尼迪遇刺事件所带来的"第一性"是独一无二的，不仅因为它设定了不同于常规报道的环境，而且因为它长时间维持着这种环境。

这些情况带来的新闻实践的差异扩展了合适的专业实践的概念。例如，中断计划好的节目并维持这种中断状态被视为不同类型的"第一"，它提高了广播电视网的地位。[40]其他媒体也有类似不同寻常的举动，如重刊杂志或发行另一版本的报纸。[41]

---

①　即沃伦·哈定（Warren Harding，1865—1923），美国第 29 任总统（任期为 1921 年 3 月 4 日—1923 年 8 月 2 日），在任期内去世。

　　NBC 记者罗伯特·麦克尼尔在刺杀发生当晚很好地阐述了这一事件的新奇之处："这是记者发现自己在半梦半醒之间仍陷入沉思的那种日子中的一天……在这个时刻可能发生的事就是你的脑海里有时会想到的最极端的事情，但是你匆匆忙忙地忽略了它，因为最极端的事情永远不会发生。你将自己的思绪转回到总是会发生的普通事情上。"[42]当最极端的事情确实发生时，记者必须通过新方法进行权威性阐释。这是因为"旧方法"已经没用了，找不到信源、情况未定，可靠的事实核实方法也行不通。与此同时，要求记者提供信息的制度性压力始终存在。因此，信息供给既是一种制度上的需要，也是一个专业目标。这与新技术创造的新需求交织在一起。

维持临场发挥

　　据记者所述，他们通过临场发挥、重做已完成的任务以及在最后时刻重新组织故事，来恢复其在被指定的任务中的权威。《新闻学季刊》称赞了当地 WBAP 电视台记者罗伯特·韦尔什（Robert Welsh）的行为，当时警方拒绝让他进入帕克兰医院，但他开车经过路障，穿过街垒，直接冲到了医院入口。[43]在回顾中，梅格·格林菲尔德（Meg Greenfield）回忆了报道是如何"在截稿前被歇斯底里地重新制作出来的"[44]。

　　报刊界也受到了赞扬。仅周五一天，报纸就发布了多达八个"号外"[45]。报纸创造了新的销售纪录，11 月 26 日的《纽约时报》卖了 1 089 000 份，比日常销量增加了近 40 万份。[46]对已有的新闻报道进行重印、重置与重做都极大地突破了报纸印刷的正常工序。

　　周刊在周五下午截稿前仍奋力工作，受到了公众的认可。三家主要新闻杂志的工作人员都受到了称赞，因为在周末刺杀事件中，77

"尽管截稿时间紧迫，但是他们仍尽力在杂志上刊登了所有信息"[47]。《新闻周刊》、《时代》周刊与《美国新闻与世界报道》的编辑在这些杂志前面的部分留下了足够多的空白，因为他们在最后一刻增加了数十页新鲜内容。《时代》周刊与《新闻周刊》受到了称赞，因为它们重新刊发了两次，一次是在奥斯瓦尔德被杀后，另一次是在《达拉斯新闻晨报》发布奥斯瓦尔德被杀照片之后。[48]《展望》杂志①早早将一篇题为《肯尼迪可能会去世》的封面文章送至报刊亭，并向经销商发放了粘贴标签。[49]

当 NBC 记者比尔·瑞安正在准备下午 2 时的电台新闻播报时：

> 一个有些心慌意乱的工作人员冲进他的办公室，大喊道："立刻回到电视前！总统中枪了！"当时是下午 1 时 45 分，正值 NBC 停播午休时间……在技术人员仓促地安装好一条拼凑而成的电话线后，NBC 才能告诉全美人民，肯尼迪总统在达拉斯中枪了。即使如此，NBC 也不能向焦虑的美国民众告知肯尼迪总统的生死，因为它也不知道。在 1963 年，没有卫星连接，没有微波转播，没有现场记者第一手的报道。瑞安和切特·亨特利坐在壁橱大小的工作室里，不仅要竞相去报道新闻，还要去了解发生了什么。[50]

这些故事反映了记者在临场发挥方面尴尬而又成功的尝试。记者传递出这样的信息，即他们是如何很好地适应了最新的变化，为此甚至不惜重做已经完成的任务。最终他们的工作能力也很好地反映了雇佣单位的能力。

---

① 《展望》杂志（*Look*）是一本从 1937 年到 1971 年发行的双周刊，内容以照片为主。

广电行业决定连续报道哀悼者瞻仰肯尼迪灵柩的队伍，这是临场发挥的一次全面尝试。NBC 对送葬队伍长达 42 小时的马拉松式的直播（安静的背景音乐响起时可以播放）是这一决定达到高潮的体现，它在广电行业实属破天荒之举，也被称为"电视最精彩的时刻"[51]。新闻工作者因其良好的新闻品位与新闻敏感而受到称赞，"最后的悼念仪式没有受到报道活动的干扰，这显示了电视报道新闻时的尊严和成熟度"[52]。这些评价表明电视记者临场发挥的能力受到了高度认可，尽管他们在报道哀悼事件时做出的调整与专业记者偏爱的调查式和侵扰式做法相悖。

维持直觉

"成为最快的"的另一些报道故事则聚焦在新闻"直觉"或指导记者工作的本能上。对报道刺杀事件及其不可预测的情况缺乏明确的规则，意味着记者并不总是知道该做什么。当汤姆·威克从另一名记者那里听到肯尼迪遭枪击时，他认为自己就是依靠直觉来报道的：

> 赫斯特头条服务①的玛丽安娜·米恩斯（Marianne Means）挂了一个电话，跑到我们一群人面前说："总统被枪击了，现在在帕克兰医院。"那天我知道了一件事，我想我之前已经知道，但那一天变得更加清楚，那就是记者必须相信他的直觉。当米恩斯小姐说出那八个（英文）词时，虽然我不清楚是谁告诉她的，但我知道消息绝对是真的。每个人都相信

① 赫斯特头条服务（Hearst Headline Service）是为赫斯特集团旗下连锁报纸报道华盛顿新闻的一个小机构。赫斯特集团（Hearst Corporation）是一家美国出版界巨头和多元化传媒集团，总部位于纽约，创始人为报业巨头威廉·伦道夫·赫斯特。

了……那天记者没有用任何普通方法或花费时间检查及复核事实。他不得不继续报道，与他交谈的人是怎样的，他所知道的人们的反应是什么，两个孤立的"事实"组合在一起又是什么——最重要的是，他骨子里的直觉感受是什么。[53]

面对奥斯瓦尔德被一名黑衣男子枪杀这条消息，哈里·里森纳（Harry Reasoner）的"直觉告诉他最好不要播出"[54]。记者们承认自己有新闻预感，觉得达拉斯会出现一个"大新闻"；在刺杀发生前的定期新闻通气会上，CBS的新闻主管们已经讨论了在达拉斯发生敌对示威活动的可能性。[55]还在机场的时候，"通常不会理会机场人群"的《时代》周刊记者休·赛迪"从记者专车的座位上起身，感受到了普遍的紧张气氛"[56]。伦敦《星期日泰晤士报》的亨利·布兰登（Henry Brandon）赶往达拉斯，因为他认为达拉斯可能会有麻烦。[57]一位奥斯汀的编辑预测肯尼迪在完成达拉斯之旅时肯定会发生什么事，达拉斯的两家报纸则刊登社论要求公众克制对总统的情绪。[58]记者的新闻直觉也能带来实实在在的回报，就像CBS记者丹·拉瑟敦促电视网派遣额外的记者来报道肯尼迪的达拉斯之旅一样，至少有一种说法是，拉瑟的这一预感使他在CBS里快速升职。[59]

回过头来看，尽管很难明白记者的新闻直觉究竟是怎样偷偷溜进新闻报道的，但在报道一件不可预测以致难以驾驭的新闻事件时，"我早就告诉你是这样"的记者立场却帮助他们重新获得权威，通过直觉预测事件的能力被看作真正的专业行为。记者利用直觉来降低"成为最快的"情况中的不确定性因素，借此抵消他们对新闻事件的一知半解。同样重要的是，这些故事使得记者可以将他们的刺杀报道视为自然而然且源于直觉的。这样做强化了他们对权威的主张，并且似乎可以避免一些报道的差错，尽管依赖直觉这一事实实际上是新闻实践具有适应性的表现。

因此，"成为最快的"在很大程度上表明，记者是如何通过叙事将临场发挥和直觉行为视为新闻的真正标志的。能够迅速应对不可预测的情况，根据预感变通既定报道规则和程序，并正确地做到这一点的能力被吹捧为专业性的标志。记者讲述自己如何依赖临场发挥、重新定义和新闻直觉来有效地报道刺杀事件，因此即使是不被正式的新闻专业实践所看好的行为，他们也称其是符合专业性要求的。这样一来，他们便在重述刺杀事件时为自己建构了另外一种权威角色。

成为最好的

当"成为最快的"强调了新闻实践的即兴和直觉维度的时候，"成为最好的"则让记者探索更多的实践形式。例如，在报道肯尼迪遇刺事件时，"成为最好的"意味着快速传播；在报道他的葬礼时，"成为最好的"则意味着虔诚、慢速、安静的报道。詹姆斯·赖斯顿和弗兰克·麦吉很好地诠释了"最好的"报道的不同形式：赖斯顿在刺杀事件发生后的第二天写了慰藉性的专栏文章，麦吉则哽咽着发布了肯尼迪死亡的消息。

对电视记者来说，肯尼迪葬礼尤其为他们提供了"做到最好"的机会。电视记者为了适应播报送葬者队伍的决策，产生了大量不同以往但又可以接受的新闻实践。例如，广电行业因为取消了广告而受到赞扬，根据估算，这一决定的代价是 300 万美元的直接花费与 3 000 万美元的广告收入损失。[60]电视也因为有效地"对电视有史以来最多的观众进行播放"而得到赞誉。[61]这种赞美往往是以新闻专业技能为背景

80　的。正如行业期刊《广播》杂志所说："如果没有广电行业从业者在日常业务实践中获得的经验，那么他们对 11 月 22 日至 25 日意外事件的报道是不可能完成的。"[62]

讽刺的是，"成为最好的"把在其他地方可能被认为是专业失误的行为合法化了。例如，在 1964 年联美电影公司①的纪录片《十一月的四天》中，一名当地记者冲进达拉斯电视台，说着"请原谅，我有点喘不过气来，但……"这名记者气喘吁吁地对主播和电视观众说的这番话，成了对肯尼迪遇刺事件最初的介绍。[63]除了成功地传达了新闻的重要性，这句话还表明专业电视评论员的镇定举止是多么的不合时宜。同样地，"成为最好的"还暗示以专业方式来报道刺杀事件需要其他一些可能并不寻常的特质。在一篇题为《如果事情与你有关，你能否保持冷静……》的特别专栏文章中，《星期六评论》通过强调记者的"特殊才能"和"训练"来评估记者的表现。编辑理查德·托宾认为，记者需要"在高度紧张的新闻事件中保持冷静"以完成报道任务。[64]

但是"成为最好的"并不意味着对所有记者来说都是一回事，也没有一套可以指导所有刺杀报道的规范。这在记者"成为最好的"的不同故事中有所体现，也为记者提供了足够多的背景，使他们能够展现他们心目中最好的报道实践。

成为最专注的

对于许多记者来说，"成为最好的"意味着"成为最专注的"，这可以用为了完成指定任务所经历的个人自我剥夺程度来衡量，包

---

①　联美电影公司（United Artists）由四位著名导演及演员卓别林、范朋克、毕克馥、格里菲斯于 1919 年创立，逐步发展为控制美国电影生产和发行的八大公司之一；1981 年并入米高梅公司，改称为米高梅-联美娱乐公司，以出品"007"系列电影而闻名。

括睡眠不足、无暇吃饭以及假装冷静等。梅格·格林菲尔德讲她一直到星期六才能回家,与其他记者走在一起的时候,处于一种"脱离肉体、情绪高涨的亢奋状态"[65]。ABC 新闻部总裁说,深夜召开的规划会议使工作人员无法获得超过三四个小时的睡眠。[66]记者比尔·西曼斯(Bill Seamans)"被迫(已连续工作 36 小时后)休息,他的眼睛因睡眠不足而疼痛不堪,以至于他无法强行完全睁开眼睛"[67]。NBC 记者比尔·瑞安一直强忍着情绪,结束播报后才"哭得一塌糊涂"[68]。沃尔特·克朗凯特直到结束节目主持才意识到,"我仍然穿着衬衣,尽管我的秘书几个小时之前就把我的夹克放在我的椅背上了"[69]。在每个案例中,奉献精神都源于记者将公众知情权置于个人基本需求之上的能力。

成为最有人情味的

对于其他记者来说,"成为最好的"则意味着"成为最有人情味的",他们展现出了暂时放弃专业风范的能力。比如用颤抖的声音播送刺杀事件的新闻。一个改稿员"被要求下播,因为他无法继续下去,不得不用另一个改稿员替换"[70]。NBC 的弗兰克·麦吉和 CBS 的沃尔特·克朗凯特都曾在节目中哽咽着说不出话来。克朗凯特在向观众播报新闻时,"因为情绪激动而破音,并抹去眼睛里的泪水"[71],他摘下眼镜,然后又心神不宁地戴回去。

后来克朗凯特很高兴地谈论到他如何回应一通来电。在他播报肯尼迪遇刺事件后第一次休息时,他接听了一通打进演播室的电话,来电者谴责 CBS 允许克朗凯特主持播报。"我是沃尔特·克朗凯特,"他愤怒地说道,"而你是一个该死的白痴。"然后他重重地放下听筒。[72]这类故事的广泛传播表明,记者会用它们来解决刺杀报道导致的个人行为和专业要求之间的不协调。

81

成为最精通技术的

记者在他们的许多故事中都谈到了技术，而"成为最好的"也意味着"成为最精通技术的"。刺杀故事表明了记者所使用的技术的胜利，而这通常意味着记者是用技术而非他们本身来报道事件的。汤姆·威克把他在达拉斯-沃斯堡机场时从电视上看到的肯尼迪遇刺现场目击者的采访写入了自己的书面报道中。[73]NBC 的弗兰克·麦吉在播送新闻时，手里抓着电话，逐字重复电话另一端记者的话。[74]帕克兰医院外的纸媒记者都挤在收音机周围，等待总统的消息。[75]

记者描述了他们如何在技术条件有限的情况下完成了报道任务。威克提到一个事实，即他作为一名报纸记者，那天在没有记事本的情况下完成了在达拉斯的报道。[76]NBC 记者比尔·瑞安也有类似的表述，他后来回想起闪光演播室的具体条件时，提到了它"缺乏技术上的先进性"。"我们甚至没有一个固定的新闻演播室，"他说，"我们不得不去所谓的纽约闪光演播室，那是一个小房间，里面有一台黑白摄像机。"[77]丹·拉瑟后来还把一个在悲剧中使用电话的故事变成了一个成功的典范。当时他正在试图通过电话核实肯尼迪的死讯，在某一刻，他在两条线路上同时与达拉斯当地记者埃迪·巴克和纽约办公室的人通话。拉瑟这样回忆道：

> 我一只耳朵听着巴克重复帕克兰医院官员在贸易商城告诉他的事情。我试图同时看、听很多东西。我的头脑在高速运转，试图搞清楚情况，试图保持镇定，试图预见可能发生的事。当巴克再次说他被告知总统已经死了，我说："是的，是的。这也是我所听到的。他已经死了。"一个声音传过来了："是什么情况？"我以为是巴克在问我。事实并非如此。"是什么

情况"这句话是一个纽约的电台编辑说的……我当时听到有人在说什么，随后我清楚地意识到了，是纽约办公室的某个人正在宣布"丹·拉瑟说总统已经死了"……我开始对着电话大喊，说我没有授权发布任何公告或其他类型的报告。混乱再次爆发。有人告诉我，我不止一次说了肯尼迪已经死了，我说了两次。现在我搞明白了：我一直回答的不是巴克的问题。[78]

拉瑟后来回忆说，当时他一直在思考他这样做可能产生的后果："我突然意识到，我可能已经犯了一个不可理解且难以原谅的愚蠢错误。"整整半个小时后，官方才确认肯尼迪死亡，等待的过程很紧张。他知道"如果这个消息错了，我就要另谋职业了"[79]。事实上拉瑟是对的，尽管他惊惶不已，但这成就了他正确使用技术成功报道的传奇。

新闻工作者提到的技术工具——记事本、铅笔、摄像机或演播室——都被用来证明他们试图以专业的方式进行刺杀报道。因此，记者努力弥补事件原始状态的方式构成了讨论专业性的一块基石。记者认为自己是合法的专业人士，因为他们克服了技术的局限性，使技术为他们服务。在记者通过重述确立他们的权威时，这种说法的出现并不是偶然的。

因此，"成为最好的"使得一些新闻实践变得合法化，记者也通过这些实践来宣称自己的新闻专业性。在"成为最好的"这一故事中，记者扩大了临场发挥和直觉行为的范围，借由此，他们恢复了对刺杀事件进行重述的权威。

成为唯一的

"成为唯一的"为记者提供了一种展示个人表现的途径。虽然

83

媒体上满是关于记者如何根据直觉行为而非正式的专业规范来掌控报道的事例，但"成为唯一的"聚焦的是这种行为的个体维度。这些故事在很大程度上说明这些人将成为刺杀报道中的名人。

"成为唯一的"为某些记者和新闻机构的传奇和实践喝彩。在日常新闻中，"成为唯一的"往往是一种临时性的分类，因为一个记者对一则报道的兴趣是由其他从事同样报道的记者所确证的。因此在周五下午的刺杀事件中，第一条关于肯尼迪死亡的确认信息出来后，就会有许多报道予以跟进。不过，只有第一个确认肯尼迪死亡的记者获得了特殊地位。

合众国际社的梅里曼·史密斯一度被认为是唯一一位发送总统被枪击消息的记者，这主要归功于他在记者专车上的前述电话纠纷。威廉·曼彻斯特说道：

> 12点34分，合众国际社发出了公告，两分钟后，总统专车才抵达帕克兰医院。现场目击者还没缓过神来，消息就已经在全世界传开了。对于那些倾向于相信他们听到和读到的每件事的人来说，数字3（枪击次数）似乎得到了权威的认可，许多曾在广场上以为只听到两声枪响的人后来都修正了他们的记忆。[80]

一旦记者专车到达能够使用公用电话的地方，史密斯就不再是传送肯尼迪被枪杀消息的"唯一一位记者"，但这并没有影响此项成就给他带来的地位。后来他因此获得了普利策奖，合众国际社在其内部刊物《合众国际社记者》上再版了他的报道。合众国际社将他的报道称为"一个历史性的纪念品……因为它展示了一位顶级记者如何处理他那一代最紧急的突发新闻"[81]。

另一个"成为唯一的"的故事是关于 KRLD（CBS 附属机构） 84
新闻主管埃迪·巴克的，他最先报道了肯尼迪的死讯：

> 我认识的一位在帕克兰医院工作的医生找到我，他正在哭
> 泣……他得知肯尼迪总统已经死了。当我在电话里发布这一消
> 息时，电视网惊慌失措。那时还没有官方公告，信源的有效性
> 受到了质疑。然而，我知道这个人是值得信赖的，所以不断重
> 复说总统已经去世了。[82]

在一位观察者看来，巴克决定在未经官方确认的情况下宣布总
统的死讯，这可能是"这一时期最重要的新闻事件……也是广电新
闻史上对单一信源进行的最伟大的仓促判断之一"[83]。

其他"成为唯一的"的故事在刺杀事件发生后很长时间内仍然
是独家新闻。沃尔特·克朗凯特拿掉眼镜擦拭眼泪的举动，为主持
新闻节目增加了新的限制，但很少有记者认为这是可以效仿的行
为。相比之下，托马斯·汤普森（Thomas Thompson）在警方找
到奥斯瓦尔德的妻子和母亲之前就对她们进行了独家采访，他的独
家新闻"远胜于《生活》杂志所做的其他采访"[84]。西奥多·怀特
（Theodore White）① 在肯尼迪葬礼后对杰奎琳·肯尼迪进行了采
访，将肯尼迪时期命名为"卡米洛特"（Camelot），这一比喻在新
闻界流行多年。[85] 在这次采访中，杰奎琳·肯尼迪透露，她的丈夫
在睡觉前喜欢播放音乐剧《卡米洛特》的唱片。

---

① 西奥多·怀特（1915—1986），即白修德，是美国著名记者。抗日战争期间，曾
长期担任《时代》周刊驻重庆记者，采写了大量关于中国战场的报道，访问延安后写出
了影响巨大的著作《中国的惊雷》。曾连续报道了 1960—1980 年的五次美国总统大选，
出版了四部系列同名著作《美国总统的诞生》，其中第一部记录了 1960 年约翰·肯尼迪
参选直至获胜的全过程，获得了 1962 年普利策新闻奖。

有时，"成为唯一的"可以帮助记者将报道失误转化为报道的胜利。在奥斯瓦尔德被杀的那个早上，哈里·里森纳正在 CBS 主播台上工作：

> 奥斯瓦尔德被枪杀的那一刻，CBS 正在播放来自华盛顿的现场报道……里森纳正在一台闭路监视器上收看关于奥斯瓦尔德的报道，他看到了或者至少看到有一些事发生了。虽然里森纳以往很少表现出情绪失控，但是此时他从椅子上站起来又坐下去，尖叫着要求控制室转线到达拉斯……几秒钟后，转线成功……幸亏有录像带，CBS 很快就能播出枪击案的"即时回放"。[86]

有趣的是，CBS"错过"了对该事件的最初报道这一事实，从机构的角度来看就变得十分耐人寻味，刺杀的场景虽然被 CBS 的摄像师记录了下来，但直到事后才在电视上播出。因此，记者确实"在场"，只是没有得到机构的合法化或是支持。

记者还讲述了更多字面意义上的"成为唯一的"的故事：理查德·斯托利是特勤局特工观看扎普鲁德影片时"唯一在场的记者"[87]；亨利·布兰登是 11 月 22 日在达拉斯的唯一的外国记者[88]；詹姆斯·奥尔特根斯是唯一一位拍摄到肯尼迪遇刺现场照片的专业摄影师[89]。与这些故事缠绕在一起的是一种青史留名的观念：汤姆·佩蒂特之所以"在奥斯瓦尔德被枪杀的现场创造了电视的历史"，正是因为他曾是出现在电视直播中的"唯一一位电视记者"[90]。

因此，记者运用关于刺杀报道的媒介化叙事更多反映了既有的新闻实践界限。当指导如何报道刺杀事件的线索无法在正式的专业规范中获得时，记者用失误的故事来表达他们对报道是否恰当的关切，用成功的故事来彰显他们的现场判断和新闻预感。无论是有关报道失误还是报道成功的故事，都嵌入了一种关于专业性、技术以及维护新闻权威的替代性方式的话语。

记者使用叙事重现了他们进行积极的自我评价的三种方式。第一，"成为最快的"通过强调记者的即兴和本能行为，开创了正式的专业行为规范。第二，"成为最好的"阐述了允许记者按照直觉行事和临场发挥的活动范围。第三，"成为唯一的"则将记者个人与专业性的即兴和直觉特质联系起来。对这些"成为最快的""成为最好的""成为唯一的"观念的依赖表明，新闻专业性从不道德的新闻竞争中走出了多么有限的一段距离。

关于刺杀报道的媒介化话语的大量激增表明，它被不断巩固成一起对专业记者至关重要的事件。记者间的非正式网络使得他们能够通过使用话语重组已有的新闻实践标准，这不是偶然的。这些网络有助于增强记者作为一个独立的阐释共同体的地位，而证明其共同体成员身份的话语的不断循环反过来又强化了这一共同体的边界。

第六章 "报道肯尼迪之死"：
专业性论坛

媒体不是记者评价他们关于肯尼迪之死报道的唯一场所。与此同时，行业出版物和专业性论坛上的叙事也表明，这一事件对记者群体来说具有中心地位。专业人士和行业人士都对将刺杀报道视为专业成就表现出了特别的兴趣，就像那些出现在媒介化话语中的叙事一样，他们的叙事也讨论了即兴和本能行为作为将刺杀报道转变为新闻专业性故事的一种方式。在媒介化话语中，记者往往援引报道的相同属性来做出正面和负面评价，而在行业出版物和专业性论坛上传播的故事则显示出对记者报道的矛盾心理，这种态度与事件的复杂性有关。

行业出版物关注的重点是，在整个刺杀事件发生的那个周末，为何对信息的需求没有得到缓解。彼时电视新闻业刚刚成为一种合法的新闻媒介，这一事实使这种持续的需求变得更加复杂。随着新闻共同体试图将自己合法化为一个权威的阐释共同体，这些状况使得专业性评价——尤其是对电视的评价——成为在专业性论坛上重述刺杀事件的关键部分。

对新闻报道的赞扬

肯尼迪死后的第一年,刺杀事件吸引了几乎所有专业新闻论坛的关注。美国报纸编辑协会、美国全国广播工作者协会、广播电视新闻导演协会皆在 1963—1964 年的会议上,各自独立地讨论了如何对肯尼迪遇刺事件进行适当的报道。包括《哥伦比亚新闻评论》《编辑与发行人》《鹅毛笔》《广播》和《电视季刊》在内的行业和半行业出版物都出专版讨论了刺杀事件。其中有几家,例如《哥伦比亚新闻评论》为其读者转载了大量最初的刺杀报道。[1]新闻教育协会在 1964 年会议期间就"鲁比审判的后续:法庭、新闻界和公正审判"进行了一次小组讨论。[2]

专业性论坛与媒介化论坛的不同之处在于,它们允许记者关注其活动的专业属性,而这与新闻价值几乎没有直接联系。在某些情况下,这有助于重构实际报道中发生的情况。通过这样的重构,记者能够将他们的讨论和协商锚定在如何形成一致认同的行动标准上。

在肯尼迪遇刺几年后,专业性论坛上的这种重构工作形成了一个特别具有说明性的例子,那就是新闻摄影师当初在报道肯尼迪遭枪击时错失独家新闻的失误,这时已经被行业杂志重新解读为一次专业上的成功。1968 年《鹅毛笔》刊发了一篇题为《新闻摄影中的专业性》的文章,突出了一张旁观者蹲在刺杀现场附近草丘上的照片。配图文字如下："刺杀约翰·肯尼迪的子弹击中目标几秒钟后，当旁观者'匍匐在地'寻求保护时，新闻摄影师还在继续工作。摄影师，包括拍这张照片的人，立即做出了专业人士应有的反应。"[3]然而，对枪击事件的现场描述表明，事实并非如此。除了一个例外：新闻摄影师完全错失了肯尼迪遇刺事件，摄影工作最初都是由业余人士完成的。[4]值得注意的是，将这次失误重新塑造成专业上的成功是由一本行业期刊策划的，那里对专业合法化的需求可能比在媒介化论坛上更大。这样的重构工作是对刺杀报道进行专业性评价的典型表现。在重构工作中，报道中的事实经常被调整，以满足（报道）合法化或能够被专业人士认证的目标。

在刺杀事件发生时，专业性论坛通常很快就对记者的报道大加赞赏。《哥伦比亚新闻评论》表示，"与以往任何事件不同，1963年11月22日至25日发生的事件属于新闻业，特别是全国性新闻机构"[5]。美联社在其年度报告中称这起刺杀事件为"1963年重大的全国性新闻事件"，并宣称其"投入了比历史上任何单一新闻事件更多的资源来报道这起刺杀事件"[6]。《编辑与发行人》杂志的一篇评论称，对肯尼迪遇刺的报道是"世界上有目共睹的由报纸、广播和电视做出的最令人惊叹的表现"[7]。沾沾自喜的宣传充斥着《编辑与发行人》和《广播》杂志的版面。

所有媒体都受到了赞扬。行业期刊称赞报纸取消了预定的广告栏目。[8]杂志也因在刺杀事件发生后暂缓出版一些与事件无关的文章而被称道。[9]新闻类杂志因其对周末事件灵活多样的报道而被挑选出来予以表扬。正如《哥伦比亚新闻评论》所言，"这些杂志进行了整版调整——在某些情况下甚至中断了印刷进程以增加对事件的最新进展的报道——但仍能按时到达大部分读者手中"[10]。在其看来，这表明杂志"在很多方面比大多数星期日报纸更为灵活"。

新闻摄影师因为拍摄到了周末的主要事件而得到赞誉。值得注意的是，虽然最初只有摄影师詹姆斯·奥尔特根斯因为拍摄到一名特勤局官员飞奔至总统专车后部的照片而受到赞扬[11]，但是很快更为普遍的摄影表现也得到了好评。讨论的焦点通常集中在约翰逊宣誓就职的"历史性"画面或者奥斯瓦尔德被击中时的照片上。《达拉斯时代先驱报》的罗伯特·杰克逊因为拍摄到奥斯瓦尔德在子弹的冲击下瘫倒的照片而获得普利策奖。[12]这在摄影师中引发了一场关于专业性的激烈讨论，与专业摄影师所扮演的角色相比，业余人士在报道中的作用被忽视了。正如一篇文章所见："人们主要是通过非专业摄影师拍摄的失焦照片获知总统遇刺的实际情况的，但是被指控的行凶者遭刺杀的实际过程在新闻摄影师的视线内，他们的相机正对着他，由此拍摄的照片可能是有史以来最伟大的新闻照片。"[13]大多数行业出版物将业余人士对肯尼迪遇刺的摄影报道与专业摄影记者拍摄的奥斯瓦尔德遇刺的照片放在一起，这一事实本身就表明需要正视由这些业余人士拍摄的照片所带来的问题。正如《编辑与发行人》在这个为专业性辩护的时刻所注意到的："如果说肯尼迪总统的死亡留给了业余摄影师去记录，那么情况在 11 月 24 日星期日发生了逆转。"[14]

在所有媒体中，广播电视的元素受到了特别关注。《广播》杂志称："在那可怕的四天里，电视进入了成熟期，广播则再次证明了它捕捉历史的能力。"[15]对刺杀事件的广播报道"是广播史上最好的表现之一——最多的听众、最长的时间、最大的损失和最原始的情感"[16]。广播因连续播送超过 80 小时而广受好评。[17]行业杂志

89

赞扬了广播媒体的尊严和态度。[18]广播电视业获得了特殊的皮博迪奖①，这是佐治亚州立大学新闻学院为广播电视颁发的公共服务奖项。[19]英国电视制片人和导演协会将肯尼迪葬礼的电视报道评选为年度最佳外国节目。[20]美国全国广播工作者协会向其会员发送了一份整版的报纸广告，上面都是对广电行业的赞扬。[21]

毫不奇怪，大多数专业性论坛认为刺杀报道体现了真正的专业行为。《星期六评论》的编辑称赞"这是一次很专业的工作……是人们所希望看到的"[22]。《广播》杂志的一篇评论指出，记者在最后一刻对报道进行了重组，并以充满活力和富有创造性的方式修改了现有的设置，以适应事件的节奏，"这不是业余人士可以完成的工作……这是一份专业人士的工作"[23]。与媒介化话语一样，临场发挥的能力以及通过直觉重组、重做和预测事件的能力，也被专业性论坛塑造成使记者成为合法专业人士的因素。

与此同时，这些评价中蕴含着一种对新闻报道新形式的认识。《电视季刊》谈道："电视纪录片的全面出现，使得（在其中）定义艺术家和记者在电视新闻中的角色和功能的条件已经开始形成。"[24]多年后这一点得到了证实，因为记者报道刺杀事件的方式决定了类似报道的行动规范。例如，报道肯尼迪遇刺事件教会了记者如何处置针对杰拉尔德·福特（Gerald Ford）②和罗纳德·里根（Ronald Reagan）③的刺杀企图。[25]有关肯尼迪葬礼的报道教会了记者如何报道埃及前总统安

①　皮博迪奖（Peabody Award）全称乔治·福斯特·皮博迪奖（George Foster Peabody awards），以美国佐治亚州立大学的主要捐助者、慈善金融家乔治·福斯特·皮博迪的名字命名。皮博迪奖始颁发于1941年，是全球广播电视媒体界历史最悠久、最具权威性的奖项之一。

②　杰拉尔德·福特（1913—2006），美国第40任副总统和第38任总统。

③　罗纳德·里根（1911—2004），1981—1989年担任第40任美国总统。

瓦尔·萨达特（Anwar Sadat）① 的葬礼。[26]

所有这一切都表明，像媒介化话语一样，专业性论坛将刺杀报道视为专业活动，尽管它并不一定能被专业实践的正式规范所认可。评价的重点是电视技术和记者发展与之相适应的新闻实践的能力。然而，与媒介化话语不同的是，专业性论坛很快就从对报道的讨论转向了对新闻专业性基本问题的讨论。换句话说，新闻报道本身很快就变成了一场关于什么构成专业行为的辩论。这支撑着刺杀事件作为一起关键事件在新闻专业人士心目中的地位。不出所料，这也导致了对记者在达拉斯所取得成就的某些批判性审视。

对新闻报道的批评

在肯尼迪遇刺后的几周内，专业团体开始批评记者报道肯尼迪之死中出现的问题。美国报纸编辑协会这一主要组织在其次年年会上的一个特别环节中讨论了 1963 年 11 月 22 日的事件。在这次年会的会议记录中，协会成员批评了那些"草率、糟糕、不准确、耸人听闻"[27]的报道。同样，他们还发现了"原始、有计划地扭曲事实"[28]的证据。专业共同体所面临的问题是，新闻实践是否妥善应对了肯尼迪遇刺所带来的挑战。正如一位观察者总结的那样，"核心问题是，新闻业的最佳传统是否足够好……达拉斯事件的教训在负责任的新闻业中其实是老生常谈的问题：对新闻的报道并未民主

---

① 安瓦尔·萨达特（1918—1981），埃及前总统（1970—1981 年在任），埃及与阿拉伯世界的杰出政治家。1979 年 3 月签署《埃以和约》，结束了埃及和以色列两国之间历时 30 年之久的战争状态。1981 年 10 月在阅兵式上遇刺身亡。

到赋予每件冒充事实的事情以平等的地位"[29]。

《编辑与发行人》出版了一份关于刺杀报道引发的法律问题的详细审议报告，报告中标题为"刺杀报道引发法律陷阱"的部分，讨论了记者报道中显现的"严重背离宪法标准"之处。[30]其他论坛讨论了记者的"羊群效应"。正如一名达拉斯当地编辑在1964年美国报纸编辑协会的年会前所言：

> 报社、电台和电视台（在达拉斯）的办公室都遭到了入侵。参考文件散落在各大报社的角落，有些文件永远地丢失了。摄影部门挤满了抱着想要制版底片、购买照片等诸如此类目的的外来者。杂志和外国报纸的代表们为了得到独家照片而"拉拢"个别摄影师，向他们提供非常诱人的报价。[31]

专业性论坛对参与刺杀报道的记者缺乏基本的礼仪和诚信表示遗憾。对刺杀报道的批评尤其集中在媒体报道李·哈维·奥斯瓦尔德之死时的各种行为上。

91　深度观察：奥斯瓦尔德谋杀案的纷扰

对奥斯瓦尔德谋杀案的指责主要有两种观点。一种观点认为，媒体实际上对他被杀负有责任；另一种观点认为，如果他还活着，媒体会阻止对他进行公正的审判。[32]第五章探讨了记者在这两方面都有哪些不足之处。他们认为自己不容易被当地警方识别出来，并拥有侵入性的设备，而且来的人数太多以至警方无法应付。奥斯瓦尔德谋杀案及其报道进一步揭示了刑事案件报道过程中的新闻义务、权利尤其是特权的边界问题。

关于记者角色的讨论并不限于新闻共同体。《沃伦报告》是针对肯尼迪之死的首个官方调查报告，在阐明刺杀报道所引发的一些突出问题方面发挥了积极作用。在一个标题为"新闻人的活动"的特别部分中，报告追溯了沃伦委员会认为的导致奥斯瓦尔德被谋杀的事件原委：

> 在三楼的大厅里，电视摄像师在重要位置安装了两个巨大的摄像机和泛光灯，以使他们可以扫视走廊的各个方向。技术人员将他们的电视电缆拉进和拉出办公室，其中一些电缆从一个副局长办公室的窗户中伸出来，落到大楼的一侧。拿着新闻摄像机、静物照相机和麦克风的人比电视摄像师更容易移动，他们来回走动以寻找信息和采访的机会。新闻人走进位于三楼的其他部门的办公室，坐在桌子上，使用警用电话；的确，一名记者承认，他在桌子后面藏了一部电话，这样，如果发现了什么东西，他就可以独家使用它……走廊里挤得水泄不通，警察和记者要想进去就得推推搡搡，跨过电缆、电线和三脚架。[33]

报告引述一名警探的话说，记者"被要求退后保持不动，但没有什么用，他们会向前推进，你不得不用身体挡住他们……报纸和电视的记者就这样接管了局面"[34]。当奥斯瓦尔德出现在记者们的视野中时，"他的押送者……不得不从试图包围他们的新闻人中间挤过去……当（他）出现时，新闻人把相机对准他，用麦克风指着他的脸，大声问他问题"[35]。

周日上午，当奥斯瓦尔德被从市监狱转移到县监狱时，这种情况再次发生。记者团又来了，人数很多，估计当天上午 10 时有 50 人挤进了市监狱的地下室。[36]转移开始后，杰克·鲁比从记者队伍中走了出来，他用枪射出的子弹正好击中奥斯瓦尔德的腹部。《沃伦报告》因此得出结论，奥斯瓦尔德之死的部分责任"必须由新闻媒体承担"[37]，并敦促记者执行新的专业伦理规范。

　　这样的看法已经在专业性论坛上流传开来。《编辑与发行人》在 1963 年底发表了一篇题为《"被告"还是"刺客"》的评论，其中就反思了新闻共同体对奥斯瓦尔德的裁决是否过于迅速的问题。[38]1964 年 1 月，美国报纸编辑协会的领导人赫伯特·布鲁克（Herbert Brucker）曾哀怨地呼吁限制媒体。他在《星期六评论》的一篇题为《当媒体塑造新闻》的评论文章中阐述了自己的观点，称"来自新闻业的压力……为奥斯瓦尔德被杀提供了条件……毫无疑问，电视和报刊必须承担部分责任"[39]。在他看来，这起谋杀案"与警方在众目睽睽之下的屈服有关……为了满足新闻媒体的方便……（问题的产生）主要源于新闻业的一些新东西……记者自己闯入新闻当中"[40]。布鲁克认为，广电设备在奥斯瓦尔德被杀期间造成了侵扰感。他将这一事件与早前一起牵涉到广播的事件进行了比较——1937 年对布鲁诺·理查德·豪普特曼（Bruno Richard Hauptmann）绑架和谋杀林德伯格之子案①所做的审判，他说"新的广播媒体，连同新闻摄影师的闪光灯，使审判变成了一场闹剧"[41]。布鲁克的评论表明，新的媒体的合法化与区分公共空间和私人空间的边界之间存在关联，新闻共同体认为电视积极的在场正在改变这些边界。

---

　　① 1932 年 3 月 2 日，曾横渡大西洋飞行的美国飞行员查尔斯·林德伯格（Charles Lindbergh，1902—1974）之子遭绑架，5 月 12 日其尸体被人发现。1934 年 9 月 20 日，有犯罪前科的德国木匠布鲁诺·理查德·豪普特曼被捕，他被判处蓄意谋杀罪，于 1936 年 4 月 3 日执行死刑。

布鲁克并不是唯一一个批评电视的人。1964 年美国报纸编辑协会的年会以全国新闻摄影师协会负责人的发言为开端，该负责人声称："可以肯定的是，将直播镜头放在那些罕见的重大新闻事件的现场，使得传播行业最糟糕的一面被带入了客厅。然后，通过转播重大新闻事件，电视确保了第一次播出时可能错过现场的人仍有更多机会看到它。"[42] 这位负责人接着哀叹道，他所看到的是"新闻业几十年来不得不面临的最为严重、最具威胁的问题之一"[43]。他说，自他记事以来，人们就一直是这样：

> 被记者纠缠不休、逼近角落、询问问题，他们询问的问题有些是相关的，还有许多是无关紧要和愚蠢透顶的。然而，那时没有广播或电视直播……结果，当故事或采访被发表在报纸上时，所有无关的问题都已经被剔除掉了。公众从来不知道这些问题的答案是在纠缠不休的情况下得到的。[44]

他的评论并没有聚焦在新闻实践存在问题这一事实上，而是聚焦在电视显现出的这些问题是什么样的。电视为新闻工作者的行为提供了一种过于暴露的观察视角，这一视角使他认为有必要仔细考虑新闻工作者的行动标准。

为了独立地考量到底哪里出了问题以及是否出了问题，行业出版物讨论了《哥伦比亚新闻评论》所称的"电视审判"[45]。1964年，《当下》杂志举办了一个名为"肯尼迪的生与死"的论坛，这个论坛以最后一个环节"大众媒体的审判"而告终。在这个论坛上有行业出版物问道："在媒体竞相报道刺杀故事的各个方面时，它们是否忽视并践踏了被指控杀害肯尼迪的凶手应有的权利？"[46]这部分讨论的参与者包括美国公民自由联盟①成员、《编辑与发行人》，以及几位媒体评论家，他们都在思考公开性在改变法律过程中的作用。[47]

到了 1964 年初，专业性论坛所面临的要求其解决奥斯瓦尔德谋杀案引发的一些问题的压力越来越大。CBS 总裁弗兰克·斯坦顿（Frank Stanton）向布鲁金斯学会②提供资金，以建立一套自愿的媒体间公平行为准则。[48]同年 10 月，美国报纸编辑协会召开了一场由 17 家顶尖新闻机构参加的会议，讨论对新闻实践的抱怨，这些机构包括美国报纸发行人协会、美联社执行编辑协会、美国专业记者协会、美国全国广播工作者协会、合众国际社、全国新闻摄影师协会、广播电视新闻导演协会等。[49]十天后，该组织发表声明，审慎地承认了新闻媒体对奥斯瓦尔德谋杀案的影响。它呼应了早前美国报纸编辑协会对新闻实践的保留意见："如果开发较小的电视摄像机是我们无法控制的，那么我们当然可以尝试通过自己的实例来教导电子媒体的新闻人学会更广泛的礼仪，以加深对基本事实的理解，即信息自由并不意味着可以无限制地践踏个人权利。"[50]声明虽然允许在某些情况下进行集中报道，但没有要求形成针对媒体表现的行为准则或其他外部约束。[51]

借用外部力量规制新闻业的想法似乎是新闻自由观念所憎恶的。《华盛顿邮报》的一名编辑敦促新闻工作者要克制自己，而不是通过"魔法代码"来遏制这种在达拉斯的典型的过度行为。[52]

94

---

① 美国公民自由联盟（American Civil Liberties Union，ACLU）是美国一个大型民间组织，总部设于纽约，其目的是"捍卫和维护美国宪法和其他法律赋予的这个国度里每个公民享有的个人权利和自由"。

② 布鲁金斯学会（Brookings Institution），美国著名智库之一，创建于 1916 年。

《纽约时报》的两名编辑特纳·卡特利奇和克利夫顿·丹尼尔（Clifton Daniel）分别呼吁记者团成员在报道类似事件时运用自己的判断。[53]美联社执行编辑协会的主席抱怨说，沃伦委员会本应该表扬新闻业，而不是给它打分。[54]电视记者盖布·普雷斯曼（Gabe Pressman）在《电视季刊》举办的一个关于伦理、新闻业和肯尼迪遇刺的论坛上抱怨称，他所属的媒体被当作替罪羊。"因为我们有能力更有效率地讲述一个戏剧性的故事，并产生最大程度的影响力——这是因为我们能够满足当代美国公众对即时新闻的需求——难道因为人们的反应不佳我们就得自废武功吗？"[55]这篇文章以《负责任的记者》为题发表，探讨电视对新闻实践的影响。它思考了电视记者是否能够在不侵扰他人的情况下完成自己的工作，尽管他们拥有"笨重的设备"，并建议记者把注意力集中在"报道品位和判断以及在一个开放社会中尊重个体的问题"[56]上。这篇文章还提到，在意见交流中有人指出电视的新鲜感放大了电视摄像机带来的刺激，普雷斯曼对此回应说："摄像机就像报纸记者使用的便签本和铅笔一样。然而，摄像机是我们拥有的最忠实的记录者。录像带不会说谎，胶片也不会说谎。"[57]

这些讨论的核心是关于这种新的新闻媒体的两个假设，一是普雷斯曼和其他人提到的为更好的新闻业而生产出的摄像设备，二是电视能够提供比其他媒体更真实因此也更权威的报道形式。例如，鲁比是否枪击过奥斯瓦尔德就没有争议，因为摄像机记录了这一切。在大多数记者对刺杀报道的描述中，这些假设越来越被认为是理所当然的。同样重要的是，虽然在奥斯瓦尔德谋杀案发生后的几个月里，关于电视技术侵扰性的话语垄断了公众对谋杀案报道的评价，但这种话语在后来对谋杀案报道的讲述中消失了。这表明，记者不再把电视看作对事件的技术干预，这种形象不再符合记者对自己的集体认知。

值得注意的是，法律组织挑起了关于新闻表现的专业争议，并谴责了新闻业对知情权的坚持。它们声称，记者严重干涉了奥斯瓦尔德获得一次自由和私密审判的权利，阻碍了警方转移被告的进程。美国公民自由联盟的领导人认为，奥斯瓦尔德"多次在报纸、电台和电视上被审判和定罪"[58]。当杰克·鲁比的审判需要对可接受的新闻报道界限做出快速决定时，地区法官乔·布朗（Joe Brown）在裁定禁止电视、广播和摄影记者进入法庭之前，只征询了纸媒记者代表的意见。布朗说：

> 在公开法庭上，麦克风和电视摄像机是任何法官或被告都不应该容忍的干扰。检察官、辩护律师甚至法官的过火行为已经足够多了，不需要再进一步地邀请别人加入。拿着便签本和铅笔的记者与携带照相机的摄影师就够用了，他们足以向公众提供其有权得知的新闻。[59]

电视记者虽然对法官的决定怨声载道，但基本上没有做什么其他的反驳。他们不愿采取行动，可能是因为他们对奥斯瓦尔德谋杀案的报道受到了更广泛的批评。

媒体在杰克·鲁比受审时的行为再次引起了专业性论坛的关注。在美国报纸编辑协会的年会上，一名与会者指出：

> 在与电视网召开了一次会议后，法官相当天真地同意，只允许转播宣布判决结果时的画面。他后来说，他得到了电视网的承诺，在他们的判决宣布后，电视将立即停止转播。他宣布休庭，解散了陪审团，离开了法庭。如果你那天是一位有权限

的美国电视观众，你就会看到现场一片混乱。[60]

记者也因表现出与报道奥斯瓦尔德谋杀案时类似的行为而受到批评。有一天，当鲁比被质疑他的精神健康状况时，记者们表现得尤为不守规矩：

> 当天下午晚些时候，当他（鲁比）回到达拉斯县监狱时， *96*
> 尽管身心疲惫，但还是被一群新闻记者包围起来，包括广播、
> 纸媒和电视记者，他周围闪烁着大量的闪光灯……新闻媒体的
> 代表们同时向他大声提问，涉及他的精神疾病和许多其他完全
> 不适当、不负责任和完全无视其个人权利的问题。[61]

这表明，尽管记者在报道奥斯瓦尔德谋杀案时的行为受到了批评，但仅仅几个月后，他们就重复了同样的行为。

奥斯瓦尔德谋杀案所引发的对新闻实践的两种截然相反的评价表明了什么？值得注意的是，一些观察者利用报道的属性来谴责新闻业，而其他人则用同样的属性来赞扬新闻业。摄像机、电缆、麦克风等技术工具既方便了现场报道，也要为加速奥斯瓦尔德的死亡负责。这暗示着人们认为新闻记者可使用技术以专业的方式进行工作，但不假思索地使用技术则被视为一种危险。在这种关于技术的话语中，最初流行着两种截然不同的对刺杀报道的评价。这些评价显示出，在刺杀事件发生时，新闻专业性可接受的界限仍处于争辩不休的程度。

有一种评价强调了电视的缺陷，具体表现为沃伦委员会的报告和禁止电视摄像机进入法庭的法院裁决。它提出了这样一种观点，即新闻报道已经过度扩张，电视记者在为合法化而进行斗争的过程中所依赖的技术与其说是一种帮助，不如说是一种障碍。通过强调

电视技术的消极方面，关于奥斯瓦尔德谋杀案的混乱局面威胁到了这一新兴媒体的从业者并不牢靠的合法性：如果新闻共同体同意就奥斯瓦尔德争议事件所提出的观点，它们就会使区分电视新闻业与印刷新闻业的那些特质变得不再有效。

97　　这就是为什么随着时间的推移，这种关于记者促成奥斯瓦尔德之死的独特话语消失了。电缆、麦克风、摄像机以及它们所引发的关于电视新闻和新闻专业性是否恰当的话语，不再出现在当代关于奥斯瓦尔德谋杀案的讨论中，无论是在媒介化论坛还是专业性论坛上。电视技术因对奥斯瓦尔德谋杀案的现场报道而受到赞誉（从一种观点来看），这意味着它的工具——电缆、麦克风和摄像机——不能"为促成奥斯瓦尔德的死亡负责"（从另一种观点来看）。换句话说，对新闻报道的正面和负面观点不可能同时继续存在，因为电视的同一属性正在被同时用来谴责和赞扬新闻业。

　　让有关奥斯瓦尔德谋杀案的专业性话语陷入危险境地的是一场更大范围的关于专业性和技术之间关系的讨论。记者是否通过技术使自己变得更专业——他们做到这一点是因为屈服于技术还是掌握了技术——这个问题不仅影响着关于奥斯瓦尔德谋杀案报道的争论，还更广泛地影响了关于肯尼迪之死报道的争论。成为专业人士意味着能有效地使用技术工具。奥斯瓦尔德谋杀案引发了人们对新闻业的权威主张、电视技术和电视记者实践的质疑。这使得将新闻式重述改造为使新闻专业性合法化的叙事成为必要。由于肯尼迪之死的具体事件使记者的权威问题嵌入在大量刺杀报道之中，重述他们在报道这一事件中所扮演的角色，需要将他们的表现重构为有效的专业成就或能被理解且可以挽救的专业失误。因此，若对奥斯瓦尔德谋杀案进行当代演绎，就有必要将其重新塑造成一种专业上的巨大成就，这种成就隐含在对谋杀案进行现场直播的独家报道中。

因此，随着时间的推移，无论是在专业性论坛还是在媒介化论坛上，大多数记者都倾向于这种观点，即强调电视的属性并认为记者在报道中表现得很专业，这绝非偶然。值得注意的是，它还让记者能够创造出一种讲述他们如何成功适应新的电视技术的叙事。正如一位评论家所哀叹的那样："电视就像童谣里的小女孩。当它是坏的时，它是可怕的。但当它是好的时，它是非常非常好的。"[62]对记者行为的不同评价激发了关于奥斯瓦尔德谋杀案报道的专业性话语，对修辞合法化的推动标志着对一场提早死亡的一种评价。

通过掌握技术来掌控报道

许多对新闻报道进行的专业性评价的核心是关于技术的讨论。通过技术，记者能够提出论据，恢复他们讲述刺杀事件的权威。特别是电视技术，通过帮助记者将一些很大程度上是临场发挥的活动归类为专业活动，为记者提供了另一种途径来修复他们的专业性。因此，技术被认为既促进也阻碍了集体和个人专业认同的出现。

奥斯瓦尔德谋杀案的乱局如何进入对刺杀事件的专业性评价揭示了许多关于技术、专业和新闻权威的内在话语，通过这些话语，记者试图将自己定位成达拉斯事件的权威发言人。在媒介化论坛上，记者通过专业性话语使自我授权成为可能，同时，他们在专业性论坛上支持这种话语。

媒介化话语依赖于在专业领域对新闻表现的类似假设的传播。个体的媒介化描述必须得到更大的机构议程的支持，因为它们是由行业出版物、专业会议的记录以及新闻行业的协会和组织的议程所塑造的。因此，在刺杀事件发生后的几周内，记者利用专业性论坛将他们对刺杀事件的报道转变为专业成就的标志就不足为奇了。这样一来，记者就提高了刺杀事件作为专业记者的关键事件的地位。

因此，记者围绕某些对其专业性至关重要的议题产生的话语有助于巩固新闻共同体。专业性论坛上的评价支持记者作为一个权威的阐释共同体，强调关于新闻实践的即兴和本能性质、非正式网络的价值和技术的创新用途的集体观念。这些评价隐含着对个体记者、组织和制度以及专业结构如何在阐释共同体内协调一致的考量。因此，专业性评价——在媒介化话语和行业话语中都是如此——意味着记者不仅要权威地谈论刺杀事件，而且要权威地谈论他们自己。通过在专业性和技术中嵌入权威的观念，它为刺杀故事的形成建立了一个有效的根基，并表明了从这些故事中涌现出来的阐释共同体的边界。

第三部分
提升

第七章 官方记忆的消解：
从 1964 年到 1970 年代

肯尼迪总统遇刺身亡后，记者在与其他群体的竞争中被视为更

受欢迎的刺杀故事讲述者。多年以来，随着历史学家和独立批评者

就事件提出自己的分析解读，群体之间的竞争持续存在，甚至愈加

激烈。[1]本章将论述刺杀故事发展如何受到群体间互动的影响，并

探讨促进或阻碍记者成为刺杀故事核心的因素——更为普遍的关注

与张力。因此，刺杀故事讲述的重点就从记者所扮演的角色转移到

报道历史学家和独立批评者在重述中的活动上了。

死亡造就新生：刺杀与对肯尼迪的解读

已故的肯尼迪被称为"可能是美国历史上最有魅力的"[2]人物，

在许多美国人看来，逝世的肯尼迪有着"比其在世时更为强大的力量"[3]。总统死亡的各种细节直接进入了日益增长的肯尼迪报道的全国性剧目中，而肯尼迪的故事被重新演绎为一场悲剧。

对肯尼迪遇刺的早期解读

对于许多有兴趣追踪肯尼迪总统执政细节的观察者来说，肯尼迪的神话仅仅是在他去世后才形成的，并且"只是作为一种应对他死亡的方式"[4]。一位社会学家回忆道："我们现在都相信，1960年代初的我们曾对未来有着无限美好的憧憬。但实际上，这种憧憬在肯尼迪遇刺后才第一次出现。"[5]1988年，历史学家丹尼尔·布尔斯廷（Daniel Boorstin）提出了类似的观点，他认为："肯尼迪的过早逝世提醒了我们历史将会如何评价那些太早离开的公众人物。在形成历史声望的过程中，短暂的生命反而更有优势和机会。"[6]

102　　公众对肯尼迪遇刺有两种流行的解读。克里斯托弗·拉什（Christopher Lasch）认为，它们都扎根于1950年代的思想氛围。[7]一方面，观察者哀叹卡米洛特的美好承诺在达拉斯戛然而止；另一方面，阴谋论的观念则突显了肯尼迪公众形象的阴暗面。记者杰斐逊·莫利（Jefferson Morley）认为，由于肯尼迪遇刺事件融合了"美国历史的两个基本主题"，它的"周年纪念日因此被作为一种国家仪式延续了下来"[8]。刺杀事件反映出肯尼迪的生活本身存在着基本的脱节。[9]

持第一种观点的人认为，肯尼迪的任期过于短暂，以至于他未能实现全部的执政设想。他们随即赞扬肯尼迪对和平队、进步联盟和民权立法的支持。他们还利用肯尼迪的逝世来缓和人们对他任期内一些工作的批评。关于肯尼迪死亡的记忆就这样被带入了评价肯尼迪政府的第一线，以解释甚至合理化某些他被认为存在过错的行为。

在肯尼迪核心集团的激发下，这些观察者对肯尼迪怀有崇高且近乎神话般的尊重。这一核心集团包括西奥多·索伦森（Theodore Sorensen）、小阿瑟·施莱辛格（Arthur Schlesinger, Jr.）、皮埃尔·塞林格和肯尼迪的遗孀杰奎琳·肯尼迪。多年后，当作家西奥多·怀特回忆杰奎琳·肯尼迪曾如何"希望卡米洛特成为报道肯尼迪政府的首要叙事"时，他承认"卡米洛特、英雄、童话故事和传说是历史的全部……于是，卡米洛特成为肯尼迪政府的墓志铭，这是美国历史上的魔幻时刻。显然，这是对美国历史的误读，肯尼迪神奇的卡米洛特其实从未存在过"[10]。还有人认为，"售卖卡米洛特神话"是"固执狂热的举动，严谨不足而感伤有余"[11]，它让总统之死成为"对偏执、非理性与狂热等力量的献祭"[12]。在亨利·斯蒂尔·康马杰（Henry Steele Commager）看来，肯尼迪的死亡戏剧化了"违法、暴力、恐惧、怀疑与仇恨"[13]。本·巴格迪基安（Ben H. Bagdikian）在刺杀事件三周后声称，这是"一种破坏性的内在力量……一种痴迷"[14]的结果。

第二种针对肯尼迪政府的流行观点由冷战的支持者提出。一开始，左翼和右翼都认为肯尼迪是共产主义者的代理人，因为"没能尽快完成莫斯科的指示而遭到杀害"[15]。站在左翼这个角度，他因一系列错误而受到批评，包括对国会领导不力、管理失误和猪湾事件。[16]

这两种观点在刺杀事件发生后的最初几年非常流行，1964 年 *103* 《纽约时报》有一周的畅销书榜单反映了这一点。榜单上既有肯尼迪撰写的庆功性著作《勇敢者传略》，也有维克多·拉斯基

（Victor Lasky）批评肯尼迪的作品《肯尼迪：这个男人与神话》。[17] 两本书都突出表明，与被害总统有关的议题仍占据着中心地位，而另一本与肯尼迪有关的书《四天》也在那一周的畅销书榜单上，它是由合众国际社与《美国遗产》杂志联合出版的一本记录刺杀事件的图书。[18] 该书强调了记者在重述刺杀事件中做出的持续努力。

另类解读：记者、批评者、历史学家与肯尼迪家族

在肯尼迪逝世后的数年间，许多群体开始竞相对刺杀事件做出他们的解读。然而肯尼迪家族在很大程度上阻碍了大众的此类尝试，这一点在 1960 年代中期的一场纷争中表现得淋漓尽致，有新闻杂志将这场纷争描述为"美国历史上由一本书引发的最大闹剧"[19]。当时，肯尼迪家族同意让作家威廉·曼彻斯特出版其已得到授权的记录肯尼迪之死的历史著作，但后来又违背了协议。[20]《时代》周刊说，这本书"会相对独立地讲述这段历史，因而将是一件少见的珍品，尽管出版该书仍要得到肯尼迪家族的授权和许可"[21]。肯尼迪家族的拒绝授权让该书的出版一拖再拖，直到曼彻斯特同意修改原稿。[22] 1967 年，一篇总结这起纷争的概述文章认为，针对肯尼迪家族的指责不再说他们控制新闻，而是说其试图掌控历史。[23]

从这起纷争中可以窥见肯尼迪家族更为一般性的形象管理手段。他们试图将肯尼迪的死亡影像与对其一生的评价相分离，甚至发展到肯尼迪家族举办自己的纪念活动或抵制某些公共追悼会的地步。[24] 到了 1970 年代，肯尼迪家族已经不在达拉斯这一遇刺地点举办纪念活动了，他们还呼吁在肯尼迪生日而非逝世的 11 月 22 日举

办全国性纪念活动。[25]然而很少有记者赞同这个提议。[26]

肯尼迪的御用历史学家起初支持肯尼迪家族的做法。小阿瑟·施莱辛格的《一千天》和西奥多·索伦森的《肯尼迪》提供了曾在白宫工作过的人对总统普遍持同情态度的观点。[27]更多读者读到的是大众杂志上的摘录[28]，这些叙述没有直接聚焦刺杀本身，而是介绍了事件的一般背景，这表明人们普遍倾向于不宜过早地谈论肯尼迪之死。1964 年，学者威廉·卡尔顿（William Carleton）对肯尼迪的评价是一个例外。在一篇题为《历史中的肯尼迪》的文章中，卡尔顿在脚注里为他在事件发生后很短时间内就试图历史化肯尼迪做了辩护。[29]而另外一些历史学家通常是在后记中提到刺杀。例如威廉·曼彻斯特再版了《总统画像》一书，并在修订版的后记中追溯了肯尼迪之死对其周围人的影响。[30]

记者也开始在集体记忆中植入并延续肯尼迪的形象。新闻机构与记者很快就产制出大量有关肯尼迪政府的书籍、影片和文章。《纽约时报》出版了《肯尼迪岁月》；记者汤姆·威克与休·赛迪①分别出版了《肯尼迪没有眼泪》和《总统约翰·肯尼迪》；皮埃尔·塞林格和桑德尔·瓦诺克尔也用他们的作品向总统致敬。[31]《生活》杂志策划了名为《生活、言辞与行动》的肯尼迪特别纪念专刊。[32]几年后，NBC 新闻部出版了《曾有位总统》。[33]

这些出版物中，有些作品直接聚焦肯尼迪遇刺事件。联美电影公司/合众国际社的纪录片《十一月的四天》于 1964 年上映。[34]《纽约时报》在出版《肯尼迪岁月》时，附赠了讲述刺杀事件的 48页的小册子。[35]合众国际社与《美国遗产》杂志出版的《四天》描

_104_

---

① 原文为 High Sidey，应该是把 Hugh 错写成了 High。

述了刺杀事件及其直接后果。[36]美联社也出版了其记录刺杀事件的
《被传递的火炬》。[37]在刺杀事件的周年纪念日，大量书籍的出版成
为一种常态。[38]直到20年后，美国人仍然沉浸在一名记者所说的
"媒体汹涌的重估浪潮之中"[39]。

　　记者不仅致力于书写自己的记录，还表达了对其他人记录的不
满。他们尤其为小阿瑟·施莱辛格的作品是否"八卦"多于"历
史"而争论不休。1965年，一位作家在讨论施莱辛格的回忆录时，
以《窥视新闻业》为题略带尖锐地评论道："他已经充分利用了少
数几次他被允许比一般记者看得更多的机会。"[40]记者梅格·格林
菲尔德的观点可以视为对以上言论的回应，他说道："任何一个记
者都会告诉你，采访后想要记住一条简短的引语都很困难。而回忆
录的作者每晚都会大量地、逐字逐句地修改日记，这些记忆几乎一
点都不可靠。"[41]记者的回应表明，他们似乎对历史学家已经掌握
了重述故事的特权而感到担忧。

105　　与此同时，另一个对肯尼迪死亡细节感兴趣的群体开始出现，
即通常被称为"刺杀爱好者"的独立批评者。他们被肯尼迪之死的
公共记录搞得一头雾水，于是开始记录其中的矛盾之处。早在肯尼
迪遇刺三周后，就有人发表文章质疑当时通行的解释。这篇文章以
《怀疑的种子》为题发表在《新共和》杂志上，对五种不同类别的
证据提出了质疑。[42]几乎同一时间，后来因批评沃伦委员会而被杰
拉尔德·福特针锋相对的批评者马克·莱恩[43]写了一份辩护状，
为奥斯瓦尔德没有得到无罪推定而惋惜。[44]一些读者数量较少的不
知名期刊上也有许多此类文章。例如，《少数派》杂志就杀死肯尼
迪的枪支展开了详细的讨论。[45]独立批评者的队伍还包括销售人
员、研究生和家庭主妇，他们中的许多人对肯尼迪遇刺的兴趣更像

是业余的侦探爱好。但他们对刺杀事件的兴趣挑战了其他专业群体——比如记者、历史学家——把自己定位成事件权威发言人的能力。

谁有权重新讲述、以何种方式讲述肯尼迪遇刺的故事，一直是对肯尼迪之死进行另类解读的核心问题。历史学家才刚刚开始记录肯尼迪遇刺的历史，记者则面临着恼人的专业窘境，他们既要评估肯尼迪的任期工作，又想解开他死亡背后的谜团。在此过程中，他们对肯尼迪遇刺事件关注越多，暴露出的集体记忆漏洞就越多。这为独立批评者的出现创造了成熟的时机，他们渴望为真正发生了什么做一个权威的盖棺定论。这些努力都凸显了刺杀事件的重要性，而且让它成为关于肯尼迪的记忆中必不可少的部分。

结论的缺席

肯尼迪遇刺后不久，官方就开始调查事件背后的种种谜团。然而，官方组织对文件的选择性公开以及未能解答随之而产生的问题，让怀疑的气氛萦绕在许多其他的故事重述者之间。也正因如此，记者、独立批评者和历史学家对这一事件更加兴趣盎然。

沃伦委员会

肯尼迪遇刺事件发生后的两周内，在时任总统林登·约翰逊的命令下，由七人组成的沃伦委员会开始调查肯尼迪之死。[46] 作为负责调查这起事件的最大的官方组织，其调查内容涉及六个方面：基本事实、刺客的身份、李·哈维·奥斯瓦尔德的背景、可能的阴谋关系、奥斯瓦尔德之死以及总统安保。[47]沃伦委员会调查了数百份报告和文件，采访了超过550名目击证人。到1964年底结束商议时，它已经编写了超过17 000页的报告，该报告还附有26卷听证记录和证物清单。[48]报告的最终结论是肯尼迪被一名孤胆枪手奥斯瓦尔德所杀。

刺杀究竟是怎样发生的？又为何会发生？沃伦委员会对刺杀的快速解答留下了一堆悬而未决的重要问题。由于调查面临着时间压力，官方记录漏洞百出。没有解决的问题还包括：奥斯瓦尔德参与刺杀的原因、卷入事件的方式，以及暗示还有别人参与的互相矛盾的目击者证词，等等。沃伦委员会自身也存在一些问题，这包括委员会与中央情报局和联邦调查局之间的暧昧联系，在证人的甄选、询问以及对证据的处理上也存在内部的不一致。[49]

值得注意的是，尽管随着时间推移出现了各种各样的问题，但沃伦委员会初期还是得到了公众的大力支持。很多全国性媒体——无论是印刷媒体还是广电媒体——都高度赞扬了沃伦委员会的工作。[50]公众也能够接触到其中的大多数调查文件，或是通过媒体报道，或是以76美元的价格直接购买。[51]比附有26卷听证记录和证物清单的原版报告更便携的简略版本也很方便获得。[52]

起初，新闻机构所做的努力与沃伦委员会的工作紧密交织在一起。《纽约时报》出版了它自己版本的《沃伦报告》，记者哈里森·索尔兹伯里为之撰写了序言。[53]美联社如出一辙，并在其版本中附加了《悲剧——美联社摄影报道》，里面的14张图片记录了肯尼迪生命的最后时刻。[54]针对图片和报告混合可能引发的批评，美联社的编辑在一条脚注中做了解释。其中一条是不带任何立场的解释，另一条则从官方立场出发："如图所示，本书前部的补充插图并非

《沃伦报告》的内容，增加图片是为了更加生动地再现那悲痛的四天，这也是这份报告的目的。"[55] 然而，编辑并未说明这种混合背后的意识形态假设。

　　独立批评者几乎从一开始就对《沃伦报告》持批判态度。虽然"大多数美国人根本不愿听到任何与沃伦委员会相悖的结论"[56]，但在委员会公布调查报告的几个月内，批评性文章就已经见诸《时尚先生》《新共和》等全国性杂志和《得克萨斯观察者》等地方性杂志了。[57] 1960 年代末期，独立批评者开始公开发表阴谋论观点，矛头指向卡斯特罗（Fidel Castro）① 的拥护者和反卡斯特罗者，达拉斯警方，中央情报局、联邦调查局和特勤局，有组织犯罪集团，得克萨斯州右翼分子和石油巨头。[58]

　　独立批评者的工作各有特点又殊途同归。他们的范围从西尔维娅·马尔（Sylvia Meagher）到爱德华·爱泼斯坦（Edward J. Epstein），前者"发现沃伦委员会的索引几乎毫无用处，并准备出版自己的索引"[59]，后者则把他的硕士论文变成了关于沃伦委员会最为流行的讨论。[60] 特别是爱泼斯坦的《调查》、乔赛亚·汤普森（Josiah Thompson）的《达拉斯六秒》、马尔的《事后帮凶》和马克·莱恩的《急于求成》这四部作品，为肯尼迪遇刺事件提供了不同于主流的观点，并且都追问了根本的问题——究竟发生了什么。[61] 他们尤其质疑沃伦委员会为奥斯瓦尔德定罪时所依据的前提。一段时间后，尽管独立批评者提出的问题降低了《沃伦报告》的可信度，但主流媒体仍未对其给予足够的关注。它们甚至将"爱

_____

　　① 即菲德尔·卡斯特罗（1926—2016），又称老卡斯特罗，是古巴共和国、古巴共产党和古巴革命武装力量的主要缔造者，古巴第一任最高领导人，被誉为"古巴国父"。

好者"这样的名字赋予独立批评者，暗示"这样的迷恋就像收集老爷车一样无伤大雅"[62]。一名对此持轻蔑态度的记者坚持认为："显然，沃伦委员会批评者的模式是：如果专家同意了他们（批评者）的观点，他们就会接受专家的意见；如果专家不同意，他们就会干脆忽视专家的意见。"[63] 有趣的是，媒体也经常得到这样的评价，但这一事实并未促使记者做出同样的自我评价。

独立批评者对记者的抨击就如同记者对他们的批评一样猛烈。他们指责记者支持沃伦委员会，不愿把他们（批评者）关于刺杀事件的叙述纳入对肯尼迪遇刺事件的重述中。最尖锐的批评是指责媒体未能解决沃伦委员会没有给出答案的问题，从而为事件盖棺定论。一位批评者说，"事发那天，达拉斯到处都是记者"，但他们给出的记录"仍然模糊不清"[64]。另一位批评者说，刺杀发生后"我们都认为'这件事发生于众目睽睽之下，真相一定会水落石出。卓越的新闻人正为之努力'。然而，他们最终并没有查明真相"[65]。

对媒体最为猛烈的控诉来自批评家马克·莱恩，他的作品《公民的异议》被誉为对记者良心的召唤。他说，欧洲记者"无法理解美国新闻界对《沃伦报告》如此明显的背书行为……他们质问，为什么号称独立的美国报人，要么保持沉默要么干脆被哄骗着支持这份报告"[66]。莱恩称美国记者是"顺从的媒体"，痛斥媒体"为支持《沃伦报告》付出许多努力"[67]。他呼吁重启官方调查，并说"新闻业的英雄不是讨伐大众的人，不是攻击弱者的人，也不是那些被授予了备受追捧的奖项的人。他们应是冷静核查证据、不让自我意识干扰专业职责的人。他们已经如此稀少了，却仍在逐渐消失"[68]。

莱恩的说法之所以非常重要，有两个原因：一是他削弱了记者在刺杀讲述中的权威——这似乎也是莱恩的目的；二是他将批评者塑造成调查记者的角色。莱恩将批评者誉为"新闻业的英雄"，意在把批评者的工作形容为新闻业的最佳类型。这种在一个关于记者和新闻业的更大话语范围内对批评者的更一般性的讨论表明，新闻与批评这两个实践领域有多么密切的联系，以及记者在重述刺杀故事中有多么重要。莱恩的评论还强调了专业性议题削弱对刺杀故事进行重述的方式，通过将他自己的讨论架构为新闻，莱恩成功提升了批评者的业余性价值，贬低了记者的专业性。

记者个人也未能从独立批评者的批判中幸免。独立批评者谴责了他们所看到的合众国际社记者梅里曼·史密斯对事实的选择性记忆。用莱恩的话说，史密斯"因为对刺杀的目击性报道而获得普利策新闻奖，如果有人想提出反对他获奖的观点，那么只需根据现在已知的事实重读一下史密斯从达拉斯发来的报道，即使考虑到一个历史学家应遵守的标准并不能适用于记者这一事实"[69]。CBS 新闻部的丹·拉瑟则因为解读扎普鲁德拍摄的影像——一段记录总统遇刺的业余影像——而受到批评。肯尼迪遇刺后不久，丹·拉瑟有机会观看了完整影像，之后他向电视网观众口头描述了影像内容。他说，总统的头部"因为巨大的冲击力而前倾"，这在反对孤胆枪手理论的人中引发了惊愕，因为它没有表明凶手是在总统前方开的枪。[70]批评者所支持的阴谋论认为，另外一发子弹是从总统面前射出的，所以他的头向后晃了一下。

不久之后，《沃伦报告》就开始受到一些官方与半官方机构的抨击。1966 年，肯尼迪的前助手理查德·古德温（Richard Good-win）呼吁对沃伦委员会的片面结论进行独立评估。[71]两年后，司法部长任命了一个由医疗人员组成的小组——克拉克小组，开始调

109

查尸体解剖照片与 X 光片。克拉克小组发现，"他们调查的尸检材料与尸检本身严重不符"[72]。新奥尔良地方检察官吉姆·加里森（Jim Garrison）指控当地著名商业领袖克莱·肖（Clay Shaw）参与了这起刺杀，从而使这起刺杀事件成为公众关注的焦点。[73]

一些记者开始重新考虑他们对沃伦委员会的支持。尤其是爱泼斯坦——

> 被激发出很多与刺杀事件相关的活动，不仅是受到那些"刺杀爱好者"，还有那些曾将《沃伦报告》视为最终结论的调查记者和其他媒体成员的影响。爱泼斯坦拥有学术资格、公正客观，受人尊敬的纽约作家理查德·罗维尔（Richard H. Rovere）为其作品作序，使得他的书饱受赞誉，广为流传。[74]

1966 年 9 月，记者汤姆·威克公开批评沃伦委员会未能回应报告引发的公众关切。[75]同年 11 月，《生活》杂志以《合理怀疑》为题刊登了扎普鲁德影片的截图。通过详细再现肯尼迪和得克萨斯州州长约翰·康纳利被子弹击中的瞬间，这些影像片段截图的刊印对一发子弹理论的有效性提出了质疑。[76]《生活》杂志随后呼吁政府成立新的调查机构。大约同一时间，刊登在《时尚先生》上的文章《刺杀理论入门》，介绍了 30 版不同于官方结论的刺杀故事。[77]还有一档电视节目召集了沃伦委员会的支持者与反对者在电视直播上辩论。[78]

110　　　次年，《纽约时报》决定重新调查肯尼迪遇刺事件。记者哈里森·索尔兹伯里解释说，当时"形形色色的阴谋论、对沃伦委员会报告的质疑和围绕刺杀产生的普遍的歇斯底里情绪"[79]一起促成了这个决定。《华盛顿邮报》记者杰克·安德森（Jack Anderson）揭露了中央情报局暗杀卡斯特罗的秘密计划。[80]刺杀引发的更为主流的讨论越来越多地出现在《纽约客》《星期六晚邮报》和《美国学者》等杂志上。[81]CBS 对《沃伦报告》进行了长达七个月的调查，在此基础上播出了由四部分组成的特别节目。[82]

CBS 出品的这档节目宣传效果显著，其宣传词是"花费在电视上的最有价值的四个小时"[83]。CBS 新闻总裁理查德·萨伦特（Richard Salant）在新闻发布会上将它标榜为"专业"与"天赋"之作。[84]《电视指南》将其列为"新闻界的重大成就……难以超越的新闻杰作——对事实、采访、实验与观点的精妙汇总"[85]。这表明在那个时候，揭露官方文件编写过程存在缺陷的技术话语已被视为调查性新闻的最佳作品。[86]

然而这并不意味着所有媒体都准备接受这一呼吁，仍有很多媒体把精力放在诋毁独立批评者上。它们认为这些独立批评者从媒体报道的碎片中拼凑出自己的故事[87]，不过是"媒体的后裔"[88]。实际上，独立批评者对新闻素材的使用表明，记者已经成功地把自己定位成权威的重述者。对记者叙述内容的依赖使他们成为关于所发生的事情的替代观点中的必要组成部分，但这确实不利于批评者形成自己作为独立阐释共同体的权威。

1967 年，记者查尔斯·罗伯茨认为独立批评者的行为已经危及了沃伦委员会的公正性，他对此做出尖锐批评：

> 是谁对 1964 年 9 月似乎有合理答案的一份报告提出了质疑……他们是评论者所说的真正的学者吗？抑或是如康纳利所言"新闻界的清道夫"？不像爱弥尔·左拉（Emile Zola）① 和

---

①　爱弥尔·左拉（1840—1902），19 世纪后半期法国重要的批判现实主义作家，代表作有《小酒店》《萌芽》《娜娜》《金钱》《卢贡-玛卡一家人的自然史和社会史》等。

林肯·斯蒂芬斯（Lincoln Steffens）[1]，他们在作品中直指罪恶，震动了各级政府。而《沃伦报告》的批评者却从来没有告诉我们，谁应该为这项使所有人受害的阴谋负责。他们也没有说明自身的目的，尽管他们提出了六个互相冲突的理论。[89]

罗伯茨以专业性为基础批评独立批评者，他一方面将其与拥有揭发丑闻传统的知名作家和记者相比，另一方面也将其与学者相提并论，从而说明大多数独立批评者既不是学者也不是记者。相反，他们大部分是自愿决定调查刺杀事件的非专业人士，而罔顾其他专业性职业和其他活动的要求。罗伯茨将他们归类为一个因文献探索而闻名的群体，只是更表明了他们的干预是不同寻常的。因此，独立批评者重新讲述刺杀故事的尝试，强有力地挑战了其他群体的类似工作。

从一开始，肯尼迪遇刺事件就没有最终结论。事件本身所呈现的不完整性与不一致性吸引了许多群体竞相提出自身的权威性观点。首先是由独立批评者领导的对其前提的质疑，伴随而来的是对专业性、业余性以及普通公众获取官方记录等基本问题的质疑。尽管起初记者以支持性立场报道了权威机构出具的对沃伦委员会有利的文件，但在 1960 年代末，记者也开始呼吁重新审视沃伦委员会的调查结果。越来越多人质疑《沃伦报告》的不足之处，以至于非专业人士、业余人士和普通公众对肯尼迪之死官方记录权威性的讨论也就变得顺理成章了。

---

① 林肯·斯蒂芬斯（1866—1936），美国新闻记者和社会改革家，是 20 世纪初美国黑幕揭发运动的中坚人物。

过渡年代

肯尼迪逝世十周年纪念日正值水门事件发生之际，这一事实使得肯尼迪的崇拜者对比了肯尼迪的光辉之举与尼克松的秘密行径。[90]《纽约时报》的一位作者认为，肯尼迪正是在其遇刺之时才开启了他走向伟大的道路。[91] 与此同时，也有人认为肯尼迪"缺乏想象力甚至颇为保守"，他要为军备竞赛、军事纠葛、种族冲突和权力滥用负责。[92] 根据一些人的说法，肯尼迪的神坛开始出现"裂缝和白蚁"[93]。这意味着 1960 年代人们对肯尼迪的两种态度一直持续到了 1970 年代。卡米洛特式情绪依然萦绕不散，尽管它有所缓和，而伴随着修正主义的解读，人们开始更具批判性地看待前总统，通常把他视为一个传统的冷战战士。

这种"集体记忆的粗糙化"[94] 在很大程度上受到了社会进程的影响。1960 年代末期是"坚固的权威遭遇挑战和对抗的一段时期"[95]，是一种"撕裂——旧体制走向终结的积极开端"[96]。1970 年代的越南战争、水门事件和其他丑闻极大地动摇了人们对公共机构的信任，以至于到了 1970 年代中期，对官方事物的怀疑扩展到"对官方历史普遍的不信任"[97]。正如《壁垒》杂志在 1973 年的评论中所说：

> 过去十年，我们已经（或者应该）对自己有了更多了解。我们在越南屠杀妇女和儿童，然后向公众隐瞒事实；柬埔寨发生爆炸，公众一无所知；水门事件中发生大规模的间谍活动，公众继续被蒙在鼓里。联系 1963 年达拉斯的政治气氛，以及沃伦委员会报告所承认的不足，肯尼迪总统遇刺背后的真相也被掩盖不是同样可能发生吗？……显然，此刻重启对刺杀事件的

112

调查是理所当然的。[98]

许多美国人不再采用非黑即白的方式理解肯尼迪遇刺，而是思考比沃伦委员会的孤胆枪手理论更为复杂、更具批判性的观点。1975 年，《美国新闻与世界报道》认为，1960 年代的许多美国人倾向于：

> 将对《沃伦报告》的攻击视为狂人、怪人或是投机者的想法，这些人试图利用肯尼迪事件中巨大的公共兴趣……（现在）由水门事件、越南战争和对中央情报局行动的揭露引发的愤世嫉俗情绪，已经让美国官员和美国民众更倾向于接受阴谋论观点，认为它是可能的。[99]

因此，质疑刺杀记录的根源在于更大的文化和政治事业对政府机构与公认的文件形式产生了怀疑。

与刺杀本身直接相关的事态发展也推进了公众对事件的再思考，越来越多的人开始了解独立批评者的工作。1969 年，《壁垒》杂志上的一篇讨论文章认为，这些批评者"正在做达拉斯警方、联邦调查局以及沃伦委员会本该一开始就完成的工作"[100]。边缘期刊上的文章开始让位于主流期刊《新闻周刊》和《时代》周刊的处理方式。[101]相关书籍也在持续出版，既有相对谨慎的［艾伯特·纽曼（Albert Newman）的《肯尼迪遇刺事件：原因探索》］，也有出人意料的［休·麦克唐纳（Hugh McDonald）的《达拉斯的任命》，书中援引一名中央情报局合约特工的话，指出了第二个刺客的存在］，还有耸人听闻的［哈罗德·韦斯伯格（Harold Weisberg）的《洗刷罪证》系列］。[102]

113　　1970 年代中期，独立批评者在重启刺杀调查的过程中扮演了

核心角色。刺杀信息局首次公开展映亚伯拉罕·扎普鲁德拍摄的枪击影像片段，吸引了成千上万人来马萨诸塞州观看。[103]1975 年，光学技术人员罗伯特·格罗登（Robert Groden）在全国性电视节目上播放了扎普鲁德的影像片段，并认为肯尼迪是交叉火力的受害者。[104]批评者马克·莱恩组织了一个公民调查委员会，其目的是向国会施压，以重启刺杀调查。[105]

时光飞逝，其他人也未能解决他们提出的问题，独立批评者的介入又引发了新的思考：是否需要官员来解释这些记录。《星期六晚邮报》的评论认为，关于肯尼迪遇刺的新的头条新闻表明，"国家决心对这个美国悲剧做出最后一次令人满意的解释"[106]。公民团体开始为请愿书征集签名，敦促重启事件调查。[107]小说和电影也助长了公众对肯尼迪遇刺事件日益增长的兴趣。[108]

这些活动背后潜藏的焦点问题是，在这个主要由专家和官员掌管的世界里，业余人士与普通公众扮演了怎样的角色？在排列整齐的官方文件可能最有效的环境里，观察者并不确定这类未经权威评估的证据是否有意义。正如一位批评者所说，"可能（我的发现）完全不准确。但是，如果有人指责我们说'你们不是专家'。那我想问：'专家究竟在哪里？'"[109]

几乎与此同时，官方开始关注中央情报局与联邦调查局可能存在的违规行为。成立于 1975 年的洛克菲勒委员会旨在调查中央情报局的国内活动，该委员会基本支持沃伦委员会的报告，但仍没有回答美国情报工作中的许多未解之谜。[110]次年，由参议员弗兰克·丘奇（Frank Church）担任主席的美国参议院特别委员会成立，主要探究政府与联邦情报机构之间的关系。[111]丘奇委员会负责调查情报机构在肯尼迪遇刺事件上的表现。由参议员理查德·施韦

克（Richard Schweiker）和加里·哈特（Gary Hart）领导的委员
114 会证实，联邦情报机构未能审查到阴谋线索，他们还指出肯尼迪与
朱迪丝·坎贝尔·埃克斯纳（Judith Campbell Exner）① 之间存在
不正当的性关系，这是有组织犯罪集团可能参与这起暗杀的
原因。[112]

此次调查还发现了其他的违规行为。调查显示，美国联邦调查
局向沃伦委员会隐瞒了部分文件[113]，中央情报局也未向委员会成
员展示其暗杀卡斯特罗计划的报告。这些披露出的违规行为使得对
刺杀事件的重新考虑即使不是必需的，也更容易被接受了。模棱两
可、伪造、错误处理的信息与证人报告，也让重估沃伦委员会的工
作势在必行。那些曾积极质疑官方记录的重述者现在得到了人们的
认可。

在这样的背景下，人们对媒体行为褒贬不一。媒体在这起事件
中的功能是传播各种各样的报告，然而它们是否对各方观点都一视
同仁却并不明朗。一方面，人们指责记者没有充分信任对孤胆枪手
理论的批评。独立批评者认为媒体是"片面的。"[114]：

> 尽管有证据表明，在施加公共压力以重启肯尼迪遇刺事件
> 的调查上，我们的全国性媒体贡献卓著，但依然留下了某些陷
> 阱。存在的一个问题是，耸人听闻的指控通常比长期研究的细
> 微发现更有新闻价值，因为它们更易于理解和传播。可能只有
> 当媒体自己展开持续的调查时，它们才会认识到这些不那么耸

---

① 朱迪丝·坎贝尔·埃克斯纳（1934—1999），美国女演员，自称是美国前总统约
翰·肯尼迪、黑手党领导人萨姆·詹卡纳（Sam Giancana）和约翰·罗塞利（John
Roselli）的情妇。

人听闻的研究的重要性。[115]

另一方面，一些人则认为，记者将刺杀归因于"卡斯特罗所为"是一种权宜之计，忽略了那些暗示事件背后有更复杂原因的线索。[116]《纽约时报》因在沃伦委员会彻底完成取证的三个月之前就预告结果而受到批评。[117]记者杰克·安德森被控与中央情报局有关联。[118]人们对媒体是否准备好了调查肯尼迪之死的未解之谜仍存有疑问。

然而，随着对沃伦委员会调查结果的批评式报道日益增多，记者也越来越多地加入重启刺杀调查的行动中。在一些报道案例中，记者自己提出了关于肯尼迪遇刺的不同观点。CBS 资深记者丹尼尔·肖尔（Daniel Schorr）发表了《消除隔阂》一文，追踪肯尼迪之死与中央情报局谋杀卡斯特罗之间的联系。[119]1975 年，电视主持人沃尔特·克朗凯特播放了几年前应林登·约翰逊总统本人要求删除的部分访谈内容，删除部分显示，他怀疑有国际势力参与暗杀肯尼迪。[120]电视网新闻节目播出了刺杀事件的后续调查，主流媒体上也频繁出现与刺杀相关的文章。[121]1975 年 3 月，电视网首次播出了全部的扎普鲁德影片，向数百万美国观众展示了最初记录肯尼迪头部遭受致命一击的真实画面。[122]在一位历史学家看来，"这个片段让许多人确信沃伦委员会存在失误"[123]。

与此同时，历史学家这个原来并不活跃的讲述者群体开始引起人们的注意。虽然肯尼迪逝世十年后本该是产生历史记录的开端，但当时几乎没有历史学家致力于此。大卫·哈伯斯塔姆出版了《出类拔萃之辈》，该书与肯尼迪有关但没有直接讨论肯尼迪的死亡。哈伯斯塔姆自己就是一种混合形式记录工作的实践者，所谓混合是指记录工作既是一种新闻写作，也是一种历史写作。[124]历史教科书

115

也因为没有详细讨论刺杀事件而受到批评。[125]正如一位历史学家多年后所说，专业学者"忽视了这次刺杀，就像它从未发生过一样。这种关注度的缺失创造了一个真空，被记者、自由撰稿人和其他人填补，他们中的大多数人探究刺杀事件更多是因为它具有的耸动价值而非客观价值"[126]。刺杀事件中的枝节太多，使人们始终无法把最终结论当作历史记录的一部分。

历史学家讲述刺杀事件时面临的一项直接挑战来自作家西奥多·怀特。在写作《1960 年总统的诞生》时，怀特已经与肯尼迪建立了长期的良好关系。在肯尼迪在任的一千多天里与之相对容易的接触，让他成为白宫的熟面孔。在此基础上，杰奎琳·肯尼迪邀请他写一篇关于遇刺总统的文章。"她希望我确保肯尼迪不会被历史遗忘。她认为应该由我来让美国历史记住……她想让我把杰克①从所有那些要把他写入历史的'尖酸刻薄人'手中解救出来。她不想把杰克留给历史学家。"[127]怀特最早把肯尼迪政府称为"卡米洛特"，他的叙述令人难忘，并成功地让记者而非历史学家承担起推广肯尼迪记忆的责任。记者撰写的事件记录中极力强调了这一事实。[128]

所有这些讨论的基础是不同的刺杀故事重述群体的再现，他们各有其议程。关于讲述故事的角度的假设，被选择用来构造讲述的叙事实践，以及将一组重述者与别的重述者予以区隔的界限，都深深地嵌入在他们的重述中，这些议题让专业性成为故事重述的核心。

随着讨论的进行，许多美国公众逐渐意识到对刺杀事件的记录并未终止。与此同时，记录事件的官方论坛在试图对所发生的事情

---

① 即约翰·肯尼迪总统。

做出最终说明的过程中出现了明显的动摇，而以独立批评者为首的其他群体则让他们的替代性理论成为更受欢迎的对肯尼迪之死的解读。他们对既有文献记录的阐释表明，专业知识和训练并不必然会产生最权威的关于肯尼迪之死的观点。这些群体不仅强调了私人获取官方文件的价值，而且加强了人们对那些文件效力的质疑。尽管记者通常会追随独立批评者的步伐，但作为拥有常规化近用权的媒体成员，记者仍然是重启刺杀调查中不可或缺的组成部分。

众议院特别委员会

对刺杀事件越来越多的批判性解读，对质疑官方文件价值的日益认可，以及施韦克-哈特小组委员会和洛克菲勒委员会提出的问题，都在 1970 年代末期产生了有利于重启肯尼迪遇刺调查的气氛，并直接影响了肯尼迪长久以来的形象。卡米洛特失去了往日的浪漫色彩，"被描绘成恶作剧，而阴谋论则成为人们眼中的真实"[129]。

这并不意味着所有的重述者都能接受更具批判性的观点。有趣的是，在有些人看来，这是对"适当的"新闻实践的放弃。"就好像《纽约时报》和《华盛顿邮报》的认识论被《国家询问报》和《人物》杂志的取代。卡米洛特似乎不再是它的颂扬者所称赞的圣地了，这个地方充斥着太多黑手党成员和派对女郎。"[130] 对于一些记者来说，削弱沃伦委员会的权威性就意味着破坏新闻业的传统标准。

水门事件在很大程度上改变了这样的局面，它使肯尼迪遇刺事件重新变得有意义，尤其是独立批评者发现这两起事件存在关联和相似之处。1976 年，学术批评家卡尔·奥格尔斯比（Carl Oglesby）在《洋基与牛仔战争》一书中对达拉斯-水门两起事件的关系

117

进行了令人信服的讨论。[131]奥格尔斯比曾经是 1960 年代新左派阵营中的重要知识分子，他认为达拉斯事件与水门事件的核心都是北方洋基人与南方牛仔之间由来已久的分裂。他声称，这些冲突造成了反卡斯特罗的古巴流亡者、有组织犯罪集团和"牛仔寡头"之间的融合，他们共同密谋杀害了肯尼迪总统。另一位学者彼得·戴尔·斯科特（Peter Dale Scott）提出，有组织犯罪集团与美国情报机构之间的关联，不仅要为水门事件和肯尼迪遇刺负责，还导致美国在越南陷入战争的泥潭。[132]他的加拿大前外交官身份让这一说法显得尤其耐人寻味。爱德华·爱泼斯坦的《传奇》记录了情报部门与李·哈维·奥斯瓦尔德之间的关系。[133]记者赛思·坎特（Seth Kantor）对达拉斯-水门两起事件的联系提出了自己的看法，他认为两项调查工作虽然都努力回避有组织犯罪产生的影响这一更大的问题，但收效甚微。[134]

　　这类出版物的出现改变了公众对"阴谋"意义的看法。早期的阴谋论意味着对肯尼迪遇刺事件做出对抗性解读，这一维度看起来单调乏味。然而，与水门事件的联系却显示出比原初解读更深的复杂性。奥格尔斯比没有坚持阴谋论在很大程度上等同于政治左翼的早期观点，他的作品表明它不仅来自右翼，而且持续渗透到当时的政治事务之中。这让"阴谋论"成为更为复杂和多维的观念，同时也强化了对官方记录过程的可靠性与官方文件权威性的普遍怀疑。

　　在这样的氛围下，官方加快了重新调查刺杀事件的速度。促使官方这样做的原因是新的声音证据的出现，它表明现场确实存在交叉火力。1976 年，第二次联邦级的调查正式开启。由 170 人组成的众议院特别委员会将肯尼迪之死与马丁·路德·金被暗杀联系起来，试图解决这两起死亡事件中的未解之谜。该委员会肩负使命，其成员希望借此"恢复信誉，就像水门听证会一样……努力恢复对我们政府的信任"[135]。在肯尼迪遇刺事件中，大部分的传唤针对的是中央情报局和联邦调查局持有的文件。[136]

　　众议院特别委员会花了两年时间得出结论。据历史学家迈克尔·库尔茨（Michael Kurtz）所言，委员会有四个方面的任务，它需要揭示出：

　　　　（1）谁刺杀了肯尼迪总统？（2）杀手（们）得到任何协助了吗？（3）美国政府机关是否在刺杀之前充分地搜集和分享了信息、是否妥善保护了肯尼迪总统，以及是否在案发后对刺杀事件进行了彻底调查？（4）国会是否应该就这些问题进行新的立法？[137]

1978 年 12 月 30 日，媒体报道了众议院特别委员会审议后的结论。

　　众议院特别委员会强烈反对沃伦委员会的调查结果。它在最终报告中写道，《沃伦报告》"未能准确描述其获得的所有证据，也不是对沃伦委员会工作范围的真实反映，尤其是在刺杀中可能存在的阴谋问题上。一个令人遗憾的现实是，沃伦委员会未能履行其承诺"[138]。

　　众议院特别委员会裁定，可能有第二名枪手杀害肯尼迪，且肯尼迪"很可能是因为阴谋而被暗杀"[139]。对谁有可能开出第二枪，它提供了大量的文件——古巴政府、克里姆林宫、古巴右翼流亡者、有组织犯罪集团、中央情报局、联邦调查局或美国特勤局。众议院特别委员会承认，还不能具体说明可能的阴谋者的身份和参与程度，但它强烈暗示有反卡斯特罗分子和有组织犯罪集团的共同参与。[140]

众议院特别委员会努力想要避免简单的说明与轻率的答案。例如，在最终报告中，它详细讨论了围绕"阴谋"这个术语产生的问题："虽然'阴谋'一词技术性地指向了'以犯罪为目的的合伙行动'，但事实上，它对不同的人来说有着非常不同的含义。根据合作伙伴关系的复杂性、范围与合作的最终目的，阴谋一词的使用会产生截然不同的社会影响。"[141] 众议院特别委员会呼吁司法部按照其审议结果提供的线索采取行动。在对最终报告所做的介绍性发言中，该委员会首席法律顾问 G. 罗伯特·布莱基（G. Robert Blakey）指出："为了不辜负正义的含义，政府所能做的就是继续执行委员会所制定的路线。"[142]

　　观察者对众议院特别委员会工作的评价出现了分歧，既有赞扬，也有谴责。来自某些学者、独立评论者和记者的负面批评主要体现在两个方面：一是对众议院特别委员会的建议持怀疑态度，二是认为委员会对刺杀事件替代性解释的支持还不够充分。持后一种批评意见的人还将众议院特别委员会的努力形容为"一次突然下降的演习"[143]，他们认为：

　　　　调查发现了一些新证据，尤其是声学分析方面的证据，但总体而言，其发现和沃伦委员会一样有限……众议院特别委员会拒绝公开运作，缺乏对证人的专家质证，也未能对许多证据给予足够的重视，这些都导致本次调查不仅没能解决原来的问题，反而引发了更多的谜题。[144]

　　这种观点认为，虽然众议院特别委员会用阴谋论取代了沃伦委员会的孤胆枪手理论，但其仍然没有得出最终结论。它既没有查明卷入肯尼迪刺杀一案的代理人有哪些[145]；也没有开启那些未经公众审视的密封文件。因此，众议院特别委员会并未采取多少有效的行动来厘清被沃伦委员会混淆的记录。

那些质疑众议院特别委员会工作的人谨慎地表达了他们的怀疑。记者汤姆·威克为班坦图书公司出版的众议院特别委员会最终报告所做的序言就是一个典型的例子。在将近十页的文章中，威克一一列出了他质疑众议院特别委员会结论的理由。他说："众议院特别委员会用一只手给我们的东西——第二名枪手的出现和阴谋论——又会被它的另一只手夺走。"[146] 威克指责报告存在过度的煽情、假设与阐释。在报告公开出版的版本中奇怪地加入这样一个负面的序言有些意味深长，这表明关于使所发生事件的不同版本合法化的更大问题仍然很重要。

第二种对众议院特别委员会的评价则表现出更为支持的态度。许多支持众议院特别委员会结论的独立批评者认为，众议院特别委员会已经明显地澄清了刺杀背后的复杂问题。虽然众议院特别委员会未能查明枪手的身份，但所谓"阴谋论"已经成为对刺杀事件的合理解释，这远比前者重要。在这种观点中，媒体被认为对众议院特别委员会无能为力这一观点的传播起到了重要作用。它们或是对刺杀事件普遍缺乏兴趣，或是急于得到快速而清晰的结论，结果由于忽视了众议院特别委员会结论的真实意义而遭到批评。[147] 正如英国记者安东尼·萨默斯（Anthony Summers）指出的：

> 美国新闻界一直以来淡化刺杀委员会取得的成绩或是对其结论置之不理，这让新闻界名誉扫地。产生这种漫不经心的态度的部分原因可能要追溯到 16 年前，当时他们并没有认真尝试对肯尼迪一案进行调查性报道。在越南战争和水门事件发生前的那些时日，调查工作都被留给了政府。[148]

萨默斯补充说，在众议院特别委员会"招致媒体的冷嘲热讽"后，肯尼迪案"已经被主流媒体抛弃了，除了每年的周年纪念日"[149]。在众议院特别委员会报告发表两年后，该委员会首席法律顾问 G. 罗伯特·布莱基在他自己的作品中指出了有组织犯罪的存在，这让肯尼迪遇刺事件更加扑朔迷离。[150]有趣的是，这本书也没有受到那些知名记者与新闻机构的重视。

　　不管人们持何种观点，肯尼迪遇刺事件的真相仍未水落石出。新的信息非但没有促成结论的产生，反而削弱了它，在以前有答案的地方又制造出新的问题。批评者乔赛亚·汤普森说，正常的凶杀案调查程序会产生证据的融合从而指向真相，但在肯尼迪一案中，"事情并没有变得更简单，证据也并未汇聚到一起"[151]。尽管官方记录机构是合法的、被认可的刺杀记忆持有者，但是它们无法提供关于所发生事件的完整说明。

　　肯尼迪遇刺事件的官方记忆遭到消解，这开启了重新思考刺杀事件的大门。无论是否明显，官方记录都未能为刺杀事件盖棺定论，这就为其他重述者的参与留下了空间。其中一些群体，特别是独立批评者，一直以来都在积极开展工作，至此他们持续参与讲述的路径也越来越合法化。

第八章 记忆的协商：
从 1980 年到 1990 年代

　　人们已经越来越接受，没有任何一版讲述肯尼迪总统之死的故
事能够记录其所有的角度，不同重述群体之间的竞争还在继续。然
而相较于历史学家和独立批评者，记者现在成了电视节目更偏爱的
刺杀故事重述者。本章主要讨论的是记者如何以有利的方式利用电
视提出他们自己关于刺杀的重述。

对另类重述者的认可

　　在 1980 年代，尽管不是每个人都记得或关心肯尼迪遇刺事件，
但关于刺杀事件的文献数量仍在持续增长。到了 1988 年，作家皮
特·哈米尔（Pete Hamill）观察到，"完全没有肯尼迪时代记忆的

那一代人已经长大，对他们来说，肯尼迪是机场、林荫大道抑或是某所高中的名字"[1]。1987年的一张照片显示，在肯尼迪逝世纪念日当天，他的墓前只有两名访客[2]，这与早年间人群聚集的景象相去甚远。

　　然而，对于许多仍然关心肯尼迪遇刺事件的人来说，对肯尼迪总统任期的解读依然在肯定与否定这两种经过验证的主题间摇摆。一方面，卡米洛特的神话仍然存在。1988年的一项民意调查显示，34％的美国人认为肯尼迪是美国最有能力的总统。[3]国民的健忘症似乎让他们淡忘了许多1970年代曾经对他所做的庸俗之举的揭露。[4]相对而言，已经很少有美国人将肯尼迪与不当性行为或谋杀外国政要的阴谋联系在一起。[5]这一时期，有追忆往昔的电视连续剧《肯尼迪》以及像威廉·曼彻斯特的《即逝的闪耀之光：肯尼迪》这样的书籍，它们在向肯尼迪致敬的同时很少提到卡米洛特时期存在的问题。[6]肯尼迪逝世20周年纪念日"得到了比1973年或1978年纪念日更多的媒体曝光，大部分是对肯尼迪家族和肯尼迪魅力的缅怀。卡米洛特的阴暗面得到了承认，但被认为无关紧要"[7]。诸如《重访卡米洛特》《磁带中的卡米洛特》等文章详细描述了肯尼迪如何录制白宫对话。[8]尽管卡米洛特被公认存在缺陷，但这一观念仍然无法撼动。

　　与此同时，修正主义者对肯尼迪的评价从"伟大的"总统降格为仅仅是"成功的"总统。这种观点认为，"冷静旁观他一千多天的执政记录就会发现，他是一位'言胜于行'的总统"[9]。赫伯特·帕梅特（Herbert Parmet）的著作详尽记录了肯尼迪在总统任期内的阴暗面，但并未因此批评他。[10]加里·威尔斯（Gary Wills）的《肯尼迪监禁》、彼得·科利尔（Peter Collier）和大卫·霍洛维

122

茨（David Horowitz）的《肯尼迪家庭：美国第一家庭传奇》都密切关注到了肯尼迪生活的黑暗一面。[11]新闻类杂志上充斥着对肯尼迪总统任期更为现实的重新解读。[12]1985 年，霍夫斯特拉大学召开了一场关于肯尼迪的会议，名为"约翰·菲茨杰拉德·肯尼迪：修正的承诺"。会议主办方认为，此次会议的主题是给予前总统一个公正的评价。[13]

直接针对刺杀的叙述倾向于支持某种形式的阴谋论。关于刺杀事件的新书从不同角度对肯尼迪遇刺的旧信息进行了解读：其中一本认为，刺杀者的目标是得克萨斯州州长约翰·康纳利，而不是肯尼迪[14]；其他作品则为包括有组织犯罪集团妄图杀害肯尼迪、中央情报局卷入刺杀事件、沃伦委员会的不完整性等在内的观点提供了新理由[15]。1988 年唐·德里罗（Don DeLillo）的小说《天秤星座》与NBC 的迷你系列剧《最爱的儿子》也是批判性评价的进一步例证。[16]

对过程的强调

观察者对 1980 年代的这股重述浪潮褒贬不一。一些人认为，它几乎没有提供多少有关刺杀记录的新发现。正如一名记者所言，"关于肯尼迪家族，没有新的事实，只有新的态度"[17]。记者杰斐逊·莫利发现大众对刺杀故事如此含混已经感到厌倦，他认为"卡米洛特与达拉斯的阴谋因为黄金时段而被驯化：'谁枪杀了肯尼迪'变成了'谁枪杀了 J. R.'①"[18]。从《华盛顿邮报》到《新闻周

---

① J. R. 指的是 J. R. 尤因（J. R. Ewing），这是一个虚拟人物，来自肥皂剧《豪门恩怨》（Dallas）。在 1980 年 3 月播出的第三季最后一集中，他遭受了枪击，于是"谁枪杀了 J. R."（Who shot J. R.）成了下一季的宣传语。在等待第四季的五个多月中，观众们对此牵肠挂肚，这甚至发展成了当年的一种文化现象。

刊》，这些媒体都欣然承认，它们永远无法找到肯尼迪遇刺事件的真相。[19]与此同时，以独立批评者为代表的其他观察者则认为，刺杀事件本身纷繁复杂，重述浪潮正在一点点解开纠缠在一起的线索。现在有新的理由、新的阐释以及新的框架去思考存在已久的旧

123　证据。人们的注意力也逐渐从揭露与刺杀事件有关的新事实，转向关注形成刺杀事件记录的过程。

　　在《肯尼迪之死的生命》一文中，克里斯托弗·拉什没有关注刺杀故事如何影响有关肯尼迪或刺杀事件的观点，而是详细讨论了故事对持这种观点者挥之不去的影响。[20]拉什认为，刺杀事件之所以一直成为全国关注的焦点，是由于它验证了局内人与局外人、专业与外行之间具有冲突性的历史迷思。因此，理解对刺杀记录的操纵与理解导致肯尼迪死亡的原因同等重要。按照这一观点，重述要聚焦刺杀事件记录过程及犯罪本身就是合乎情理的了。记录肯尼迪遇刺事件中存在的遮掩行为为各种阴谋论的形成提供了新的角度，正如前一个十年间欧文委员会①对水门事件的调查经验所表明的那样，将调查集中在"掩盖过程而不是罪行本身"，收效更为明显。[21]

　　人们对刺杀事件被记录的过程越来越感兴趣，即关于记录的记录的元话语，这有助于将注意力集中在记录的其他形式上，重述者开始着手记录其他的记录文件。重述者已经无法进入肯尼迪遇刺的原初现场，于是他们转而去寻找以前被封存的文件，研究那些在不

———————

　　①　欧文委员会（the Ervin Committee）是指以民主党参议员萨姆·欧文为主席的参议院水门事件特别调查委员会。1972年6月水门事件发生，次年2月7日该委员会成立。自1973年5月17日起，欧文委员会举行了一系列听证会，揭露尼克松政府执政以来的许多非法活动。

同条件和情况下形成的旧证词。现在获取次要信源的信息已经与获取犯罪原始信息同等重要。当一位 1980 年代的批评者被质疑没有新的证据时，他回应说他的论点来自重新阅读文件本身。[22]这种说法强调了次要信源或者说重读旧的文本作为一种文献技术的价值。它还表明，外行在阐释肯尼迪之死时也可以发挥核心作用。

新理论、新阐释的形成依赖于对诸多相同文件和声明的重新解读，这使人们的注意力集中在一种另类的文件形式上，即专业人员的记忆。专业人员是凭借某种专业能力出现在肯尼迪遇刺事件中的人，他们的记忆为那些已经被讲了很多遍的故事提供了潜在的权威视角。这些由记者、独立批评者和历史学家所做的回忆开始与已经失败的官方记叙进行竞争，它们具有普遍的吸引力，而且这种吸引力与其所提供的实质内容本身无关。

记者的表现尤为突出，他们频繁地评论自己和他人的记录。1988 年，一期名为《新星》的电视节目追溯了多年来在对肯尼迪之死进行解读时出现的各种证据实践。[23]节目以沃尔特·克朗凯特为解说员，通过不断变化的证据类别和专业知识，梳理和探索了 25 年来的调查工作。节目发现，人们接受何种解读方式在很大程度上取决于他们所相信的证据类别、证词与专业知识。因此，对刺杀事件的重述被框定为一种罗生门式的叙事。正如大卫·利夫顿（David Lifton）在他关于刺杀事件的书中所表明的，"你相信 1963 年 11 月 22 日在达拉斯发生了什么，取决于你相信什么样的证据"[24]。这让另类重述者径直站到了刺杀故事的最前线。

记忆的形式

进入 1980 年代，关于刺杀故事的重述呈现出熟悉的形式。独立批评者仍然在推进进一步调查。大卫·利夫顿、詹姆斯·赖斯顿、安东尼·萨默斯、罗伯特·格罗登和哈里森·利文斯通（Harrison Livingstone）的作品为理解肯尼迪遇刺事件提供了多维视角。[25]学者与卸任官员们"更为体面"的观点也颇受欢迎[26]，他们共同提高了公众对独立批评者的关注与尊重。

官方调查以司法部于1988年发布的一份文件告终，该文件声称没有发现支持阴谋论的证据。差不多十年前，众议院特别委员会曾要求司法部提交一份调查文件，以解决委员会提出的关键问题，现在这份长达五页的文件驳斥了某些声学证据的价值。前委员会法律顾问G. 罗伯特·布莱基猛烈抨击了司法部公布的这份文件，认为它"并非科学调查的结果，只是为了消除对其不利的信息"[27]。

历史学家，尤其是大众历史学家，开始在他们的编年史记录中讨论刺杀事件。1980年代早期，赫伯特·帕梅特、加里·威尔斯、彼得·科利尔与大卫·霍洛维茨的作品追溯了肯尼迪神话的发展历程，以及它是如何受到达拉斯事件影响的。[28]刺杀叙事最终成为大量关于肯尼迪家族的叙事中的一部分。除了两个值得注意的例外——迈克尔·库尔茨的《世纪罪行》和托马斯·布朗（Thomas Brown）的《肯尼迪：形象的历史》[29]，刺杀事件并没有产生自己的历史文献。历史记录的缺失引发了其他重述者的关注，人们纷纷批评历史学家"错失良机"。《洛杉矶时报》的一篇文章这样描述对肯尼迪政府及刺杀事件的解读："历史学家迷失在卡米洛特的迷雾中。"[30]

在1980年代，肯尼迪遇刺事件的报道数量又有所增加，记者开始尝试用叙事体裁讲述刺杀故事。一些记者以此为主题著书立说，此前只有独立批评者才会以著作形式讲述刺杀事件。[31]另一些记者仍然坚持文章这一写作形式。不过，无论采用何种形式，记者都开始更频繁地引用自身与刺杀事件有关的记忆。报纸上充斥着诸如《记忆如初》这样的目击者文章。[32]记者罗伯特·麦克尼尔在刺杀发生时受雇于 NBC 新闻部，他的书详细描述了他对肯尼迪死亡当年的记忆，这类回忆肯尼迪之死的汇编类图书在别处还有很多。[33]至此，无论是实际的在场还是象征性的在场都至关重要。正如记者玛丽·麦格罗里（Mary McGrory）在《在那里，你才能感知痛苦》一文中所说，"那些不认识他或者没有经历过他的死亡的人，很难理解那些有此经验的人所遭受的持续的丧亲之痛"[34]。

从某种程度上说，新闻性记忆的显著性只不过是"肯尼迪被枪击时你在何处"游戏的其中一种版本。记忆并没有为事件提供一个更准确、更真实和更有事实依据的调查，而在某些方面，人们也并不期望它能使一切变得更有意义。克里斯托弗·拉什观察到，真相已被可靠性取代，"事实让位于听起来很权威但实际上并没有传达任何权威信息的陈述"[35]。记者坐拥便捷的媒体渠道与传播技术，保证用一种以令人信服和合理的记忆为基础的叙事方式再现肯尼迪遇刺事件，无论其是否带来了新的信息。

1983 年，ABC 新闻部首次制作了一部时长两小时的肯尼迪总统回顾片，该片记录了本杰明·布拉德利、大卫·哈伯斯塔姆和其他一些人的记忆。[36]同年，《早安，美国》的一集节目主要呈现了曾与总统同在达拉斯的记者和摄影师们的个人和专业记忆。[37]每位发言者都回顾了自己当时在总统车队中的位置和他们所记得的内容。值得注意的是，整个节目都由他们的回忆组成，这表明到了

1983 年，记忆本身已经开始被视为达拉斯事件的有效记录。五年后，记者的回忆再次成为美国公共电视网①（以下简称 PBS）纪录片《肯尼迪：一个记忆中的时代》的核心部分，该片被称为"卡米洛特消亡回忆录"[38]。南希·迪克森（Nancy Dickerson）、查尔斯·巴特利特、汤姆·威克、萨拉·麦克伦登（Sarah McClendon）和丹·拉瑟等记者讲述了他们的所见、所闻与所忆。到了 1988 年，记者在肯尼迪遇刺事件中的在场被媒体广泛提及，无论他们是象征性在场还是身体在场。与其他重述者群体的记忆相比，记者的记忆变得更具合法性。

实际上，在肯尼迪遇刺 25 周年纪念日时，电视对达拉斯事件的机构性回忆几乎涵盖了所有可能的记忆，这种做法已经成为一种常态，而不是例外。记者在媒体上频繁露面，这有助于他们逐渐被推到讲述刺杀故事的前线。早些年，电视节目通常详尽报道达拉斯发生的事件[39]，后来的一些节目则更倾向于一般性的事件介绍[40]。新闻机构制作的回顾节目既有一小时的事件概览，例如 NBC 的《肯尼迪：11 月的那天》，也有长达六个半小时的事件回顾。[41]现有节目也参与到回顾肯尼迪遇刺的浪潮中，观众经常可以在常规新闻节目中见到零碎的纪念片段，从费城《新闻快报》上的十分钟节目《追忆肯尼迪》，到 ABC《夜线》长达一小时的特别节目，再到 CBS 由八个部分组成的刺杀系列节目。[42]奥普拉·温弗里（Oprah Winfrey）、莫特·唐尼（Mort Downey）、杰克·安德森以及杰拉尔多·里韦拉（Geraldo Rivera）等人主持的电视娱乐节目也对刺

① 美国公共电视网（Public Broadcasting Service，PBS）是美国的一个公共电视机构，成立于 1969 年。

杀进行了讲述。[43]像《今夜娱乐》、费城的《晚间杂志》等节目甚至播出了它们自己制作的刺杀相关片段。[44]正如一名记者在 1988 年所观察到的，"刺杀故事的报道数量证明，电视主管强烈相信这起事件仍然吸引着美国人民的关注"[45]。

多数情况下，刺杀纪念日一年比一年获得更大、更多样化的媒体关注。[46]这促使一名记者尖锐地指出，"如果你今年不来迪利广场①亲身体验，那么对你而言，刺杀就像 25 年前发生时一样：现实被电视机所建构"[47]。电视占据着记录刺杀记忆传说的中心位置，特别是记录那些记者的记忆。刺杀事件到现在"不仅成为历史的原料，也是……记忆的纹理"[48]。在渴望分享自己故事的群体中，记者排在了首位。

对记忆的争夺

当然，记者并不是唯一拥有刺杀记忆的群体，其他重述者——独立批评者和历史学家——仍然扮演着核心角色。这意味着对他们的资格认证不仅发生在其自身所属的阐释共同体内，而且以牺牲他人的利益为代价。这个过程不仅显示出所有重述者立足的根基有多么不稳固，而且表明了占据有利地位是多么重要。

争夺授权

尊重历史的动机鼓舞着重述者，也深深嵌入他们对刺杀的每一

---

① 迪利广场（Dealey Plaza）位于美国达拉斯，最初是为纪念一位当地的公民领袖乔治·班纳曼·迪利（George Bannerman Dealey）而建。1963 年以后，迪利广场变成一个世界公认的历史地标：肯尼迪悲剧发生地遗址。

次重述当中。刺杀记录最终将被安放在历史长河中，重述者"意识到，历史将会给解决肯尼迪死亡之谜的人一席之地"[49]。他们对历史的重视也得益于肯尼迪自己对历史的关注。在一篇题为《他肩上的历史》的文章中，《时代》周刊记者休·赛迪回忆说："肯尼迪知道自己站在历史的舞台上。"[50]有人曾引用杰奎琳·肯尼迪的话说："历史造就了杰克。"[51]一些重述者，尤其是历史学家，对待历史记录小心谨慎、迟疑不决，在尘埃落定后才敢将其写入史书。相比而言，记者则积极将他们的重述作为历史记录。独立批评者通常对他们的叙述给历史记录带来的裂缝漠不关心。"只有在教科书中，历史才是整洁无瑕的。"[52]一篇评论这样写道。

　　然而，直到事件已经"成为历史"，重述者在其中的定位仍是不太明确的。事件的开放性结局并不需要"历史学家的超然客观"[53]。这指出了一系列关于专业本质的问题：报道历史是记者、独立批评者或历史学家的使命吗？在什么情况下，这起事件"属于"历史学家？当历史学家掌管故事时，其他重述者——记者和独立批评者——身上又会发生什么？尽管历史记录意味着权威在"事实之后"的应用，然而在肯尼迪遇刺事件中，究竟什么构成了"事实之后"并不清晰。肯尼迪遇刺事件不断发展变化，在某种程度上模糊了时间先后与线性历史的界限，这种情况鼓励人们去争夺讲述这个故事权威版本的权利。这使得"报道历史"这一使命成为所有重述者的目标。历史记录不仅与对刺杀故事的再思考相悖，也未能体现记忆作为记录刺杀故事历史的一种可行方式的重要性。

　　因此，人们不禁怀疑肯尼迪遇刺事件存在一个确定的历史这一观念是否可行。这一历史是可能的、可得的或是可取的吗？随之而来的批评一是由于刺杀重述体现出千变万化的特点，且每种肯尼迪之死的版本都具有解释力。二是它有赖于人们日益认识到的一个令人不安的事实，即独立批评者提出了一些历史学家和记者都没有看到的关于刺杀的要点。随着时间的推移，独立批评者的重述数量增加，取代了历史记录通常所处的位置，这就变得尤为有问题。第三点在于记者与历史学家之间的传统差异变得模糊，诸如视角或时间距离等传统议题的区隔并没有体现在刺杀事件的重述中。

所有这一切都加剧了不同群体对授权的争夺，他们试图通过故事的讲述来证明自己的专业身份。1991 年，当好莱坞导演奥利弗·斯通推出电影《刺杀肯尼迪》作为他的事件版本时，这场争夺呈现出一个特别流行的维度。这部电影起初基本上受到了主流媒体的谴责，它们指责导演模糊了事实与虚构，把自己标榜为历史学家，却为达拉斯事件提供了一个有瑕疵的版本。[54]它们讨论的核心不仅是对斯通重述刺杀故事的权威性的担忧，还包括斯通对记者作为首选重述者的权威构成的挑战。正如一位作家早几年所告诫的："确立你对神秘事物的权利，记录它，保护它。"[55]所有刺杀事件的重述者都面临这个挑战，然而媒体却似乎很好地适应了这个挑战。

电视：通过技术证明在场

大部分历史学家和独立批评者与许多记者之间最大的区别在于专业记忆的传说所依托的在场感。在最终的解读中，重述过程的权威性大部分来自重述者建立"实际（一直）在场"这一事实的能力。[56]在这种情况下，批评者大卫·利夫顿在看到一张拍摄于草丘的图片时说："观看这些图片会让人感受到强烈的反差，我觉得自己也加入了目击者的行列，即使事情已经发生了一年半。"[57]多年前，记者梅格·格林菲尔德曾直言不讳地表达过类似说法：

如果作者置身事外而非亲身体验某事件，那么他是否会让我们考虑到这一事实，或者说他自己已经这样做了？有没有证据可以证明，（作为历史学家）他已经努力填补了可能遗漏的故事？还是他利用了公众的善意？——尤其考虑到公众很难意识到历史学家在不同的主题上拥有不同程度的权威——公众很容易相信任何具有广泛神圣能量的内部人士，自然很可能误认为历史学家在场。[58]

格林菲尔德的评论暗示了在场对于重述者使其权威合法化的重要性。记录某人在肯尼迪遇刺事件现场因此成为重述其故事时大部分权威的来源。增添一种当时在场的感觉，从而成了重述者不言而喻的目标。

记者试图建构本不存在的在场，或是通过权威性的重述暗示在场，最终让他们比其他讲述者群体更具优势。他们的在场以及系统化地唤起与延续在场感这两种方式成效显著。在场赋予了记者一种框架，确保他们的话不仅能够被听见，也能被铭记。

这并不意味着记者仅仅因为技术便利和制度支持而创造出他们在事件中的角色。他们的专业记忆、叙事、讲述故事的特殊模式和媒介技术都是以在场为基础的。与大多数历史学家和独立批评者不同，许多重述刺杀事件的记者实际上曾出现在事件中的某些现场。即使有些情况下记者并未在场，他们也会通过技术和叙事策略建构自己的故事，如同他们曾经亲身经历过一般。因此，记者重构了他们的刺杀讲述，由此形成的记录致力于营造一种他们与肯尼迪遇刺事件具有接近性的感觉。

在很大程度上，电视让这一切成为可能。电视帮助记者确认他们的在场，就好像这是刺杀事件中的一个既定事实一样。电视技术也强化了记者暗示的专业记忆和新闻性在场的作用。原本仅仅对电视角色的关注逐渐发展成了广泛的自我指涉话语，通过这种话语，记者尤其是电视记者，试图记录媒体所扮演角色的广泛面向。

随着时间的推移，记者倾向于把他们对报道的回顾积累成那种在刺杀刚刚发生时就开始的记录，这促使他们将自己描绘成刺杀事件尤为活跃的参与者。在电视领域尤其如此，记者付出了相当大的努力来扩大其影响力。随着电视逐渐成为合法的讲述新闻的媒介，新闻界内部对电视在报道肯尼迪遇刺事件中所起作用的评价也不断提高。

因此，到 1988 年，人们对肯尼迪的记忆与媒体尤其是电视媒体紧密地联系在一起也就不足为奇了。在某种程度上，这是不可避免的。正如一位历史学家评论的那样，"肯尼迪未能顺利实现他作为总统的承诺，在中途便被迫戛然而止，于是电视和他的遗孀将他塑造成一位传奇人物"[59]。而"周年纪念日时大量的书籍和电视专题节目"[60]让这种联系得到了加强，它们产生了大量与媒体相关的内容。《新闻周刊》认为，电视帮助创造了一种闪光灯记忆，以最微不足道的细节，定格不可磨灭的事件。"被定格的肯尼迪是卡米洛特式的肯尼迪，而不是在猪湾入侵行动中失败或是与黑手党分享同一个拉斯维加斯女郎的肯尼迪，似乎闪光灯与泪水已经将肯尼迪的阴暗面洗刷干净。"[61]

所有媒体都强调了电视在延续记者在场方面的作用。《早安，美国》特别纪念版宣称，刺杀事件让电视"不可逆转地成为最重要的传播媒介"："我们第一位电视总统的去世，标志着电视成为我们生活中的主导媒介这一时代的开始。"[62]1988 年，报纸在讲述刺杀事件时用形形色色的标题宣告了电视的成功，例如《电视重述的谋杀故事》《CBS 回放 11 月 22 日》《肯尼迪与向电视致敬》和《电视：已故总统的幽灵》。[63]类似的一篇文章提到，"电视上出现了一股纪念肯尼迪总统遇刺 25 周年的节目浪潮，既是提醒我们电视在报道这一悲剧事件及其后果时曾起了多么大的作用，也是一种对事件的重述"[64]。这些努力证实了肯尼迪及其政府、刺杀事件和电视之间的关联。记者处在这些关系的核心，正是他们为事件提供了叙事形式。

人们一直将电视奉为最有效的纪念肯尼迪的媒介，这增强了记者尤其是电视记者在肯尼迪遇刺事件中的权威。尽管记者一开始被排挤到正在锻造自身记忆的历史学家和独立批评者一边，但是他们很快发现，能够在许多舞台上展示他们关于肯尼迪之死的版本进一步提高了他们作为讲述者的地位。这种地位部分缓解了主流媒体遭受的挥之不去的批评，因为它们一直在积极调查事件中的未解之谜。

将记者定位成首选的重述者

记者在重述者中占了上风，不仅是因为他们能够轻易和持续地接触到媒体，也是因为他们在使公众了解所有重述者——包括历史学家和独立批评者——讲述的故事方面发挥着核心作用，记者成为正在生产中的记录工作（record-in-the-making）的调停者。在这种情况下，记者通过采取四种新闻姿态来确保自己在刺杀事件中的中心地位并加强自己的权威。每种姿态都表明记者在重述刺杀故事时扮演着一个不同的角色：目击者、代表者、调查者和阐释者。这些角色让记者可以用各种各样的方式将自己与达拉斯联系起来，为合法的故事讲述者的身份宣称提供不同的基础。通过强调对新闻专业准则至关重要的不同实践维度，每个角色都将记者与有关新闻实践、专业性和电视新闻合法性的持续性话语相联系。

作为"目击者"的记者

在肯尼迪遇难时，记者就采用了目击者角色，一直持续至今。他们以目击者的身份生产了个性化叙事，并通过这种叙事确立了自己作为刺杀故事首选重述者的身份。作为目击者意味着拥有"目睹"事件发生的权威性。鉴于肯尼迪遇刺事件中层出不穷的阴谋论之争，见证事件发生显得极为重要。

休·赛迪、汤姆·威克和罗伯特·麦克尼尔等记者曾回忆起他们作为目击者的经历。赛迪回忆道："或许当响声第一次传到肯尼迪总统豪华轿车后面的媒体巴士时，我们就知道有事发生了。先是一声遥远的爆裂声，又是一声。停顿了一下，又是一声爆裂声，某些危险的意外发生了。"[65]威克讲述起他是如何"坐在媒体巴士上，我想我坐的应该是第二辆，旁边坐着一名得克萨斯州本地记者。他看到车窗外的人们跑来跑去，于是冲到了巴士前面，然后回到我身边说'发生意外了，刚刚开过去的是总统专车，他们遭到了枪击'"[66]。罗伯特·麦克尼尔回忆说："我们听到一声枪响……我跳起来喊道：'他们中枪了！停车！停车！'司机打开门，我跳了出去……我看不到总统的车，但我开始相信真的发生了枪击，因为人们纷纷卧倒在马路两旁的草地上。"[67]目击者的角色也出现在了华盛顿，记者在那里等待运送肯尼迪遗体的飞机降落。NBC 记者南希·迪克森回忆道："我们在做现场直播，正在讲话。空军一号降落了，我看到了他们。在我看来，他们都很迷茫，没有用正确的方法做事。他们打开了空军一号的后门而不是前门，那里有台液压升降机，当然他们正在把遗体装在棺材里从后门运走。"[68]NBC 新闻部记者桑德尔·瓦诺克尔站在白宫西侧翼外，看见肯尼迪的摇椅被搬出，林登·约翰逊的骑马鞍被搬了进去。瓦诺克尔说："华盛顿的权力转换非常迅速且残忍，我永远不会忘记在 20 分钟内这两件家具的替换过程。"[69]

通过将自己界定为目击者，记者因在肯尼迪遇刺事件发生的同一时间和地点目睹此事而获得了合法的重述地位。使这些个性化叙事更有特点的时间和地点将记者从达拉斯带到华盛顿，在那里举行的肯尼迪葬礼让刺杀故事达到了高潮。

作为"代表者"的记者

记者还通过在叙事中扮演代表者的角色，获得讲述刺杀故事的权威。通过提及他们作为记者的专业隶属关系，记者在不能声称是目击者的情况下援引了代表者的角色。也就是说，他们没有在达拉斯或华盛顿参加过刺杀事件的报道。NBC 的一个回顾性节目借用了约翰·钱塞勒在刺杀发生的那个周末的经历作为达拉斯事件的镜头焦点，尽管他当时并不在事件现场，后来他回忆说："当时我是NBC 驻柏林记者，肯尼迪在逝世前几个月曾经访问过柏林，他是很多柏林人的偶像……那里的人们对肯尼迪的去世感到震惊。在西柏林，你坐上一辆出租车，告诉司机目的地，司机会问'你是美国人吗?'如果你回答是，他就会关掉计程表，免费为你服务。"[70]钱塞勒在柏林担任记者的经历与刺杀无关，这一点并没有被公开言说，相反，他在刺杀事件发生时的专业地位本身赋予了他谈论达拉

133

斯的资格。尽管他个人对达拉斯事件的记忆是从不那么理想的柏林视角出发的，但 NBC 依旧将其纳入其中，因为这些个人记忆提供了另一种重述刺杀故事的权威方式。

因此，从记者的专业地位出发，我们可以发现好像"不相关的"记者也可以权威地阐释刺杀发生的那个周末。一名记者说："枪响的时候，我是《生活》杂志教育部的记者。"[71] 她随后飞往海恩尼斯港，那天与罗丝·肯尼迪（Rose Kennedy）① 待在一起。

其他一些记者甚至从未被派去报道肯尼迪遇刺事件。彼得·詹宁斯（Peter Jennings）以"曾在 1960 年代中期报道过（南方）的记者"这一身份介绍了这起刺杀事件，那个时期正是肯尼迪逝世前后。[72] 记者查克·斯通（Chuck Stone）1988 年在费城新闻频道的特别节目上接受采访，"回忆起他在华盛顿采访肯尼迪时的情景"[73]。在这期节目中，斯通举着一张裱好的肯尼迪在一次新闻发布会上的照片，这一举动暗示他当时在场，然而事实究竟如何却并不清楚。一位《费城公报》的前记者在 1988 年的电视采访中回忆说："我们坐在那里，不敢相信发生了什么。我们问了许多警察局的人，'这种事会发生在这里吗？'"[74] 刺杀发生时，这些记者都不在达拉斯附近，他们和别处的刺杀故事也没有任何关联。然而，刺杀发生时记者的身份让他们在几年后拥有了重述故事的权威性。引用记者的话来指称刺杀事件，增强了记者作为首选发言人的地位。

因此，记者被认定为在达拉斯事件发生时处于同一时间但不同地点的那些人的代表。刺杀事件发生时的专业隶属关系的重要性在

---

① 罗丝·肯尼迪（1890—1995），美国慈善家、社会名流，系约翰·肯尼迪总统的母亲。

于，它隐隐地为日益提高新闻记者作为该事件的权威性重述者的地位提供了支持，并让那些与达拉斯事件没有直接空间联系的记者有更多机会参与故事重述。

作为"调查者"的记者

赋予记者重述刺杀故事权威的第三种角色是调查者。他们作为调查记者的工作得到了越来越多关于肯尼迪之死阴谋论话语的支持。尤其值得一提的是，独立批评者在肯尼迪遇刺几年后扮演的角色愈发重要，这给调查者的故事带来了动力，也增加了更多的可信度。休·艾恩斯沃斯（Hugh Aynesworth）声称自己是调查刺杀事件最久的记者，他说："这件事会沉寂一段时间，然后又突然冒出来，总有一些事情要发生。"[75]

记者作为调查者的观念从一开始就隐含在对刺杀事件的新闻报道中。事件发生当晚，记者们聚集在达拉斯警察局总部，希望能一睹被指控杀害肯尼迪的凶手李·哈维·奥斯瓦尔德的身影。一场具体的对话随后被媒体广泛报道：

> 记者：是你杀了总统吗？
>
> 奥斯瓦尔德：不是。我还没有被指控，事实上没有人曾经和我说过这件事。大厅里的报社记者问我这个问题的时候我才第一次听到这个说法。
>
> 记者：你已经被指控刺杀肯尼迪总统了。
>
> 奥斯瓦尔德：先生？
>
> 记者：你已经被指控刺杀肯尼迪总统了。[76]

因此，在肯尼迪遇刺的头几天，记者的调查者角色就已经凸显出来了。

由于肯尼迪的死亡是一个"不完整的故事"，所以调查者的传说流传甚广。[77]一位记者评论道："作为一名在事发现场工作的记者，我无法接受把那些针对（奥斯瓦尔德）的无法证明的证据用不连贯的方式聚集起来作为已经证明的事实。"[78]刺杀事件充满了"松散的线索、不可能的巧合、令人费解的漏洞"，这使得解谜变得极为困难。[79]专栏作家诺拉·埃夫龙（Nora Ephron）评论道："只有少数记者在报道刺杀事件……这是一个需要数百名调查人员、传唤权、法医专家和豁免权才能完成的故事。这也是一个需要通读 27 卷沃伦委员会报告和数十本关于刺杀事件的书后才能完成的故事……整件事一团糟。"[80]解决这一事件中的谜团，为记者提供了一种证明自己是专业人士的途径。

记者和新闻机构声称他们已经为揭露肯尼迪遇刺真相做出了"详尽"和"艰苦"的努力。[81]《生活》杂志因在新闻机构之中带头呼吁重新启动沃伦调查而受到赞扬。[82]杰拉尔多·里韦拉也在电视节目中提到他花费在调查这起事件上的那些岁月。[83]《纽约时报》编辑哈里森·索尔兹伯里表示，《纽约时报》的记者们在刺杀发生后"尽最大的努力"继续积极调查刺杀事件。最终，索尔兹伯里自豪地说，其他证据"不太可能"会实质性地改变《纽约时报》在其最初报道中就确立的基本事实。[84]杰克·安德森主持了一档关于刺杀的特别节目，这为他赢得了普利策奖，他在节目中详述了自己"20 年来对这起世纪犯罪的调查"[85]。沃尔特·克朗凯特在总结《新星》特别节目时说，它的调查"解释了许多与刺杀有关的问题，但不是全部"[86]。因此，调查者的传说提到了对肯尼迪遇刺事件中各种悬而未决的方面进行独立调查的记者们的职业轨迹，这些讨论中隐含着对探索、发现和审查等实践的使用。

然而，重要的是要认识到，媒体因为其从事的调查活动的程度而招致大量批评。独立批评者的炮火尤为猛烈，他们控诉主流的新闻记者和新闻机构没有充分发挥其调查者角色。这类话语在1991年的电影《刺杀肯尼迪》上映前后尤为流行。

不过，记者将自己定位成调查者让他们有权重返肯尼迪遇刺地点展开调查。他们在同一地点不同时间形成的传说，为那些没有积极参加刺杀报道的记者提供了一种方式，可以权威地重述刺杀故事的各个方面。在达拉斯事件发生数年后，这类传说使那些凭借重启记录过程才把自己与刺杀事件联系在一起的记者得以将自己的事件版本合法化。他们通过强调地点胜于时间，确保记者能够进入对刺杀事件的重述过程中。

作为"阐释者"的记者

记者采用的最后一个角色是"阐释者"，他们借用目击者、代表者和调查者的经验对刺杀做出阐释性宣称。阐释者角色意味着无须与达拉斯事件处于同一地点或同一时间，也可对刺杀事件做出权威性判断。

采用阐释者角色不仅让记者虽身处遥远的位置依然能权威地谈论实践，就如身在纽约的新闻主播或新闻编辑所为，它还让那些与肯尼迪遇刺几乎毫无关联的人也能合法地参与讲述。在刺杀发生几周后，记者就确立了阐释者的角色。记者玛丽亚·曼内斯在谈到记者团时写道："在这漫长的四天里，我听到了熟悉的声音……许多记者可能正在经历最严峻的考验，但他们从未让我们失望，也没有让历史失望。尽管受到惊吓、疲惫不堪，但在马拉松式的疯狂与哀悼过程中，他们依旧保持着冷静、理智与洞察力。"[87] 记者对阐释者角色的使用模糊了他们对肯尼迪遇刺事件做出判断时所处的时间和空间距离。

这意味着，许多承担阐释者角色的记者与刺杀故事并没有其他明显的联系。ABC 记者福里斯特·索耶（Forrest Sawyer）就是最好的例子，他在 1988 年的《夜线》节目中对刺杀事件进行了一个小时的回顾。除了提到"对于我们这些年纪足够大的人来说，这是一个回想肯尼迪总统在任时的魅力及如何感知这种魅力的纪念日"[88]，索耶没有做出明显的尝试，以证明他有资格对刺杀事件做出阐释。

同样，作家劳伦斯·赖特（Lawrence Wright）在他关于 1960 年代的书的结尾部分谈及肯尼迪遇刺事件，他说："它始于为《得克萨斯月刊》写的一篇文章，讲述了肯尼迪总统遇刺前几年我在达拉斯的成长。我无意让自己成为什么人物，而是想对当时的思想与激情有一种指导性感觉。"[89] 记者尼古拉斯·莱曼（Nicholas Lemann）写了一篇分析刺杀影响的文章，他说"至少在我看来，刺杀挥之不去的影响要比肯尼迪的成就更加顽固"[90]。莱曼当时的身份是"《大西洋月刊》国内新闻记者"，他以此证明 1963 年当他还是年轻人时的经历有资格被用于讲述肯尼迪遇刺事件。在所有这些案例中，记者与刺杀事件的较为明显的"联系"就是其与新闻业的专业隶属关系。在刺杀发生时，记者的代表者角色是由专业协会认定的，而阐释者的角色则是通过回忆刺杀事件时拥有的记者身份才得到认可的。这一转变意义重大，因为它有助于让那些与刺杀没有直接关联的重述者获得权威。

因此，记者将自己定位成达拉斯事件的阐释者，即使他们在不

同的时间和地点讲述他们的传说。尽管——或者可能因为——他们
与事件存在时空距离，但借助阐释者角色，记者依然可以成为权威
发言人。在一位独立批评者看来，这带来的后果是，有一类记者能
137　在刺杀事件发生多年后不带偏见地报道这件事。[91]将空间和时间距
离的位置合法化，由此使更多的记者能够充当刺杀事件的权威阐释
者，进而把他们发言人的角色类比为历史学家的角色。

　　记者借助叙事确定了自己在刺杀事件中的四种角色并将其作为
叙述的基础，因此他们能够从修辞层面将自己与事件联系起来。目
击者的角色使记者的重述地位被合法化，因为他们与达拉斯事件身
处同一地点和时间；代表者的身份使他们有资格谈论与刺杀同一时
间发生的事情，即使地点不在达拉斯；调查者的角色则让他们能够
继续报道来自同一地点但不同时间的故事；最后，阐释者的角色使
得记者有回忆刺杀事件的可能，尽管达拉斯事件发生时他们既不在
同一地点也不在同一时间。在专业立场之下，这些角色强化了记者
重述故事的权威。它们使记者成为合法的事件发言人，这一过程不
仅包括他们最初在报道刺杀事件时所扮演的角色，也包括他们在刺
杀事件之外的时间和地点开展的广泛活动。因此这些角色扩大了构
成专业新闻业实践的范围，这有助于媒体将刺杀故事变成关于它们
自己的故事。

边缘化"未经授权"的重述者

　　记者成为刺杀事件的首选发言人有一系列原因。官方未能终结
故事的发展，记者与其他"对此感兴趣"的发言人（特别是独立批
评者和历史学家）之间持续的专业性诽谤，记者触达媒体的便捷
度，使他们能够向大众呈现自己的事件版本，记忆成为记录肯尼迪

遇刺事件的一种可行的替代方案得到了认可，以及电视和电视记忆作为一种延续这种记录的有效方式的崛起……所有这些都是促成因素。一旦记者的地位得到巩固，他们就会采取专业立场，进一步强化他们的权威角色。

然而，记者在这么做的同时边缘化了其他重述者的声音。记者不愿批评沃伦委员会以及对众议院特别委员会的漠视表明，他们未能履行监督政府的基本职责。同样重要的是，他们在努力使自己系统性地完成合法化的同时，也系统性地边缘化了许多人——尤其是那些独立批评者——因为这些人与他们致力于维护的观点相左。

这种情况尤为明显地出现在 1990 年代初奥利弗·斯通的电影《刺杀肯尼迪》引发的争议中。围绕着这部电影的公共话语激增，从中可以看到大量独立批评者持久的影响力，许多主流记者试图谴责独立批评者讲述故事的努力，这种谴责反而显示出独立批评者对记者作为重述者的权威提出的挑战达到了很深的程度。在五集独立制作电视系列节目《杀死肯尼迪的人》的放映过程中，也出现了类似的情况。1991 年 9 月至 10 月，在主流电视网的播放尝试失败后，这档系列节目只得在艺术与娱乐电视网播出。[92] 同样，尽管程度有所稍弱，但记者也尝试边缘化历史学家。他们认为历史学家在处理肯尼迪遇刺事件上的拖延表明其专业性存在问题。这种情况无疑会提升主流新闻记者与新闻机构的位置，但也会消解其他作者的权威——无论是独立批评者还是历史学家——由于缺乏主流媒体的制度性支持，他们的权威逐渐衰落。

因此，从某种意义上来说，重述肯尼迪之死也意味着有关新闻权威边界的其他问题：争论的焦点不仅包括首选专业实践的限制范围，还涉及允许谁从事新闻工作、不允许谁从事新闻工作的界定问

138

题，以及那些被禁止从事新闻实践的人的问题。通过这种方式，记者在对授权的竞争中领先一步，并或多或少地将缺乏制度性支持和媒体渠道的重述者边缘化。鉴于主流媒体是否确实对肯尼迪遇刺进行了充分调查的问题尚未得到解决，这一点尤为关键。因此，正如接下来几章将要展示的，记者找到了延续他们的刺杀故事的方法，即隐含地将其与美国新闻业联系在一起。当这些故事被存放在集体记忆之中时，记者们以庆祝记者个体角色、新闻机构和制度、新闻专业的结构等方式对其进行了重新加工。这些故事往往取代了更普遍的问题，例如媒体在多大程度上揭开了肯尼迪死亡的真相，在随后的几年又是否进行了积极的调查。

第四部分
追忆

第九章 个体的权威：
通过名人来追忆

关于个体的特别是著名个体的故事，为刺杀事件在集体记忆中的长久保存提供了有效途径。这些故事确保记者个体成为回忆肯尼迪之死中不可或缺的一部分。正如一位学者所说："这些讲述成为刺杀故事的一部分，而成为故事的一部分就意味着会受到故事讲述者的摆布。因此，著名个体与其说是一个人，不如说是关于这个人的故事。"[1]自肯尼迪去世以来，这些与刺杀相关的回忆已经造就了许多名人传说，它在使记者讲述这些故事的同时也提升了一些个体记者的地位。这表明，这些名人成为新闻权威的基石，不仅能够帮助记者延续自身在刺杀事件中的存在感，还能够使记者从中获得影响力。由于阐释共同体本身非常强调个体，因此这些名人对于记者如何构成阐释共同体也有着特别的影响。

名人的运作

在肯尼迪去世时，电视已经开始形成自己的新闻叙事风格，这种风格将记者的名人效应直接融入电视新闻呈现的流行样式中。[2] 对于视觉性、戏剧性和个人化的强调，使电视新闻报道产生了基于其风格、个性和天赋的权威[3]，这种权威使记者可以通过新闻实践获取名人地位。后续为提高公众对记者的认可度所做的努力也将以这些实践为基础，如通过电视采访这一类节目将新闻与人物面孔联系起来，以增强基于这些实践的记者的公众知名度。

除因电视记者使用相对较新的媒介而引起公众对他们的关注之外，公众对新闻专业性的关切也会产生新闻业中的名人。电视的合法化需要对熟悉的专业角色进行重新安排。如果制度性的媒体间竞争一直存在下去，电视就会使权威地讲故事的新形式和新的专业认同成为可能和必需的，进而产生成为名人的新路径。名人的特质是"由于其本身的知名度而出名的人"[4]，它使记者理想化了他们应当成为和应当如何实践的观念，同时也反映了"对于（他们的）成就不断变化的界定"[5]。因此，名人是制度与个体都很关注的问题，它依赖于记者所在的阐释共同体而长久存在。

在回忆他们的刺杀报道时，记者通过关于技术和专业性的传说，系统性地将不同的记者"安插"到刺杀事件中，以此建构了名人的故事。个体记者成为话语纵横交错的关键点，一面是刺杀事件，另一面是技术和专业性。这些传说使个体记者享有了超越组织、制度和专业的特权。随着时间的推移，他们为刺杀重述者提供了一种有效的方式，使其既能在刺杀故事中延续他们自身的在场，又能获得独立于这些刺杀故事的地位。这进一步划定了新闻共同体的合适边界，使名人成为记者获取更为普遍的文化权威地位的有效途径。

新闻界名人的语境

由于肯尼迪政府本身就迎合了记者的名人地位，因此这次刺杀事件也为形成新闻界名人的传说提供了肥沃的土壤。《华盛顿邮报》记者大卫·布罗德在回顾他对肯尼迪执政期间的报道时表示，总统通过电视直播的新闻发布会吸引了许多记者，此前他们通常会避免这种制度化的设置。他表示："某些得到肯尼迪认可的记者会经常成为电视明星，而且这种通过受邀参加白宫派对和晚宴而得到加强的明星身份不会对肯尼迪政府造成伤害。"[6]肯尼迪政府是"一个美国有钱人、有魅力的人和有权势的人彼此庆祝的法庭，它是一个由名人组成的万神殿"[7]。总统创造了一种氛围，使名人成为缅怀他的生死的一种切实可行的语境。

记者对肯尼迪遇刺事件的重述也遵循了这些轨迹。[8]一些记者通过在刺杀事件后重构肯尼迪执政时期的经历成为名人，而另一些记者发现，重述肯尼迪遇刺事件是他们延续自身名望的重要节点。例如，作家西奥多·怀特和休·赛迪被贴上了"肯尼迪挽歌作者"的标签。[9]刺杀叙事经常会显示这些个体记者的名字，作为达拉斯事件的权威性象征。

这样做是为了突出当时与美国记者有关的话语。新闻共同体始终将刺杀事件的重述与四位特别的记者联系起来，他们是汤姆·威克、丹·拉瑟、沃尔特·克朗凯特和西奥多·怀特。尽管这些人并不是仅有的从刺杀事件中脱颖而出的记者，但他们每个人的成名都涉及专业记者才关心的问题。同时，其他一些记者，例如休·艾恩斯沃斯、杰拉尔多·里韦拉和杰克·安德森，都曾经历过名人地位的下滑。这在很大程度上是因为他们提出的关于新闻业的问题与新闻共同体的关注并不一致。这些名人的经历表明，重述肯尼迪遇刺事件给予了记者一个获得与维系地位的舞台。记者对刺杀事件的记录使得他们可以从叙事层面以加强自身名人地位的方式重构事件。

象征的维度：威克与拉瑟

有关汤姆·威克和丹·拉瑟的叙事，为记录报道"原貌"的名人传说提供了一个象征维度。这些传说展示了个体记者在报道刺杀事件时是如何行事的。[10]这些叙事不但提升了个体记者的角色地位，而且还展示了其他记者是如何看待其行为的。

威克的故事展现了印刷媒体的成员对已经成功报道了肯尼迪之死的感受。记者们会谈到威克第一天一直在事件现场，以及他在当天结束之际于机场航站楼提交他的报道。威克的行为被建构为一种理想的新闻实践范例，原因就在于它显示了快速报道、目击者报道以及文笔简洁等目标如何能够体现专业上的成功。

多年后，威克的同事哈里森·索尔兹伯里在称赞威克的现场报道时表示：

> 汤姆·威克的现场目击已经成了经典报道，且无法被推翻，对肯尼迪遇刺事件的报道就以此为开端。（我告诉他）……只需写出自己看到和听闻的每件事情。过了一段时间，他做到了。

《纽约时报》上没有比这更为出色的新闻报道了。通过汤姆的眼睛，我们经历了那个致命周五的每一分钟，看到了恐怖、痛苦、慌乱、无意识的悲剧、优雅、毛骨悚然的记述。[11]

索尔兹伯里的评论中很有说服力的地方在于他的用词，即"恐怖、痛苦、慌乱、无意识的悲剧、优雅、毛骨悚然的记述"。索尔兹伯里悄无声息地从讲述事件的恐怖转移到了讲述刻画事件文字的优雅上。由此，他加强了威克在报道肯尼迪之死时扮演的角色与实际死亡之间的内在关联。索尔兹伯里让人感觉威克本人也是肯尼迪遇刺事件中不可或缺的一部分，而这是新闻界名人的故事中经常重复出现的一种模式。

有关威克的叙事正是基于这样的关联做出的，即威克在达拉斯的所作所为是达拉斯事件中的一部分。有一种观点认为，威克对那个下午的报道"或许比他曾经写过或将要撰写的任何小说、剧本、文章、报道都要影响深远"[12]。威克在达拉斯的行为在随后有关他的职业轨迹的故事中被反复提及。例如，媒体观察家盖伊·特立斯（Gay Talese）表示，"威克正是这些事件的产物。由于报道了约翰·肯尼迪遇刺事件，他的职业生涯被大大推进了……在推出刺杀事件当天的报道以及后续的相关报道之后，威克在《纽约时报》的地位迅速上升"[13]。一年后，他被选中接替詹姆斯·赖斯顿成为《纽约时报》华盛顿分社的社长。[14]大约 30 年后，威克在达拉斯的行为仍然被用于对他个人的认证。比如，他讨论奥利弗·斯通的电影《刺杀肯尼迪》的内容在出版时就附上了这样的信息：威克曾经"为报纸报道约翰·肯尼迪遇刺事件"[15]。《纽约时报》试图维持和延续其作为记者的名人地位，因为这种名人地位也验证了基本的组织决策的正确性，例如雇佣他并将其派往达拉斯。

新闻共同体因此将名人威克的故事与具有高度话题性的话语联系起来，即在电视时代成为一名印刷媒体专业人员究竟意味着什么。这种个体名人的故事让关于电视新闻业和新闻专业性的更大话语与刺杀叙事产生了交集。它强调了印刷新闻业的生命力，并彰显了不同类型媒体对于形成新闻共同体的重要性。

关于丹·拉瑟在达拉斯的行为的叙事也与类似话语产生了关联，只不过它们是从电视视角出发的。拉瑟的故事涉及试图将电视记者合法化为真正记者的尝试。肯尼迪遇刺时，拉瑟也身处现场：

> 请牢记，我没听到枪声。我不知道出了什么问题。我只是感觉有非常糟糕的事情发生了……因此我开始奔跑，竭尽全力地奔跑，拼命冲刺了四个街区后回到电视台……我打通了帕克兰医院的电话。接线员并不恐慌，但也不那么冷静。她很快告诉我，据她所知总统遭到枪击，可能已经死了。我永远不会忘记她所说的内容。随后我继续跟进这件事，尝试与其中的一位医生和一位神父谈话，两人都表示总统已去世，但是还没有官方声明。[16]

拉瑟没有像威克那样继续留在现场，而是跑到了距离他最近的CBS附设机构①。在那里，他成功地提供了当地所发生事件的最新动态。拉瑟后来回忆道："进入新闻业后，我学到的第一堂课就是……除非报道出去，否则任何故事都没价值……我必须尽快返回电视台。"[17]

拉瑟和威克两人的比较很能说明问题。威克想到了报纸印刷的

---

① CBS 的网络结构包括直属台、附设台、独立的地方电视台等。

截稿时间，因此他跟随事件的进展去了机场，在那里不理想的条件下奋力写出了优质报道。拉瑟则想到了电视技术的需求，因此急忙离开事件现场并赶往所需技术的所在地——距离事件现场最近的附设电视台。而他能否成功地完成报道直接取决于留在原地为他提供信息的下属们。

关于拉瑟的叙事认为他在达拉斯的冷静表现为他赢得了驻白宫记者的岗位，使其"超越了一些更有经验的华盛顿记者"[18]。媒体传言"他通过报道肯尼迪遇刺事件而闻名全美"[19]。一种观点认为，肯尼迪死亡当日是"拉瑟职业生涯中最为重要的一天。他对那个周末发生的肯尼迪遇刺事件及其后果所做的快速且准确的报道，使他从一名地方性记者变成了一名全国性记者"[20]。因此，制度性话语将拉瑟专业上的成功归结于其刺杀报道。

但是，名人带来的影响不只体现在个体记者身上。名人拉瑟的故事同样出现在对 CBS 新闻部这一组织进行概述以及对电视新闻业合法性的广泛讨论中，因为它们反映了将电视记者合法化为真正记者的更大尝试。有关拉瑟行为的故事对新闻共同体来说非常重要，它证实了通过广电媒体获得名人地位的可能性。

通过强调新闻实践的象征维度，汤姆·威克和丹·拉瑟的传奇故事在标记美国新闻共同体的边界问题上扮演了重要角色。他们成为新闻实践的参考框架，同时也强调了广电媒体和印刷媒体之间的关联。

虚拟的维度：克朗凯特与怀特

当威克和拉瑟的故事强调了跨越多种媒体的标准新闻实践的正当性时，其他一些叙事则更专注于更高层次的实践，即勾勒出新闻业"可能成为的样貌"。典型例证就是沃尔特·克朗凯特在达拉斯事件中的表现以及西奥多·怀特在刺杀事件发生几天后所做的报道。

无论对刺杀报道而言，还是对讨论美国电视新闻业的演进来说，有关克朗凯特的叙事都提供了一个参考点。在事件发生的第一天，克朗凯特大部分时间都在直播，负责向公众播发肯尼迪去世的消息。他对事件消息的情绪化传达伴随着一些表现了他是多么心急如焚的行为，特别是心不在焉地摘下眼镜以及忘记穿上西装外套。[21]他的动作展示了通过即兴和本能行为来定义专业性的可能性。克朗凯特哭了，看起来在颤抖，似乎还出现了情绪波动，他随后镇定下来带领国家渡过了不断演化的危机。他超越了个人的痛苦，引领公众经受住那四天的磨难。

克朗凯特的行为对于将主持人视为记者起到了重要的认证作用，相关话语集中在他的言行上。1983 年，《新闻周刊》刊载的一篇有关刺杀事件的文章指出，"沃尔特·克朗凯特打断了流行的 CBS 肥皂剧《地球照转》的播出，发出了肯尼迪遇刺的第一条电视公告"[22]。文章的下一句指出，克朗凯特是"有 19 年从业经验的 CBS《晚间新闻》主持人"。与其他机构对刺杀事件的讲述类似，《新闻周刊》以这种方式强调了主持人在报道刺杀故事中的角色与他个人职业轨迹的关联。另一篇刊载于 1983 年的讨论肯尼迪遇刺事件报道的文章，题目叫作《克朗凯特时代》。[23]一个回顾电视 50 周年的印刷品也称赞克朗凯特带领美国人民经历了肯尼迪遇刺事件、1968 年民主党全国代表大会和太空发射：

> 1960 年代初，（他的）电视新闻权威的声望就已经形成，在 1963 年 11 月 22 日约翰·肯尼迪总统遇刺的报道中进一步

得到了增强。自星期五下午起，克朗凯特连续四天坐在主播席上，有时他只穿着衬衣，有时他落下了眼泪，直到下个星期一肯尼迪在阿灵顿国家公墓下葬。[24]

克朗凯特为美国记者创造了一个"新形象"，他和他所投射出的坚强正直的形象此后被全国各地的记者效仿。当人们对"那个周末电视报道的克制、品位和全面的专业性"表达敬意时，"总是会提及克朗凯特的表现"[25]。正如一部讲述 CBS 新闻部历史的著作开头所言，"他那天所做的一些事情会逐渐变成民间传说，成为传奇的一部分。十几年后，新闻学教授依然会告诉学生们，在他们还是孩子的时候，克朗凯特在直播中报道约翰·肯尼迪总统死亡的官方声明时是如何怆然泪下的"[26]。克朗凯特的故事在新闻界传说中的核心地位来源于两方面：新闻机构为纪念他的事迹和言论所付出的制度性努力，以及他在报道刺杀事件时的最初表现。

因此，正如对名人克朗凯特的讨论中所体现的，电视主持人的合法化成为许多刺杀故事的核心内容。克朗凯特的名人故事不但创造和加强了他的个人地位，而且还使电视记者的存在和危机面前主持人的慰藉角色变得合法化。克朗凯特在达拉斯事件中的行为使他一举成名，原因就在于他坚持了临场发挥与本能行为，而这被记者视为真正专业的标志。同时他的故事也强调了专业范式的重塑，而这也在肯尼迪死亡报道中有所体现。这些对不断讨论主持人作为一种独立且实用的记者类型的意义非常重大。克朗凯特的名人故事通过向共同体成员例证"可能为何"，维持着一种虚拟维度的新闻实践。

对于印刷媒体记者而言，有关西奥多·怀特的叙事也发挥着同样的作用。如果说克朗凯特的故事体现了广电新闻实践的最高形式 *148*

的话，那么与怀特有关的叙事则体现了印刷媒体实践更为精练的维度。怀特在刺杀事件中的表现被吸收进关于新闻书面文字之荣耀的讨论中，因为在电视成功报道了肯尼迪遇刺事件后，文字的有效性已经遭到了质疑。

尽管肯尼迪遇刺事件发生的时候，怀特并没有立即出场，但一周后杰奎琳·肯尼迪的召唤使他进入了公众视野。在肯尼迪逝世一周后，怀特出现在杰奎琳·肯尼迪位于海恩尼斯港口的家中，这一幕后来被 ABC 圆环电影公司（ABC Circle）发行的电影《杰奎琳·布维尔·肯尼迪》用虚构形式进行了表现，他们的会面象征着肯尼迪的去世。[27]怀特的叙事讲述了杰奎琳·肯尼迪在达拉斯的经历，并应她的要求给肯尼迪政府贴上"卡米洛特"的标签，这使怀特成为当时较为引人注目的故事讲述者之一。怀特在书面写作上的成功令他迅速拥有了新闻界名人的地位，他的典型叙事结构也被各类媒体的记者们效仿。一名记者说："他创造了这一样式。他吸收了政治，并以一种类似于沃尔特·惠特曼（Walt Whitman）的报道和想象的变体方式赞美政治。怀特对 1960 年总统大选的描述是吟游诗人式的荷马史诗。"[28]

所有这些都使怀特从周期性的新闻业转向了图书出版领域。他对当下事件何以形成背后更宏大、更具普遍性的议题始终抱有兴趣，撰写的总统大选系列图书受到了其他记者的广泛好评。尽管如此，他依然将自己视为一名记者，其他人也是如此看待他。1986年出版的《时代》周刊更是盛赞他为"一位追寻历史的记者"[29]。

在对新闻共同体和新闻权威的广泛讨论中，有关名人怀特的叙事再次显示，以不同方式去塑造专业新闻业的边界是可能的。他把自己的兴趣定位在历史领域，他对社会普遍驱动力的追寻，以及他那堪称典范的写作风格，这些都重新界定了优质的印刷新闻业所谓的界限。就像克朗凯特将主持人作为团结的象征和慰藉的来源一样，怀特的例子表明印刷媒体记者不仅应该写得好，而且要关注即时新闻报道之外的议题。无论是在象征维度还是在虚拟维度，这些故事都强调了效仿在新闻专业性中的重要性。对试图证明自己是一个阐释共同体成员的记者而言，名人叙事的流传非常重要。值得注意的是，新闻界名人的虚拟维度和象征维度都会体现在个体记者的身上。这表明个体在集体传说中占据了核心位置，新闻共同体正是通过这种传说证明自己的。

149

名人的衰落

把许多新闻记者与刺杀事件相联系的话语最终被合法化的同时，另外一些话语和记者却被抛弃了。某些与肯尼迪遇刺事件有较大关联的记者并没有因此获得普遍赞誉，有些记者甚至由于他们的刺杀报道丢掉了工作。有传言说 CBS 的罗伯特·皮尔波因特就因此失去了工作，他在华盛顿的职位被授予了丹·拉瑟，原因在于皮尔波因特积累的经验与拉瑟报道达拉斯事件时所展现的技能无法相比。[30]1963 年，《广播》杂志将 NBC 的汤姆·佩蒂特对奥斯瓦尔德被杀现场的直播称赞为"电视史上的第一次"[31]，不过之后的新闻编年史却很少再提到他的名字。

其他记者则被集体遗忘了。举例来说，记者休·艾恩斯沃斯在刺杀事件中协助一些更有名望的记者完成报道，因此获得了"工作时间最长的记者"称号，但他很少像那些拥有名人地位的记者一样被讨论。[32]记者佩恩·琼斯（Penn Jones）揭露了一系列与肯尼迪遇刺事件有关的神秘死亡事件，因而被称为"独立新闻业存在希望的标志"[33]，但是这种赞誉都来自非主流媒体。1970 年代中期，杰拉尔多·里韦拉在他主持的一档名为《晚安，美国》的系列节目中，首次对扎普鲁德摄制的肯尼迪遭遇枪击的镜头进行了逐帧分析，但是小报式风格的表现使他被报道刺杀事件的主流记者边缘化了。[34]法国记者让·丹尼尔（Jean Daniel）发表了肯尼迪遇刺事件发生前不久他对菲德尔·卡斯特罗和肯尼迪进行的采访，访谈资料显示美国资本主义和古巴共产主义之间有共同的信念，但是主流媒体在讨论其新闻表现时总是给他贴上"过度卷入政治"的标签。[35]1970 年代，记者杰克·安德森有关黑手党卷入刺杀事件的报道占据了《华盛顿邮报》的专栏，但最终也被边缘化为更加小报化的形式。1988 年，安德森在刺杀事件纪录片中展示了一个"900"电话号码，观众如果想要重启调查，就可以拨打该号码。这种做法与安德森之前所使用的硬新闻形式大相径庭。[36]

　　这些记者的行为使他们在关于适当新闻表现的讨论中处于边缘地位，声名狼藉取代了名人地位。尽管某些记者有令人钦佩的刺杀报道，他们的名声却一落千丈，这揭示了名人作为一种记忆系统的运作模式。这些记者之所以名声衰落是因为他们的表现没有注意到关于新闻业的更大话语，具体来说就是那些被主流新闻共同体支持的话语。例如，丹·拉瑟的表现就凸显了新闻界关心的一个议程——电视新闻的合法性。相比调查性新闻的角色，这是刺杀故事中更为突出的议题。调查性新闻的角色是佩恩·琼斯和休·艾恩斯沃斯都讨论过的话题。两人因为太政治化、太左翼化、太小报化或太地方化而被其他记者边缘化，这使他们无法获得延续他们的故事和提升他们的名人地位所必需的制度性背景。

　　一些应当被注意的表现没能使记者获得名人地位，另一些并不应当被那样称赞的表现却成功了，这就涉及名人作为一种记忆系统的运作情况。它表明新闻界名人的形成依赖于制度性议程及其周边与新闻业相关的话语，而非实际的新闻行为。记者的名人地位不仅来自其行为的水准，同样也来自激励他们卷入事件的更大议程。

对于刺杀事件的回忆导致了相对统一的叙事，它以记者具有可靠的名人地位为特点。强化某些记者名人地位的回忆得以延续和流传，而记录不太知名的记者的在场故事则被忽略了。通过将某些记者的生活和职业经历编织进对刺杀事件的回忆中，新闻共同体延续着相关叙事，这些叙事强调了知名记者报道刺杀事件时的专业行为，尤其是某些全国性电视记者。这也有助于这些记者名人地位的提升。它还加强了关于新闻专业性和电视新闻业新兴特点的隐性制度性议程，着手从象征和虚拟两个维度展示合适的新闻实践是由什么构成的。

名人的制度性延续

151

在最后的分析中，将重述者转变为名人依赖于记者讲述其传奇故事的制度性背景。因此，媒体的支持成为因重述刺杀故事而获得名人地位的关键因素。

新闻机构在将记者的名人地位合法化的问题上发挥着积极作用。在某些情况下，记者会跨越媒体边界以延续他们重述刺杀故事的权威性。例如，1988 年，记者罗伯特·麦克尼尔编撰了一本记录刺杀历史的画报，名为《我们的方式》。对这本画报的讨论成为《早安，美国》节目纪念肯尼迪遇刺 25 周年活动的一部分，在节目现场主持人对麦克尼尔的介绍是"25 年前的今天，当肯尼迪总统遇刺时，他就在达拉斯"[37]。PBS 的一部有关肯尼迪的纪录片以纸媒记者汤姆·威克几乎逐字逐句地讲述他自己的故事为特色。[38]在这两个案例里，记者的名人地位使这种跨界成为可能。

通过纪念和循环这两种类型的活动，新闻机构有效地延续着新闻业的名人效应。两种方式无论是单独使用还是共同使用，都可以加强记者的名人地位。

纪念活动

纪念活动允许在预定和例行的日期中纳入刺杀话语，通常围绕周年纪念日来组织，标示着刺杀记忆以及承载这些记忆的个体。因此，加里·威尔斯和威廉·曼彻斯特都在达拉斯事件 20 周年之际出版了他们讲述肯尼迪的著作。[39]一名记者评论道，纪念活动催生了它自己的新闻故事类型——"周年新闻"[40]。

周年纪念活动为记者提供了多种多样的媒体样式，他们可以借此把自己与刺杀事件联系起来。在印刷媒体上，记者以公认和例行的日期作为缘由，出版有关刺杀事件的纪念特刊、杂志上的特别专版和纪念册。[41]纪念活动的范围也从重构刺杀故事扩大到大量以突出个人回忆为特征的"你在哪里"一类的文章。[42]广电媒体的记者则围绕刺杀周年纪念日协调制作了媒体回顾报道。[43]电视上的事件回忆基调和内容不仅反映了新闻节目的现有趋势，而且与每个纪念日来临时更为广泛的情绪和关切有关。例如，1967 年 CBS 有关阴谋和刺杀指控的系列报道首次讨论了技术议题，1988 年这一议题又得到了更深入的讨论，当时 CBS 的节目《十一月的四天》强调了技术的胜利和电视的局限性，而 PBS 也运用科技手段重新检视了肯尼迪死亡的证据。[44]

类似的纪念活动有助于记者将他们的记事作为一项独立且长期的记录永久保存，这项记录日渐将记者视为叙述者。在电视领域，早期的刺杀回顾片由克利夫·罗伯逊（Cliff Robertson）、拉里·麦卡恩（Larry McCann）、哈尔·霍尔布鲁克（Hal Holbrook）和理查德·贝斯哈特（Richard Basehart）等演员讲述，之后则努力利用埃德温·纽曼、沃尔特·克朗凯特、丹·拉瑟、南希·迪克森、汤姆·布罗考（Tom Brokaw）和约翰·钱塞勒等记者的能力和天赋。选择记者而非演员作为解说员，表明记者作为合法的刺杀事件重述者的权威正在形成。

纪念活动还强调了最早报道刺杀事件的记者所形成的"俱乐部"（the club）。这一集体地位使少数记者的故事得以延续，作为许多人的传奇经历的代表。它同样强调了规范在将专业人士整合为一个有凝聚力的群体时的重要性，而这与巩固记者作为阐释共同体的地位有着直接的相关性。

1988年11月，这一共同体召开会议纪念发生于25年前的刺杀事件。[45]曾经报道过刺杀事件的记者参加了这次会议，而这也是刺杀故事长期占据中心位置的表现。类似地，后来几乎所有的电视回顾片在其结尾处都会附上长长的名单，列出那些曾经参与最初报道的记者的名字。1988年PBS的一部纪录片提议，按照"1963年秋季他们当时的职位或所属机构"来确定这些人的身份，从而为他们所体现的回忆创造一种"仿佛"还在现场的氛围。[46]一本行业杂志刊载了冗长的名单，罗列了广电媒体中参与过刺杀报道的记者、管理人士和技术人员的名字。[47]NBC的节目《肯尼迪遇刺：正如其发生》在结束时附上了"一份说明，显示曾有超过500人为提供持续和丰富的报道而付出了他们的努力",幻灯片显示了"这一团队中关键成员"的姓名。[48]

153 在"俱乐部"之内,某些记者被赋予领导者地位。例如,专栏作家沃尔特·李普曼的解说词就被移至头版,与实际的刺杀报道并列。[49]《纽约时报》的詹姆斯·赖斯顿的文章也被频繁引用。在刺杀发生后的几天,他的安慰性专栏在媒体圈子里广受赞誉。1987年,ABC 的一份名人简介称他为"美国最具影响力的记者","可悲的是,电视没能保存赖斯顿的文章,也无法抓住他影响力的真正本质。由于背负着数以百万计的人失去亲人的痛苦,赖斯顿让世界减少了许多困惑"[50]。在简介中,主持人彼得·詹宁斯逐字逐句地引用了赖斯顿的刺杀报道,这些报道与小约翰向他逝去的父亲敬礼的静态照片相得益彰。赖斯顿的书面文字与电视提供的视觉图像并列出现,很好地契合了有关名人、技术和专业性的更广泛的话语。令人啼笑皆非的是,电视媒体竟向一位报道刺杀事件的纸媒记者表达了敬意,而赖斯顿的名人身份促进了这种媒体之间的交流。

就这样,纪念活动为记者提供了提升他们与刺杀事件的联系程度的常规化方式。新闻机构给予这些初露头角的名人巩固他们自身地位的机会,与此同时,他们也加强和巩固着记者的地位。

循环活动

循环活动是第二个舞台,它让包括印刷媒体和广电媒体在内的记者都能够在与肯尼迪遇刺事件的关联中延续他们的故事、在场、权威以及最终的名人地位。每种媒体都倾向于循环其最初推出的故事。因此,是否决定循环相关话语通常依赖于媒体组织对其价值的评判。

在报刊上，话语往往通过转载循环。特刊、期刊、报纸和书籍都会系统地借用那些曾经让版面增色不少的新闻报道。某些记者的报道在内部刊物上流传，例如梅里曼·史密斯 11 月 23 日的报道被《合众国际社记者》重印，后来又作为合众国际社特别图书《四天》中的一部分重新出版。[51] 行业刊物《编辑与发行人》也转载了该报道，同时出版的还有一封信，合众国际社编辑在信中称赞史密斯的报道是"一个具有历史意义的纪念品，也是叙事风格的最佳典范"[52]。美联社记者杰克·贝尔的话也被刊载在了该机构出版的一本 100 页的图书《被传递的火炬》中。[53]《哥伦比亚新闻评论》在"记者故事"的专栏下广泛汇编了记者最初对刺杀事件的描述。[54] 转载的做法强化了最初记录的重要性，以及它们与最初的讲述者之间的关联。

汤姆·威克正是一位时常被转载的记者。他的第一篇刺杀报道《达拉斯的那天》12 月被重印在《纽约时报》的内部刊物《时代谈话》上，一年后又被《星期六评论》转载。[55] 威克运用印刷媒体为他提供的空间质疑了目击者证言的可靠性、新闻的清晰度，甚至是对那四天发生了什么的记忆能力。他评论道："即使现在，我也不知道哪位记者能对那个超现实的下午建立起清晰有序的图景。"[56] 威克的文章提出了刺杀事件期间新闻实践的合适标准是什么这一问题，对它的转载则反映了那些标准依然是挥之不去的遗留问题。

当然，威克的其他文章也得到了重印。在刺杀事件发生七个月后，他为《时尚先生》杂志撰写了一篇题为《肯尼迪没有眼泪》的文章[57]，这篇文章也被誉为新闻业的杰出作品，同时被称为 1960年代"非教科书式的历史"[58]。尽管这一标签显现出记者与历史学家之间迅速加剧的紧张关系，但由于威克报道了最初的刺杀故事，

154

因此他的名人地位得到了增强。这篇文章在随后一年内以书籍的形式再版，十年后又被刊登在《时尚先生》杂志上。[59]《时尚先生》对其做出了如下描述："汤姆·威克为《纽约时报》所做的精彩（和令人心碎的）刺杀报道让《时尚先生》为之动容。因此，1964年6月，也就是七个月后，我们请他写下了这篇文章。后来，威克先生任华盛顿分社社长以及时报副主编。"[60]《时尚先生》在关于作者的说明里写道，他"报道了肯尼迪政府的绝大多数事件，当约翰·肯尼迪总统在达拉斯被谋杀时，他就在总统的车队中"[61]。刺杀发生时威克的在场因而也被嵌入那场 11 月事件的传奇故事中，他对刺杀事件的报道及之后继续走向新闻业辉煌的职业轨迹得到了那些重印他文章的机构的推动。

在某些情况下，重印原始的刺杀事件叙述使记者可以提及其他的叙事。例如，肯尼迪逝世 25 年后出版的一本特别纪念册就通过转载西奥多·怀特的两篇文章将自己与达拉斯事件联系在了一起，其中一篇是 25 年前他为《生活》杂志撰写的文章，另一篇是他在刺杀事件后对杰奎琳·肯尼迪所做的著名访谈。[62]"卡米洛特"这一标签成为纪念册标题的一部分绝非意外，这本纪念册本身就是由时代-生活图书公司赞助出版的，它正是《生活》杂志的母公司。包括《时代》周刊在内的时代-生活图书公司的其他出版物也重印了一些怀特早期文章中的内容。[63]

新闻机构通过转载原始刺杀叙述来重构达拉斯事件的决定会对来源于新闻在场的权威产生影响。对刺杀事件的回忆通过还原和复制事件的"本来面目"来获得权威，并且，转载刺杀事件的最初报道也会把当时报道者的名字嵌入制度性回忆中。因此，转载加强了刺杀故事和某些记者之间的关联，而这也使记者能够维系自身的名人地位。在刺杀周年纪念活动那些天，转载的大量出现只会加强最初报道事件的记者的核心地位。

媒体回顾是循环活动的另一个例证，这些回顾对广电媒体的意义类似于转载之于印刷媒体。媒体回顾有助于记者参与叙述，因此也能重构他们最初的报道故事。在对原始影像进行剪辑时加入当下的画外音更是凸显了记者的名人地位。

丹·拉瑟是电视媒体回顾节目的常客。许多 CBS 的回顾节目都会聘请他为解说员：他解说了 1983 年调查肯尼迪遇刺背后的迷思和事实的三集新闻系列片，1988 年的八集新闻系列片，以及在肯尼迪逝世 25 周年之际播出的长达两小时的纪录片《十一月的四天》。[64]在纪录片解说结束之际，拉瑟表示："基于多年来 CBS 新闻和我对这四天的调查和思考做一个私人说明。第五天是一个我们没有提及的日子，但是对我来说却有着许多意义。星期二，对，星期二，美国又恢复正常状态了……所以我经常会想起星期二。"[65]这段话虽被一位观察者贴上了"拉瑟的胡言乱语"的标签[66]，却加强了拉瑟作为刺杀事件的权威阐释者的角色。因此，刺杀叙事、他对叙事的阐释以及他作为记者的身份三者间的联系都在媒体回顾中得到了强调。他的刺杀报道故事不仅成为他职业生涯记事的一部分，同时也展示了这种权威如何帮助他成为新闻业的名人。

同样的目标也可以通过自引话语来实现。自我引用让记者将原创故事与更大程度上的当代回忆相融合。他们可以回顾并且评论自己的文章和观点。和其他循环活动一样，自我引用同样需要媒体的支持。记者在刺杀事件当晚采访其他记者的时候就已经对此有所预见[67]，自引话语需要过一段时间才能达到最大效果。

记者在脱口秀和纪录片特辑中的出现以及频繁接受媒体的采

访，都使某些个体看起来更具权威性，原因就在于他们可以从远处评价自己的表现。广播记者艾克·帕帕斯就其25年前对奥斯瓦尔德谋杀案的报道与杰拉尔多·里韦拉进行了一次电视对话。

> 帕帕斯：那天当其他人都不能去采访的时候，我的任务就是对这个人进行采访。我下决心要完成这项工作……所以我唯一能说的就是这个故事。讲述这个故事："奥斯瓦尔德被枪击中了。一声枪响。他被击中了。"
>
> 里韦拉：那是你一生当中影响最为深远或最具戏剧性的一刻吗？
>
> 帕帕斯：这是一个非同寻常的故事，可能是我报道过的最不寻常的故事。[68]

这次对话提到了帕帕斯的专业性，即把肯尼迪遇刺事件视作一起关键事件，并指出了他在事件后得到的名人地位。后来对帕帕斯专业生涯的回顾也主要集中于他对肯尼迪遇刺事件的报道。[69]

自我引用给叙事增添了一种既同时在场又有所疏远的氛围，它将记者作为过去发生的事件和后来对它们的转述之间的一个界面。类似于"世纪犯罪""无辜的终结"或是"卡米洛特"一类的短语在其出现多年后依然被记者宣扬和评论。例如，在达拉斯事件发生25年后，《时代》周刊记者休·赛迪的报道依然被该杂志做了部分引用和部分转述。[70]在解说CBS的节目《十一月的四天》时，丹·拉瑟明确指出："这就是我们当时所知道的，我也是这样报道的。"[71]该纪录片中充斥着拉瑟发自达拉斯的报道片段，传递出他几乎以一己之力掌控整个刺杀故事的印象。记者史蒂夫·贝尔也在直播中再次播放了自己25年前站在得克萨斯州教科书仓库大楼前的视频片段。[72]汤姆·威克在1977年刊登在《时尚先生》上的一篇文章中写道："在达拉斯事件发生后的几周时间里，我作为《纽约时报》的白宫记者曾报道过1963年11月22日发生的事件。后来我为《时尚先生》写过一篇长文，该杂志将其作为封面文章予以刊载。"[73]随后，威克引用了最初报道中的两段。他在另一篇文章中重复了这种做法并评论道："我在（11月23日）那天早上写下了我当时对事件当下和未来的看法。"[74]

自我引用帮助记者确立了"肯尼迪是谁"或"刺杀期间发生了什么"的版本，以便进行修改。在威克的案例中，后来的多篇文章详细指出了他早前文章中的错误，并允许他与他之前的话语展开对话。这种自我参照不但强调了肯尼迪遇刺事件中记者的权威，而且还将他们的原话、事后的修改与后续话语相连接。

因此，这种得到制度性支持的活动有助于延续某些记者作为名人的形象。纪念活动为新闻机构提供了便利的、可识别的和常规化的方式来突出和延续某些记者的地位。循环活动维系着对他们言论的关注，同时也转移了对他人言论的注意力。这些故事通常在其最初出现的媒介上进行循环，随后成为更多机构努力复制的对象。随着时间的推移，围绕这些努力进行的投入表明了一种认可，即故事的原初讲述者本身就具有成为名人的能力。

名人回忆的可行性

纪念和循环两种活动证实了名人作为一种记忆系统有其可行性。将个体记者视为关于刺杀事件的话语和关于技术与新闻专业性的话语纵横交错的连接点，是延续集体记忆的一条有效途径。沃尔特·克朗凯特的行为对于讨论电视化的新闻实践变得很重要，原因在于它们证明了主持人的慰藉性角色是有效的。丹·拉瑟的报道反映出越来越多的人试图将电视记者合法化为真正的记者。西奥多·怀特的报道凸显了书面文字的荣耀，在电视有效报道了大量的刺杀故事后，文字正面临着电视的竞争。汤姆·威克的表现促进了美国新闻业的传统守卫力量，显示出快速报道、目击者报道和文笔简洁等传统标准依然是值得追求的目标。名人的故事证明，个体记者的新闻实践存在虚拟和象征两种认识维度，它们都使用叙事确立合适的行动标准。

158　　与正在进行的调查议程或是正在揭露的阴谋有关的其他活动都与名人的运作没什么关系，因为它们没有触及美国主流新闻业中公认的紧张关系。正是因为新闻共同体利用个体记者将注意力集中到对共同体至关重要的议题上，名人才构成了一种有效的记忆系统。名人给予记者一种理想化的但在制度上正确的观念，即如何行事或如何做人。换言之，名人作为一种记忆系统有助于在制度性支持的议程范围内对记者进行塑造。

　　利奥·布劳迪（Leo Braudy）在其研究名人的著作中评论道："对成名的渴望与其说是一种原因，不如说是一种因果关系。通过这种关系，包括政治、神学、艺术、经济、社会在内的更普遍的力量得以流动，从而调节个体生命的形态。"[75]通过刺杀故事树立起来的新闻界名人展示了一个围绕各类议题而形成的活动矩阵。那些变成新闻界名人地位标志的传奇故事则集中在对新闻共同体至关重要的专业议题上。

　　对刺杀故事中个人人格的强调凸显了新闻共同体的一个重要维

度——个体的重要性。记者通过重述刺杀故事使自己成为独立的阐释共同体的能力取决于个体如何划分实践和权威之间的边界。因此，刺杀叙事中的个体记者以在场为其主要特点，将共同体成员放置于边界的变动之中。名人不仅提供了一套关于达拉斯事件的共同感知和记忆，由此系统地将某些记者而非其他记者带入公众视野，而且还有助于以一种标明记忆的个体承载者地位的方式在有关刺杀事件的记忆中留下印迹。

因此，通过名人故事来回忆刺杀事件无疑模糊了新闻报道中"事件"与"所讲述的事件"之间的差异，并允许记者作为事件的讲述者成为重述刺杀事件过程中的重要组成部分。将名人作为一种记忆系统鼓励记者通过回忆沃尔特·克朗凯特、丹·拉瑟和汤姆·威克等人如何对外发声来记住肯尼迪遇刺事件。同样重要的是，回忆克朗凯特、拉瑟和威克这一行为本身也成了目标。

第十章　组织和机构的权威：
通过专业传说来追忆

　　专业传说（professional lore）是另外一种帮助记者团结成为阐释共同体的记忆系统，是在记者和新闻组织和机构中系统地流传着的关于他们自身的知识体系。专业传说为媒体提供了一种方式，使其可以永久延续对他们行为进行制度性支持的观点，也提供了一套文本、话语和实践，有助于他们将刺杀记忆剪裁进对自身专业性的庆祝活动中。和名人故事不同，这些故事将组织和机构置于个体或是专业结构之上。

专业传说的主题

　　当对肯尼迪之死的报道被系统性地转变为一个专业胜利的故事

时，专业传说对于建立新闻权威的重要性就在刺杀事件后得到了直接体现。刺杀报道引发的问题增强了对专业传说的需求，它会强调从已经完成的刺杀报道中积累专业声望。专业传说因此能够帮助记者和新闻组织标记恰当的实践标准，同时也暗示着权威。通过其作为一个记忆系统的功能，专业传说为记者提供了一种方式，将其与刺杀故事相联系以使新闻组织和机构的权威延续下去。新闻组织和机构推出的故事由此成为一个社会化代理人，循环着关于实践与权威的集体观念。[1]

像其他记忆系统一样，专业传说也是通过替代性规则起作用的。它允许新闻共同体的成员把不同的新闻组织和机构"插入"集体记忆之中，这意味着，CBS 今天所做的事，NBC 明天也可以做。正如个体记者是名人故事的关键节点一样，新闻组织和机构在专业传说中也处于两种话语的交叉点上：一种是关于新闻业的更大话语，另一种是关于报道肯尼迪死亡的话语。

随着时间推移，在重述刺杀故事时，只有某些专业性的维度才能在专业传说中得以维持。证明某些新闻组织和机构生存能力的叙事持续存在。选择刺杀事件作为阐明专业准则和实践的场所，给予了专业传说一种向后看话语所营造的氛围。这种话语是一种自我回顾：从那些有能力回望过去的人的有利角度出发，系统地美化自身历史中的某些节点。在混乱中失去的正是在肯尼迪死亡的最初报道中出现过的批判性视角，而留下的则是那些与专业性维度有关的明确信息，这些信息可以有效地帮助记者延续自己作为一个权威的阐释共同体的身份。

新手的故事

无论用哪一种方式，所有阐释共同体都在通过起源叙事进行维持，这种叙事让共同体成员以集体方式引用他们自己及其共享的遗产、传统和价值观念。[2] 它们构成了专业传说的重要组成部分，也为成功进入共同体设置了界限。与此同时，专业传说也成为起源叙事的成长沃土，它们常出现在专业适应性故事中。这些传说讲述了没有经验的个体进入共同体的故事，一方面证明了共同体的价值，另一方面也含蓄地证明了记录其推动力的专业传说的价值。

刺杀叙事被记者用来形成这类适应性故事。多年以后，许多记者在报道肯尼迪之死时找到了天真无知的新手进入新闻业的常规路线。他们的故事在帮助取代业余爱好者的同时，也推动着专业记者的合法化。记者需要把刺杀事件视为他们专业活动开始的地方，这导致新手的故事成为专业传说中不可或缺的部分。

记者梅格·格林菲尔德就是一个例子。25年后她为《时代》周刊撰写了一篇纪念刺杀事件的文章，题为《事情真实发生的方式》，她在文中将自己的专业认同追溯到肯尼迪遇害的那一天。她说，就是从那天开始，自己才真正地像一个记者那样去思考和行动。"就我成年后的工作生涯而言，我把一切都追溯到1963年11月22日……在那一天，我第一次体验到我们作为一个行业的特殊免疫力……我们因为对责任的迷恋而变得不受影响……被允许，甚至是被期望在普通的得体行为的约束之外发挥功能。我们有工作需要做，我们得到的许可几乎就是全部。"[3] 格林菲尔德回顾了她和同事在肯尼迪逝世之后陷入的那种冷酷无情和灵肉脱离的"亢奋状态"，她细致地描述了这份促使他们行动并继续前进的狂热。她的故事详尽地展示了记者在那四天里的活动特点：情感转移、新闻工作的侵扰性和漠不关心的表象。

同样，芭芭拉·沃尔特斯（Barbara Walters）回忆了自己作为

《今日秀》节目编剧的过往，她在节目里听到了肯尼迪遭遇枪击的消息。"接下来的星期一，我接到了我的第一个直播任务——报道约翰·肯尼迪总统的葬礼。我那时还是新手，不知道如何尽可能使观众从我的声音中听不出我在流泪。"[4]她能够克服第一次电视直播带来的焦虑，表明她有资格成为一名称职的记者。

前主持人杰茜卡·萨维奇（Jessica Savitch）那时还是一名渴望进入新闻业的高中生，但她已经表现出了"一种奇怪的个人恐惧和专业兴奋相混合的反应……她一听到这个消息就迅速冲到公用电话亭，向汪德电台①打电话报告大西洋城高中学生的反应。杰茜卡和杰夫·格林霍特（Jeff Greenhawt）曾想过尝试做一期《少年角》的特别版，最终却因为无力应对这么大规模的事件而作罢"[5]。尽管还没有受雇成为一名记者，但那时的萨维奇已经展现出了记者应有的优秀品质——感情充沛、欲望强烈、动力十足和足智多谋。

这些叙事中的每一条都隐含着一种观点，即刺杀事件为记者未经考验的新闻敏锐度提供了一个专业测试场。有趣的是，这些新手的故事都坚持了新闻实践的"已知"维度。既不同于在直播中潸然泪下的沃尔特·克朗凯特，也不同于为了提供报道而重塑专业实践观念的各类记者，这些新手的故事直接使用了已被接受和认可的行动标准。通过在已被确定的专业新闻实践的范围内证明自己，记者得以成长为共同体的新成员。

因此，新手的故事转述着一个专业验证和个人转型的故事，这些故事也被认为与刺杀事件有内在联系。坚持专业准则的新手记者

---

① 汪德电台（WOND）是一家商业 AM 广播电台，授权给新泽西州普莱森特维尔，服务于大西洋城广播市场，由朗波特传媒（Longport Media）所有，播放新闻和谈话广播。其广播演播室和办公室位于新泽西州林伍德。

通过他们的新闻报道成长为拥有一流专业经验的新闻工作者，这使得刺杀事件成为一个讨论新闻业、新闻专业性以及电视新闻合法化的有效场所。正如丹·拉瑟后来所说，"除创伤之外，那个周末也成为新闻业的一段共同经历，这是因为那些被要求回应压力的人无一例外做得很好"[6]。换句话说，新手记者对肯尼迪之死这一情况做出有效反应的能力，在维持与该事件相关的新闻专业性的表现上发挥了作用。

格林菲尔德在她的叙述中也表达了相似的观点，到叙述结束时，她已经稳稳地进入了资深记者的行列。在最后总结的时候，她把那些为纪念肯尼迪逝世而正在进行的努力称为"纪念日新闻"（anniversary journalism）。这个标题非常贴切，因为它表明记者是如何在刺杀故事内部定位他们自己的。新手的故事通常讲述从尚未经过考验、初出茅庐的记者（cub reporters）向不屈不挠的记者（hard-nosed journalists）转变的过程，回忆肯尼迪遇刺事件就成为在专业传说中标记这一转变的途径。因此，新手的故事之所以重要，不仅仅在于它讲述了个体记者的职业轨迹，更是因为它暗示了新闻业的组织和机构意义。这表明专业传说构成了记者将自己巩固为阐释共同体的一个重要维度。

记忆与技术工具

专业传说的第二个核心主题是记忆与技术之间的关系。在重述刺杀故事的过程中，对报道所用技术的强调有助于记者将他们的回顾性故事与有关技术合法性的讨论联系起来，所谓技术合法性通常是指电视的合法性。[7]

这意味着刺杀故事可以通过帮助其延续的技术被折射出来。例如，记者欣然承认人类记忆的变幻莫测和前后不一，他们曾引用过对那个周末细节的错误回忆，也提到了他们对记忆辅助工具的依赖。[8]他们承认使用过特定的技术工具来保持刺杀故事的新鲜感。在专业传说中提及技术工具表明，记者通过他们使用的技术部分地形塑了对自己身份的认同。他们认为，使用技术让他们变得更为专业。

163

在记者重述刺杀报道的早期故事中，他们已经渲染了技术的重要性。记者称赞自己在报道肯尼迪之死时已经做到了"最快""最好""唯一"，这类成功的故事确立了一个语境，允许他们随着时间的推移，结合技术来庆祝他们的专业精神。[9]在刺杀事件发生后不久，一名记者在早期对电视的辩护中表示，他使用摄像机就像报纸记者使用记事本和铅笔一样。[10]这表明，至少在那个时候，记者就已经注意到了不同技术使实践的重新配置成为必要。

有关刺杀报道的回忆中经常提到做笔记这种实践。无论是印刷媒体还是电子媒体，记者都详细讲述了他们如何针对事件撰写了大量笔记。做笔记被认为是稳定记忆的方法，把一个人的所见所闻写在纸上似乎可以验证自己的回忆。

有一个电视节目特别好地证明了这一点。1988年，记者史蒂夫·贝尔应邀为费城一家电视台举办的刺杀周年纪念活动担任主持人，节目中再次播出了他对肯尼迪遇刺事件的最初报道。当贝尔回忆到"我们在彻夜不眠地等候消息，警察局长杰西·柯里是主要信源"的时候，柯里的照片慢慢变成了一张多年前贝尔在达拉斯做笔记的照片。[11]这一场景所传达的符号学信息使它能够授权贝尔在25年后谈论刺杀事件。

另一个例子是由《纽约时报》的哈里森·索尔兹伯里提供的，他曾为时报编辑了刺杀报道。在一份充满激情的报道生涯年表中，索尔兹伯里回忆了做笔记在他撰写刺杀事件记忆时的作用。"1963年11月27日，也就是肯尼迪遇刺的第五天。那天也是我第一次有时间和力气写下我的感受，我给自己写了一份备忘录。我说到了2000年，肯尼迪遇刺事件仍会是一个争论不休的话题，有关它如何发生、为何发生的新观点还会不断形成。"[12]索尔兹伯里对笔记的参考使他的记忆成为一份很有价值的事件记录，他继续引用了自己写于25年前的备忘录。不过，他并没有将自己的想法与他作为一名记者的个人化叙述联系起来，而是将其与关于新闻专业性的传说联系在一起。"1949年，我去《纽约时报》工作前就已经认定新闻业的本质是报道和写作，"他说，"我想找出一些东西，特别是别人没有办法挖掘出来的东西——让人们能够拥有尽可能好的证据来做出他们的决策。"[13]因此，做笔记的决定让索尔兹伯里认为自己是"更为专业的"。这暗示了一种对后人的兴趣，或许是对历史的兴趣，至少是认识到了做笔记有利于保证信息的准确性和使记忆稳定。

《纽约时报》记者汤姆·威克同样回忆了他"在那天是如何选择没有带笔记本的。我在我的油印行程表的背面做了笔记，行程表上为期两天的得克萨斯之行已经接近尾声了。今天，有很多笔记我已经认不出来了，但是11月22日那天的笔记就像60号字体一样清晰"[14]。两年后，他讲述了自己的经历：

> 11月23日早晨，当那架巨大的飞机载着肯尼迪总统的遗体飞往华盛顿时，我正坐在达拉斯贝克酒店一间闷热而逼仄的

房间里。肯尼迪已经死去的事实在每个人心中都是真真切切、催人泪下的，而李·哈维·奥斯瓦尔德正在几个街区外的达拉斯监狱里咆哮着表达微弱而可悲的反抗。那天早晨，我写下了我对事情当下和未来的一些想法。[15]

威克提到他试图写下他的所见，这标志着他在稳定记忆方面的努力。做笔记的行为能够表明，他作为专业人士出现在肯尼迪死亡的地点。因此，做笔记是新闻专业性一个特别显著的特征。

不做笔记则给其他记者的工作带来了不便。例如，《华盛顿邮报》编辑本杰明·布拉德利在肯尼迪去世12年后出版了著作《与肯尼迪交谈》。他在该书前言中声称，尽管没有定期记录下他与已故的肯尼迪总统会面时的情况，却不可思议地"依然能够一字一句地引用他与肯尼迪总统的整段谈话内容"[16]。记者让·丹尼尔是法国新闻周刊《快报》的国际新闻编辑，他在肯尼迪遇刺前不久对菲德尔·卡斯特罗和约翰·肯尼迪进行的一系列采访时忘了做笔记。当丹尼尔坚称两人都说过他们对美国资本主义和古巴共产主义抱有共同信念时，得到的却是质疑，因为"当时没有其他人在场，而且根据丹尼尔自己的说法，他也没有做笔记"[17]。他的热情被认为"超越了他的记忆力"，这也就意味着他没有做笔记的行为让他显得非常不专业。

专业传说中提到的其他技术工具是围绕摄影展开的。对肯尼迪遇刺事件进行的摄像和摄影排序被广泛运用于锚定不同记者的叙述。例如，CBS的纪录片《十一月的四天》就在拍摄画面中插入了静态照片，尤其是奥斯瓦尔德被枪杀的照片。[18]埃德温·纽曼在别的地方回忆道：

美国人哪怕在睡梦中脑海里也一直萦绕着刺杀的画面。这一切就像是一些可怕的梦，我们很快就会从梦中醒来。但事实并非如此。我们会被越来越多的画面惊醒，这些画面将永远印刻在我们的记忆中。我们记住了杰奎琳·肯尼迪，她在林登·约翰逊宣誓就职时站在他身旁，衣服上沾满了她丈夫的血迹。我们记住了她和女儿一起跪下，亲吻盖有国旗的棺椁。我们记住了一个小男孩向他的父亲敬礼。我们记住了无人骑乘的骏马黑杰克。[19]

对刺杀事件中所拍摄的照片的反复使用使得图像制作技术成为一种划定记忆范围的重要工具。摄影和摄像技术变成专业传说的核心，原因就在于照片和影像给予记者一种策略，使其可以重述他们在刺杀事件中的角色。

在刺杀事件发生的那个周末结束的时候，记者已经欣然采纳了电视技术提供的排序方法：刺杀叙事被转化成一个持续了四天的长故事，这个故事似乎是连续发生的，而不是维持一种对不连续的报道时刻进行零星描述的状况。[20]这种排序同样出现在对记忆的描述中，这也使得对电视技术的赞美成为记者所界定的专业行为中不可或缺的组成部分。通过借用某些记者提到的电视技术的特性，其他类型媒体的记者实际上已经变成了刺杀叙事的二等讲述者。

这表明，记者试图寻求提升其专业人士地位的故事中，隐含地认可了专业性对技术以及记者有效使用技术的依赖。[21]使用技术工具强化了记者对事件的集体记忆，就像是在刺杀事件发生时支持他们的专业性一样。

组织和机构故事的循环

正如新闻界名人的故事通过广泛的循环得以延续一样，组织和机构的故事也是如此。一种叙事如何从一种语境走向别的语境，揭示出了重要的合法化模式，新闻共同体借此巩固了它的边界。在这里，这些故事再一次通过转载和回顾成为集体传说中的核心部分，所有这些又强调了个体所服务的组织和机构。因此，专业传说的增加部分原因在于组织决定循环它的故事。

时代-生活图书公司是这种操作的典型，它投入了大量努力循环其关于刺杀事件的传说。《生活》杂志出版的一本 25 周年纪念刊，是重印了最初的纪念版本。纪念刊附有一张外页，上面印有一张早前封面的照片，重印的字样斜切而过。外页上还正式宣布："25 年后，我们用这期历史性的杂志来纪念他。"书中的一个简短插页如下所示：

> 这本纪念刊的第一版出版于约翰·肯尼迪遇害后的两周，一经面市立刻销售一空。当时沉浸在悲痛中的美国人正在寻找一份记载忧伤之情的回忆录，于是他们转向了《生活》杂志……我们相信这份描述比其他任何周年纪念回顾都更为丰富。所以我们为一亿美国人重印了我们最初的报道，他们要么因为太过年轻而不记得总统遇刺，要么因为年纪太大而遗忘了此事。[22]

除这些变化以及价格从 50 美分提高到 3.95 美元外，这本纪念刊完全是按照 25 年前出版的内容重印的。很多书籍和内部期刊也采用了类似的做法。

时代-生活图书公司还循环了"照片"这一刺杀传说中最受欢迎的部分——约翰逊宣誓就任总统、杰奎琳·肯尼迪倚靠在她丈夫的棺材上、奥斯瓦尔德被凶手击中蜷缩在地上、卡罗琳轻抚她父亲的棺椁，这些照片得到了许多杂志、期刊和纪念册的转载。时代-生活图书公司出版的《卡米洛特的生活》就是一本这样的纪念册，它以两张取自刺杀报道和刺杀前报道中的照片作为结束，一张是小约翰向他父亲的灵柩敬礼的照片，另一张是肯尼迪在海恩尼斯港附近的沙丘上漫步的照片。附文写道："《生活》杂志在刺杀发生后的肯尼迪特别纪念活动就这样结束了。在这么多年后重述卡米洛特，用这两张照片来结束故事似乎仍然很合适。"[23]这些照片中的大多数曾出现在 25 年前的《生活》杂志上[24]，通过早期的组织性努力使其铭刻在集体记忆中，现在的纪念册小心翼翼地收录了曾为肯尼迪拍照的摄影师的照片[25]。其他的附属公司也支持时代-生活图书公司在组织合法化上的努力，例如《福布斯》杂志就告诉它的读者：

> 11 月的《生活》杂志上刊载了一些最生动的著名照片，记录了（肯尼迪逝世）带来的瞬时和惊人后果……林登·约翰逊在空军一号上宣誓就任总统时，穿着沾满鲜血的粉红色套装的第一夫人就站在他身旁……棺材被从飞机上放下，让已故的总统最后一次在白宫停留……还有正在向父亲灵柩敬礼的小约翰。当他们跟在弹药车①后面走向阿灵顿国家公墓时，高大的

---

① 原文用的是 caisson 一词，有弹药箱、弹药车、潜水箱等词义。军事化的葬礼通常用弹药车运送遗体。

戴高乐显得很突出。[26]

对时代-生活图书公司的确认也重复出现在其他新闻组织中。1988年，CBS推出了一个由八部分组成的刺杀事件特别系列节目，其中以彩色蒙太奇的手法展示了事件中最有名的照片，这些照片绝大多数都来自《生活》杂志。[27]这不但维持了摄影在刺杀故事中的地位，而且维系着时代-生活图书公司在事件中所扮演的角色。

其他新闻组织也有类似的循环使用模式。例如，刺杀事件的影像片段在电视新闻节目、特别纪录片和媒体回顾中被重新播放。尽管这些展现了葬礼上的弹药车、无人骑乘的骏马、送葬者队伍和奥斯瓦尔德被杀的电视镜头片段，常被以不同的名义重新编辑，但它们都成了传说的一部分，这可以让新闻组织从同一个镜头中多次获益。例如，NBC就在两个不同标题下使用了同一个肯尼迪遇刺报道的基本汇编：一个是1988年在艺术与娱乐电视网播出的《约翰·肯尼迪遇刺：正如它发生的》，另一个是一年后在私人市场上作为三部曲发售的《我们失去约翰·肯尼迪的一周》。[28]虽然不同的解说员对剪辑进行了不同的介绍，但是呈现出的报道内容几乎是相同的。

新闻组织循环使用刺杀叙事的背景由此表明它具有独特的重要性。例如，有关丹·拉瑟在达拉斯的叙事就被纳入CBS的传说中，表明该故事对CBS有着多么重要的意义。同样的叙事也被吸收进电视作为一种新闻媒介的历史中，展现了它在确立电视新闻业合法性时发挥的功能。刺杀叙事在不同背景下被重复使用的事实，强调了专业传说在揭示权威模式上的有效性。它表明，记者能够成为权威的阐释共同体主要依靠通过专业传说进行叙事的不断循环。

组织记忆的文本

新闻组织在两类主要与组织紧密绑定的文本中循环刺杀叙事，一类是对特定新闻组织的概述，比如 CBS 或《纽约时报》的历史；另一类是对这些组织内部生活进行的传记式或自传性视角的写作。两种类型的文本都被用来为新闻组织提供一段稳定的过去。

一个范例是与 CBS 有关的专业传说。加里·保罗·盖茨（Gary Paul Gates）为 CBS 新闻部的历史所撰写的《直播时间》一书，开篇的一章题为"肯尼迪枪击案"，详尽地描述了 CBS 是如何报道刺杀事件的。[29]这一章所处的位置表明，刺杀事件对该组织成员来说居于核心地位。从符号学的角度看，围绕刺杀事件来架构该书的内容，强调了这场悲剧在 CBS 新闻合法化过程中所扮演的角色。

与其他专业传说中的描述类似，盖茨在详细叙述刺杀故事时同样对电视技术赞不绝口。他追溯了 CBS 如何制作肯尼迪去世的消息。1962 年，CBS 新开设了三个分台（其中一个就在达拉斯），电视网新闻的节目时长也从 15 分钟延长到了 30 分钟，对通信卫星和录像带的使用都被认为是必要元素。在此语境下，CBS 对刺杀事件的成功报道被视为一个自然而然的过程，它以拥抱技术进步的组织决策为基础。盖茨对 CBS 采纳新技术和组织扩张的关注，使刺杀报道看起来是组织富有远见的结果。这就把刺杀事件收编进了一个更大的话语体系之内，即如何使新闻组织合法化。

关于 NBC 的专业传说中也有类似的故事。前 NBC 主持人杰茜卡·萨维奇的传记中介绍了在肯尼迪被击中后，当 NBC 执行官罗伯特·金特纳（Robert Kintner）决定 NBC 会撤掉包括商业广告在内的所有预先排好的节目时，NBC 是如何为刺杀事件的电视报道奠定基础的。"他在 CBS 和 ABC 的竞争对手也效仿了这一做法，但只有 NBC 因其公益精神获得了赞誉"[30]，书中如此写道。在其他对 NBC 新闻部的概述中也出现了同样的故事[31]，这表明 NBC 的组织决策有助于使刺杀事件转化为特殊事件的报道。这个焦点支持着刺杀事件与 NBC 这一新闻组织的声望之间的关联。[32]

在每一种情况下，刺杀事件都被用于加强随故事产生的组织声望。如一档电视回顾节目所言："正是在这样的时候，一个新闻组织才会发现它究竟好在哪里，是否能完成那些困难的、严峻的工作。"[33]专业传说有助于延续这一事件对大多数新闻组织来说具有的关键本质。组织故事的循环发挥的功能与前文讨论过的个体名人故事的循环很相似：个体名人故事的循环是为个体记者服务的，提高和巩固了记者的个人地位；而组织故事的循环则是为新闻组织服务的，强调了新闻组织在报道肯尼迪之死中获得的收益。

机构记忆的文本

与此同时，刺杀叙事也在对机构的概述中广为循环，这包括对全国性新闻业和电视新闻演进的讨论。在这种情况下，刺杀叙事被收编进更为广泛的话语中，以此为某些机构创立一个更为稳定的过去。正如一份领先的行业杂志在肯尼迪逝世时所说，这些事件"属于新闻业，特别是属于全国性新闻机构"[34]。刺杀事件被认为是一个全国性故事，机构文本也是如此阐述的。

大多数机构文本都把肯尼迪遇刺事件与对新闻专业性的讨论联系在一起。新闻报道汇编会收入对刺杀事件的描述，把它作为美国历史上主要新闻故事的一部分，比如《美国日期线》就是这么做的。《时尚先生》使用了一整节最初发表在杂志上的刺杀报道来编纂其"1960年代的历史";《壁垒》杂志用了一篇关于刺杀调查的文章来展现好的揭丑报道。[35]像《鹅毛笔》这样的行业杂志也转载了早期的刺杀报道。[36]大多数机构文本也强调了电视的作用,一种经常被重复的说法认为,肯尼迪遇刺事件发生时刚好是电视新闻有能力报道该事件的时候。这种说法在专业传说中的核心位置在一些著作中得到了证实,例如埃里克·巴尔诺(Erik Barnouw)就在其一本研究电视演进的书中花了近10页的篇幅来讨论刺杀报道。[37]美联社的《电视的历史》一书也用刺杀故事来预示电视时代的到来。[38]几乎所有对电视的机构性概述中都会提到肯尼迪遇刺事件。

为电视授权

电视与肯尼迪遇刺之间的细微关联非常重要,因为在一个又一个的描述中,刺杀事件重述者与电视被解释为彼此使对方合法化。在很大程度上,这是因为1963年对电视来说是关键的一年。不仅有比以往更多的人表示他们从电视而非报纸上获取新闻,而且有一种观点认为,半小时新闻节目的出现增强了"主持人与观众之间的熟悉感和依赖度"[39]。对肯尼迪遇刺事件的报道使电视被认为超越了此前所拥有的优势。

> 电视已经证明它有能力报道事先计划好的大型事件,但之前从未尝试过跟踪报道一个快速爆发、难以预料的大规模故事……当时的一位管理层人士评论说:"我认为,当我们看到自己能力的时候,我们被吓坏了。"在一个并不以尊严和克制而著称的媒介中,评论员和记者的表现却令人敬佩,他们或许意识到了自己在保持国家的冷静和团结上的作用。在那四天里,电视网在商业收入上的损失被所获得的善意弥补。[40]

《电视指南》在一期庆祝电视 50 周年的特刊中表示，刺杀事件是电视这一媒介合法化过程中的转折点。[41]CBS 的一部纪录片回顾了当时美国如何需要一种使人冷静下来的力量，而电视能够通过其报道提供这种影响力。"一小时又一小时，一天又一天，从谋杀到安葬，图像和照片的流动平息了人们的恐慌。已经有人说过，那四天标志着电视时代的来临。"[42]在美国媒体历史的相关叙事中也有类似的说法，例如大卫·哈伯斯塔姆的作品《掌权者》。[43]

与组织故事将报道刺杀事件的成功归结为组织富有远见的结果一样，机构故事也将其视为机构在技术发展方面和电视在社会、经济、政治以及文化各个维度合法化的结果。电视被认为是刺杀大戏中的积极参与者。刺杀报道可以帮助受众以这样一种方式理解电视，即电视能使他们为许多事情做好准备，如"诸多即将来临的凶杀案，越南战争期间的'起居室战争'（living room war）①，水门事件带来的宪法层面的教训，以及没有变化的 10 点新闻中的本地谋杀案"[44]。正如一位观察者所言，"从那天起，美国电视业彻底地改变了"[45]。

这些评论暗示着一种认可，即电视已经改变了美国公众记忆重大事件的方式。电视巩固了其作为"一个集体参考点"和美国人记忆塑造者的身份。[46]不仅如此，正如一位分析人士所观察到的，在报道刺杀事件及其后果时"生动地引入民族意识……远比印刷品更为形象，电视荧屏（已经）描绘了近期历史上某些最令人难忘的场景"[47]。同样重要的是，电视使那些场景中的某些特定维度可以被

---

①　20 世纪六七十年代，美国深陷越南战争的泥潭。越南战争又被称为"起居室战争"，因为人们在起居室里通过影像和照片就能看到战场上的血腥画面，感受到战争的残酷。

集体性地延续，这种状态很适合记者们试图维系自身作为一个权威的阐释共同体的身份。

因此，刺杀事件被情景化为记者显示他们有能力按照电视技术提出的要求行事的最早一类情况。这使得对电视的授权成为关于刺杀事件的专业传说中的核心部分。电视由此在机构文本中占据了至高无上的地位。

人为操控的技术

对电视技术作为新闻业关注的一项议题所做的广泛考量，并没有抹杀对个体记者使用技术的具体讨论。在专业传说中，各式各样的技术提供了人为因素，因为故事依然是由使用它们的个体完成的。在解说 1988 年 CBS 纪录片《十一月的四天》的时候，丹·拉瑟提醒观众，他们即将看到的是"CBS 新闻频道在那个周末仓促准备好的传记。这些录像带和影片是被从我们的库房匆匆运过来的，我的同事哈里·里森纳则根据笔记临场发挥"[48]。1988 年，美联社的一篇报道讨论了 NBC 记者比尔·瑞安早前的表现："正是瑞安播送了美联社报道肯尼迪已经过世的快讯。'当有人走过来和你说，你就是告诉我肯尼迪总统过世的那个人的时候，太让人震惊了。'瑞安说道。"[49]这篇文章叙述了瑞安在报道时需要克服的技术不成熟的情况。他说，"我们甚至没有一个固定的演播室"，他注意到"这和今天可不一样，现在只需一分半的时间就可以通过卫星来了解整个世界"[50]。

两种讨论都跟踪到了刺杀事件发生以来电视技术所取得的进步。这种跟踪提出一种说法，即哪怕没有当代电视的先进设备，在报道肯尼迪遇刺事件的时候，电视记者依然可以表现得很专业。尽管他们并不依赖电视技术，但是记者将自己合法化为专业人士的故事，还是出现在与电视技术有关的故事中。

这或许可以解释，为什么拉瑟会选择在同一个 CBS 的回顾节目中，详细介绍刺杀事件发生时电视技术的发展水平：

> 1963 年，电视新闻是用黑白影像播出的。当时还没有轻巧的便携式音像设备。我们的信号主要通过电路或微波中继传输。在接下来的一些影像片段中，你将会看到水印，它看起来就像是雨水落在屏幕上。这段影像没有机会变干燥，因为它是用湿胶片播放的。但是，这个消息却传遍了全国。[51]

这段嵌入的信息展现了记者对当时还不太发达的技术的胜利。此外，抛开记录肯尼迪死亡故事的视觉图像，拉瑟的话还讲述了电视演进以及记者在其中取得胜利的故事。

其他技术也被以类似的方式编织进肯尼迪死亡故事中。例如，对摄影新闻业的概述就称赞了刺杀报道中的摄影镜头。《时代》周刊对 150 年新闻摄影作品的特别调查中，把奥斯瓦尔德被枪击的照片列为该领域历史上十张最伟大的照片之一。[52]同一期杂志的另一篇文章也指出，在 1963 年，"伴随着历史事件变得黑暗化，摄影新闻业重新获得了其中的一些悲剧性力量……《达拉斯时代先驱报》的一位摄影记者刚好抓拍到了李·哈维·奥斯瓦尔德死亡的一刹那"[53]。

然而，摄影记者对肯尼迪死亡故事提出的专业宣称却次于电视记者提出的。正如同篇文章指出的，电视对奥斯瓦尔德死亡瞬间的捕捉促使摄影记者追问："当摄影不再是历史的第一见证人时，它是否还会像曾经那样又一次变得比速记更为重要？"[54]在有关新闻业的机构性概述中系统地、反复地纳入刺杀叙事，就表示这个问题的答案是否定的。组织和机构记忆使得电视技术成为叙述刺杀事件

173 　中的核心要素，这种狂热几乎没给其他关于专业群体地位的竞争性宣称留出多少空间。

　　广播的命运与之类似。尽管人们承认，他们是通过广播获得了肯尼迪之死的最初消息[55]，但是很多人在刺杀事件发生的那个周末结束时已经转向了电视。这表明，广播发挥了一个非常重要却十分短暂的功能。有关刺杀事件的重述中已经很少提到广播的角色，它的消失与人们对电视技术的兴趣上升存在相关性。大量文本除提及电视的辉煌成就外，没有为广播留下什么叙事空间。这或许可以解释，为什么即使在专业传说中，广播的角色也很少受到与机构有关的刺杀叙事的关注。广播媒体开始被视为一种地方性媒体，其地位要低于更加全国化的电视媒体。而类似的情况也可以解释与各种地方性媒体有关的叙事的消失。

　　因此，刺杀事件在有关电视技术的话语中得到了系统性延续，特别是全国性电视网。这就增强了把肯尼迪之死视为专业行为和技术合法化场所的需要。就像名人故事提升了个体记者的地位一样，组织和机构故事也能帮助特定的新闻组织和机构获得赞誉。这些故事被反复地、系统地纳入专业传说之中，帮助记者创建了一个能够提升地位的过往，这里的地位不仅是新闻专业性的地位，也包括电视新闻的地位。

记忆和专业性

　　1989 年，沃尔特·克朗凯特被要求在电视开播 50 年之际对此予以评论。他在回顾电视时反思了对电视的使用，并且表示："你会惊讶于你已经遗忘了多少你曾经记得的事情。"[56]诸如此类的说法强调了电视在重现已经忘却的事件上的能力，这对美国新闻共同体的成员来说有着工具性意义。就在这些观点与其他类似观点的结合中，他们形成了自己作为专业人士的自我界定。

记者由此利用专业传说把自身转变为一个阐释共同体。除个体记者的名人故事之外，他们还将刺杀事件的重述放置于专业传说中，这增强了组织和机构对于专业性的重要性。个体记者被塑造为坚持已被证实的专业主义准则的行动者，而组织和机构则为他们在刺杀发生时的活动以及多年后的重述提供了框架。因此，记者的专业记忆不仅来自个体，也源于他们的组织和机构背景。通过所有的维度，媒体能够使自己构成一个独立的、权威的共同体。

在一篇关于摄影新闻业的文章中，作者兰斯·莫罗（Lance Morrow）思考了特定技术产生的记忆与专业性之间的交集。"摄影记者拍摄的照片具有成为新闻、新信息的合法性……（然而）只有在以后，摄影记者的这些作品才会渗入文明的纹理、浸染文明的记忆：杰克·鲁比枪击李·哈维·奥斯瓦尔德，小约翰·肯尼迪在葬礼上的敬礼。"[57]莫罗的评论反映出专业记者是如何通过组织和机构故事来重新塑造刺杀叙事的。他们用这些故事创造各类记忆，这最直接地有利于解决组织和机构所关切的问题。这些关切既集中在新闻组织上，特别是像 CBS、《纽约时报》、《生活》杂志这样的主流媒体，也聚焦在新闻机构上，尤其是全国性电视新闻机构。在这样的背景下，刺杀叙事随着时间推移而形成，成为新闻共同体继续审视自身时不可或缺的组成部分。

第十一章　专业的权威：
通过历史来追忆

　　我们每个人能接触到的就是我们自己对于那个凄凉的十一月周末的记忆。[1]

175　　当然，肯尼迪总统之死的故事绝不只是一个关于新闻业的故事。这意味着，记者不仅需要使他们的叙事得以延续，强调自己在事件中的权威，也需要对其他的权威做出解释。

　　在刺杀事件发生近 30 年后，记者与独立批评者以熟悉的形式展开了竞争。一些独立批评者或是自发放弃了对事件的解释，或是被主流新闻业边缘化了。那些继续调查事件的独立批评者在公认的、受限制的渠道内与记者紧张地共存着。另一方面，历史学家仍未在记录刺杀事件中扮演积极的角色，他们与记者之间还没有形成一种熟悉的互动模式。然而，历史学依然是对刺杀故事有着清晰宣称的主要学科。记者们注意到一个事实，即历史学家虽然还没有完整地处理这一事件，但他们已开始思考历史在重述中的角色。历史学给了记者一种方式，能将他们的刺杀记忆放置于对他们自己专业结构的思考之中。这些故事使对新闻专业的考虑优先于个体、组织或机构。

历史：有特权的记录还是不合时宜的书写？

对所有重述者而言，历史记录的价值在于它具有一种能力，可以为它重新讲述的事件提供深度和语境。一种观点认为，历史是一门"（寻求）建立起关于已经发生的事件和存在于过去的事物的真实陈述的学科"[2]。就视角、叙事标准和分析方法而言，历史学家是对一个基于距离的系统进行记录保存的人。[3]他们专注于长期而非短期、偏重结构胜于事件，并且把自己视为语境的有效提供者。

176

这样的观点与当时影响刺杀记录的更大的事态发展明显不同。对于历史运作的传统理解与1960年代编年史记事的自反性相矛盾。历史视角呈现出的距离感并不能说明历史在寻求文化权威新的边界中的意义。更重要的是，历史接管刺杀故事的前景仍然问题重重，原因就在于传统的历史学家并没有为记忆留有空间。正如一位观察者所言，"记忆常常是历史学家难以面对的问题……（它）被认为是一种需要得到学术界确认的信息来源"[4]。

在一些传统历史学家看来，记忆和历史提供了"相互对立的评价过去的方式"[5]。记忆被期望让位给历史，而它的主观性图像也应让步于"历史学家对客观事实的描绘"[6]。随着时间的推移，记忆会成为历史学家手中的工具，但是只要记忆依然至关重要，历史就不能在话语中承担起权威的角色。

对刺杀事件重述者来说，历史因此提供了一种具有显著优势却不能稳定下来的记录保存模式。尽管如视角、阐释的稳定性、语境的敏感性这样的优势，成功地把历史写作与其他刺杀记事区别开来，但是对刺杀故事的重述需要应对当时其他编年史者身上容易出现的自反性问题和对记录过程的质疑。因此对大多数经历过刺杀事件的重述者来说，关于历史记录的张力长久存在并不令人感到意外。随着故事进入历史学家的领域，记忆的重要性预计会降低。

不过，新闻记者从一开始就拒绝放弃历史学家的角色。一位历史学家承认，就肯尼迪这个案例来说，"历史学家的努力不可能产生理想的效果……因为他已经是神话的一部分，而非历史的一部分"[7]。由于记者的专业准则、故事讲述模式以及为讲述故事服务的技术，都以他们在刺杀事件中的在场为前提条件，因此历史记录意味着记者作为回忆者的角色被消除了。所以，记者开始尝试证明他们比历史学家更能胜任历史学家的角色。一本行业出版物在肯尼迪去世仅仅一周后就正式宣布，这是一起"历史中的事件"[8]。四年后，《新闻周刊》已经在"刺杀案：历史或头条？"这个题目下来审视这起事件的地位。[9]历史和新闻就这样直接被设定为相互竞争的关系。

证明新闻记录为历史

记者提及那些他们正在从叙事上进行重构的事件的历史属性，以此通过历史的记忆系统来回忆刺杀事件。"历史照片"被各类媒体引用，"历史电影"变成媒体的胜利。[10] "历史报道"成为刺杀事件的新闻报道中最常使用的一个标签。[11]

新闻业和历史之间的张力被牢牢地建立在集体传说的基础之上。作家西奥多·怀特把记者界定为"历史的仆人，向我们提供日常或过往的故事并将故事交由他们来整理"[12]。记者被视为负责报道今日事件的人，而历史学家负责记录昨日已发生的事件。一位观察者指出这两个群体间的张力存在已久，唯一的区别在于"时间的差异；今天的新闻就是明天的历史"[13]。在此语境下，新闻成为"历史的第一份初稿"。《华盛顿邮报》发行人菲利普·格雷厄姆（Philip Graham）提出的这一观点[14]，在刺杀事件文献中被广为引用。

新闻与历史的区别

透过历史学家的眼光来回忆刺杀事件，与记者对两种专业之间的区别抱有的不确定性态度有关。最初，记者把自己视为帮助历史学家去重述刺杀故事的人。但在肯尼迪去世后不久，有一份行业出版物表示，"此前从来没有过这样对正在发生的历史的记载"[15]。另一家行业杂志也承认，如果"未来的历史学家能够拥有一份完整的事件记录"，那是因为"他们将确切地知道奥斯瓦尔德究竟长什么样"[16]。这就表示电视通过播出刺杀事件的图像资料支持着对历史的记录。记者，特别是电视记者，认为他们向美国公众提供了一个"理解历史的新维度"[17]。

记者把自己界定为历史学家的助手，促使他们强调在重述刺杀故事时新闻写作和历史写作之间的差异，这些差异集中体现在对时间的划分上。记者认为自己是"初稿"的提供者；他们的描述虽是 *178*

初步的，但对历史学家撰写的终稿而言是必要的。《进步》杂志①刊载的一篇文章表示，"评论员在这一悲剧性的激情迸发的时刻做出了回应，针对肯尼迪先生发表了他们的观点，而历史学家将会在某一天冷静的时候写下他们的看法"[18]。人们期待历史能在新闻离开的地方继续前进，提供一个有限的终点以便摈弃或阻止对事件产生相互矛盾的说法。但这个终点在哪里、何时会出现尚不清楚。

电视纪录片占据了"历史重新审视事实"[19]的节点。新闻作为一种未曾加工过的历史的形态逗留不去，在那里，"参与者的记忆尚未完全地褪去，历史学家也还没来得及接管"[20]。因为记者更加接近事件，他们的权威来源于他们的在场，所以他们开始意识到自己比历史学家更具优势，历史学家的权威只显现在事实变得清晰之后。

这种优势的形成源于一些模糊了记者和历史学家之间传统区别的条件。记者在刺杀事件中的持续在场很大程度上得到了事件发生时机的支持，因为它发生在总统完成第一个任期之前。对历史学家来说，肯尼迪的在位时间太短以至于无法评价他的执政效果，然而记者却被允许轻易地接触和了解肯尼迪政府 1 000 多天的执政情况，这把他们摆在了首选评价者的位置上。西奥多·怀特无疑就是这种情况，他与肯尼迪家族的密切关系使他有机会接触到刺杀事件。[21]正如诺曼·梅勒所言，"我们想讲的很多内容，原本只是在当时具有生命力的批评，却突然成了一份从……过去的时刻、从历史的角度言说的文件"[22]。记者就这样在肯尼迪死亡的情况下变成

---

① 《进步》杂志（*Progressive*）创刊于 1909 年，是一本有关美国的政治、文化以及进步主义的月刊。

了即时的历史学家。

　　然而，还有一些其他条件是由于传统的记录保存模式不够充分而产生的。随着重述工作的持续进行，历史学家成了不那么有能力讲述这一故事的人，而这源于他们对 1960 年代叙事的自反性质量的不适应，他们讲述故事的超然模式，以及他们对刺杀中相互对立的事件可以被编织成一个连贯故事的假设。同时代的和事后的记述也变得不那么重要了，新闻何时结束、历史何时开始都是不清楚的。"过去的事件，"一名记者说，"当公众忘记其细节的时候，它就会成为历史。但美国人还没有忘记那个下午的细节。"[23]

　　这种现象的出现部分原因在于媒体不断地重复播放它们。确实，新闻报道本身看起来缺乏时间的有限性："《纽约时报》不会在一天之后就被读者遗弃，它是收藏家的藏品……它将会流传下去，就像家族的传家宝、纪念品或是总统被枪杀那一天模糊的存在证明。"[24]新闻报道呈现出历史的特点。多年后，《达拉斯新闻晨报》在其收集整理的一份刺杀报道汇编的封底标注了如下声明："关于约翰·肯尼迪遇刺事件已经有了很多文字和记录，但世界上没有任何来源能比《达拉斯新闻晨报》提供更多关于 1963 年 11 月 22 日事件的资料。这里……是来自本市最大报纸相关报道的永久保存。"[25]在历史学家开始对肯尼迪之死进行分析之前，他们被期望等待的不稳定状态从未结束。相反，新闻报道的持久性使他们无法"对这个异乎寻常的复杂事件完成一种连贯的描述"。这让他们在重述刺杀故事的过程中陷入一种"无角色"的特殊位置。它也意味着，对历史记录将会终止新闻的临时性本质的期待无法得到支撑。[26]这就导致了一些严肃的问题，即期望记者能在多长时间内保持他们作为事件发言人的地位，以及期望历史学家何时接管事件的

179

发言权。

所有这些对历史学家不利的要点对记者而言却是有利的：接近性和在场感维系着他们的专业视角，他们的故事讲述模式得以在重新思考刺杀记录的进一步尝试中稳定下来，他们提供的记忆也被视为一种合法的记录保存模式。记者不再把他们自己界定为历史学家的助手，而是开始将自身视为独立的历史记录生产者。

对传统历史权威的其他挑战

除了来自记者的挑战，传统的历史学家还面临着诸多其他挑战。对传统历史权威实用性的质疑来自独立批评者，他们因重新审视官方文献记录的权利受到限制而提出异议。这些独立批评者的行为与当时的自反性相契合，支持着对历史的更大呼吁，即让日常生活变得更有意义。随着时间的推移以及独立批评者所生产的材料数量的增加，他们在刺杀事件中的出场与历史学家通常扮演的角色形成了鲜明对比。

180　　　其他挑战也来自历史学科本身。诸如菲利浦·阿利埃斯（Philippe Ariès）、费尔南·布罗代尔（Fernand Braudel）和皮埃尔·诺拉等学者对记忆和历史的关系进行了重新概念化，指出了二者之间更为复杂的联系。[27]像海登·怀特和汉斯·凯尔纳这类学者的著作大量涌现，它们解决了历史写作的文学性及其在现实建构中的功能等问题。[28]其他对实用性的挑战则来自介于历史学家和记者之间的专业人士，作为二者的杂糅或者也可被称为参与式历史学家、大众记忆历史学家或大众历史学家。诸如大卫·哈伯斯塔姆和加里·威尔斯这样的个体试图实现一种记录历史的替代模式，注重他们自身对历史的参与。与习惯于根据时间距离来筛选档案的传统历史学家有所不同，大众历史学家则善于利用他们在事件中的经历。

　　大众历史学家为重述刺杀故事提供了一个全新的视角，特别是在 1980 年代初期，他们的观点和行动变成其所撰写的故事中合法的一部分，这一点将他们与有关参与、自反性和记忆重要性的持续性话语联系在一起。举例来说，尽管并没有触及肯尼迪遇刺事件，但大卫·哈伯斯塔姆的《出类拔萃之辈》一书依然记录了美国政治的种种弊端，书中没有表现出他对这些弊端有什么疑问的看法，那些与他所写的历史相关的事件在他撰写这本书的时候还在持续发生。[29]

　　这种趋势能够增强刺杀事件记录者的权威。诸如加里·威尔斯的《肯尼迪监禁》、约翰·戴维斯（John H. Davis）的《肯尼迪家族》、彼得·科利尔和大卫·霍洛维茨的《肯尼迪家族：美国第一家庭传奇》等著作都将刺杀事件放置在了更大的社会背景之下，通常关注腐败、权力和统治等议题。当科利尔和霍洛维茨追溯刺杀事件对肯尼迪家庭成员的影响时，戴维斯则在其 1984 年著作的后记中讨论了司法部对刺杀事件的调查。[30]赫伯特·帕梅特在其一本书的结尾详尽阐述了达拉斯发生的肯尼迪遇刺事件，并对漏洞百出的事件调查工作进行了思考。[31]来自口述历史学家、回忆录作者以及传记作家的挑战甚至提出了一种更加契合刺杀故事的历史记录保存模式，他们都强调了记忆作为一种记录过去的首选方式的价值。他们的版本没有那么超然且往往基于"回忆的经验"。[32]这意味着对历史记录保存的传统观点的挑战正在历史学科内部发生。

　　所有这些都与新闻共同体直接相关，他们对事件的记录保存方法和视角与其他对传统历史记录保存模式的挑战紧密相连。因此，即使在关于历史的话语中，新闻实践也会被视为一种解决历史记录保存相关问题的可能方案。

新闻业对历史学的批评

对传统历史记录保存模式提出的挑战尽管是试探性的，但它的存在表明在界定历史学家扮演的角色时有着灵活的空间。这就导致记者重新思考把他们与历史学家区分开来的标准，也在记者和那些同样对刺杀事件有所涉猎的大众历史学家、回忆录作者以及传记作家之间制造出明显的紧张关系。

当非传统历史学家的工作开始不时打断对事件的记录时，记者就倾向于批评这些工作，因为这些工作的品质与传统历史学家的工作有所差异。大众历史学家对于自反性的包容遭到许多记者的质疑。记者猛烈批评他们太过主观、太接近事件、过于草率，以及没有做到足够的超然。[33]他们试图对事件采用更多的参与式立场，或是更少分析性的远距离视角，都招致了严厉的批评。这或许是因为记者感受到了非传统历史学家正在侵占他们的领域，特别是大众历史学或者参与式历史学被认为与新闻业过于相似了。

在这种情况下，威廉·曼彻斯特出版的《总统之死》虽然曾被吹捧为刺杀事件的官方正史（official history），却在 1960 年代末的媒体评论中遭到了冷遇，被称为"引人入胜的叙事，但并非公正的历史"[34]。当专栏作家玛丽·麦格罗里检视在她看来"产出了早期的或许是仓促的回忆录"的传记作家时，问道是否有可能"平和地看待肯尼迪一次"[35]。记者梅格·格林菲尔德也质疑肯尼迪传记作家的记事中"所有这些揭秘是否适当"[36]。她表示，他们已经超出了参与的恰当边界：

> 即使写作有些急于求成，但历史依然有其主张……这些书

籍的创作环境决定了它们必须满足一系列同样的标准：历史至少应该是准确的，评价是合理公平的，而且披露是为了一些公认的严肃目的而进行的。[37]

182

格林菲尔德指责传记作家破坏了他们对准确性的承诺，并得出结论：大戏的上演是"以牺牲历史为代价"[38]的。

小阿瑟·施莱辛格承受着新闻共同体的蔑视所带来的打击。1965 年出版的《新闻周刊》以《短讯，而非历史》为题对施莱辛格的《一千天》进行了批评。[39]他试图对历史学家的超然和所谓的客观性进行篡改的做法激怒了许多新闻业的观察者。安迪·洛根（Andy Logan）表示：

> 施莱辛格在《生活》杂志连载的《一千天》中提及总统在古巴受挫后倒在他妻子的怀抱中哭泣，但在随后出版的书籍中删除了这一场景，这着实让人大吃一惊，但也是正常的……显然，在这位克罗夫特奖、帕克曼奖和普利策奖得主看来，与约翰·肯尼迪有关的历史材料可以尝试用这种方式，也可以翻转过来尝试用那种方式去使用。如果它看起来完全不适合这个主题，就可以把它捏作一团随手丢掉。[40]

随附的一张图片把肯尼迪和他的"即时历史学家"描绘为耶稣及其门徒，这些"即时历史学家"包括施莱辛格、西奥多·索伦森、威廉·曼彻斯特和皮埃尔·塞林格。[41]

因此，历史学家尝试在自身的编年史记事中注入一种反思性的、参与式的分析模式，却遭到了新闻共同体的诋毁。记者很少注意这种针对传统的历史编纂方式所做的修正。他们的批评在很大程度上与这一事实有关，即大众历史学使历史学家大幅度地接近记者自己的记录模式。通过采用替代的历史记录保存模式，对容纳自反性富有兴趣的历史学家似乎正在进入记者的领域。

历史学家越来越多地以类似故事讲述的报道模式参与到刺杀事件中，从而鼓励记者明确地界定他们自己参与事件的程度。记者不再把他们的活动理解为对历史记录生产的协助，而是开始把自己视为历史记录的生产者。他们从充当历史学家的辅助者，转变成了历史的推动者。这表明，重述给予记者的权威不仅存在于他们内部，在其他阐释共同体中亦是如此，同时也强调了关于新闻专业结构的基本假设。

183　　因此，记者有关肯尼迪政府和肯尼迪遇刺事件的叙事涉及一些被历史学家忽略的关于历史和历史记录的观念。他们开始在更庞大的历史学文献库中推广自己。1988 年，一位记者问道，历史是否"超越了普通美国人的能力"[42]。回忆录、传记和大众历史都由诸如西奥多·怀特、休·赛迪、亨利·费尔利、本杰明·布拉德利、皮埃尔·塞林格这样的记者或是作家所撰写。[43]尽管他们在历史阐释领域有一些冒险的尝试，但是依然把自己界定为记者。

记者认为他们有能力处理未被历史学家记录的要点，他们强调自己正在从事历史学家的工作。媒体批评人士盖伊·特立斯表示，对记者而言，"在达拉斯的这场测验与其他测验不同……《纽约时报》记者汤姆·威克）那天正在为历史写作"[44]。《纽约时报》出版的《肯尼迪岁月》一书更是被贴上了"《纽约时报》工作人员在 H. 费伯（H. Faber）的领导下完成的历史记录"[45]的标签。在谈到自己渴望"为当代的历史记录做出贡献"时，记者本杰明·布拉德利讲述了他是如何因与肯尼迪政府"独特的、历史性的接触"而受到鼓舞的："我足够了解历史，所以知道这种接触的成果很难写进历史书中，因此我们这个时代的大人物也很少被人理解。"[46]布拉德利似乎坚信自己是被更大的历史力量推动才充当了历史学家的角色。他的评论同样暗示，相比于专业历史学家提供的历史，他撰写的历史会更受欢迎。类似的观点也隐含在对汤姆·威克关于肯尼迪的文章和书籍的评论中，这些文章和书籍被称为"非教科书式的历史"[47]。在这一观点中，威克因为致力于反对历史记录对肯尼迪记忆的歪曲而受到赞誉。

记者试图在各个媒体上把他们的重述塑造为历史。1988年，记者杰克·安德森为历史学家的参与被中止而感到惋惜，并以此证明他对肯尼迪死亡进行的电视报道是正确的。"政府以国家安全的名义封存了包括中央情报局的核心档案、联邦调查局的关键档案在内的有关肯尼迪遇刺事件的大多数敏感档案。等到这些档案从那些会因它们而感到尴尬的机构手中被解封的时候，这些信息将会成为久远的历史。那时只有历史学家会关心，但是我们现在就会关心。"[48]安德森认为，记者能够提供历史学家无法实现的参与度。

1989年，NBC制作的一套关于肯尼迪政府和肯尼迪遇刺事件的录像带就是一个特别能说明问题的例证。这套录像带题为《我们失去约翰·肯尼迪的那一周》，背面印有相关简介，内容如下：

> 为了纪念肯尼迪逝世25周年，NBC新闻部开放了其档案，使制作《我们失去约翰·肯尼迪的那一周》成为可能……它或许是我们这个时代最为重要的视频文件。从超过70个小时的直播和现场报道中选取最精彩、最关键的片段，精妙地编排在这期NBC新闻的特别制作之中，为你逐一讲述肯尼迪遇刺事件及其后果。这就是已经发生的历史……且发生在你身边，就像你那时亲眼所见。[49]

184

这段话的隐含之义是，NBC 新闻提供的是该事件"真实的"目击版本。下一段就提出了"拥有历史"的可能性：这套录像带被称为"直到现在，你才能拥有的一段非同寻常的历史片段"。通过将自身的重述塑造为历史，NBC 新闻在记者尝试证明他们作为肯尼迪遇刺事件代言人的过程中，清晰地阐明了一个潜在的目的：使自己成为合法的历史学家。因此，记者提出的作为事件合法的历史学家的要求，变成了延续他们在达拉斯事件中的权威性的一部分。

　　这也就表明，记者并没有认为历史是一个不可触及的领域，而是将历史的概念重构为一个半神圣空间，新闻纪事在其中拥有合法的安身之所。无论是增加历史的可及性，还是获得访问记录之记录（records of the record）的合法性，与之有关的更大范围的话语都对他们有利。他们对新闻业进入历史领域的尝试抱有积极的态度。在此情形下，记者对事件的介入打破了历史能够为肯尼迪遇刺事件最终可以得到适当阐述提供安全区这一观念。它意味着在当代重述和历史记录之间存在某种东西，在这些叙事中，对事件意义的协商并不仅仅是一种临时的安排，也可以作为一种长期的筹划。

　　在这种情形下，记者还对其他重述者自称历史学家的尝试表现出了否定态度。1991 年电影《刺杀肯尼迪》的导演奥利弗·斯通声称要成为"电影历史学家"，希望把历史交还给美国人民。[50] 这种说法实际上被媒体里的电影批评者忽略了，或许是因为这种说法侵犯了他们自己的目标。

　　因此，记者试图将其作为历史记录的替代性保存者的身份系统地延续下去。他们认为自己是一种不同类型的历史记录者，并非通过传统历史学家所倡导的远方的、超然的客观性，而是通过在场、参与和接近性成为有效的记录者。与独立批评者、大众历史学家、回忆录作者和传记作家一起，记者将自身确立为历史记录的抄写员，并试图设定成首选记录者。在关于接近历史、专业记忆的显著性以及获取记录的有效性等更广泛的话语中，这种发展极具意义。它建立了一个框架，使记者可以在关于他们自己专业结构的叙事中延续他们的刺杀故事。在这个最终框架内，记者可以通过这一框架将自身合法化为刺杀事件的权威发言人，而延续他们重述工作的行为表明，获得专业合法化的需求不仅存在于新闻业之内，也存在于行业之外。

记忆的保管权

　　由于刺杀事件始终极为重要，且在众多的重述者之间存在争议，因此历史学家也无法在重述中维系历史的特权地位。并非巧合的是，刺杀历史学家威廉·曼彻斯特抱怨说，奥利弗·斯通1991年的电影《刺杀肯尼迪》在拍摄时未向他进行咨询。[51]他的作品《总统之死》也被认为可能过时了，而且过于执着于对它所处时代的细微差别进行描述。记者的活动则显得更为开放和具有自反性，这使得他们特别适合扮演历史学家的角色——即便不能完全扮演，至少也是与那些历史学家和独立批评者一起合作，因为他们的叙述具有相似的动机。

　　试图将媒体维系为刺杀故事重述者由此暗示了一种超出新闻业公认界限的权威。正是通过这一延续性的活动，记者将其权威扩展到了刺杀事件发生的时间框架之外，也扩展到了他们被期待能够对事件有所阐释的时间框架之外。新闻与历史两种记录保存模式之间的区别变得模糊起来，导致记者不仅仅负责报道当下的事件，也要对过去的事件负有责任，这些都强调了记者在重述刺杀故事中的角色。随着时间推移，加之记者持续展现出不愿将肯尼迪遇刺事件转交给历史学家的意愿，这种区别最终就不那么重要了。媒体公开宣扬的让刺杀故事的某些版本长存下来的兴趣以及它们在其中的角色，打破了两个专业共同体之间的边界。

186

　　这反过来又模糊了新闻性记录的终点和历史性记录的起点之间的差异。在小说《天秤星座》中，唐·德里罗转述了肯尼迪遇刺事件的调查人员如何在他的记录保存策略中寻求摆脱困境的方法。"就其自身而言，笔记正在变成一个目的……认真努力地将这些笔记变成连贯的历史还为时过早。或许永远都太早，因为数据会不断出现，因为新的生命会不断进入记录之中。在他写作的时候，过去也在发生变化。"[52]记者不愿把故事转交给历史学家，根源在于他们担心历史学家会强行结束这个故事，结束得或许过早了。历史学家参与故事的可能性于是就变成了对记者参与的一种威胁。

　　因此，记者拒绝将刺杀事件拱手让给历史学家的部分原因是他们想维持其权威发言人的地位。只要这个故事依旧是他们领地的一部分，权威的延续就还是一个现实目标。通过援引历史以及假装新闻实践是被历史驱动的行为，记者把自己转变为了历史学家。

　　记者撰写的是怎样的历史呢？与倾向于理解其他人记住了什么的历史学家不同，记者使用他们自己的记忆，通过鲜活的回忆记录历史事件。而记者与历史学家在记忆议题上的差异也十分明显，因为记者通过记忆扮演起历史学家的角色，他们对那一角色的扮演则得到了电视技术的协助。

　　技术所提供的重复出现的图片和对事件的重塑，使记者可以获得进入记录之记录的机会，这在某种程度上削弱了其对历史学家的吸引力。相对于获得原始档案，电视报道的出现使记者更容易获得由电视网或新闻杂志提供的记忆档案。正如约翰·康纳利 1988 年所言：

> 我并不认为历史真正地运用现实的眼光审视肯尼迪政府的时代已经到来。我们怎么可能做到这一点呢？当你看到一个漂亮的小女孩跪在她父亲的灵柩前，当你看到一个英俊的小男孩站在那里向他被害的父亲行军礼时，除了极度的同情你还能有何感受？这是一个痛苦、懊悔和悲怆交织的场面，这就是现在我们看待肯尼迪总统的方式。[53]

通过不允许记忆超出反复播出的画面范围，电视影响了历史的进程。在哈伯斯塔姆看来："电视没有记忆，它对过去不感兴趣，而是抹除过去，这里永远没有时间去播出过去事件的影像片段，因此它不可避免地加速了未来的到来。"[54] 用图像冻结历史的想法有利于发挥记者的优势。

在这种模式下，电视可以帮助记者提供并且延续他们自己版本的历史叙事。一位观察者回忆了 ABC 是如何再现奥斯瓦尔德被枪击的画面，使之成为一个与肯尼迪相关的迷你剧的宣传预告片的。他注意到"由于该虚构片段被不断重播，真实事件的记忆消失殆尽，一件复制品取代了它的位置"[55]。用皮埃尔·诺拉的话说，电视依赖于其"追踪的物质性、记录的即时性以及画面的可见性"[56]。这就导致了一种基于记忆档案的历史记录模式。电视变成了一台"名副其实的历史机器，持续地喷涌出许多历史的、半历史的和伪历史的视频再现作品"[57]，帮助记者创建了他们的记忆档案，这些记忆档案如今已经被认为就是历史本身。正因如此，奥利弗·斯通的电影《刺杀肯尼迪》才会引发如此激烈的讨论。实际上，斯通正在通过使用技术为他自己的事件版本取得授权，这种方式类似于记者对电视的使用。

只要记者的记忆依然存在，他们就不愿放弃这种新增的权威。记者作为刺杀记忆守护者的出现，使他们进入了刺杀事件的档案管理员之列。记者竭尽全力通过记忆构造刺杀事件的历史。简言之，记忆成为刺杀事件首选重述版本的基础。

记者通过历史提供的记忆系统延续着他们的刺杀故事，经由对专业结构关键议题的处理而成为重述者。在将典型的新闻故事融入历史背景使之成为其中的一个重要组成部分后，记者的重述得以延续。由于被历史的特权地位吸引，他们创造出来的刺杀记录不仅表现出深度、视角和历史记录阐释的稳定性，也体现出接近性、个人记忆和新闻叙述的经验等要素。记者由此通过他们自身实践的专业准则、集体记忆以及新闻权威将刺杀历史个性化，为肯尼迪之死的历史记录提供了纹理。

188　　　　曾经有人说过："大多数历史学家愿意付出很大的代价，以获得亲身经历他们所描述的一些事件的机会。"[58]接近性作为记者在报道刺杀事件时所珍视的一种权利，是其他故事重述者无法企及的。记者拥有其他重述者向往的东西，包括权力、媒体近用权、可见性、权威，这些使他们报道肯尼迪遇刺事件的经历成为重述刺杀故事的首选模式。正如一名记者所说，"我们这些共享它的人，将会永远铭记它"[59]。通过凸显专业权威的传奇故事来回忆刺杀事件，记者得以确信新闻业不会被人遗忘。

第十二章　结论：新闻权威的建立

除此之外，你是你所记住的或是相信你所记住的。[1]

在本书伊始，我们对新闻权威的运作方式进行了一些模糊的、试探性的思考。通过新闻权威，媒体有权呈现事件的权威版本。新闻权威近似于一种构造物，它以隐含但可辨认的方式根植于美国记者的实践之中。

这些内容已经表明新闻权威既不是模糊的，也非试探性的。它存在于叙事之中，记者经由他们讲述的故事来维系权威。通过改变谁在讲述这些故事、他们如何讲故事，以及他们讲了什么或不讲什么，记者将他们的权威作为一种叙事技艺来展演，并将其体现在叙事形式之中。这些叙事随即被转移至集体记忆中，在这里它们可以被作为理解新闻记者和新闻共同体权威角色的模式。特定的叙事意味着适当新闻实践的不同边界，有助于厘清跨越时间和空间的文化权威的边界。这就是尤尔根·哈贝马斯、马克斯·韦伯和其他人所说的修辞合法化，即转述者通过他们在公共话语中讲述的故事合法化自身的能力。

修辞合法化在这里以循环的方式展开运作：叙事产生了权威，而权威产生了记忆，记忆又带来了更多的叙事，叙事再产生更多的权威，如此循环往复。这一循环过程的核心正是记者，他们如同海登·怀特所说的历史话语的制造者一样，生产出二阶虚构（second-order fiction），它能通过其技艺满足记录者的需要。[2]

借由约翰·肯尼迪遇刺这一关键事件，本书探究了新闻权威的运作情况。通过检视媒体如何在叙事上重构它们在报道肯尼迪遇刺事件时的角色，我们思考了一系列叙事实践，通过这些实践，记者维系着自身作为事件权威发言人的声望、资格和定位。而借助对肯尼迪遇刺事件的语境化、讲述、提升和追忆，记者将自身塑造为具有权威性的阐释共同体，新兴的电视记者尤其如此。

这并不表明新闻权威会以完整的形式存在于任何特定叙事或是记忆系统之中，相反，它是以零零碎碎、断断续续的形式存在着的。它是一个与其创造者之间存在持续张力的构造物，不是一种实践所能体现的。新闻权威的各个部分存在于各处，但是如果没有了其他的部分，它也就无处存在。

提炼后的论据

事实证明，有三条线索与新闻权威的建立和维系存在关联：

第一，新闻权威产生于语境。这包括肯尼迪死亡之时以及随后几年时间的各种语境性因素。刺杀事件发生时的语境包括关于文化权威的边界与历史相关性的话语、新闻专业性与新兴的电视媒体，以及记者与肯尼迪政府之间的联系。此外，对肯尼迪之死的报道创造了一个特定的条件，记者将其作为一个跳板，以叙事的方式维护他们的权威。在随后的几年里，关于记录过程的更大的问题和随之而来的文化权威公认形式的变化也为刺杀事件的重述留下了印记：官方记忆的权威遭到消解，专业记忆则具有了相关性，尤其是记者的记忆。在每种情况下，关于新闻业的集体评估都对最终促进记者成为刺杀事件首选的权威发言人至关重要。

第二，新闻权威依赖于集体记忆。新闻权威来源于记忆系统，或是追忆跨越时空的事件的共同方式。记忆系统为记者提供了一种与对他们故事的现有阐释相连接的方式：个体的故事强调名人，组织和机构的故事强调专业传说，与专业结构有关的故事则强调历史的角色。这些记忆方式巩固了新闻性回忆者作为文化权威的角色。

第三，新闻权威取决于叙事。叙事的技艺将另外两条线索——记忆和语境结合了起来。通过叙事，记者把语境与记忆系统联系在一起，前者与 1960 年代、电视、官方文件变化的权威有关，后者则与名人、专业传说、历史有关。叙事允许记者将新闻业以外的话语与行业内部的发展相勾连。更重要的是，叙事既隐晦又明确地聚焦在生产它的人身上，也就是记者。

记者把这三条线索结合到一起，创造出了我所说的新闻权威。通过这些线索，他们把对刺杀事件的阐释转移到对他们自身的合法化至关重要的角度上，由此产生的结果通常与公众对许多记者的表现所做的挥之不去的批评没有什么关系。

191

语境、记忆、叙事与关键事件

媒体报道的所有事件不是都能对其建立文化权威起到核心作用，但是某些特定事件可以发挥关键事件的功能，记者用其来展示或是协商他们专业的合适边界。举例来说，在 1960 年代和 1970 年代初期，一些关键事件体现了独具特色的对日常生活的"六十年代感知"：它与历史和历史相关性融合的问题、文化权威移动中的边界、对专业性日益增长的需求以及自反性精神。记者界定他们专业合适边界的努力促使他们使用与这些事件有关的叙事来表达相应的关切。例如，水门事件这一由记者揭露出来的丑闻就展现了调查性新闻的合适边界；越南战争这场被电视带入美国家庭的战争则引发了对记者在战时报道中的责任和角色的质疑；电视上播出的太空探索也把美国观众与新的疆界连接起来。正如 19 世纪的美国内战①或 20 世纪初的茶壶山丑闻案②一样，这些关键事件中的每一件都凸显了在该事件发生时对新闻业极为重要的议题，这些议题随着对事件的重述而被折射出来。

通过阐明与新闻实践和新闻权威有关的规则和惯例，关键事件给予了媒体一些替代性的方式来讨论、挑战和协商新闻实践的合适

---

① 美国内战（American Civil War）是美国历史上规模最大的一场内战，参战双方为北方美利坚合众国和南方的美利坚联盟国，以北方的胜利告终，所以也被称为南北战争。战争一开始是北方为了维护国家统一而战，后来演变为一场消灭奴隶制的革命战争。

② 茶壶山丑闻案（Teapot Dome scandal）是指 1922—1923 年发生的贿赂丑闻，哈定总统执政期间的内政部长艾伯特·福尔（Albert Fall）未用公开招标方式处理茶壶山以及另外两处的美国海军油田，而是以低价方式让石油公司承租，前后共贪污近 500 万美元。水门事件发生之前，茶壶山丑闻案被视为美国政治史上最大和最轰动的丑闻案。

边界。这就允许记者建立起关于新闻实践的集体观念，由此维系他们作为权威的阐释共同体的地位。

在这种情况下，与肯尼迪遇刺相关的叙事就构成了众多舞台中的一个，记者在这里评估、挑战和协商有关成为记者意味着什么的共识性观念。记者使用刺杀事件去解决他们专业规则的变化、他们接受新闻采集新技术的方式、他们在确定历史记录中的角色，以及他们自己的记忆在建立和延续其文化权威角色时的重要性等问题。因此，在重述刺杀故事时，记者也注意到了几项议程，其中许多与肯尼迪遇刺事件关系不大。

新闻权威的技艺

记者能够建立和维系其作为刺杀事件权威发言人的身份是一桩不小的成就。正如本书所显示的，"调整实际发生的事情与收到的关于过去的叙事之间的契合度是一个持续进行的过程，其间需要频繁的辩论和交流。在此过程中，记忆与历史可能会在澄清事实真相上扮演着变化不定、或多或少交替出现的争议性角色"[3]。刺杀故事最初被塑造为专业上的胜利而非失误，这只是重构工作的第一阶段。在肯尼迪去世后的几十年里，记者需要对重构他们的在场、参与和记忆保持仔细的关注。记者的叙事与记忆依照关于文化权威的更大话语进行了系统的、持续的和创造性的转换。随着专业性、技术和权威等更大的集体问题的出现，最初的肯尼迪死亡报道中存在的问题都被抹去了。因此，对刺杀事件的叙事性重述是在面对其他发展的情况下进行的，这些发展帮助记者建立了文化权威。

新闻权威是通过记者叙事的形式和内容来实现的。形式是指记者使用的叙事实践，内容是指这些实践所体现的故事类型。形式和内容又相应地表现出内部（叙事本身之内）和外部（存在于叙事之外）的特征。如果借用绘画来形象地描述，那么新闻权威的技艺或许类似于人物肖像画中所用技巧的反面。

在记者的故事中，他们在所有四个领域都系统性和策略性地提及了自己的权威性在场。在关注的形式方面，他们使用了提喻法、省略法和个性化的重述策略来从内部调整他们的故事以容纳他们的在场；而在外部，他们则运用纪念和循环两种策略获得声望。同样，记者在操控外部内容处理新闻专业性、电视技术的影响、官方文件的有效性以及记忆的重要性等议题的同时，也在关于打造最快的、最好的和唯一的故事中操控内部内容的议题。记者在他们叙事的形式和内容的内外两个维度上维持其权威性在场的能力，使得他们作为刺杀事件首选发言人的地位几乎没有受到过挑战。

当记者的故事跨越了时空范围进行传播时，他们进一步维持着自身的权威性在场。无论记者自己针对刺杀事件的接近性如何，只要他们扮演了目击者、代表者、调查者和阐释者的角色就可以保证他们有能力对其进行权威性的发言。对记忆系统的运用也有助于记者稳固自己的权威角色。他们通过名人的故事来维系个体记者的地位，运用专业传说的故事来提高新闻组织与新闻机构的声望，运用新闻业作为国家冲动的历史记录者的故事来提升专业结构。在每个案例中，记忆都被编码，然后被反馈给原来的编码者，编码者再度进行编码。记者因此通过叙事延续着一个紧密编织的自我合法化的循环过程，这意味着话语在确定共同体的边界上发挥着核心作用。

	形式（叙事实践）	内容（故事类型）
叙事内部	提喻法 省略法 个性化	成为最快的 成为最好的 成为唯一的
叙事外部	纪念 循环	新闻专业性 电视技术 官方文件的有效性 专业记忆

技术、专业性和记忆

　　与肯尼迪遇刺事件有关的话语是透过新闻专业性与技术这两个透镜折射出来的。技术帮助媒体将临场发挥行为归入专业行为的行列，与此同时也为记者提供了一种建立起对记忆的监护权的方式。掌握技术变得与掌握报道事件几乎同等重要，从而把文化权威与技术的成功运用联系在一起。

　　在重述刺杀故事时，记者提到了技术的三种功能：传递（传输信息）、记录（为测试证据提供新方式）和储存（保存刺杀故事以便重新讲述）。为了确立他们对所讲故事的掌控，记者有时会重新安排这些技术功能的顺序。例如，沃尔特·克朗凯特在《新星》节目中对新技术的运用就展现了他对技术的创造性使用，通过使用成像技术，他重新检视了刺杀事件档案。这一策略可以防止将刺杀事件归类为有关无人露面、无须操作的"伟大机器"的故事。这样，记者把无人操作技术的故事转变成为关于个体如何策略性地运用技术、以崭新和即兴的方式实现专业性和社会性目标的故事。[4]同样，记者将刺杀事件改编为电视崛起的故事，也显示了他们为维持在其中的积极参与者身份而付出的不懈努力。

对其他事件的重述亦是如此。例如，记者利用他们掌握的卫星传输技术去讲述1991年海湾战争的故事。[5]越南战争的故事则聚焦于那些帮助媒体从图像层面记录这场战争及其影响的技术设备。并非巧合的是，媒体评论人士迈克尔·阿伦（Michael Arlen）用"起居室战争"这一术语指代越南战争期间的经历，由此通过传播技术对其进行界定。[6]所以，记者报道这些事件时所讲述的故事在很大程度上是由他们与技术的关系确定的。

因此，掌握技术的故事对于揭示记者愿意并且能够以专业性的名义操控手中的技术至关重要。尽管某些技术能比别的技术产生更多言之有理的故事，但每个掌握技术的故事中都存在一名使技术发挥作用的记者。无论在事件发生之时还是之后，技术都增强了媒体讲故事的能力。随着时间推移，许多掌握技术的故事帮助记者建立了记忆档案，受众和其他的重述者若想访问记忆就必须使用这种档案。正如娜塔莉·泽蒙·戴维斯（Natalie Zemon Davis）和伦道夫·斯塔恩（Randolph Starn）所建议的，"无论何时记忆被调用，我们都应当询问自己：通过谁？在哪里？在何种语境下？关于什么？"[7]

因此，我们不仅拥有一种关于肯尼迪死亡的话语，而且还拥有关于肯尼迪之死集体记忆的传播和储存技术的话语。新闻业变成了一个主要的集体记忆档案馆或储藏室，其中许多记忆也是关于记者自己的。[8]重述者可以轻易地进入由记者和新闻组织创建的记忆档案，使这些档案成为一种比原始文件更受欢迎的记录模式。正如哈布瓦赫所坚信的，"过去的现实已不存在于过去"[9]。相反，它处在由美国媒体叙述并在很大程度受其控制的当下之中。

媒体在这些发展过程中变成了记忆的档案管理员，而这些记忆与它们讲述的故事所涉及的事件有关。公共记忆转变为玛丽·道格拉斯（Mary Douglas）所说的"社会秩序的储存系统"[10]。作为这一储存系统的守护者，记者培养了一种非常牢固的关于他们行为的建构性观点，使自己忽略了竞争的存在。换言之，通过集体记忆将专业性与技术等议题联系起来，记者已经为自身的重述建立起了文化权威，它不仅体现在重述约翰·肯尼迪死亡的故事上，而且体现在对美国内战、水门事件等一系列其他公共事件的重述中。

新闻共同体的形塑

刺杀事件的重述暗示了一个怎样的新闻共同体？部分答案蕴含在共同体中那些已经被排除在重述工作之外的群体。大多数广播记者消失了，他们曾在肯尼迪死亡的最初报道中发挥过作用。许多地方性记者也消失了，他们曾经协助全国性媒体的同行来报道此事。消失的还有那些不太著名的记者，他们也不再讲述他们的故事。留下来的记者通常是受雇于电视台的全国性记者。更重要的是，留下来的记者能够继续"近用"媒体，并且拥有延续他们讲述故事时所需的必要的组织和机构支持。因此，新闻共同体在很大程度上是由近用权、技术、媒介、个体声望以及在新闻组织中的位置所共同形塑的。它迎合了共同体中有权势和话语权的成员，并以这样的方式讲述故事。知名的、被全国性媒体雇用的（电视）记者则被推崇为新闻共同体的先锋和典范。

媒体通过记忆系统延续其重述也证实了上述这一点。在强调个体记者、组织和机构以及专业结构的故事中，记者已经发展出谁被"允许"进入和谁被排除在外两种并行类别。随着时间的推移，得到最大程度使用的是那些能够满足所有三个维度的重述。例如，关于丹·拉瑟的故事不仅关注了他的职业（个体记者层次），还涉及了其所在的新闻组织和电视新闻的地位（组织/机构层次）以及新闻业重述公共事件的能力（专业结构层次）。相反，单纯涉及个体记者层次的故事，例如关于得克萨斯州当地记者佩恩·琼斯的调查性报道的故事，可能是因为没有得到组织或机构层面的支持才消失的。因此，流行的看法所强调的纸媒记者与电视记者的差异或是报道角色的不同，在这里可能不如个体记者、组织/机构以及专业结构之间的关系更为重要。记者似乎遵循这样的维度组织他们的话语，以处理他们认为与其作为权威的阐释共同体有关的议题。

杂糅模式支持着这一要点。在重述时，记者强调了他们如何频繁跨越新闻组织和新闻业功能之间的界限。记者撰写著作，出现在脱口秀节目中，以节目主持人而非记者的身份示人，充当专栏作家而非现场记录者。在这种努力下，记者忽略了报道任务之间普遍存在的边界，将他们的参与独立于先决任务、既定角色或正式界限。对于巩固记者这样一个站在有权势和话语权一边的阐释共同体来说，通才与专家或是电视主持人与纸媒专栏作家之间的区别只是次要的，但这并不意味着一位纸媒专栏作家拥有与电视主持人或条线记者同样的权威。同时，这种区别在记者的故事中也是次要的，特别是对于他们认为的一个群体应共享的内容来说。

所有这些都可以回溯到话语在为记者提供一种文化或仪式功能上的作用。话语提供了一个场所，记者在那里汇聚成一个共同体，但这个共同体并不必然是按照正式的专业线索形成的。刺杀故事给予记者一种方式来表达与协商他们共同体边界的变化情况，尽管它并非唯一可以这样做的事件。话语使得解决专业成员关心的问题和议题成为可能。我们有理由认为，其他类型的讲述者在其他类型的话语中也有类似的模式。因此，文化权威的意义最终立足在不同社会群体之间的界面上。

新闻权威形成过程中隐含的问题是美国公众对媒体权力的默许。只有在公众相对缺乏批判精神和漫不经心的情况下，新闻权威才能茁壮成长。媒体将事件调整为议程的能力与其能否有效地传递信息没什么关系，这依赖于受众对其投入较少的注意力，只有当这种调整违反或违背他们自己的经验时，受众才会表示抗议。然而大多数公共事件排除了主要受众对它们的体验。由于缺乏一种鼓励和协助受众对媒体叙事进行解码的机制，新闻权威反而得到了巩固。在重述刺杀故事的案例中，这种因素在很多方面都有助于建立新闻权威，尽管在肯尼迪去世时以及随后的几年里，人们始终对新闻业表现出的有效性存疑。

传播行为，团结叙事：话语在形塑共同体中的作用

以上讨论已经确立了一种观念，即记者运用叙事来维持他们作为一个权威的阐释共同体的定位和声望。它包括两个要点：一是记者通过叙事证明自己能够发挥阐释共同体的功能，二是权威所具有的文化维度旨在将记者整合成一个具有凝聚力的群体。两点都表明了讲述者是如何利用叙事建立起对他们作为文化权威的集体理解

的。权威不仅帮助讲述者把自己巩固为一个独立的阐释共同体，而且有助于他们以一种增强作为专业人士的集体尊严的方式来记住事件。[11]

对美国记者来说，针对约翰·肯尼迪的"贴身报道"的故事是一个独特的事件吗？从某个层面来看，它似乎确实如此。事件的极端性和不可预测性迫使记者运用即兴和本能的行为重申他们的控制权。然而在实际报道之外，事件的重述模式显示其具有普通的、可识别的、模式化的要素。记者运用创造叙事模式的能力将刺杀事件塑造为一个可被识别的新闻故事，这使他们可以通过叙事来重申他们在报道中失去的控制权。

叙事的运用使媒体研究者最不能解释的一类事件有了意义，即盖伊·塔克曼所说的"惊天大新闻"[12]，这表明记者已经形成了他们自己的应对发展不够充分的实践准则和知识的方式。新闻共同体致力于对其行动标准进行持续的阐释活动。当正式的实践标准不能承担此类行动的蓝图功能时，一些特定事件就会成为新闻专业人士的关键事件。

这凸显了新闻性重述的公共和文化两个维度。记者运用他们的叙事来处理他们自己的活动中被正式的社会化代理人所忽视的维度。与关键事件有关的话语使记者可以表达由特定事件引发的专业性关切。因此，他们作为一个阐释性群体的构成就通过话语实践得到了支持。叙事为记者提供了舞台，使他们可以根据自身的议程和优先级，在不同的时空节点上重新思考何以专业和缘何专业。

与其他群体相比，记者更有能力提供事件的"首选"版本，原因在于他们自己也在延续这样的观念，即他们的现实版本是一个更好的版本。记者把他们的版本添加到重复的、系统化的媒介化叙事之中，借此将自己置于其他潜在的重述者之前，以维系其权威的方式致力于对关键事件的叙述。这一点在重述肯尼迪遇刺事件时尤为关键，因为该事件中对媒体表现的质疑始终存在。

这并不意味着信息传播与建立文化权威的更大图景无关。受众以特定的方式对公共事件进行解码让记者的权威得以蓬勃生长。不过，对于搜集信息的群体而言，信息传播不如对同一信息的使用那么重要。共同体的认识与表达程度已经被批判性地嵌入新闻叙事的常规传播中，凸显出实现与传播效率无关的目标是何以可能的。

将"团结叙事"嵌入"传播行为"的做法揭示了文化权威在话语中的真实运作情况。重述者借由叙事建立起一套广泛的自我指涉话语，他们通过这套话语解决、表达、挑战、协商和改变他们行动标准的界限。权威变成集体实践的一个标记，为群体中的其他成员划定何为合适、何为优先的边界。

这表明了一种观点，即认为权威是一种扎根于共同体内部的构造物。权威制造了"一幅通过时间展现的自我画像……并允许共同体通过其生成的整个图像系列来认可自己"[13]。权威从而在传播行为得到授权的过程中扮演着核心角色，在团结叙事的合法化过程中也是如此。它使重述者集体可以维持他们作为可行的、权威的阐释共同体的地位。

199

关于文化权威、记忆与共同体

本研究表明，文化权威通过一种跨越时空的知识编纂循环实践系统得以形成。这一融合了涂尔干、吉登斯和哈布瓦赫视角的观点通过叙事实践得到了检视。本书的分析显示，"叙事性在历史文本生产中的功能"[14]构成了一种可行和有效的方式，讲述者借此将自己定位为文化中的权威并一直维持下去。

记者是众多使用叙事实现修辞合法化的群体中的一个。前述内容已经展示了他们是如何运用修辞合法化去解决关于他们自身权威的更大议题的。这样的过程不仅是通过关键事件中每个故事的内部调整才成为可能的，也是通过把调整作为建构现实的一种合法模式这一设定来实现的。换言之，修辞合法化强调了允许重述者在所有种类的公共话语中自由发挥这一基本假设。

特别是在公共话语的运作中，权威的建立和延续与媒体实践有着紧密关联。本书已经揭示了权威如何产生于权力集中的不均衡，这一现象出现在那些拥有媒体近用权的人之中。媒体为某些重述者提供了展现他们权威的有效方式，既面向他们自己，也面向其他人。尽管记者最有能力借助媒体去循环利用使他们成为权威的阐释共同体的集体知识准则，但他们的准则往往并不能反映他们在事件中的经历。这就导致对修辞合法化的考量变得尤为重要。这种重要性之所以被加强，原因在于修辞合法化通常也被其他寻求维持权威的群体使用，如政客、学者和神职人员等。

克利福德·格尔茨（Clifford Geertz）将知识与实践状况相联系，指出"如果你想理解一门科学是什么，就应当查看其实践者做了什么"[15]。格尔茨的论断强调了实践在确定文化权威边界时的重要性。本研究的重点在于"刺杀神话"背后的人，这也表明存在一个将该神话固定在正确的位置上的广泛的策略性实践网络。[16]在利用刺杀故事的过程中，人们不仅为事件赋予生命，而且为他们作为发言人的权威赋予生命。更重要的是，他们为新一代的观众确认了他们的权威，这些观众将会采纳他们所讲述的事件版本，也会接受新闻实践的挪用和他们的故事所暗示的权威。

尽管专业性的建构对于检视美国新闻共同体依然很重要，但本研究已经表明，除此之外，记者也发挥着阐释共同体的功能。他们与其他潜在的重述者群体，如历史学家、政客和普通公民都有着共同的特点，这一事实引发了人们对文化权威在各种公共话语中运作情况的疑问。不同的重述者通过他们的故事将自身合法化的机制是什么？为什么某些个体和群体要比其他个体和群体更容易成为合法的事件发言人？他们通过哪些策略性实践进行知识编写并用其来实现集体获益？以及最后，为什么公众会将他们建构现实所需的权威让渡给重述者？本研究表明，不同类型的重述者都将自身合法化为权威的阐释共同体，他们也利用其他群体去实现这个目的。在某种意义上，权威是经由知识循环机制实现的，这种机制不仅存在于同一个共同体成员内部，而且存在于许多不同的共同体之间，尤其是在所有公众之间。

记者在修辞合法化上的尝试已经生产出他们自己关于美国新闻业的构成性叙事，将有问题的事项最小化，并强调令人钦佩的事物。重述对美国新闻共同体至为重要的关键事件，提供了一个知识循环编码的典型案例。通过这一路径，重述者策略性地证明自己是有效的文化权威。因此，话语不仅通过形成共同体和共性来影响群体的巩固，而且还引导和指引人们走向自己的未来。这就是文化权威如何充当了编码知识的来源，以及美国第 35 任总统遇刺的故事如何产生了美国新闻业的主要构成性叙事之一。

后记：超越新闻权威
塑造集体记忆

　　在本书即将付梓之时，对约翰·肯尼迪遇刺的重述又出现了新的波折。1991年12月，好莱坞导演奥利弗·斯通执导的电影《刺杀肯尼迪》开始在全国范围内的电影院上映。在随后的几个月时间里，他的刺杀事件版本引发了大量的公共讨论，这也导致新闻权威的运作成为流行话语和流行文化的显性话题。本章将探讨1991年底、1992年初发生的事件如何为在刺杀故事中建立文化权威提供了额外证据，由此支持并扩展本书的核心论点。

　　1990年代初显现出了许多早些年曾出现过的刺杀事件重述模式。公众对政府的不信任感逐年上升，部分原因在于诸如伊朗门事件①、十

---

　　① 伊朗门事件（Irangate）是指1980年代中期因美国里根政府向伊朗秘密出售武器一事被揭露而产生的严重政治危机，因人们把它与尼克松水门事件相比较，故名伊朗门事件。

月惊奇①和国际信贷商业银行倒闭事件②这样的丑闻，与此同时，公众对政府高级官员可能开展阴谋行为的确信感也在增强。对权威的持续争夺现在变得愈发复杂，这是因为流行文化中的重述者们付出了更有能量和看似可信的努力。而这既引发了关于谁被授权可以讲述肯尼迪之死这一老问题，也出现了流行文化能否作为适当的、合法的讲述领域的新问题。这两组问题都影响了媒体继续维护它们作为刺杀故事首选讲述者的能力。

重新争夺授权

本书已经表明，围绕刺杀事件展开的故事还没有到尾声，这引发了一场对于授权的持续争夺，不同群体试图通过推广他们的达拉斯事件版本来宣传自己。本书尤其讨论了美国记者合法地成为刺杀事件权威讲述者的问题，这一地位之所以成为可能是因为他们获得

---

① 十月惊奇（October Surprise）是一个美国政治术语，指在11月选举前发生的可能对大选结果产生影响的新闻事件。这些新闻事件可能是蓄谋已久，也可能是突然发生的。由于美国选举日总是安排在11月上旬，因此10月发生的事件最有可能左右投票者的意向。该术语由罗纳德·里根的竞选经理威廉·约瑟夫·凯西（William Joseph Casey）在1980年提出。

② 国际信贷商业银行（Bank of Credit & Commerce International，BCCI）1972年注册于卢森堡，是一家大型跨国银行，英国安全部门和巴基斯坦有关方面在其中扮演了重要角色。BCCI在那些具有宽松的银行监管规则和税制自由，尤其是制定有严格的银行保密法和公司保密法的国家建立起了一张大网，几乎成了国际贩毒、走私及黑社会组织的洗钱天堂。1991年7月审计工作结束后，英国中央银行英格兰银行下令关闭BCCI。BCCI几十年的犯罪活动导致其亏欠8万名储户50多亿英镑，折合约100亿美元，有些人甚至损失了终生的积蓄，血本无归。从此，BCCI便成了"骗子和罪犯银行"的代称。BCCI事件在当时被称为"世界金融史上最大的欺诈案"。

202　了常规化的媒体近用权和机构支持。与记者的努力相伴而来的还有
独立批评者的工作，尽管他们遭到了官方和主流媒体的边缘化处
理，但是依然在范围有限的渠道内继续故事的讨论；在记者和独立
批评者之外还有历史学家，他们将刺杀事件的碎片作为历史记录的
部分内容吸纳进来。这些群体中的每一个都在与其他群体争夺着讲
述所发生的故事的权威。

　　然而，到了 1991 年底，这种争夺开始需要容纳另一方日益集
中的活动：虚构作者①。在早些年的小说家洛伦·辛格（Loren
Singer）、唐·德里罗以及诸如《刺杀大阴谋》② 和《视差》③ 一类
电影的引领下，奥利弗·斯通使用电影手段挑战了现存的刺杀叙
述。他酷爱解决大众历史中悬而未决的议题，这一点在其早期电影
中已经有所体现，比如《野战排》④、《生于七月四日》⑤ 以及《大
门》⑥ 等。

---

　　① 虚构作者（fictionalizers）一般指将事件改编为电影、小说等作品的人。

　　② 《刺杀大阴谋》的英文原名为 *Executive Action*，由大卫·米勒执导，伯特·兰
卡斯特、罗伯特·瑞安主演，于 1973 年 11 月 7 日上映。中译名也多译作《刺杀肯尼
迪》，为了避免与斯通的同名电影产生混淆，此处选用了该影片的第一个中文译名。

　　③ 《视差》（*The Parallax View*）于 1974 年 6 月 14 日上映，由艾伦·帕库拉执导，
沃伦·比蒂主演。比蒂饰演的人物在影片中调查一个专门进行政治刺杀的秘密组织。

　　④ 《野战排》（*Platoon*）是 1986 年上映的一部以越南战争为主题的美国电影，由
奥利弗·斯通执导并担任制片人，汤姆·贝伦杰、威廉·达福、查理·辛等联袂主演。
电影曾获奥斯卡最佳影片、最佳导演等四个奖项。

　　⑤ 《生于七月四日》（*Born on the Fourth of July*）是由奥利弗·斯通执导，汤姆·
克鲁斯、凯拉·塞吉维克主演的传记电影，于 1989 年 12 月 20 日上映。该片根据退伍老
兵朗·柯维克的同名自传小说改编，讲述了热血青年朗被美国总统的越南战争演说激励
后从军参战，在经历了真实而残酷的战争后终于觉悟，开始高举反战大旗的故事。

　　⑥ 《大门》（*The Doors*）是由奥利弗·斯通执导，方·基默、凯尔·麦克拉克伦、
弗兰克·威利、梅格·瑞安主演的音乐传记电影，于 1991 年 2 月 23 日上映。该片根据
真实故事改编，讲述了 1960 年代美国迷幻摇滚代表大门乐队的灵魂主唱吉姆·莫里森从
一夜成名到自我毁灭的人生经历。

然而，斯通在这场争夺中是一个古怪的补充元素。不同于其他虚构作者，他拥有地位、声望、媒体关注度和媒体近用权、财力、已被证明的名人天赋，总之，其中许多都是记者长期建立他们在故事中的首选地位时所倚重的制度外衣。此外，在使用独立批评者的叙述暗示有阴谋卷入时，斯通在电影制作上的尝试为这个被边缘化的重述群体提供了制度性支持，并将他们的主张直接带入全美的电影院中。[1]斯通甚至进一步表示，他正在充当重述肯尼迪死亡故事的历史学家。[2]通过使记者、独立批评者和历史学家这些不同重述群体长期竞争的边界变得模糊起来，斯通平等地挑战了每个群体的权威性在场。

那些长期以来对这起事件的主张与斯通的版本并不契合的重述者，对一个电影制作者意外地出现在他们中间感到心烦意乱。正如所预见到的，他们的担忧很快变成了期刊、报纸和电视脱口秀节目的特色主题。这些讨论聚焦于斯通电影的内容，当电影还在剪辑过程中的时候，记者就对其展开了批评。1991年5月，《华盛顿邮报》记者小乔治·拉德纳（George Lardner, Jr.）指责斯通仅仅是"追逐虚构作品"，从而对这场争论的升级起到了重要作用。[3]其他一些作者则称这部电影"企图重写历史"，体现了一种"对刺杀事件奇怪的、广受争议的态度"，它描述的是"达拉斯幻境"，所有这些看法都出现在电影离开剪辑台之前。[4]作为回应，一些独立批评者与少数记者抗议他们所看到的预先审查，尽管还有一些其他人急于阐明自己的看法、谴责斯通的观点。[5]

这些批评在电影上映后依然存在。历史学家小阿瑟·施莱辛格表示，尽管斯通的电影进入了奇幻之旅，但"历史将会永存"[6]。刺杀历史学家、《总统之死》的作者威廉·曼彻斯特也是这样认为

的。曼彻斯特抱怨电影制作方没有人来咨询过他的意见，并断言
"没有任何证据表明存在阴谋"[7]。《纽约时报》的安东尼·刘易斯
（Anthony Lewis）复查了斯通的每个说法并宣称，"事实将会击碎
斯通的幻想"[8]。《新闻周刊》也给这部电影贴上了"扭曲的历史"
的标签，在封面向读者承诺，他们看过杂志后将会理解"奥利弗·
斯通的新电影为何不值得信任"[9]。

对记忆的争夺：斯通、威克和拉瑟

　　曾经报道过肯尼迪之死的记者很快就对斯通进行了抨击。在
《纽约时报》刊载的一篇长文中，汤姆·威克重挫了斯通提出的理
论。[10]"这是对斯通先生极为重视的故事讲述的一次测量，"威克
表示，"他只是给予了我们对一部 NBC 纪录片稍纵即逝的一瞥。"
这部纪录片尖锐地批评了新奥尔良地区检察官吉姆·加里森，也就
是斯通电影里 1960 年代的英雄。他补充道，这部电影将"高度推
测的事项当作事实和真相，其实是在改写历史"[11]，"关于 1963 年
11 月 22 日发生的事情，斯通先生坚持着一个真实的信念"，那就是
"似乎只有他和加里森先生才能从关于在那个糟糕的日子发生的事
件的诸多理论中辨别真相。此外，他还暗示，任何不能与他共享这
一真实信念的人，要么是积极掩盖真相的人，要么是被动接受的
人"[12]。威克仔细指出了《刺杀肯尼迪》的失实之处，以及他自己
的声明和活动是支持还是否定斯通提出的证据。鉴于威克的专业身
份及其与刺杀事件之间的关联——文章署名处明确说他"曾经为这
份报纸报道过约翰·肯尼迪遇刺事件"——这些内容给人的印象

是，威克仍没有放弃这一话题，只是并未发现值得考虑的新证据。

CBS 的丹·拉瑟也在涉及《刺杀肯尼迪》和奥利弗·斯通的问题上投入了大量精力。1992 年 2 月，拉瑟在《48 小时》的一期特别节目中讨论了对肯尼迪之死进行的调查，他还特别注意到了围绕斯通电影发生的争议。[13] 这打破了《48 小时》的惯常模式，即主要报道在 48 小时的时间框架内发生的活动。这期节目之所以选择这一话题，部分是"拉瑟强烈的个人兴趣使然。自 1963 年 11 月 22 日报道了肯尼迪已故的消息起，他一直在报道肯尼迪遇刺事件"[14]。在节目播出前的宣传活动中，拉瑟直言自己的专业知识在斯通之上。"很久以后，在奥利弗·斯通已经去拍他的下一部、下下一部电影后，"他表示，"在许多书写该事件的人都停笔之后，我还会继续关注这个话题。"[15] 节目的另一个映前预告也告知读者，拉瑟"见证过达拉斯可怕的一天。今晚在《48 小时》的特别节目中，这位 CBS 新闻主持人将会重新检视刺杀事件，但是请不要将他与奥利弗·斯通等同起来"[16]。《48 小时》的制片人表示，肯尼迪遇刺事件对拉瑟而言是一种"新闻热忱的体现。拉瑟从事件伊始就介入了整个故事，他是货真价实的专家"[17]。

拉瑟从节目的前几分钟开始就专注于展示他的专业知识。他在开场白中说道："只花费了几秒钟的一个行为，已被数以千计的调查人员、学者、记者、业余侦探甚至是好莱坞仔细研究……今晚，在《48 小时》的这期特别节目中，我们呈现的内容是以超过 28 年的肯尼迪遇刺事件报道为基础而完成的，其中包括 CBS 新闻频道的三次独立调查。"[18] 拉瑟偏离了通常的做法，为节目采访了斯通本人。类似的自我认证塑造了他的总结性发言的框架，拉瑟表示："我们确实知晓很多，并且有许多足以支持沃伦委员会的结论。但

204

未解之谜同样很多。并非所有的阴谋论都是荒谬的……它们解释了这些令人费解的事情，巧妙地把未了结的部分捆扎起来。但是记者不应当也不能在那里寻求庇护。事实和确凿的证据才是记者的准则。"[19]拉瑟因此仔细区分了记者与其他重述者的不同，前者尊重硬事实，而后者看起来容易被缺乏这些事实的阴谋论蒙蔽。

在一个镜头中，拉瑟询问斯通为什么要对媒体百般挑剔。两人的对话内容如下：

> 拉瑟：我不理解你为什么会把新闻界当作阴谋的共谋者或者帮凶。

> 斯通：丹，当众议院特别委员会发布报告暗示无论肯尼迪还是金的谋杀案中都可能存在阴谋的时候，你们为什么没有东奔西跑尝试再度挖掘这起案件？你知道，我没有看到你们冲向那里，去调查我们的电影里呈现的60多处矛盾中的某一些。

> 拉瑟：这些都是记录在案的调查——1964年，1960年代末，1975年，1970年代末，以及1980年代。事实上，我们并不知道答案，也无法找到解决方案，你似乎想以某种方式证明我们有意或无意地成了阴谋的一部分。[20]

通过指出拉瑟没有对事件进行充分的调查，斯通质疑拉瑟作为一名专业记者的诚实正直。而拉瑟对其早期调查活动的概述则体现了他之前所做的努力，即在刺杀事件的语境中设定他的职业轨迹和专业形象。

肯尼迪去世时在场的其他一些记者也做出了类似的尝试，以证明他们的版本要优于斯通的版本。一名电视记者"在肯尼迪总统遇刺仅仅几个小时后就飞到达拉斯"去报道刺杀事件，他"（不相信）

刺杀理论"。尽管这名记者还没有看过电影《刺杀肯尼迪》，但他还是向公众表示：斯通的观点"很荒诞"[21]。

某些新闻组织从更大的议程角度审视了这部电影。《生活》《时尚先生》和《细节》等杂志的深度封面文章都讨论了这部电影为更新与刺杀有关的那些悬而未决问题所做的尝试。[22]ABC的新闻节目《夜线》讨论了两个涉及该电影的议题。[23]男同媒体指责《刺杀肯尼迪》表现出了对同性恋者的恐惧倾向，而一位前官员指责其是"偏执狂意义上的淫亵"[24]。如同早前重述刺杀故事的尝试一样，对斯通电影的讨论也开始出现在八卦电视和各类脱口秀节目中。[25]

所有这些好像与电影内容有关的话语都回避了眼下出现的真正问题：文化权威。一位观察者表示，有关《刺杀肯尼迪》的争论都没有区分"斯通的观点……（和）他产生这些观点的权利"之间的差别。[26]与这部电影相关的讨论的关键在于，斯通是否拥有足够的资格对肯尼迪遇刺事件发表看法。斯通的电影之所以被认为问题重重，不仅是因为其内容，也是因为它被框架化为一种企图，想要对许多公共部门沉默已久的议题展开讨论。"重要的不是你是否接受我的结论，"他表示，"我们只想让人们再仔细检查一下这一事件。"[27]这部电影被视为一种开启对话而非封闭对话的方式，它提供了一种关于所发生事情的非主流解释，其主要来自一位电影制作者。电影作为一种潜在的权威性描述的定位挑战了其他重述者的权威，而不管电影究竟传递了何种信息。

206

电影《刺杀肯尼迪》削弱了几乎所有与刺杀事件有关联的主体的权威性，包括独立批评者、历史学家和最为突出的主流记者。正如脱口秀主持人拉里·金（Larry King）所言，"电影的批评者正在胡言乱语，历史学家正在疯狂地胡言乱语。在这部电影制作完成前，建制派媒体就在追逐斯通，因为他为自己的观点披上了真相的外衣。担忧或许在于：斯通的版本可能比沃伦委员会的版本更加具有说服力"[28]。批评者罗伯特·格罗登预言说："这部电影将会提升公众的意识。那些不会花费时间读书的人可以去看电影，在三个小时的时间里，他们将能够看到问题究竟是什么。"[29]罗伯特·萨姆·安森（Robert Sam Anson）想知道记者是否能接受这一事件所带来的对其开展调查的挑战。[30]这是刺杀事件历史上屈指可数的一次，重述者在重述中公开辩论他们文化权威的界限究竟在哪里。

认证的重要性

认证活动因此成为对电影《刺杀肯尼迪》的讨论的核心。独立批评者指责引发争论的记者小乔治·拉德纳"别有用心"，原因或是在于他表现出反加里森的偏见，或是在于他被曝与华盛顿的情报机构有联系[31]；记者对加里森沉迷于对他自己的宣传表示不屑[32]；斯通则被认为太过专注于把自己认证为历史学家[33]。没有人被假定能够对这部电影或其背后的故事产生纯粹的兴趣。

这一模式在1992年1月得到了某种程度上的发展，在斯通出现在全国新闻俱乐部前的一段时期里，已经有近5 000万观众观看了斯通的电影，这部电影为他赢得了金球奖最佳导演奖和两项奥斯卡奖。[34]斯通的演说由美国有线电视C-Span现场直播，这给了他一个要求公布解密文件的舞台，并指责媒体、政府和历史学家热衷于坚持本质上存在错误的事件版本。[35]在这样做的过程中，他试图把资格认证的问题带到讲故事的最前线，把关于电影的话语从对其具体观点的批评转化为对他发表观点权利的讨论。在尝试对自己在故事讲述中的权威性存在予以合法化的过程中，他不可避免地扰乱了其他重述者的活动。

斯通表示，对刺杀事件的现有视角是一个"已经延续了一代记者和历史学家的迷思，他们一直拒绝审视和质疑它，并且紧密团结起来批评和中伤那些审视和质疑它的人"[36]。他质问道："在过去的20年时间里，我们何时看到过来自汤姆·威克、丹·拉瑟、安东尼·刘易斯这些人的严谨研究？"对他们来说，人们不应该搅乱"历史的这种既定版本……以免招致国内主要记者的怨恨。"因此，对他这部电影的愤怒来自"（右派和左派的）老记者们、政治记者们……新闻人的客观性在这里受到了质疑"[37]。斯通认为，这些媒体批评既来自体制，也得到了体制的支持。正如《拉里·金现场》中的交流所表明的：

> 金：你认为威克们、拉瑟们和杰拉尔德·福特们为什么会出现在《华盛顿邮报》的一篇评论文章里？你认为他们为什么会如此愤怒？
>
> 斯通：嗯，他们是官方的祭司。他们与他们的现实事件版本有利害关系。而在这里，我是一个电影人、艺术家，却进入了他们的领域。我认为他们对这一点感到不满。
>
> 金：你对此感到惊讶吗？
>
> 斯通：我认为他们从第一天起就搞砸了。[38]

有意思的是，被斯通贴上这样标签的记者回应了这位电影制作者，认为他遵循着不同的行动标准。在拉瑟看来，艺术家"与记者有着不同的价值体系：记者努力坚持事实，扮演见证者的角色"[39]。这样的评论又一次将电影制作者视为虚构作者，使得他们作为故事讲述者的可信度不如记者。并非巧合的是，它还强化了记者作为首选讲述者的地位。

不过，记者面临的更大挑战来自斯通的企图，他展示了将自己作为历史学家的愿景："我们可以向前迈进……并且（表明）人们可以去相信他们自己的历史。"[40] "如果你读过美国历史书，就知道它是令人厌恶的……我认为孩子们有权知道更多关于他们的历史。"[41] 长期以来，斯通一直表现出自己是"一个不相信官方正史的人"[42]。在《美国电影》杂志早期的一次访谈中，他甚至承认，他更喜欢研究那些被更大的文化忽略或掩盖的历史。[43]

就是在这里，斯通的说法变得最有问题。因为它们表明，他展示的不仅仅是虚构的内容，更是某种历史真相的版本。正如汤姆·威克所抱怨的，"这部电影……声称其本身就是真相。在诸多可能会看过它的美国人中，特别是那些从不接受沃伦委员会的只有一名行刺者的说法的人，甚至更加特别的是那些因太过年轻而不记得1963 年 11 月 22 日的人，《刺杀肯尼迪》很可能会被当作终极的、无可争议的解释"[44]。在一篇题为《〈刺杀肯尼迪〉的问题是事实》的专栏文章中，埃伦·古德曼（Ellen Goodman）感慨道："给人的感觉是，斯通主张他对肯尼迪之死拥有'排他性权利'。"[45] 斯通关于在故事的重述中承担历史性角色的评论，实际上在两个方面对记者提出了挑战，不仅因为他们对肯尼迪之死的调查不够充分，而且因为他们此前已对历史性角色提出了自己的主张。在维护自己作为历史学家的地位时，斯通也对近 30 年来记者一直建构的文化权威提出了相同的一般性主张。

随着围绕《刺杀肯尼迪》产生的话语在官方和半官方领域产生了相当大的影响，斯通对新闻权威造成的威胁也随之增加。尽管委员会的前律师阿伦·斯佩克特（Arlen Specter）坚信这部电影篡改了事实[46]，但是依然存在有人感兴趣并予以支持的迹象，虽然看起来有些微弱。一位观察者指出，"近30年来修正主义式的肯尼迪遇刺事件调查"的真正遗产，是"一个更黑暗、更复杂、更不单纯的美国愿景"[47]。与此观点一致，肯尼迪家族的成员呼吁开放剩余的刺杀事件档案，联邦调查局和中央情报局前局长威廉·韦伯斯特（William Webster）以及沃伦委员会的律师小组也有过类似呼吁。[48]曾担任众议院特别委员会主席的路易斯·斯托克斯（Louis Stokes）也率领国会两院的立法者们支持公布档案。[49]《纽约时报》的一篇社论同样呼吁对其进行解密。[50]许多重述者看好解密将会带来的益处。正如记者罗伯特·萨姆·安森所说，"它不应该由爱好者花费其毕生精力完成，上帝保佑他们所做的这项工作。联邦政府应该调查这一罪案，而我是其中一员的新闻界也应当全力以赴地参与其中"[51]。

有关《刺杀肯尼迪》的讨论也为独立批评者带去了积极的曙光，斯通被归入这一群体，他将其称为"研究共同体"[52]。《纽约时报书评》刊载了长达三页的"读者指南"介绍持阴谋论观点的著作。[53]《时代》周刊刊载的一篇文章讨论了"这群热衷于追逐更广泛的阴谋论且主要是自封的专家"的亚文化。[54]在独立批评者召开的一个重要的全国性会议上，会议组织者发放了一份问卷，询问参会者对电影《刺杀肯尼迪》的看法。[55]那些之前因为怪人或狂人的兴趣而被边缘化的议题现在变得普遍化和更加主流。一位观察者评论说："无论肯尼迪遇刺事件的爱好者还完成了别的什么成就，他们已经将他们所热爱的主题变成了这个国家关于其历史的头号问题。"[56]

公众似乎也积极地参与了讨论。大量与肯尼迪之死有关的证据被存放在国家档案馆，该机构报告说，公众检查证据的申请正在激增。[57]许多全国性媒体的读者来信似乎比大多数专业记者更为强烈地支持斯通的电影。[58]在 1992 年 1 月底的一周，《纽约时报》的畅销书榜单中有四本与刺杀事件有关的图书。[59]而在 2 月，一项 NBC 的民调报告显示，整整有 51％的美国公众相信，正如电影所展示的，中央情报局需要对肯尼迪的死亡负责，而只有 6％的人信任沃伦委员会。[60]

所有这一切都表明，对刺杀故事其他重述者的授权被嵌入对斯通电影的讨论中。与这部电影有关的话语的核心正是关于挑战正统的权利、官方记录和边缘化这些基本问题。这些讨论既与斯通认为他有足够的权威来拍摄这一主题的电影有关，也与他所展示的真实的事件版本有关。

因此，对记者而言，支持斯通在刺杀故事中的存在将会削弱其自身的权威性。然而，因为斯通有机会获得接近媒体的渠道和机构支持，所以他能够使用许多媒体术语来挑战他们。通过给予之前被边缘化的批评者一种机构支持，他邀请人们对新闻权威在刺杀故事中的有效性进行评估，其中有些渠道与媒体过去用来颂扬自己的渠道是相同的。

所以，《刺杀肯尼迪》面临的这场争夺授权的战斗，延续了自肯尼迪去世以来一直持续的竞赛。正如本书所揭示的，这场竞赛的所有参与方都牢牢地坚持自己的观点，并试图对别人的观点进行去合法化和边缘化的处理。奥利弗·斯通及其执导的《刺杀肯尼迪》也不例外。不过，在直接触及文化权威的运作时，斯通也揭示了媒体在重述刺杀事件过程中证明自己真实可靠的多种方式。

流行文化的权威

在使刺杀事件成为流行话语的一个主题时，斯通的电影也明确地触及了第二个议题：在重述肯尼迪遇刺事件时，美国公众愿意将权威让渡给流行文化的程度有多少。这部电影不同于早期的与刺杀事件有关的文化产品，像《刺杀大阴谋》《视差》甚至是《出租车司机》① 等，它们曾经使用肯尼迪之死的某些方面修饰不同的情节主线。《刺杀肯尼迪》是第一部以纪实电影的形式对刺杀事件进行处理的大型电影，影片预算达 4 000 万美元，并且聘请了多位好莱坞明星担任主角和配角。[61]

流行文化的其他领域也纷纷支持着斯通的努力。图书出版商推出了许多与刺杀事件有关的旧书，这些书籍开始在许多主流书店占有一席之地。[62]交易卡显示了这些阴谋论书籍受到欢迎的事实和销量数字。对其他独立批评者的访谈也出现在报纸和电视节目中。[63]《今日秀》中一个由五部分组成的另类阴谋论系列节目，在一次对观众最喜爱观点的调查中高居首位。[64]一部关于奥斯瓦尔德的电影《天秤星座》② 于 1992 年初开始拍摄，而另一部电影《多面鲁比》③已于 1992 年 3 月上映并在宣传时表示，电影主人公是"射杀了那

210

----

① 《出租车司机》（*Taxi Driver*）是 1976 年由马丁·斯科塞斯执导，罗伯特·德尼罗、朱迪·福斯特主演的美国剧情片。该片以一个出租车司机的视角讲述了发生在越南战争结束后的纽约的故事，曾获得 1976 年第 29 届戛纳国际电影节金棕榈奖。

② 原文为 Libra，但未查询到这部电影。

③ 《多面鲁比》（*Ruby*）是约翰·麦肯齐执导，丹尼·爱罗、雪琳·芬主演的英美合拍电影，该片于 1992 年 3 月 27 日上映。

个射杀肯尼迪总统的人"。通过流行文化的这些不同形式，公众获得了更多机会去了解刺杀事件的复杂性、微妙之处和其中的一些尚未解决的问题。

其他重述者则烦恼于流行文化的入侵，他们的批评主要集中在斯通的"电影版的历史"及其对现实生活事件的虚构上。[65] 丹·拉瑟在《CBS 晚间新闻》中慷慨激昂地质问道："当好莱坞将事实、不成熟的观点和纯粹的虚构杂糅到一部有着大预算的电影中，随后将其当作所谓的'真相'和'历史'售卖时，会发生什么？"[66] 一名记者在文章中表示，"斯通在《刺杀肯尼迪》中为了支持自己的观点，对历史现实进行了延伸和夸张"，他的电影进行的所谓"历史性的思考，其实是哗众取宠的废话"[67]。这篇文章的标题非常能说明问题："电影人奥利弗·斯通用《刺杀肯尼迪》表明他不能胜任历史学家的工作。"《新闻周刊》也抱怨《刺杀肯尼迪》就是宣传，而前总统杰拉尔德·福特称之为"商业幻想"[68]。

还有大量批评集中于斯通对视觉图像的不当使用。斯通承认，他"试图模糊何为真实与何为再创作之间的区别"[69]，将真实的电影片段与虚构片段结合在一起，由此违背了观众对于何以构成"真实"的期待。电影中有"真实生活的电影剪辑、模糊不清的再现、黑白仿制品和戏剧化的表演。'基于现实'的节目制作中的每个技巧都被采用了"[70]。斯通使用"欺骗性的摄影和虚假证据"对现实生活中的事件提出了有争议的假设。[71]

211　　无数对这部电影的批评抱怨说，它没有把自己表现为一部虚构作品。一位观察者质问道："好莱坞是在重新塑造历史吗？"[72] 萨姆·唐纳森（Sam Donaldson）表示，"批评者的愤怒在于，《刺杀肯尼迪》把自己描述为一部历史作品而非虚构作品"[73]。在一期

《夜线》节目中，特德·科佩尔（Ted Koppel）用设想的下列情况开场：

> 如果我在今晚的电视节目中表示，肯尼迪总统遇刺是一个阴谋的产物，它涉及中央情报局官员、联邦调查局、五角大楼高级成员和前副总统林登·贝恩斯·约翰逊。你将完全有权表示："证明它、充实它、记录它，或者至少引用你的信源。"换句话说，这里有些基本的规则，即便是记者也要遵守。确实，如果电影人奥利弗·斯通制作了一部纪录片而非故事片，那么他也会被要求遵守相似的行为准则。但是，他执导的这部电影只是简单地编造了他无法证明或充实的内容。在电影制作中，这被称为"艺术许可"；在国家治理中，它被称为"宣传"。无论哪种方式，它都会产生巨大的影响力。[74]

斯通的回应是，电影制作者和艺术家有"权利甚至可能有义务介入并且重新阐释……事件"[75]。但是许多观察者对运用视觉技术重述过去的合理性提出了质疑。汤姆·威克说，斯通"使用电影这一强大的工具，依赖娱乐圈的明星，去扩散一个真实的信念"[76]。埃伦·古德曼评论道：

> 作为作者和读者，我们这些印刷人群正在让位给制作人和观众这些视觉人群……一篇报纸专栏文章是每个版面五六个观点中的一个，一部耗资4 000万美元的电影却不可能和另一部花费4 000万美元的电影一起分屏观看。对于那些已经在影院里的人来说，奥利弗·斯通的观点可能会成为唯一的版本，而奥斯瓦尔德可能会永远看起来像演员加里·奥德曼（Gary

Oldman)①。所以,《刺杀肯尼迪》引发的大惊小怪是关于事实的,这毋庸置疑,但也与媒体和信息、过去和未来有关。[77]

在电影上映前,斯通曾经试图削弱一些批评的声音。在一系列有先见之明的举措中,他聘请了曾是刺杀事件目击者的普通公民作为电影顾问,其中包括侦探吉姆·莱维尔(Jim Leavelle),即奥斯瓦尔德被枪杀时站在他身边戴着白帽子的男子[78];他还邀请加里森本人饰演首席大法官厄尔·沃伦[79],并且为重现1963年的迪利广场付出了大量努力。

然而,斯通专门运用视觉图像来验证他的事件版本,对其他重述者特别是记者来说是存在问题的,因为这种做法与记者的实践如出一辙。尤其是在1980年代末期的一连串电视回顾节目中,媒体也使用了虚构的方式来描述肯尼迪遇刺事件,并将其称为“模拟”。[80]所谓的斯通错误使用视觉图像来验证他的故事,提出了关于形成任何有关过去的流行文化生产的责任边界的问题。[81]

因此,围绕斯通电影展开的话语引发了使用流行文化去处理一起过往的争议事件是否合适的问题,也提出了关于再现、主观性、负责任的视觉图像使用等议题。流行文化有能力运用更有娱乐性、引人入胜并常常充满争议的方式重塑过往,这表明流行文化自己正在对历史进行生产和再生产。对许多观察者而言,这构成了问题的核心,即虚构作者的入侵对基于现实的事件主张产生了威胁,他们打破了由事件的争议性和无共识性导致的已经岌岌可危的权威平衡性。就像斯通已经明确表示要重新争夺授权资格一样,他也明确指

①　加里·奥德曼是英国演员、导演。1991年,他在电影《刺杀肯尼迪》中饰演被官方认定的刺客李·哈维·奥斯瓦尔德。

出流行文化具有权威性，所以把对权威运作情况的讨论直接带入大
众话语中。

超越新闻权威，塑造集体记忆

　　所有这些都表明，针对斯通和《刺杀肯尼迪》的争议与关于过
往的公共话语的塑造有关——谁被允许进入，为什么？谁被排除在
外，又是为什么——因为它讲述的是肯尼迪之死的故事。斯通坚信
这部电影"比沃伦委员会更加接近真相"[82]，他不仅着重说明了官
方记录的"虚构"品质，而且还对大多数流行文化把历史事件改编
成小说的行为特征进行了夸大与合法化。

　　斯通在故事中的存在挑战了讲述故事的公认特征。他使用了媒
体渠道、机构支持和视觉技术，这些也是记者常用的；他还使用了
通常由独立批评者提出的观点；他称自己为历史学家。这表明，无
论是在一个阐释共同体内部，还是在许多不同的共同体之间，文化
权威的建立都是不可避免的。正如本书已经论证过的，文化权威是
在不同阐释共同体之间的界面上形成的。将自己的记忆托付给他人
依然是有争议的，无论他人是媒体、历史学家、官方机构还是其他
普通公民，原因就在于它会不时被关于过往以及我们在其中的位置
的基本的不安全感打断。因此，对肯尼迪遇刺事件的重述只是提供
了一个人们制定何种策略以试图与他们的历史达成一致的范例。历
史学家迈克尔·卡门最近注意到：

　　　　媒体传递了相当数量的被误认为历史和记忆的内容。在这
　　样做的时候，它们频繁地在人们与历史事件、地点或位置之间

213

进行斡旋。报纸、广播、电视和电影在向美国人和其他国家的人解释美国以及美国的意义方面，承担（或实现）了越来越大的责任。这样一来，它们就削弱了（其他渠道的）作用，也减少了美国人感受到的把充分了解美国历史作为理解国家认同基础的需求。[83]

如果斯通的电影成功地改变了刺杀事件的现状，他就成功地对美国记者提出了终极挑战，他们通常认为自己是真正的第四等级。在与记者所提出的事件版本进行竞争的时候，《刺杀肯尼迪》也质疑了他们的版本中所隐含的新闻权威。这就导致记者对《刺杀肯尼迪》的公开批评不仅是可以预见的，而且对他们作为一个权威的阐释共同体的完整性也是必不可少的。

因此，围绕电影《刺杀肯尼迪》出现的争议以两种方式扩展了本书的论点：一是它体现了一种针对围绕刺杀重述展开授权资格的持续争夺而进行的更新，二是它强调了流行文化在解决这一过去的特定事件上日益增长的作用。在这两个方面，斯通通过在大众话语和流行文化中讨论文化权威的运作问题使其变得更为明确。

不管斯通的电影有多少错误或失实之处，它也因此为刺杀事件中更为主流的看法提供了一种反记忆或反权威的视角。这部电影在内容和形式上都做到了这一点，它还对所发生事情的相关描述和公认的重述代理人提出了挑战。在这两个方面，它使美国民众了解了文化权威在这个特殊故事中的运作情况，并且阐明了在各种各样的故事中塑造公共话语的声音网络。由于集体记忆产生于此类话语，因此需要解释这些声音是如何融合与冲突的，它们在哪些方面相互矛盾，为什么它们引入的论据与当下的话题没有什么关系。

一位作家观察到，因为"本世纪的这场犯罪太过重要，所以不能让它一直悬而未决；它也太过复杂，所以不能将其交由好莱坞的电影制作者处理"[84]。正如重新开放刺杀事件档案的行动不能止步于好莱坞电影人的圈子一样，美国公众也不应该忽视文化权威和集体记忆的话语运作情况。因为只要公众无法质疑记者的文化权威，他就不能怀疑、挑战或限制它。这个美国过往的故事在某种程度上仍将会是一个关于媒体选择记住什么的故事，也会是一个讲述媒体记忆如何反过来变成美国记忆的故事。如果没有记者的权威，那么也一定会有其他共同体、个体和机构的权威对这一故事提出他们自己的主张。正如本书已经显示的，历史正是在这样的竞争中产生的。

注　释

　　第一章

[1] Peter L. Berger, *Invitation to Sociology*: *A Humanistic Perspective* (New York: Anchor Press, 1963), p. 57.

[2] Emile Durkheim, *The Elementary Forms of the Religious Life* [New York: Free Press, 1965 (1915)]; 另见 Serge Moscovici, "The Phenomenon of Social Representations," in *Social Representations*, ed. Robert M. Farr and Serge Moscovici (Cambridge: Cambridge University Press, 1984), pp. 3–69。

[3] Victor Turner, *The Ritual Process* (Ithaca, N. Y. : Cornell University Press, 1969).

[4] Roger Abrahams, "Ordinary and Extraordinary Experience," in *The Anthropo-logy of Experience*, ed. Victor Turner and Edward Bruner (Urbana: University of Illinois Press, 1986), p. 45.

[5] Anthony Giddens, *Central Problems in Social Theory* (Berkeley: University of California Press, 1979), p. 69.

[6] James W. Carey, "A Cultural Approach to Communication," *Communication* 2 (1975), p. 6; 另见 James W. Carey, *Communication as Culture* (Boston: Unwin Hyman, 1989)。

〔7〕G. H. Mead, *The Philosophy of the Present* (Chicago: University of Chicago Press, 1932).

〔8〕Maurice Halbwachs, *The Collective Memory* 〔trans. of *La mémoire collective* (Paris: Presses Universitaires de France, 1950)〕(New York: Harper and Row, 1980), p. 33. 摘自 Natalie Zemon Davis and Randolph Starn, "Introduction," *Representations* (Spring 1989), p. 4。

〔9〕Ralph Lowenthal, *The Past Is a Foreign Country* (Cambridge, Mass.: Cambridge University Press, 1985).

〔10〕Barbara Kruger and Phil Mariani (eds.), *Remaking History* (Seattle: Bay Press, 1989).

〔11〕Richard Johnson et al. (eds.), *Making Histories: Studies in History-Writing and Politics* (Minneapolis: University of Minnesota Press, 1982).

〔12〕George Lipsitz, *Time Passages* (Minneapolis: University of Minnesota Press, 1990).

〔13〕David Middleton and Derek Edwards (eds.), *Collective Remembering* (Beverly Hills: Sage, 1990).

〔14〕Pierre Nora, *Les lieux de mémoire* (Paris: Editions Gallimard, 1984-); Michael Kammen, *Mystic Chords of Memory: The Transformation of Tradition in American Culture* (New York: Alfred A. Knopf, 1991). 另见 Fred Davis, *Yearning for Yesterday* (New York: Free Press, 1979)。 *216*

〔15〕Special issue on "Social Memory," *Communication* 11 (2)(1989); special issue on "Memory and Counter-Memory," *Representations* (Spring 1989); special issue on "Memory and American History," *Journal of American History* 75 (1989).

〔16〕John Nerone and Ellen Wartella, "Introduction: Studying Social Memory," special issue on "Social Memory," *Communication* 11 (2)(1989), pp. 85-88.

[17] Claude Lévi-Strauss, *The Savage Mind* (Chicago: University of Chicago Press, 1966), p. 259.

[18] George Gerbner, "Cultural Indicators: The Third Voice," in *Communications Technology and Social Policy: Understanding the New "Social Revolution,"* ed. George Gerbner, Larry Gross, and William Melody (New York: John Wiley, 1973), p. 562.

[19] Bradley Greenberg and Edwin Parker (eds.), *The Kennedy Assassination and the American Public* (Palo Alto: Stanford University Press, 1965); Darwin Payne, "The Press Corps and the Kennedy Assassination," *Journalism Monographs* 15 (February 1970).

[20] 例如，参见 Tom Pettit, "The Television Story in Dallas," in *Kennedy Assassination*, ed. Greenberg and Parker, pp. 61 – 66; Ruth Leeds Love, "The Business of Television and the Black Weekend," in *Kennedy Assassination*, ed. Greenberg and Parker, pp. 73 – 86; Tom Wicker, "That Day in Dallas," *Times Talk* (*New York Times* internal publication) (December 1963); Meg Greenfield, "The Way Things Really Were," *Newsweek*, 28 November 1988, p. 98。

[21] 这一点是由斯蒂芬·纳普 (Stephen Knapp) 提出的，他认为"社会共享的安排方式可能与集体记忆中所保存的叙事有关"。[Stephen Knapp, "Collective Memory and the Actual Past," *Representations* (Spring 1989), p. 123]

[22] Ulric Neisser, "Snapshots or Benchmarks?" in *Memory Observed*, ed. Ulric Neisser (San Francisco: W. H. Freeman, 1982), p. 45.

[23] Greenberg and Parker, *Kennedy Assassination*.

[24] 这些研究包括 Payne, "Press Corps"; Richard K. Van der Karr, "How Dallas TV Stations Covered Kennedy Shooting," *Journalism Quarterly* 42 (1965), pp. 646 – 647; Thomas J. Banta, "The Kennedy Assassination:

Early Thoughts and Emotions," *Public Opinion Quarterly* 28 （2）（1964），pp. 216 - 224。效果研究的一个例外是 Leland M. Griffin, "When Dreams Collide: Rhetorical Trajectories in the Assassination of President Kennedy," *Quarterly Journal of Speech* 70 （2）（May 1984），pp. 111 - 131。

［25］参见 Magali Sarfatti Larson, *The Rise of Professionalism* （Berkeley: University of California Press, 1977）; Eliot Friedson, *Professional Powers* （Chicago: University of Chicago Press, 1986）; Philip Elliott, *Sociology of the Professions* （London: Macmillan, 1972）; Morris Janowitz, "Professional Models in Journalism: The Gatekeeper and the Advocate," *Journalism Quarterly* 52 （Winter 1975），pp. 618 - 626。

217

［26］参见 Larson, *Rise of Professionalism*。另见 Wilbert Moore, *The Professions: Roles and Rules* （New York: Russell Sage Foundation, 1970）; Terence Johnson, *Professions and Power* （London: Macmillan, 1972）。约翰逊（Johnson, p. 31）引用了埃弗里特·休斯（Everett Hughes）被广为引用的一段话，他把"这种职业是一种专业吗？"重新表述为"在什么条件下，从事一种职业的人试图把它变成一种专业，并把自己变成专业人员？"

［27］J. Johnstone, E. Slawski, and W. Bowman, *The News People* （Urbana: University of Illinois Press, 1976）; David Weaver and G. Cleveland Wilhoit, *The American Journalist* （Bloomington: Indiana University Press, 1986）. 另见 Lee Becker et al., *The Training and Hiring of Journalists* （Norwood, N. J.: Ablex, 1987）。一位新闻编辑说："当然，现在我们有了新闻学院。大多数出版机构——不是所有的，感谢上帝——都是从新闻学院招募人手的。这意味着他们正在从最底层的 40％ 的人口中招聘，因为总的来说，聪明的学生是不会去新闻学院就读的。"（引自 Irving Kristol, *Our Country and Our Culture* ［New York: Orwell Press, 1983］, p. 82）

［28］Both Clement Jones, *Mass Media Codes of Ethics and Councils* （New York: UNESCO, 1980）; Robert Schmuhl, *The Responsibilities of*

Journalism（Notre Dame，Ind.：University of Notre Dame Press，1984），address this issue. 另见 Tom Goldstein，*The News at Any Cost*（New York：Simon and Schuster，1985），p. 165。对记者来说，许可证或证书在一个更为实用的层面起作用。例如，警方以"安全"为由发放的数量有限的证书，经常被记者用来获得接近与上述证书没有明显关系的活动的机会。正如大卫·哈伯斯塔姆所说："你的记者证实际上是一张社会信用卡。"［引自 Bernard Rubin，*Questioning Media Ethics*（New York：Praeger，1978），p. 16］

　　［29］Weaver and Wilhoit，*American Journalist*，p. 106.

　　［30］同上，第 145 页。

　　［31］托尼·里默（Tony Rimmer）和戴维·韦弗（David Weaver）最近阐述了这一观点，参见 "Different Questions，Different Answers：Media Use and Media Credibility，" *Journalism Quarterly* 64（Spring 1987），pp. 28 - 36，他们研究了受众如何感知报纸和电视新闻的可信度（可靠、公正、完整、准确）（p. 36）。其他例子包括：Eugene Shaw，"Media Credibility：Taking the Measure of a Measure，" *Journalism Quarterly* 50（1973），pp. 306 - 311；以及 R. F. Carter and Bradley Greenberg，"Newspapers or Television：Which Do You Believe？" *Journalism Quarterly* 42（1965），pp. 22 - 34。

　　［32］这包括大量来自社会学的文献。参见 Gaye Tuchman，*Making News*（New York：Free Press，1978）；Mark Fishman，*Manufacturing the News*（Austin：University of Texas Press，1980）；Herbert Gans，*Deciding What's News*（New York：Pantheon，1979）。

218　　［33］Warren Breed，"Social Control in the Newsroom，" *Social Forces* 33（1955），pp. 326 - 335.

　　［34］参见 Gaye Tuchman，"Making News by Doing Work：Routinizing the Unexpected，" *American Journal of Sociology* 79（July 1973），pp. 110 - 131；Edward J. Epstein，*News from Nowhere*（New York：Vintage，1974）；Edward J. Epstein，*Between Fact and Fiction：The Problem of Journalism*

(New York: Vintage, 1975); Jeremy Tunstall, *Journalists at Work* (Beverly Hills: Sage, 1971); Harvey Molotch and Marilyn Lester, "News as Purposive Behavior," *American Sociological Review* 39 (February 1974), pp. 101 - 112。

[35] 持这种观点的学术成果包括伯明翰当代文化研究中心所做的批判性研究，以及其他关于新闻话语的研究。例如 Stuart Hall, "Culture, the Media and the Ideological Effect," in *Mass Communication and Society*, ed. James Curran, Michael Gurevitch, and Janet Woollacott (Beverly Hills: Sage, 1977), pp. 315 - 348; John Fiske, *Television Culture* (London: Methuen, 1987); John Hartley, *Understanding News* (London: Methuen, 1982)。另见 Todd Gitlin, *The Whole World Is Watching* (Berkeley: University of California Press, 1980), "新闻业与整个社会系统内其他一系列具有意识形态功能的专业和机构共存且密切相关"(p. 251)。

[36] 参见 Margaret Gallagher, "Negotiation of Control in Media Organizations and Occupations," in *Culture, Society and the Media*, ed. Michael Gurevitch et al. (London: Methuen, 1982), pp. 151 - 173。另见 Gunther Kress and Robert Hodge, *Language as Ideology* (London: Routledge and Kegan Paul, 1979); Glasgow University Media Group, *Bad News* (London: Routledge, 1976), *More Bad News* (London: Routledge, 1980)。

[37] 盖伊·塔克曼讨论了在记者中间推广"训练出来的无能"(trained incapacity) 的可能性 [Gaye Tuchman, "Professionalism as an Agent of Legitimation," *Journal of Communication* 28 (2) (Spring 1978), pp. 106 - 113]。舒德森认为新闻专业性产生于具体的工作方法（特别是识别与核实事实），而非对（据说是值得称赞的）预先确定的特质或条件的组合进行回应。参见 Michael Schudson, *Discovering the News* (New York: Basic Books, 1978)。这或许可以解释为什么当代记者仍然坚持一种完全可以描述的"客观"世界的观念，尽管与之相反的哲学和社会学观点越来越流行。参见 James Carey, "The Dark Continent of American Journalism," in R. K. Manoff and Michael

Schudson （eds.）, *Reading the News* （New York：Pantheon，1986）, pp. 146 -

196; Schudson, *Discovering the News*; Dan Schiller, *Objectivity and the*

News （Philadelphia：University of Pennsylvania Press，1981）。

［38］Robert E. Park, "News as a Form of Knowledge," *American Journal of*

Socio-logy 45 （March 1940）, pp. 669 - 686.

［39］Dean O'Brien, "The News as Environment," *Journalism Mono-*

graphs 85 （September 1983）, p. 1.

［40］Michael Schudson, "What Is a Reporter? The Private Face of Public

Journalism," in *Media*, *Myths and Narratives*, ed. James W. Carey （Beverly

Hills：Sage，1988）, pp. 228 - 245. 另见 Michael Schudson, *Watergate in*

American Memory：*How We Remember*, *Forget and Reconstruct the Past*

（New York：Basic Books，in press）。

［41］参见 Peter Blau and M. Meyer, *Bureaucracy in Modern Society*

（New York：Random House，1956）。在新闻机构中的应用，可参见 Tuch-

man, *Making News*; Fishman, *Manufacturing the News*; Gans, *Deciding*

What's News。另可参见 Bernard Roshco, *Newsmaking* （Chicago：University

of Chicago Press，1975）。

［42］滕斯托尔 （Tunstall） 称之为 "非常规的科层制" （non-routine bu-

reaucracy）。参见 Tunstall, *Journalists at Work*, 另见 Itzhak Roeh, Elihu

Katz, Akiba A. Cohen, Barbie Zelizer, *Almost Midnight*：*Reforming the*

Late-Night News （Beverly Hills：Sage，1980）。约瑟夫·图罗考察了这样一

种集体框架在其他地方的运作，参见 Joseph Turow, "Cultural Argumentation

Through the Mass Media：A Framework for Organizational Research," *Commu-*

nication 8 （1985）, pp. 139 - 164。

［43］这些要点在一系列文献中都有提及，包括 Goldstein, *News at Any*

Cost; Carey, "Dark Continent"。

［44］海姆斯描述了在一个言语共同体中起作用的七个因素：发送者、接

受者、信息、渠道、代码、主题和语境 [Dell Hymes, "Functions of Speech," in *Language in Education*: *Ethnolinguistic Essays* (Washington, D. C.: Center for Applied Linguistics, 1980), p. 2]。

[45] Stanley Fish, *Is There a Text in This Class*? (Cambridge, Mass.: Harvard University Press, 1980), p. 171.

[46] 在民俗学中，关于民间共同体与叙事的代表性研究有 Alan Dundes, "What Is Folklore?" in *The Study of Folklore* (Englewood Cliffs, N. J.: Prentice-Hall, 1965), pp. 1 – 3; Linda Degh, "Folk Narrative," in *Folklore and Folklife*, ed. Richard M. Dorson (Chicago: University of Chicago Press, 1972), pp. 53 – 83。

[47] Robert Bellah et al., *Habits of the Heart*: *Individualism and Commitment in American Life* (Berkeley: University of California Press, 1985), p. 153.

[48] 少数例外情形参见 Robert Darnton, "Writing News and Telling Stories," *Daedalus* 120 (2)(Spring 1975), pp. 175 – 194; Michael Schudson, "The Politics of Narrative Form: The Emergence of News Conventions in Print and Television," *Daedalus* 3 (4)(Fall 1982), pp. 97 – 112; "News as Social Narrative," *Communication* 10 (1)(1987); Barbie Zelizer, " 'Saying' as Collective Practice: Quoting and Differential Address in the News," *Text* 9 (4) (1989), pp. 369 – 388; Barbie Zelizer, "Where Is the Author in American TV News? On the Construction and Presentation of Proximity, Authorship and Journalistic Authority," *Semiotica* 80 (1/2)(1990), pp. 37 – 48。最近几起涉及事实与虚构连续统一体的丑闻，已经使记者更为谨慎小心地使用讲故事的手法，如珍妮特·库克丑闻、新闻报道对贝尔法斯特一名英军炮手的编造，又比如《纽约时报》记者克里斯托弗·琼斯（Christopher Jones）的案例，他的（虚构）报道中涉及红色高棉的部分剽窃自安德烈·马尔罗（André Malraux）的小说。*220* 参见 David Eason, "On Journalistic Authority: The Janet Cooke Scandal,"

Critical Studies in Mass Communication 3（1986），pp. 429 – 447；Shelley Fishkin，*From Fact to Fiction：Journalism and Imaginative Writing in America*（Baltimore：Johns Hopkins University Press，1985）。

［49］参见 Eviatar Zerubavel，*Hidden Rhythms*（Berkeley：University of California Press，1981）；Erving Goffman，*Forms of Talk*（Philadelphia：University of Pennsylvania Press，1981）。

［50］Barney Glaser and Anselm Strauss，*The Discovery of Grounded Theory*（New York：Aldine，1967）．这种方法作为一种可行的社会学工作的逻辑隐匿地出现在马克斯·韦伯和格奥尔格·齐美尔（George Simmel）的著作中。参见 Max Weber，*Max Weber：Selections in Translation*（Cambridge：Cambridge University Press，1978）；George Simmel，*The Sociology of George Simmel*（New York：Free Press，1950）。另见 Charles L. Bosk，*Forgive and Remember*（Chicago：University of Chicago Press，1979）。

［51］这些资料包括《纽约时报索引》、《华盛顿邮报索引》、《期刊文献现行指南》、范德比尔特电视新闻档案、CBS 新闻档案和 NBC 新闻档案。

［52］接受问卷调查的期刊和新闻机构包括 ABC、CBS、NBC、《新闻周刊》、《时代》周刊、《纽约时报》和《华盛顿邮报》。

［53］为本研究项目提供文献资料的其他机构包括约翰·肯尼迪纪念图书馆（John F. Kennedy Memorial Library）、谢尔曼·格林伯格图书馆（Sherman Grinburg Library）、期刊制图公司（Journal Graphics，Inc.）、ABC 新闻抄本（ABC News Transcripts）和调查性新闻集团（the Investigative News Group）。

第二章

［1］对这一主题的深入讨论，可参见 Sohnya Sayres et al.（eds.），*The 60s Without Apology*（Minneapolis：University of Minnesota Press in cooperation with *Social Text*，1984）。为与当时的许多作者一致，我建议把 1960 年代作为一个启发式的构造物来研究，而不是一种时间上的类别。

［2］Morris Dickstein，*Gates of Eden：American Culture in the Sixties*

(New York：Penguin, 1989), pp. v, 137.

［3］Todd Gitlin, *The Sixties：Years of Hope，Days of Rage*（New York：Bantam, 1987), p. 7.

［4］Jacob Brackman, "The Sixties：Shock Waves from the Baby Boom," *Esquire*, June 1983，p. 198；重新发表于 *Esquire*, October 1968。

［5］Norman Mailer, "Enter Prince Jack," *Esquire*, June 1983，p. 208；引自 "Superman Comes to the Supermarket," *Esquire*, November 1960。

［6］Lance Morrow, "Of Myth and Memory," *Time*, 24 October 1988, p. 22.

［7］Peter Stine, "Editor's Comment," *Witness* 2 (/3)，特别合刊 "The Sixties," (Summer/Fall 1988), p. 9.

［8］Lawrence Wright，*In the New World：Growing Up with America from the Sixties to the Eighties* (New York：Vintage, 1983), p. 48. *221*

［9］Thomas Brown, *JFK：History of an Image* (Bloomington：Indiana University Press, 1988), p. 2.

［10］Casey Hayden, "The Movement," *Witness* 2 (2/3) (Summer/Fall 1988), p. 245.

［11］Tom Schachtman, *Decade of Shocks：Dallas to Watergate* 1963‐1974 (New York：Poseidon, 1983), p. 62.

［12］Dickstein, *Gates of Eden*, p. 136.

［13］Fredric Jameson, "Periodizing the 60s," in Sayres et al. (eds.), *The 60s Without Apology*, p. 184.

［14］Gitlin, *The Sixties*, p. 20.

［15］布拉克曼（Brackman）撰写的序言，"The Sixties：Shock Waves," *Esquire*, June 1983, p. 197.

［16］参见 Tom Wolfe, *The New Journalism* (New York：Harper and Row, 1973)；或 Dickstein, *Gates of Eden*, pp. 132‐135。

［17］参见 David Halberstam, *The Powers That Be* (New York：Laurel

Books，1979），pp. 640 - 656。

［18］同上，第 561 页。

［19］Pierre Salinger，"Introduction," in *Kennedy and the Press*，H. W. Chase and A. H. Lerman （New York：Thomas Y. Crowell，1965），p. ix.

［20］Gary Wills，*The Kennedy Imprisonment* （New York：Pocket Books，1983），p. 155.

［21］Pierre Salinger，*With Kennedy* （New York：Doubleday，1966），p. 31.

［22］同上，第 32～33 页。

［23］引自 Lewis Paper，*The Promise and the Performance* （New York：Crown，1975），p. 253。

［24］Hugh Sidey，引自 Philip B. Kunhardt，Jr. （ed. ），*Life in Camelot：The Kennedy Years* （New York：Time-Life Books，1988），p. 6。

［25］Tom Wicker，*On Press* （New York：Berkley，1975），p. 125.

［26］同上，第 125～126 页。

［27］随着肯尼迪开始在政治世界中崛起，关于他的婚外情、艾迪生氏病、粗鲁的语言和早期婚姻的故事都被系统地从公共记录中抹除了。在他死后，他的生活中存在问题的方面也被从记忆中抹去，这种一意孤行的做法仍在继续。他的记忆守护者——罗伯特·肯尼迪和杰奎琳·肯尼迪——与刺杀历史学家威廉·曼彻斯特之间激烈的法律争斗足可作为证明。这样的争斗扩大了关于肯尼迪的记忆被系统管理的程度，然而它们已经与肯尼迪早期政治生涯中形象管理的努力紧密地联系在一起了。

［28］亨利·费尔利对肯尼迪与记者的关系引发的问题进行了详细讨论。参见 Fairlie，"Camelot Revisited," *Harper's*，January 1973，pp. 67 - 78。

［29］Benjamin Bradlee，*Conversations with Kennedy* （New York：W. W. Norton，1975）. 例如，《新闻周刊》称之为"约翰·肯尼迪的美好回忆"（*Newsweek*，17 March 1975，p. 24）。

［30］Taylor Branch，"The Ben Bradlee Tapes：The Journalist as Flatterer,"

Harper's，October 1975，pp. 36，43.

　　[31] 相关细节可参见 Goddard Lieberson（ed.），*JFK：As We Remember Him*（New York：Atheneum，1965）。

　　[32] John F. Kennedy，*Profiles in Courage*（New York：Harper and Row，1956）. 肯尼迪作为记者和作家的声誉已经遭到了一些批评者的抨击，参见 Herbert S. Parmet，*Jack：The Struggles of John F. Kennedy*（New York：Dial，1980）；Wills，*Kennedy Imprisonment*。这些著作讲述了肯尼迪的声誉被创造背后的轶事："当大使安排他的儿子带着记者证去有益的地方旅行时，《纽约时报》专栏作家阿瑟·克罗克称赞他是一名出色的年轻记者。克罗克甚至声称，肯尼迪作为一名在英国的特约记者，预测了温斯顿·丘吉尔在 1946 年的意外失败……约翰·肯尼迪的作家身份几乎完全是约瑟夫·肯尼迪这位推动者创造出来的。"（Wills，*Kennedy Imprisonment*，p. 135）加里·威尔斯和赫伯特·帕梅特还令人信服地指出，肯尼迪在写《勇敢者传略》（*Profiles in Courage*）时得到了阿瑟·克罗克和西奥多·索伦森的过多帮助；威尔斯甚至认为，肯尼迪早期的一本书《英国为什么沉睡》[*Why England Slept*（New York：Funk and Wagnalls，1961 [1940]）]曾被克罗克精心地润色过，并且过度使用了经济学家哈罗德·拉斯基（Harold Laski）的观点（Wills，*Kennedy Imprisonment*，pp. 133‐140）。

　　[33] *Editor and Publisher*，12 November 1960，p. 7.

　　[34] Joseph kraft，"Portrait of a President," *Harper's*，January 1964，p. 96.

　　[35] 引自 Peter Goldman，"Kennedy Remembered," *Newsweek*，28 November 1983，p. 66. 肯尼迪如饥似渴的阅读习惯被记者详细地引用了。约瑟夫·克拉夫特曾慷慨地把总统的常规阅读材料归类为新闻界大部分的"报道、社论和专栏"（"Portrait of a President," p. 96）。即使有时对他们不利的事实也要服从于他似乎对他们工作产生的兴趣，前 CBS 记者乔治·赫尔曼（George Herman）关于总统"因为一个被深埋在长篇报道中的脚注而痛骂记者"的故事就是一个例证（参见 Paper，*Promise and the Performance*，p. 324）。

［36］David Halberstam, "Introduction," in *The Kennedy Presidential Press Conferences* (New York: Earl M. Coleman Enterprises, 1978), p. ii.

［37］David S. Broder, *Behind the Front Page* (New York: Touchstone, 1987), p. 157.

［38］Christopher Lasch, "The Life of Kennedy's Death," *Harper's*, October 1983, p. 33. 克里斯托弗·拉什还声称，肯尼迪在 1950 年代就已经被塑造成英雄了，因为"学术机构、新闻记者和舆论制造者决定，国家需要一位英雄"（p. 33）。

［39］更多细节参见 Paper, *Promise and the Performance*, p. 326。

［40］参见 Kenneth P. O'Donnell and David F. Powers, "*Johnny, We Hardly Knew Ye*" (Boston: Little, Brown, 1970), p. 408。

223 ［41］Bradlee, *Conversations with Kennedy*, pp. 20 - 25.

［42］Broder, *Behind the Front Page*, p. 158.

［43］Charles Roberts, "JFK and the Press," 见 K. W. Thompson (ed.), *Ten Presidents and the Press* (Lanham, Md.: University Press of America, 1983), 引自 Broder, *Behind the Front Page*, p. 158。

［44］"News Managing Laid to Kennedy," *New York Times*, 25 February 1963, p. 5. 这篇文章讨论了克罗克的主张，因为它即将被《财富》杂志刊出。参见 Arthur Krock, "Mr. Kennedy's Management of the News," *Fortune*, March 1963, pp. 82, 199 - 202。

［45］I. F. Stone, "The Rapid Deterioration in Our National Leadership," in *In a Time of Torment, 1961—67* (Boston: Little, Brown, 1967), p. 6.

［46］Fairlie, "Camelot Revisited," p. 76.

［47］Halberstam, *Powers That Be*, p. 444.

［48］同上，第 447 页。

［49］费城的一家民意调查公司率先注意到，广播和电视用户对肯尼迪和尼克松之间的辩论结果产生了不同的感知。

［50］辩论举行时的民意调查显示，尼克松获得了 48％的得票率，肯尼迪则获得了 42％的得票率。

［51］John Weisman, "An Oral History: Remembering JFK, Our First TV President," *TV Guide*, 19 November 1988, p. 2.

［52］Theodore H. White, *The Making of the President*, 1960 (New York: Atheneum, 1961), pp. 340–344.

［53］引自 Weisman, "Oral History," p. 2.

［54］Halberstam, *Powers That Be*, pp. 461, 477.

［55］同上，第 558～559 页。

［56］Salinger, *With Kennedy*, p. 53. 根据塞林格的记录，肯尼迪对举行新闻发布会可能带来的损失有清醒的预判。"（他）甚至不会有笔录检查的临时保护措施……他不可能不做记录，他不能指责任何人错误引用他的话"（p. 56）。

［57］引自 Lieberson, *JFK: As We Remember Him*, p. 118。

［58］同上，第 173 页。

［59］Arthur M. Schlesinger, Jr., *A Thousand Days* (Boston: Houghton Mifflin, 1965), p. 716.

［60］Wicker, *On Press*, p. 126.

［61］引自 Henry Fairlie, *The Kennedy Promise* (New York: Doubleday, 1972), p. 174。

［62］Barbara Matusow, *The Evening Stars* (Boston: Houghton Mifflin, 1983), p. 84.

［63］Halberstam, "Introduction," p. iv. 广泛的公众访问的可能性充其量只是一个能部分实现的愿望。肯尼迪关于古巴导弹危机的声明是他为数不多的安排在电视黄金时段的亮相。总统的大多数新闻发布会在中午举行，那时收看电视的观众很少。

［64］Paper, *Promise and the Performance*, p. 234.

[65] Bradlee, *Conversations with Kennedy*，p. 123.

[66] 同上，第 123 页。

[67] 这部电影是《危机：总统之诺》(*Crisis: Behind a Presidential Commitment*)，1963 年由德鲁联合公司 (Drew Associates) 制作。1988 年作为《美国印象》(*The American Experience*) 系列中的一部分在 PBS 播出，当时的名称是《肯尼迪诉华莱士案：近距离的危机》(*Kennedy v. Wallace: A Crisis Up Close*)。

[68] 参见 Mary Ann Watson, *The Expanding Vista* (New York: Oxford University Press, 1990)，pp. 139 - 144。沃森 (Watson) 提供了一份关于肯尼迪与电视之间联系的详细研究。

[69] "John Fitzgerald Kennedy," special section, *Newsweek*，2 December 1963，p. 45.

[70] Halberstam, *Powers That Be*，p. 502.

[71] 同上，第 485 页。

[72] Gary Paul Gates, *Air Time* (New York: Harper and Row, 1978)，p. 5.

[73] Matusow, *Evening Stars*，p. 85.

[74] 同上，这与 1930 年代广播媒体的情况类似。

[75] 同上，第 86 页。

[76] "International Press Institute Rejects Move to Admit Radio-TV Newsmen," *New York Times*，8 June 1963，p. 52.

[77] Theodore White, *Making of the President*，1960，pp. 335 - 336. 虽然电视新闻在 1960 年代取得了进展，但它确实有一段更早的历史。早在 1941 年，CBS 就开始向纽约当地受众播放两段 15 分钟的每日新闻节目。这些新闻节目通常是一些不成熟的镜头，里面配有接受电视采访的人，影片则来自新闻片公司。尽管约翰·卡梅隆·斯韦兹 (John Cameron Swayze) 的《骆驼新闻大篷车》每天都在 NBC 上播出，但 1951 年《现在请看》的出现很快使爱德华·默罗 (Edward R. Murrow) 和弗莱德·弗里德利 (Fred Friendly) 成为新

闻界的名人，他们对麦卡锡主义的探究性报道佐证了电视新闻的潜在重要性。电视对 1952 年总统大选的报道不仅建立了 NBC 的大卫·布林克利和切特·亨特利令人敬仰的团队，还为沃尔特·克朗凯特在 CBS 所扮演的角色创造了"主播"一词。参见 Eric Barnouw，*Tube of Plenty*（London：Oxford University Press，1975）；另见 Gates，*Air Time* 和 Mitchell Stephens，*A History of News*（New York：Viking Press，1988）。

[78] 相关讨论参见 Matusow，*Evening Stars*，p. 82。

[79] *New York Times*，27 August 1963，p. 1。

[80] Halberstam，*Powers That Be*，p. 569

[81] 引自 Pierre Salinger，Weisman，"Oral History,"p. 6。

[82] Matusow，*Evening Stars*，p. 107. 记者和其他人越来越意识到，电视或许能够为新闻提供不同的背景，这加剧了 CBS 和 NBC 之间业已存在的竞争。处在劣势的 ABC 当时才刚刚起步，CBS 和 NBC 为谁能在新闻世界占据第一的位置而竞争。据报道，NBC 的由切特·亨特利和大卫·布林克利组成的富有进取心的团队拥有最多的新闻受众，他们的机智、真诚和智慧使其节目成为受欢迎的主流节目。此外，CBS 对 1960 年总统大选的错误预测——尼克松以 100 比 1 的赔率战胜肯尼迪——使 CBS 的管理层意识到，自己需要赶上其他电视网。他们采取了一些措施来夺得第一的位置：率先采用半小时新闻样式；开设新的分台，如达拉斯的一个分台，由很有前途的记者丹·拉瑟领导；采用技术先进的设备。他们希望这些措施能帮助他们对抗 NBC 的亨特利和布林克利。

[83] Halberstam，*Powers That Be*，p. 539.

[84] Matusow，*Evening Stars*，p. 85. 这也起到了相反的作用，比如猪湾事件被称为一场彻底的灾难，但"不是一场电视直播的灾难，因为现场没有摄像机；虽然对猪湾事件的反应是通过电视直播的，但肯尼迪有权力、有权威，也有足够的冷静来处理它，他以国家安全为由推掉了所有关于该事件为什么会发生的严肃问题"（Halberstam，*Powers That Be*，p. 539）。

225

［85］Halberstam, *Powers That Be*, pp. 506 - 507.

［86］Matusow, *Evening Stars*, p. 85.

［87］Wicker, *On Press*, p. 2.

［88］同上。

［89］引自 Theodore H. White, *America in Search of Itself* (New York: Warner, 1982), p. 175。

［90］同上。

［91］Schachtman, *Decade of Shocks*, p. 47.

［92］Theodore White, *America in Search of Itself*, p. 174.

［93］Wilbur Schramm, "Communication in Crisis," 见 *Kennedy Assassination*, ed. Greenberg and Parker, p. 11。

［94］*Broadcasting*, 2 December 1963, pp. 44 - 45.

［95］"Kennedy Retained Newsman's Outlook," *Editor and Publisher*, 30 November 1963, p. 65.

第三章

［1］John L. Lucaites and Celeste Condit, "Reconstructing Narrative Theory: A Functional Perspective," *Journal of Communication* 35 (4)(Autumn 1985), pp. 93 - 94.

［2］Weber, *Max Weber: Selections*.

［3］Jürgen Habermas, *The Theory of Communication Action*, vol. 1 (Boston: Beacon Press, 1981), pp. xxiv - xxv.

［4］Robert Wuthnow, James Davison Hunter, Albert Bergesen, and Edith Kurzweil, *Cultural Analysis* (London: Routledge and Kegan Paul, 1984), p. 190.

［5］参见 Hayden White, "The Value of Narrativity in the Representation of Reality," in W. J. T. Mitchell (ed.), *On Narrative* (Chicago: University of Chicago Press, 1980), pp. 1 - 23; Lucaites and Condit, "Reconstructing Narrative Theory"; Walter R. Fisher, "Narration as a Human Communication Paradigm," *Communication Monographs* (March 1984), pp. 1 – 22; Peter L. Berger and Thomas Luckmann, *The Social Construction of Reality* (New York: Anchor Press, 1967); Fish, *Is There a Text in This Class*。

[6] Roland Barthes, "Introduction to the Structural Analysis of Narratives," in *Image*, *Music*, *Text* (New York: Hill and Wang, 1977), pp. 79 – 124.

[7] Hayden White, "Value of Narrativity," p. 18.

[8] 参见 Barbara Herrnstein Smith, *On the Margins of Discourse* (Chicago: University of Chicago Press, 1978); Robert H. Canary and Henry Kozicki (eds.), *The Writing of History* (Madison: University of Wisconsin Press, 1978); Hans Kellner, *Language and Historical Representation: Getting the Story Crooked* (Madison: University of Wisconsin Press, 1989); Hayden White, "Value of Narrativity." 民俗学的工作也一直关注叙事在时间和空间上的传播。特别是 Richard Bauman and Roger Abrahams (eds.), *'And Other Neighborly Names'* (Austin: University of Texas Press, 1981)。

[9] Hayden White, "Historical Pluralism," *Critical Inquiry* 12 (Spring 1986), p. 487.

[10] 对新闻业叙事方面的研究参见 Carey, *Media*, *Myths and Narratives*; Schudson, "politics of Narrative Form"; Darnton, "Writing News"; Graham Knight and Tony Dean, "Myth and the Structure of news," *Journal of Communication* 32 (2)(Spring 1982), pp. 144 – 161。

[11] Friedson, *Professional Powers.* 另见 Larson, *Rise of Professionalism*。

[12] 技术决定论者最有力地推进了这一论点。他们认为，公共话语中的权威形式直接由传送话语的媒介所具有的特质决定。参见 Harold A. Innis, *Empire and Communications* (Toronto: University of Toronto Press, 1972); Marshall McLuhan, *Understanding Media* (London: Routledge and Kegan

Paul，1964)。相关论点可参见 Stephens，*History of News*。

　　[13] 史密斯在《话语边缘》中提出了这一观点。这个领域的传播学研究包括伯明翰当代文化研究中心的著作 [Stuart Hall et al. (eds.)，*Culture*，*Media*，*Language* (London：Hutchinson，1980)；James Curran，Michael Gurevitch，and Janet Woollacott (eds.)，*Mass Communication and Society* (Beverly Hills：Sage，1977)]，格拉斯哥大学媒介小组的《坏新闻》和《更多的坏新闻》，以及批判语言学的著作 [Kress and Hodge，*Language as Ideology*；Roger Fowler，*Language in the News* (London：Routledge，1991)]。每种视角都关注语言和权威在机构和媒介化环境中的运作情况。

　　[14] Andy Logan，"JFK：The Stained Glass Image，" *American Heritage Magazine*，August 1967，p. 6；Frank Donner，"The Assassination Circus：Conspiracies Unlimited，" *The Nation*，22 December 1979，p. 658；Herbert S. Parmet，*JFK：The Presidency of John F. Kennedy* (New York：Penguin，1983)，p. 348.

　　[15] Dan Rather，"Four Days in November：The Assassination of President Kennedy，" CBS News，17 November 1988.

　　[16] Charles Roberts，*The Truth about the Assassination* (New York：Grosset and Dunlap，1967)，p. 15.

　　[17]《总统约翰·肯尼迪》第二次印刷时，作者兼记者休·赛迪补充了一条注释，其中加了这么一句话："1963 年 11 月 22 日，我与他一起在得克萨斯州达拉斯市。"[Hugh Sidey，*John F. Kennedy*，*President* (New York：Atheneum，1964)，p. vi] 汤姆·威克在他的《肯尼迪没有眼泪》[*Kennedy Without Tears* (New York：William Morrow，1964)]一书中也提到了类似的内容。

　　[18] 这类回顾性文章有 Kunhardt，*Life in Camelot* 和 Jacques Lowe，*Kennedy：A Time Remembered* (New York：Quartet/Visual Arts，1983)。

　　[19] Steve Bell，"John F. Kennedy Remembered，" "KYW Eyewitness News，Channel Three Eyewitness News Nightcast，" Philadelphia，22 Novem-

ber 1988.

[20] "Four Days in November: The Assassination of President Kennedy," CBS News.

[21] "JFK Assassination: As It Happened," NBC News, shown on Arts and Entertainment Network, 22 November 1988.

[22] 关于强调记者在电视新闻中为获得权威而使用的空间策略的更一般性的讨论，参见 Zelizer, "Where Is the Author."

[23] 凯瑟琳·霍尔·贾米森的《电子时代的口才》[*Eloquence in an Electromic Age* (New York: Oxford University Press, 1988)]一书中讨论了新闻惯例是如何吸纳这种对事件的提喻式再现的。

[24] Tom Wicker, "A Reporter Must Trust His Instinct," *Saturday Review*, 11 January 1964, p. 81.

[25] Tom Pettit, NBC News, 24 November 1963.

[26] Bert Schipp, 引自 John B. Mayo, *Bulletin from Dallas* (New York: Exposition Press, 1967), p. 142。

[27] 关于这个主题的更为详尽的文集可参见 Greenberg and Parker, *Kennedy Assassination*。另见 Payne, "Press Corps."

[28] 参见 Greenberg and Parker, *Kennedy Assassination*。另见 Daniel Dayan and Elihu Katz, *Media Events: The Live Broadcasting of History* (Cambridge, Mass.: Harvard University Press, 1992)。

[29] Wicker, "Reporter Must Trust His Instinct," p. 81.

[30] 对这一说法更详细的支持可在第四、第五、第六章中找到。对在达拉斯的记者所面临问题的深入描述可参见 Payne, "Press Corps."

[31] 对非专业目击者证词的详细描述可参见 *Warren Report: Report of the President's Commission on the Assassination of President John F. Kennedy* (Washington, D.C.: U. 5. Government Printing Office, 1964; 以下转引自 *Warren Report*)。

228

[32] 唯一用静态摄影捕捉到肯尼迪之死的专业摄影师是美联社的一名摄影记者，他被行业期刊誉为事发现场"孤独的专业人员"。（"Lone 'Pro' on Scene Where JFK Was Shot," *Editor and Publisher*，7 December 1963，p. 11）

[33] William Manchester，*The Death of a President*（New York：Harper and Row，1967），p. 116.

[34] "Oswald Shooting a First in Television History," *Broadcasting*，2 December 1963，p. 46.

[35] 这一点在戴扬（Dayan）和卡茨（Katz）的《媒介事件》一书中得到了深入讨论。

[36] "JFK," ABC News，11 November 1983.

[37] Van der Karr，"Dallas TV Stations"；Karl J. Nestvold，"Oregon Radio TV Response to the Kennedy Assassination," *Journal of Broadcasting* 8 (2)(Spring 1964)，pp. 141－146.

[38] Rick Friedman，"The weekly Editor：The Kennedy Story," *Editor and Publisher*，7 December 1963，pp. 44－46.

[39] Nestvold，"Oregon Radio-TV Response," p. 146.

[40] "A World Listened and Watched," special report，*Broadcasting*，2 December 1963，p. 40.

[41] 丹·拉瑟在他的自传中讲述了他如何与巴克保持断断续续的联系，试图核实所发生的事情。参见 Dan Rather with Mickey Herskowitz，*The Camera Never Blinks*（New York：Ballantine，1977），pp. 123－128。

[42] "Television's Fiftieth Anniversary," special issue，*People*，Summer 1989，p. 100.

[43] Matusow，*Evening Stars*，p. 105.

[44] Gates，*Air Time*，p. 3.

[45] 参见 *Warren Report*。另见 "At Issue：Judgment by Television," *Columbia Journalism Review*（Winter 1964），pp. 45－48。第六章对这个主题

进行了深入讨论。

［46］ "At Issue：Judgment by Television." 另见 "News Media Act to Study Charges," *New York Times*，9 October 1964，p. 21。

［47］ "The Activity of Newsmen," *Warren Report*，pp. 201 - 208.

［48］ Charles Roberts, "Eyewitness in Dallas," *Newsweek*，5 December 1966，pp. 26 - 28.

［49］ Sidey, *John F. Kennedy, President*，pp. vi - vii.

［50］ Tom Wicker, *JFK and LBJ* (New York：William Morrow, 1968)，p. 299.

［51］ Roberts, "Eyewitness in Dallas," p. 26.

［52］ Roberts, *Truth about the Assassination*.

［53］ Steve Bell, "John F. Kennedy Remembered," "KYW Eyewitness News."

［54］ Pierre Salinger, "John Kennedy—Then and Now," *MacLean's*，28 November 1983，p. 20.

［55］ Edwin Newman, "JFK Assassination：As It Happened," NBC News，shown on Arts and Entertainment Network，22 November 1988.

［56］ John Chancellor, *The Week We Lost John F. Kennedy*，three-tape series，NBC News，March 1989.

［57］ Harrison E. Salisbury, "The Editor's View in New York," in *Kennedy Assassination*，ed. Greenberg and Parker，pp. 37 - 45.

［58］ Marya Mannes, "The long Vigil," *The Reporter*，19 December 1963，p. 16.

［59］ 其他人也表达过类似的回忆。一位观察者提到："在刺杀事件刚刚发生后的日子里，像亨特利、布林克利和克朗凯特这些人的声音是如何变得比我自己父母的声音更突出的。"（John P. Sgarlat, "A Tragedy on TV—and the Tears of a Crestfallen Nation," *Philadelphia Daily News*，22 November 1988，p. 35）又一次，提到的不是现场记者，而是监控他们所说内容的主播。

第四章

［1］ *The Reporter*，5 December 1963，p. 19.

［2］ 对意外事件的常规化处理的深入讨论可参见 Tuchman，*Making News*，pp. 39 - 63。

［3］ 同上，第59～63页。

［4］ Gans，*Deciding What's news*，p. 157.

［5］ Manchester，*Death of a President*，p. 329. 由于曼彻斯特的书对最初发生的事情提供了最为详细的、按时间顺序进行的描述，所以我选择用它来设定记者最初讲述故事的背景。

［6］ *Warren Report*，p. 201.

［7］ 这种工作策略在大多数对新闻工作场所进行的社会学研究中已经得到了强调。参见 particularly Tuchman，*Making News*；Gans，*Deciding What's News*；Fishman，*Manufacturing the News*；Roshco，*Newsmaking*。

［8］ Wicker，"Reporter Must Trust His Instinct," p. 81.

［9］ Payne，"Press Corps. "

［10］ Unidentified radio newscaster，22 November 1963；引自 "25th Anniversary of JFK Assassination," "Good Morning, America," ABC News，22 November 1988。

［11］ Robert MacNeil，NBC News，22 November 1963；shown on "JFK Assassination：As It Happened," NBC News.

［12］ Wicker，"Reporter Must Trust His Instinct," p. 81.

［13］ Tom Wicker，"Kennedy Is Killed by Sniper as He Rides in Car in Dallas," *New York Times*，23 November 1963，p. 2.

［14］ Jack Bell，"Eyewitnesses Describe Scene of Assassination," *New York Times*，23 November 1963，p. 5. 这篇文章的标题很有说服力，因为它把贝尔放在了一个"目击者"的定位上——这个人既可以是专业的，也可以是业余的——而不是明确地为他贴上专业记者的标签。关于这一点的更多讨论

参见第五章。

［15］同上。

［16］同上。

［17］同上。

230

［18］引自 Saul Pett, AP Log（Associated Press internal publication）；重新发表于 "The Reporters' Story," *Columbia Journalism Review*（Winter 1964），p. 8。

［19］"Reporters' Story," p. 11.

［20］"Lone Pro," p. 11.

［21］Merriman Smith, "The Murder of the Young President," United Press International 发行，23 November 1963；重新发表于 "Reporters' Story," p. 7。

［22］Manchester, *Death of a President*, pp. 167–168.

［23］"Unresolved Issues," *Columbia Journalism Review*（Winter 1964），p. 27.

［24］Schramm, "Communication in Crisis," p. 11.

［25］"I Just Heard Some Shots⋯Three Shots," *Editor and Publisher*, 30 November 1963，p. 14.

［26］Walter Cronkite, CBS News, 22 November 1963; shown in "Four Days in November: The Assassination of President Kennedy," CBS News.

［27］Unidentified radio newscaster, ABC Radio, 22 November 1963；引自 "JFK," ABC News。

［28］Schramm, "Communication in Crisis," p. 4.

［29］Manchester, *Death of a President*, p. 190.

［30］Van der Karr, "Dallas TV Stations."

［31］Wicker, "Reporter Must Trust His Instinct," p. 82.

［32］Elmer Lower, "A Television Network Gathers the News," in *Kennedy Assassination*, ed. Greenberg and Parker, p. 71.

［33］Wicker, "Kennedy Is Killed by Sniper," p. 2.

［34］Manchester, *Death of a President*, pp. 222, 242.

[35] 同上，第 222 页。

[36] 关于肯尼迪头部伤情话语如何引发了身体政治话语的讨论，可参见 Barbie Zelizer, "From the Body as Evidence to the Body of Evidence," in *Bodylore*, ed. Katharine Young（American Folklore Society and University of Tennessee Press, in press）。

[37] Wicker, "Kennedy Is Killed by Sniper," p. 2.

[38] Wicker, "Reporter Must Trust His Instinct," p. 82.

[39] 同上。

[40] 本章只讨论刺杀故事中那些在新闻实践的编年史记录中占据突出地位的方面。其他报道单元——如蒂皮特警官被杀和奥斯瓦尔德被捕——虽然在确定报道基调方面发挥了重要作用，但在讨论适当的新闻实践方面却不那么重要。

[41] Manchester, *Death of a President*, p. 222.

[42] Jim Bishop, *The Day Kennedy Was Shot*（New York: Bantam, 1968）, p. 266.

[43] Smith, "Murder of the Young President"; 重新发表于 "Reporters' Story," p. 15。

[44] 同上，第 16 页。

231 [45] Ronnie Dugger, "The Last Voyage of Mr. Kennedy," *Texas Observer*, 29 November 1963; 重新发表于 "Reporters' Story," p. 16。

[46] Rick Friedman, "Pictures of Assassination Fall to Amateurs on Street," *Editor and Publisher*, 30 November 1963, pp. 16 - 17, 67.

[47] Wicker, "Kennedy Is Killed by Sniper," p. 2.

[48] "Huntley-Brinkley Report," NBC News, 22 November 1963.

[49] Roberts, *Truth about the Assassination*.

[50] *Warren Report*, p. 202.

[51] 同上，第 208 页。

〔52〕*Warren Report*，p. 213. 由于《沃伦报告》对记者如何报道奥斯瓦尔德谋杀案进行了最为全面和循序渐进的描述，所以我在这里选择用它来提供围绕奥斯瓦尔德的死亡发生的事件的年表。

〔53〕同上，第 216 页。

〔54〕同上，第 227 页。

〔55〕Pettit，"Television Story in Dallas," p. 63.

〔56〕"Oswald Shooting," p. 46.

〔57〕"World Listened," p. 37.

〔58〕引自 Ike Pappas，"On Trial：Lee Harvey Oswald," London Weekend Television，shown on Fox Network，22 – 23 November 1988。

〔59〕"The Day Kennedy Died," *Newsweek*，2 December 1963，p. 21.

〔60〕Friedman，"Pictures of Assassination," pp. 17，67.

〔61〕同上，第 16 页。

〔62〕"Oswald Shooting," p. 46. 奥斯瓦尔德谋杀案并不是第一起被电视记录的谋杀案。在一起类似的案件中，1960 年 10 月，一位日本政治领导人在东京的一个公共舞台上被人用刀刺死。10 分钟后，日本电视台播放了录像记录（*New York Times*，25 November 1963，p. 1）。然而，观看奥斯瓦尔德之死直播的观众要比之前事件的观众多得多，也更专注。

〔63〕"Oswald Shooting," p. 46.

〔64〕Gates，*Air Time*，p. 254.

〔65〕"Oswald Shooting," p. 46.

〔66〕同上。

〔67〕"Press，Radio and TV," *Editor and Publisher*，30 November 1963，p. 6.

〔68〕"*Parade* Reprints Because of Death," *Editor and Publisher*，30 November 1963，p. 73.

〔69〕"World Listened," p. 36. 这种重组的另一面是对不能这样做的新闻机构带来的压力。在《进步》杂志第一页刊载的"办公室备忘录"（1 January

1964，p. 1）中，他们如何证明这一点的合理性就是一个例证：

> 12 月号早在 11 月 22 日就已经被无法撤回地邮寄出去了。如果你觉得奇怪，为什么在 11 月底或 12 月初到达你手中的 12 月号上，我们对这个世界无可挽回地失去了约翰·肯尼迪未置一词，那么请你理解它是如何发生的。日报尽管自身存在着巨大的问题，却没有面临这样的困境。周刊在悲剧发生后的几天内就能接触到他们的读者。其他月刊的情况比《进步》杂志更糟或者更好一些，这取决于它们的出版和邮寄日期。一个小小的讽刺是，我们把邮寄日期提前到 11 月 22 日星期五，以便在周末前把杂志送到邮局，借此来克服接下来一周感恩节假期内可以预料的邮件迟缓问题。

[70] "World Listened," p. 42.

[71] Schramm, "Communication in Crisis," p. 12.

[72] Nielsen Co., *TV Responses to the Death of a President*（New York：Nielsen, 1963）；转引自 "World Listened," p. 37。

[73] Schramm, "Communication in Crisis," p. 25.

[74] Greenberg and Parker, *Kennedy Assassination*, p. 382.

[75] "Radio-TV's Deportment," *Broadcasting*, 2 December 1963, p. 54.

[76] Edwin Newman, NBC News, 22 November 1963；shown on "JFK Assassination：As It Happened," NBC News.

[77] James Reston, Jr. "Why America Weeps," *New York Times*, 23 November 1963，pp. 1，7.

[78] 特别是参见 Richard L. Tobin, "If You Can Keep Your Head When All about You…，" *Saturday Review*, 14 December 1963, p. 54。1987 年 7 月 31 日，美国广播公司播出的关于赖斯顿的《一周人物》节目中，称赞了他为肯尼迪之死撰写的专栏文章。

[79] Friedman, "Weekly Editor" p. 44.

[80] "TV：A Chapter of Honor," *New York Times*, 6 November

1963，p. 11.

［81］"World Listened," p. 37.

［82］"TV：A Chapter of Honor," p. 11.

［83］同上。

［84］"Comments on Coverage：'Well Done,'" *Broadcasting*，2 December 1963，p. 50.

［85］Tobin, "If You Can Keep Your Head," p. 53.

［86］正如《纽约时报》所说："无论观众接下来想看什么，摄像机都会准备好播出它。"参见"TV：A Chapter of Honor" p. 11。

［87］Charles Collingwood，引自 "The Four Dark Days：From Dallas to Arlington," CBS News，25 November 1963。

［88］同上。

［89］这一点在戴扬和卡茨的《媒介事件》一书中有所讨论。

第五章

［1］Payne, "Press Corps," p. 1.

［2］Tom Wicker，引自 Lieberson（ed.），*JFK：As We Remember Him*，p. 223。

［3］Wicker, "That Day."

［4］Friedman, "Pictures of Assassination," p. 16.

［5］同上。

［6］同上。

［7］"World Listened," p. 37.

［8］"The Assassination of President Kennedy," *Life*，29 November 1963，p. 24.

［9］Richard B. Stolley, "The Greatest Home Movie Ever Made," *Esquire*，November 1973，p. 134.

［10］Payne, "Press Corps," pp. 8，26.

233

[11] Love, "Business of Television," in *Kennedy Assassination*, ed. Greenberg and Parker, p. 84.

[12] 特别是参见 Elizabeth F. Loftus, *Eyewitness Testimony* (Cambridge, Mass.：Harvard University Press, 1979)。泽利泽在《作者在哪里》一文中讨论了记者如何直观地（通常是虚构地）描绘他们与事件邻近的地位。

[13] Roberts, "Eyewitness in Dallas," p. 26.

[14] Manchester, *Death of a President*, p. 191.

[15] Roberts, *Truth About the Assassination*, pp. 12 - 13.

[16] 同上。

[17] 同上，第 13、15 页。

[18] 同上，封面。

[19] 同上，后勒口。

[20] 同上，第 129 页。

[21] Roberts, "Eyewitness in Dallas," p. 26.

[22] Wicker, "Kennedy Is Killed by Sniper," p. 2.

[23] 有趣的是，《纽约时报》在同一期的后一页附加了美联社记者杰克·贝尔的报道，标题为"目击者描述刺杀现场"。贝尔的报道与一个"来自柳树谷郊区的男人"说的内容（最初由加拿大通讯社发表）和一个 14 岁男孩的目击者报告（最初由《芝加哥论坛报》刊发）一起被展示。这似乎剥夺了贝尔作为一个专业目击者（记者）的特权地位，而是将他作为一个普通旁观者来看待。(Bell, "Eyewitnesses Describe Scene," p. 5)

[24] Mannes, "Long Vigil," pp. 15 - 17.

[25] "The Marxist Marine," *Newsweek*, 2 December 1963, p. 27.

[26] "President's Assassin Shot to Death," *New York Times*, 25 November 1963, p. 1.

[27] Tobin, "If You Can Keep Your Head," p. 54.

[28] Turner Catledge, "Until Proven Guilty," letter to the editor, *New*

York Times，27 November 1963，p. 36.

[29] William Rivers, "The Press and the Assassination," in *Kennedy Assassination*，ed. Greenberg and Parker, p. 57.

[30] Roberts, *Truth about the Assassination*，p. 19.

[31] Van der Karr, "Dallas TV Stations," p. 647.

[32] 引自 Alan Robinson, "Reporting the Death of JFK," Associated Press dispatch printed in the *Philadelphia Inquirer*，22 November 1988，p. 8E。 *234*

[33] 同上。

[34] Gates, *Air Time*，p. 3.

[35] Manchester, *Death of a President*，p. 168.

[36] Pettit, "Television Story in Dallas," p. 66.

[37] "World Listened," p. 42.

[38] Schramm, "Communication in Crisis," p. 3.

[39] 一位有过这样经历的记者是大卫·布林克利，他回忆起 18 年前在播报富兰克林·罗斯福总统的葬礼时，曾把 cortège 这个词读错了。当罗斯福去世的消息传来时，这名 25 岁的记者被单独留在 NBC 的华盛顿办公室里，因为他的失言而受到训斥 (Manchester, *Death of a President*，p. 144)。这一经历使他在报道肯尼迪的葬礼时忧心忡忡。

[40]《广播》杂志深入讨论了电视网制作破纪录节目的方式。参见 "World Listened," pp. 36 – 46。

[41] 还包括取消广告栏目。 ("Press, Radio and TV," p. 6)

[42] Robert MacNeil, NBC News, 22 November 1963; "JFK Assassination: As It Happened," NBC News.

[43] Van der Karr, "Dallas TV Stations," p. 647.

[44] Greenfield, "Way Things Really Were," p. 98.

[45] "Newspapers: Hunger for Print," *Columbia Journalism Review* (Winter 1964)，p. 20.

［46］同上。

［47］Tobin，"If You Can Keep Your Head," p. 53.

［48］同上。

［49］"Magazines：Good Luck and Bad," *Columbia Journalism Review* (Winter 1964)，p. 24.

［50］Robinson，"Reporting the Death."

［51］Herbert Brucker，"When the Press Shapes the News," *Saturday Review*，11 January 1964，p. 77.

［52］Tobin，"If You Can Keep Your Head," p. 53；"Radio-TV's Deportment," p. 54.

［53］吉姆·毕夏普（Jim Bishop）对一个类似场景的重构表明了依赖直觉具有的问题本质。"威克稍稍赶了一下路，追上了《时代》周刊的休·赛迪。'休,'他喘着粗气说,'总统已经死了。广播刚刚宣布，又仔细看了看，我不知道是谁宣布的，但对我来说听起来很官方。'赛迪停顿了一下，他看着威克，研究他脚下的地面。他们继续向前走。威克所说的一些'听起来很官方'的东西并不符合新闻业的要求。"（Bishop，*Day Kennedy Was Shot*，p. 264）

［54］Gates，*Air Time*，p. 9.

［55］"World Listened," p. 40.

［56］Manchester，*Death of a President*，p. 130.

［57］同上，第 38 页。

［58］*Warren Report*，p. 41.

［59］Gates，*Air Time*，p. 10.

［60］John Horn，"Television：A Transformation," *Columbia Journalism Review* (Winter 1964)，p. 18.

［61］Tobin，"If You Can Keep Your Head," p. 53.

［62］*Broadcasting*，2 December 1963，p. 108.

［63］纪录片《十一月的四天》（*Four Days in November*）由大卫·沃尔珀

（David L. Wolper）为联美电影公司（United Artists）和合众国际社制作，最初于 1964 年 10 月 7 日放映，1988 年 11 月由联合广播公司（Combined Broadcasting Corp. ）重新放映。

［64］Tobin，"If You Can Keep Your Head," p. 53.

［65］Greenfield，"Way Things Really Were," p. 98.

［66］Elmer Lower，引自 "World Listened," p. 38。

［67］Lower，"Television Network Gathers the News," p. 68。

［68］Bill Ryan，Robinson,引自 "Reporting the Death," p. 8E。

［69］Walter Cronkite，引自 "Ten Years Later: Where Were You?" *Esquire*，November 1973，p. 136。

［70］"Reporters' Story," p. 13.

［71］Matusow，*Evening Stars*，p. 105.

［72］Gates，*Air Time*，p. 6.

［73］Wicker，"Reporter Must Trust His Instinct," p. 81.

［74］Frank McGee, NBC News, 22 November 1963; "JFK Assassination: As It Happened," NBC News.

［75］"Four Days in November," United Artists and United Press International, 1964.

［76］Wicker，"Reporter Must Trust His Instinct," p. 81.

［77］Bill Ryan，Robinson,引自 "Reporting the Death," p. 8E。

［78］Rather with Herskowitz，*Camera Never Blinks*，pp. 126 - 127.

［79］同上，第 127、128 页。

［80］Manchester，*Death of a President*，p. 168.

［81］引自 *Editor and Publisher*，30 November 1963，p. 7；1963 年 11 月 28 日，《合众国际社记者》转载了梅里曼·史密斯的报道。

［82］引自 Van der Karr，"Dallas TV Stations," p. 647。

［83］同上。

［84］Kunhardt，*Life in Camelot*，pp. 13 - 14.

［85］同上，第 14 页。

［86］Gates，*Air Time*，p. 8.

［87］Stolley，"Greatest Home Movie," p. 134. 事实上，丹·拉瑟也出席了部分放映活动，参见 Rather with Herskowitz，*Camera Never Blinks*，pp. 132 - 133。

［88］Manchester，*Death of a President*，p. 38.

［89］"Lone Pro," p. 11.

［90］"World Listened," p. 42.

第六章

［1］"Reporters' Story," pp. 6 - 17.

［2］Association for Education in Journalism，"Official Minutes of the 1964 Convention," *Journalism Quarterly* 42（Winter 1965），p. 152.

［3］"Professionalism in News Photography," *The Quill*，November 1968，p. 55.

［4］Friedman，"Pictures of Assassination," p. 16.

［5］"The Assassination," *Columbia Journalism Review*（Winter 1964），p. 5.

［6］"Kennedy, Vietnam Topped '63 News'," *New York Times*，29 March 1964，p. 16.

［7］"Press, Radio and TV," p. 6.

［8］同上。

［9］"*Parade* Reprints," p. 73.

［10］"Unresolved Issues," p. 24.

［11］"Lone Pro," p. 11.

［12］Payne，"Press Corps," p. 12.

［13］Friedman，"Pictures of Assassination," p. 16.

［14］同上，第 17 页。

［15］ *Broadcasting*，2 December 1963，p. 108.

［16］ "World Listened," p. 36.

［17］同上。

［18］ "Radio-TV's Deportment," p. 54.

［19］ *New York Times*，30 April 1964，p. 71.

［20］ *New York Times*，16 December 1964，p. 21.

［21］ "Comments on Coverage," p. 51.

［22］ Tobin， "If You Can Keep Your Head," p. 53.

［23］ *Broadcasting*，2 December 1963，p. 108.

［24］ A. William Bluem， "Looking Ahead：The Black Horse," *Television Quarterly* 3（1）(Winter 1964)，p. 86.

［25］这在《华盛顿枪战》（*The Quill*，May 1981，pp. 8 - 13）中有所提及。

［26］ Dayan and Katz， *Media Events*.

［27］ "Dallas Revisited," in *Problems of Journalism*，Proceedings of the 1964 Convention of the American Society of Newspaper Editors，16 - 18 April 1964（Washington，D. C.：ASNE，1964)，p. 23.

［28］同上，第 26 页。

［29］ Rivers， "Press and the Assassination," p. 59.

［30］ "Assassination Story Raises Legal Snares," *Editor and Publisher*，14 December 1963，p. 12.

［31］ Felix R. McKnight，引自 "Dallas Revisited," p. 27。

［32］同上，第 23 页。

［33］ *Warren Report*，p. 202.

［34］同上，第 204 页。

［35］同上，第 206 页。

［36］同上，第 208 页。

237　　　[37] 同上，第 240 页。

[38] "'Accused' or 'Assassin,'" editorial, *Editor and Publisher*, 14 December 1963, p. 6.

[39] Brucker, "When the Press Shapes the News," p. 76.

[40] 同上，第 75～76 页。

[41] 同上，第 77 页。

[42] Joseph Costa, 引自 "Dallas Revisited," p. 24。

[43] 同上。

[44] 同上。

[45] "At Issue: Judgment by Television," p. 45.

[46] "The Life and Death of John F. Kennedy," *Current*, January 1964, p. 43.

[47] 同上，第 44 页。

[48] "At Issue: Judgment by Television," p. 47.

[49] "News Media Act," p. 21.

[50] 引自 *Television Quarterly* (Spring 1964), p. 27。

[51] *New York Times*, 18 October 1964, p. 53.

[52] *New York Times*, 7 April 1964, p. 71.

[53] *New York Times*, 16 April 1964, p. 41; 20 November 1964, p. 76.

[54] *New York Times*, 20 November 1964, p. 76.

[55] Gabe Pressman, Robert Lewis Shayon, and Robert Schulman, "The Responsible Reporter," *Television Quarterly* 3 (2)(Spring 1964), p. 17.

[56] 同上，第 6 页。

[57] 同上，第 15 页。

[58] 引自 *Editor and Publisher*, 14 December 1963, p. 12。

[59] 引自 Brucker, "When the Press Shapes the News," p. 77。

[60] "Dallas Revisited," p. 30.

[61] 同上，第 39～40 页。

[62] Brucker，"When the Press Shapes the News，" p. 77.

第七章

[1] 各种术语被应用于那些没有专业主张或机构支持但又试图调查肯尼迪遇刺事件的人。一些人喜欢给他们贴上"刺杀爱好者"的标签，另一些人则坚持使用意味着更为严格的研究活动的名称，如"独立分析者"或"独立研究者"。在指称"独立批评者"这一群体时，我试图选用一个能最大限度地减少该群体的边缘化，但又在某种程度上处于可能的替代方案中的术语。

[2] Tom Wicker，"Kennedy Without End，Amen，" *Esquire*，June 1977，p. 69. 这句话似乎恰好是詹姆斯·赖斯顿在刺杀发生第二天所说的一句话的翻版。"在达拉斯被杀害的不仅是总统，而且是承诺。肯尼迪传奇的核心是可能发生的事情"（Reston，"Why America Weeps，" p. 1）。这也成为一年后赖斯顿一篇广受赞誉的文章的标题（"What Was Killed Was Not Only the President But the Promise，" *New York Times*，15 November 1964，section 6，p. 1）。

238

[3] Gore Vidal，"Camelot Recalled：Dynastic Ambitions，" *Esquire*，June 1983，p. 210；摘自 "The Holy Family，" *Esquire*，April 1967。对肯尼迪之死在民间传说中的解读的概述，见 S. Elizabeth Bird，"Media and Folklore as Intertextual Communication Processes：John F. Kennedy and the Supermarket Tabloids，" in *Communication Yearbook* 10，ed. Margaret McLaughlin（Newbury Park，Cal.：Sage，1987），pp. 758 – 772。

[4] Andrew M. Greeley，"Leave John Kennedy in Peace，" *Christian Century*，21 November 1973，p. 1150.

[5] 同上。

[6] Daniel Boorstin，"JFK：His Vision，Then and Now，" *U. S. News and World Report*，24 October 1988，p. 30. 许多观察者都表达了这一观点。

[7] Lasch，"Life of Kennedy's Death，" p. 33.

[8] Jefferson Morley，"Camelot and Dallas：The Entangling Kennedy Myths，" *The Nation*，12 December 1988，p. 646. 拉什同样区分了"肯尼迪的

风格"和"国家性格中未被发现的缺陷"之间的差别（Lasch，"Life of Kennedy's Death，"p. 34）。

[9] Lasch，"Life of Kennedy's Death，"p. 40.

[10] Theodore H. White，"Camelot，Sad Camelot，"*Time*，3 July 1978，p. 47.

[11] Pete Hamill，"JFK：The Real Thing，"*New York Magazine*，28 November 1988，p. 46.

[12] Brown，*JFK：History of an Image*，p. 104.

[13] Henry Steele Commager，"How Explain Our Illness?"*Washington Post*，1 December 1963；重新发表为"The Pervasiveness of Violence，"*Current*，January 1964，pp. 15 - 18。

[14] Ben H. Bagdikian，"The Assassin，"*Saturday Evening Post*，14 December 1963，p. 22.

[15] Brown，*JFK：History of an Image*，p. 45；also "Birch View of JFK，"*Newsweek*，24 February 1964，pp. 29 - 30.

[16] 威廉·卡尔顿对此进行了追溯，参见 William G. Carleton，"Kennedy in History：An Early Appraisal，"*Antioch Review* 24（Fall 1964），pp. 277 - 99。

[17] Victor Lasky，*JFK：The Man and the Myth*［New York：Dell，1977（1963）］；Kennedy，*Profiles in Courage*. 相关讨论见 *New York Times*，16 February 1964，section 7，p. 8。

[18] United Press International and *American Heritage* Magazine，*Four Days：The Historical Record of President Kennedy's Death*（New York：UPI and American Heritage Publishing，1964）.

[19] "The Presidency：Battle of the Book，"*Time*，23 December 1966，p. 15.

[20] 一位被一脚踢开的作家声称肯尼迪家族"试图为刺杀事件获得版权"。参见 Bishop，*Day Kennedy Was Shot*，p. xvi. 遭到肯尼迪家族审查的作家数量远远超过了那些被批准的待定书稿的数量。据称，肯尼迪家族曾试图阻止约翰·肯尼迪的前密友小保罗·费伊（Paul B. Fay，Jr. ）出版《愿长伴

我君》［*The Picture of His Company*（New York：Harper and Row，1966）］。
这种模式持续到 1980 年代，当时作家大卫·霍洛维茨与彼得·科利尔合写了 *239*
《肯尼迪家族：美国第一家庭传奇》，他认为肯尼迪家族对他们的记忆进行了
"极权主义控制"，并在最后一刻取消了他的采访（引自 "Re-evaluating the
Kennedys," *U. S. News and World Report*，4 May 1987，p. 68）。另见 "Came-
lot Censured," *Newsweek*，3 November 1966，pp. 65 - 66；Logan，"Stained
Glass Image，" p. 6。

　　[21] "Presidency：Battle of the Book," p. 15.

　　[22] *New York Times*，17 December 1966，p. 1，23 January 1967，p. 1.
另见 "Camelot Censured"；"Presidency：Battle of the Book"。最终，这也减损
了对肯尼迪的记忆。正如一位观察者所说，肯尼迪在 "太短的时间内被过度
纪念……突然出现的民间英雄使这个人变得模糊不清"（Loudon Wainwright，
"Atlantic City and a Memory," *Life*，4 September 1967，p. 17）。

　　[23] Logan，"Stained Glass Image," p. 7. 安迪·洛根讨论了他所谓的历
史材料的"风格表"。风格规则包括以下内容："不要像其他人那样称呼鲍比
为'鲍比'"；"假装你一直称呼总统夫人为'肯尼迪夫人'或'杰奎琳'，而不
是全世界都知道的'杰姬'"；"总统的父亲不能被称为'乔''老乔'或'大
乔'，提到他时要恭敬地称呼其为约瑟夫·肯尼迪先生或'大使'先生"
（p. 75）。

　　[24] 一种受欢迎的纪念实践是公开展示能令人回忆起肯尼迪的纪念品，
例如他在绘画或建造船模方面的业余尝试。参见 Jacqueline Kennedy，"These
Are the Things I Hope Will Show How He Really Was," *Life*，29 May 1964，
pp. 32 - 38。

　　[25] *New York Times*，25 June 1970，p. 1. 其他忠于肯尼迪官方记忆的
人物也提出了同样的请求。参见 Theodore Sorensen in the *New York Times*，
22 November 1973，p. 37；另见 Barbara Gamarekian，"Hundreds Are in Cap-
ital for 25th Remembrance," *New York Times*，22 November 1988，p. A24。

[26] 1964 年，某些记者甚至在肯尼迪去世的"6 个月纪念日"上进行了标记，讽刺的是这一天离他的生日还有 6 天（*New York Times*，23 May 1964，p. 6）。这其实并不奇怪，因为按照新闻界的标准，肯尼迪的死亡是一个真正的新闻事件，而庆祝他的生日则似乎是一个公共关系的噱头。《麦考尔》杂志是一家接受了纪念肯尼迪生日建议的新闻机构，它以简单的"1967 年 5 月 29 日"为标题发表了西奥多·索伦森的纪念文章，其中索伦森讨论了纪念肯尼迪生日可能带来的好处（Theodore Sorensen，"May 29，1967，"*McCall's*，June 1967，p. 59）。

[27] Schlesinger，*Thousand Days*；Theodore C. Sorensen，*Kennedy*（New York：Harper and Row，1965）.

[28] 1965 年夏天，索伦森和施莱辛格的书分别被《展望》杂志和《生活》杂志摘录。

[29] Carleton，"Kennedy in History."其理由如下："卡尔顿对肯尼迪时期进行'早期历史评价'的资格不仅在于他作为政治科学家的地位，而且在 1940 年代早期……他有机会在肯尼迪男孩们的成长时期观察他们。"（p. 277）

[30] Manchester，*Portrait of a President*，pp. 239 – 265.

[31] H. Faber，*The Kennedy Years*（New York：Viking，1964）；Tom Wicker，*Kennedy Without Tears*；Sidey，*John F. Kennedy，President*. 1964 年 3 月 27 日的《纽约时报》在第 10 页讨论了皮埃尔·赛林格和桑德尔·瓦诺克尔的著作《向约翰·肯尼迪致敬》［*A Tribute to John F. Kennedy*（New York：Dell，1965）］.

[32] "John F. Kennedy Memorial Album：His Life，His Words，His Deeds，"special issue，*Life*（1964）.

[33] Review of *There Was a President*，*New York Times*，16 January 1967，p. 39.

[34] "Four Days in November，"United Artists and United Press International（*New York Times*，8 October 1964，p. 48）.

［35］Faber，*Kennedy Years*. 1964 年 8 月 28 日的《纽约时报》在第 27 页讨论了这本书。

［36］UPI，*Four Days*；discussed in *New York Times*，16 February 1964，section 7，p. 8.

［37］Associated Press，*The Torch ls Passed …*.（New York：Associated Press in association with Western Publishing，1963）.

［38］吉姆·毕夏普的《肯尼迪被枪杀之日》就是一本这样的书，出版时间恰好是肯尼迪遇刺五周年，该书广告语称之为 "前总统约翰·肯尼迪的夫人敦促吉姆·毕夏普不要写的书"（"New Kennedy Book Set for Release," *New York Times*，24 October 1968，p. 95）。

［39］"Camelot Revisited," *The Nation*，19 November 1983，p. 483.

［40］"Peephole Journalism," *Commonweal*，3 September 1965，p. 613.

［41］Meg Greenfield，"The Kiss and Tell Memoirs," *Reporter*，30 November 1967，p. 15.

［42］Jack Minnis and Staughton Lind，"Seeds of Doubt：Some Questions about the Assassination," *New Republic*，21 December 1963，pp. 14 - 20.

［43］福特指出，莱恩 "通过影射和推理" 不断抨击沃伦委员会。参见 Gerald Ford and John R. Stiles，*Portrait of the Assassin*（New York：Simon and Schuster，1965）。

［44］Mark Lane，"A Defense Brief for Lee Harvey Oswald," *National Guardian*，19 December 1963；重新发表于 *The Assassinations：Dallas and Beyond*，ed. Peter Dale Scott，Paul L. Hoch，and Russell Stetler（New York：Vintage，1976），pp. 49 - 52。

［45］Harold Feldman，"Fifty-One Witnesses：The Grassy Knoll," *Minority of One*，March 1965，pp. 16 - 25.

［46］*Warren Report*.

［47］Michael L. Kurtz，*Crime of the Century：The Kennedy Assassination from a Historian's Perspective*（Knoxville：University of Tennessee Press，1982），p. 26.

[48] *Warren Report*. 小说家唐·德里罗把《沃伦报告》比作一部"无一遗漏"的小说（参见 Don DeLillo，"American Blood：A Journey Through the Labyrinth of Dallas and JFK,"*Rolling Stone*，8 December 1983，p. 28）；对沃伦委员会调查活动更详细的介绍可参见"JFK/MLK：Is There More to the Story?" *Senior Scholastic*，18 November 1976，pp. 9–13，以及 Calvin Trillin，"The Buffs," *New Yorker*，10 June 1967。

[49] 爱德华·爱泼斯坦的《调查：沃伦委员会与真相的确立》[*Inquest：The Warren Commission and the Establishment of Truth*（New York：Viking，1966）]一书对《沃伦报告》进行了彻底的批判，该书重点介绍了沃伦委员会的工作情况；西尔维娅·马尔的《事后帮凶》[*Accessories after the Fact*（New York：Bobbs-Merrill，1967）]一书对《沃伦报告》的缺陷进行了逐条讨论。

[50] 在沃伦委员会公布其调查结果后不久（1964 年 10 月 27 日），CBS 新闻部就播放了其关于刺杀事件的首批特别节目中的《11 月 22 日和沃伦报告》。1964 年 9 月 29 日，《纽约时报》和《华盛顿邮报》都赞扬了该委员会。

[51] David Welsh and William Turner，"In the Shadow of Dallas," *Ramparts*，25 January 1969，p. 62. 另见 *New York Times*，23 September 1964，p. 20。

[52] 这包括美国政府印刷局提供的精装本和平装本的摘要报告，价格分别为 3.25 美元和 2.5 美元（*New York Times*，23 September 1964，p. 20）。

[53] 《时报》的软皮版报告要比官方的总结版报告便宜，只需一美元（*New York Times*，23 September 1964，p. 20）。

[54] *Warren Report*（New York：Associated Press，1964）. 这份报告的廉价精装版以一美元的价格提供给美联社的会员（*New York Times*，23 September 1964，p. 20）。有趣的是，正在讨论的这些照片并没有记录刺杀本身，只是记录了刺杀前的瞬间，这再次表明专业记者未能记录总统被枪杀的情况。

〔55〕 *Warren Report*（Associated Press edition），p. 366.

〔56〕 Trillin, "Buffs," p. 43.

〔57〕 实例包括 Dwight MacDonald, "Critique of the Warren Report," *Esquire*, March 1965, pp. 56 - 63; Sylvia Meagher, "Notes for a New Investigation," *Esquire*, December 1966, p. 211; "Kennedy Assassination: Question of a Second Investigation," *New Republic*, 12 November 1966, p. 8. 《得克萨斯观察者》刊发了多篇文章，对沃伦委员会提出批评。参见 Ronnie Dugger, "November 22, 1963: The Case Is Not Closed," *Texas Observer*, 11 November 1966, pp. 1 - 2; Ronnie Dugger, "Batter Up," *Texas Observer*, 3 February 1967。

〔58〕 大量刺杀文献的质量参差不齐。有些论点在提出时很少参考其他作品，也没有什么文献资料；有些论点则经过了细致的研究和记录。在许多其他作品中，经常被引用的几部作品包括哈罗德·韦斯伯格暗示达拉斯警方参与的《洗刷罪证：关于沃伦报告的报告》[*Whitewash: The Report on the Warren Report*（Hyattstown, Md., 1965)]；佩恩·琼斯关于得克萨斯州右翼分子的《原谅我的悲伤》[*Forgive My Grief*（Midlothian, Tex.: Midlothian Mirror, 1966)]；以及托马斯·布坎南（Thomas G. Buchanan）的《谁杀了肯尼迪?》[*Who Killed Kennedy?*（New York: Putnam, 1964)]，其中牵涉到右翼石油大亨。

〔59〕 Welsh and Turner, "In the Shadow of Dallas," p. 62; Sylvia Meagher, *Subject Index to the Warren Report and Hearings and Exhibits*（New York: Scarecrow, 1966).

〔60〕 Epstein, *Inquest*.

〔61〕 Epstein, *Inquest*; Meagher, *Accessories*; Mark Lane, *Rush to Judgment*（New York: Holt, Rinehart and Winston, 1966); Josiah Thompson, *Six Seconds in Dallas*（New York: Bernard Geis Associates, 1967).

〔62〕 "A Decade of Unanswered Questions," *Ramparts*, 12 December 1973, p. 43.

242

［63］Roberts，*Truth about the Assassination*，p. 57.

［64］Mark Lane，*A Citizen's Dissent*（New York：Holt，Rinehart and Winston，1968），p. 11.

［65］引自 Trillin，"Buffs," p. 41。

［66］Lane，*Citizen's Dissent*，p. x.

［67］同上，第 xi 页。

［68］同上，第 253～254 页。

［69］同上，第 144 页。

［70］参见 Anthony Summers，*Conspiracy*（New York：Paragon，1980；rev. 1989），p. 31。拉瑟后来在他的自传中（Rather with Herskowitz，*Camera Never Blinks*，pp. 133–134）解释他的错误说：

> 我没有提到暴力的、落后的反应。正如一些刺杀爱好者现在所认为的那样，这是一个重大遗漏，但肯定不是故意的。冒着听起来过于防御性的风险，我向任何人提出挑战，让他们第一次观看一部具有破坏性影响的 22 秒影片，跑几个街区，然后描述他们看到的全部内容……我只知道在当时的条件下我尽自己所能诚实地做了这件事。

［71］Richard Goodwin，摘自 *New York Times*，24 July 1966，p. 25。

［72］Kurtz，*Crime of the Century*，p. 87. 库尔茨对克拉克小组的调查进行了详细分析。另可参见 *1968 Panel Review of Photographs*，*X-Ray Films*，*Documents and Other Evidence Pertaining to the Fatal Wounding of President John F. Kennedy on November 22*，*1963*，*in Dallas*，*Texas*（Washington，D. C.：National Archives，n. d.）。

［73］James Kirkwood，*American Grotesque：An Account of the Clay Shaw-Jim Garrison Affair in the City of New Orleans*（New York：Simon and Schuster，1970）. 此案在媒体上遭到了广泛抨击，尤其是 Edward J. Epstein，"Garrison，" *New Yorker*，13 July 1968，pp. 35–81。另可参见 William Turner，"Assassinations：Epstein's Garrison，" *Ramparts*，7 September 1968，pp. 8，12。1980 年代

末，吉姆·加里森在他撰写的《刺客追踪》［*On the Trail of the Assassins*（New York：Sheridan Square Press，1988）］一书中进一步宣传了他对此案的看法，该书为 1991 年由奥利费·斯通执导、华纳兄弟出品的电影《刺杀肯尼迪》提供了大量素材。

［74］G. Robert Blakey and Richard N. Billings，*The Plot to Kill the President*（New York：New York Times Books，1981），p. 43.

［75］*New York Times*，25 September 1966，section 4，p. 10.

［76］"A Matter of Reasonable Doubt，" *Life*，25 November 1966，pp. 38 - 48. *243* 一些批评者声称，《生活》杂志对扎普鲁德影片的某些画面处理不当，使其看起来好像总统是向前而不是向后倒下。

［77］"A Primer of Assassination Theories，" *Esquire*，December 1966，pp. 205 - 210.

［78］这家电视台是 WNEW-TV，1966 年 11 月 15 日的《纽约时报》在第 1 页讨论了这档节目。

［79］索尔兹伯里声称，由于他被派往河内，调查工作从未完成。然而，他确实坚持认为，没有任何东西"以任何方式削弱、抵触或破坏我们最初的工作所得出的基本结论或沃伦委员会的基本结论"。参见 Harrison E. Salisbury，*A Time of Change*：*A Reporter's Tale of Our Time*（New York：Harper and Row，1988），pp. 71 - 72。

［80］Jack Anderson，*Washington Post*，3 March 1967.

［81］Trillin，"Buffs"；Josiah Thompson，"The Crossfire That Killed Kennedy，" *Saturday Evening Post*，2 December 1967，pp. 27 - 31；John Kaplan，"The Assassins，" *American Scholar*（Spring 1967），pp. 271 - 306.

［82］参见 *New York Times*，29 June 1967，p. 87，回顾了该系列的第一部分；另见 "As We See It，" *TV Guide*，29 July 1967，p. 1。

［83］*New York Times*，25 June 1967.

［84］1967 年 6 月 29 日 CBS 新闻发布会，引自 Lane，*Citizen's Dissent*，p. 98。

［85］"As We See It," p. 1；另见 "Warren Report," *TV Guide*，24 June 1967，p. A29。

［86］有趣的是，这正是一些独立批评者对记者的批评之处，他们认为记者在努力重启刺杀记录时没有进行充分的调查。参见 Lane, *Citizen's Dissent*。

［87］Trillin, "Buffs," p. 43.

［88］Donner, "Assassination Circus," p. 660.

［89］Roberts, *Truth about the Assassination*, p. 119. 有趣的是，罗伯茨还争辩说，独立批评者之所以受到如此欢迎，是因为他们的书的书评是由不太了解刺杀事实的人写的。他说："报社指派成熟记者去'报道'《沃伦报告》，其中许多是报道过达拉斯事件的资深记者。而独立批评者的图书编辑则指派文学评论家——包括一些对刺杀事件只有头条新闻读者了解水平的人——去评论那些似乎诋毁沃伦报告的图书"（p. 118）。

［90］Brown, *JFK：History of an Image*, p. 66.

［91］W. Shannon, in *New York Times*，19 October 1971，p. 43.

［92］Brown, *JFK：History of an Image*，p. 51.

［93］Richard Boeth, "JFK：Visions and Revisions," *Newsweek*，19 November 1973，p. 76.

［94］Hamill, "JFK：The Real Thing," p. 46.

［95］"Decade of Unanswered Questions," p. 43.

［96］Michael Rossman, "The Wedding Within the War," 转引自 Stephens, *History of News*, p. 125。

［97］Morley, "Camelot and Dallas," p. 646. 另一方面，日益盛行的支持阴谋论的讨论被克里斯托弗·拉什在他的《自恋文化》一书中称为"自恋文化"（New York：W. W. Norton, 1979）。拉什的观察是基于他所看到的对即时政治高潮的追求和对轰动效应的迷恋。

［98］"Decade of Unanswered Questions," p. 44. 早在 1973 年，一位作家就将肯尼迪遇刺事件和尼克松弹劾事件并列，认为它们"相互释义"——两

244

个弑亲的例子——从而表明对文件的质疑有着根深蒂固的需求（参见 Priscilla McMillan, "That Time We Huddled Together," *New York Times*，22 November 1973，p. 37）。然而，麦克米伦（McMillan）受到了某些独立批评者的抨击，他们认为她与美国情报部门有联系，使她对肯尼迪事件的看法产生了偏见。参见 Bernard Fensterwald, Jr., *Coincidence or Conspiracy?*（New York：Zebra Books，1977）；另见 Jerry Policoff, "The Media and the Murder of John Kennedy," *New Times*，8 September 1975；重新发表于 *Assassinations：Dallas and Beyond*，ed. Scott et al.，pp. 262 - 270。

［99］"Assassination—Behind Moves to Reopen JFK Case," *U. S. News and World Report*，2 June 1975，p. 31.

［100］Welsh and Turner, "In the Shadow of Dallas."

［101］1970 年代中期，《新闻周刊》、《时代》周刊和《美国新闻与世界报道》都开始报道独立批评者的言论。

［102］Albert H. Newman, *The Assassination of John F. Kennedy*（New York：Clarkson N. Potter，1970）；Hugh C. McDonald, *Appointment in Dallas*（New York：Zebra Books，1975）；Weisberg, *Whitewash and Whitewash II：The FBI-Secret Service Cover-up*（Hyattstown, Md.，1966）。《洗刷罪证》系列还有其他几卷。

［103］*New York Times*，10 November 1974，p. 107；另见 *New York Times*，3 February 1975，p. 14。

［104］"Assassination：Behind Moves," p. 32.

［105］Kurtz, *Crime of the Century*，p. 158.

［106］"The Question That Won't Go Away," *Saturday Evening Post*，December 1975，pp. 38 - 39. 有趣的是，同一篇文章追溯了该杂志在重新考虑刺杀记录方面的努力，包括 1967 年 1 月和 12 月发表的两篇呼吁重新审理此案的社论。

［107］"Assassination：Behind Moves," p. 31.

［108］小说方面的实例包括 Richard Condon, *Winter Kills*（New York：Dial, 1974）；Mark Lane and Donald Freed, *Executive Action*（New York：Dell, 1973）；Loren Singer, *The Parallax View*（Garden City, N. Y.：Doubleday, 1970）。后两者还被改编成了电影。

［109］摘自 Trillin, "Buffs," p. 45。

［110］*Report to the President by the Commission on CIA Activities Within the United States*（Washington, D. C.：U. S. Government Printing Office, 1975；New York：Manor Books, 1976）。相关讨论见 Kurtz, *Crime of the Century*, p. 159。

［111］*New York Times*, 15 May 1976, p. 13.

［112］据称，埃克斯纳同时也是积极参与中央情报局针对菲德尔·卡斯特罗阴谋的两位黑手党人物约翰·罗塞利和萨姆·詹卡纳的情妇［U. S. Congress, Select Committee to Study Governmental Operations with Respect to Intelligence Activities, *Alleged Assassination Plots Involving Foreign Leaders：An Interim Report*（Washington, D. C.：U. S. Government Printing Office, 20 November 1975）, p. 129；引自 Brown, *JFK：History of an Image*, pp. 72 - 73］。另见 "JFK and the Mobsters' Moll," *Time*, 29 December 1975, pp. 16 - 18；"A Shadow over Camelot," *Newsweek*, 29 December 1975, pp. 14 - 16。1988 年，埃克斯纳承认与詹卡纳和肯尼迪同时有染，但她辩称她是应肯尼迪的要求这样做的（"The Dark Side of Camelot," *People*, 29 February 1988, pp. 106 - 114）。

［113］这些文件被认为详细说明了李·哈维·奥斯瓦尔德与联邦调查局之间的联系，而这些联系还没有被公开。1977 年，联邦调查局发布了自己的刺杀调查报告，支持孤胆杀手的理论，这表明它与当时正稳步向阴谋论方向发展的舆论氛围是多么的格格不入。参见 "The FBI's Report on JFK's Death," *Time*, 19 December 1977, p. 18。

［114］Scott et al.（eds.）, *Assassinations：Dallas and Beyond*, p. x.

［115］同上，第 8 页。

[116] George Michael Evica, *And We Are All Mortal* (West Hartford, Conn.：University of Hartford Press，1978)，p. 205.

[117] Policoff，"Media and Murder."

[118] Evica, *And We Are All Mortal*，p. 212.

[119] Daniel Schorr, *Clearing the Air* (Boston：Houghton Mifflin，1977).

[120] Walter Cronkite，"CBS Evening News," 25 April 1975；另见 *New York Times*，26 April 1975，p. 12。

[121] "Assassination：Behind Moves"；"The American Assassins," "CBS Evening News," 25 - 26 November 1975；"Assassination：An American Nightmare," "ABC Evening News," 14 November 1975；"JFK：The Truth Is Still at Large," *New Times*，18 April 1975.

[122] Geraldo Rivera，"Good Night, America," ABC News，26 March 1975. *New York Times*，27 March 1975，p. 6 对此进行了回顾。

[123] Kurtz，*Crime of the Century*，p. 158.

[124] David Halberstam, *The Best and the Brightest* (New York：Random House，1972).

[125] John Berendt，"Ten Years Later：A Look at the Record," *Esquire*，November 1973，p. 264.

[126] Kurtz，*Crime of the Century*，p. vi.

[127] Theodore White，"Camelot，Sad Camelot," p. 46.

[128] 对历史在刺杀故事中的确切作用的探索也激起了人们对其他潜在的权威性声音的兴趣，比如虚构作品。历史、新闻和虚构领域模糊不清的最好例子来自威廉·曼彻斯特的所谓"获得授权"的刺杀历史著作《总统之死》。爱泼斯坦抨击它是一部以"枪骑兵之死"开始的小说，认为"它远不是一部详细而客观的刺杀事件记录，而是一部围绕权力斗争主题的神话式情节剧"（Epstein，*Between Fact and Fiction*，p. 124）。很有说服力的是，1990 年代围绕奥利弗·斯

246

通的电影《刺杀肯尼迪》，记者也进行了类似的讨论。

［129］Morley，"Camelot and Dallas," p. 649. 汤姆·威克在 1977 年指出，"卡米洛特的概念总是被过度夸大和浪漫化，它几乎没有幸存下来。就算真的有，也是关于暗杀阴谋和黑手党情妇的指控和披露，以及窃听和《与肯尼迪交谈》"（Wicker，"Kennedy Without End," p. 67）。

［130］Brown，*JFK：History of an Image*，p. 76.

［131］Carl Oglesby，*The Yankee and Cowboy War*（New York：Berkley Medallion，1976）.

［132］Peter Dale Scott，"From Dallas to Watergate—The Longest Cover-Up," *Ramparts*，1973；重新发表于 *Assassinations：Dallas and Beyond*，ed. Scott et al.，pp. 357 - 374；另见 Peter Dale Scott，*Crime and Cover-Up*（Berkeley：Westworks，1977）.

［133］Edward J. Epstein，*Legend：The Secret World of Lee Harvey Oswald*（New York：McGraw-Hill，1978）. 某些独立批评者认为，这本书使爱泼斯坦失去了可信度，因为他对案件的处理过于不加批判地利用情报来源。

［134］Seth Kantor，*Who Was Jack Ruby*?（New York：Everest House，1978）.

［135］Richardson Preyer，摘自 Blakey and Billings，*Plot to Kill*，p. 66。

［136］*New York Times*，18 November 1976，p. 17.

［137］Kurtz，*Crime of the Century*，p. 160.

［138］*The Final Assassinations Report*（New York：Bantam，1979），p. 336.

［139］同上，第 104 页；另见 *New York Times*，31 December 1978，p. 1。

［140］相关讨论见 *New York Times*，15 July 1979，p. 1。有关众议院特别委员会报告的完整索引，可参见 Sylvia Meagher and Gary Owens，*Master Index to the J. F. K. Assassination Investigations*（Metuchen，N. J.：Scarecrow Press，1980）。

［141］*Final Assassinations Report*，p. 104.

［142］同上，导言。

［143］Brown, *JFK: History of an Image*, p. 79.

［144］Kurtz, *Crime of the Century*, pp. 186, 187.

［145］Donner, "Assassination Circus," p. 654.

［146］*Final Assassinations Report*, preface.

［147］Summers, *Conspiracy*, p. 102.

［148］同上，第 xxi 页。

［149］同上，第 473 页。

［150］Blakey and Billings, *Plot to Kill*.

［151］摘自 Josiah Thompson, "Who Shot President Kennedy?" "Nova," PBS, 15 November 1988。

第八章

［1］Hamill, "JFK: The Real Thing," p. 46.

［2］*New York Times*, 23 November 1987, section 2, p. 10. 这种情况在下一年的周年纪念中有所好转，当时对迪利广场人数的估计从 400 人（*New York Times*, 23 November 1988, p. A16）到 2 500 人（*Washington Post*, 23 November 1988, p. A1）不等。不管这些差异如何，都表明在 25 年间，人们对刺杀事件的兴趣越来越大。

［3］Henry Allen, "JFK: The Man and the Maybes," *Washington Post*, 22 November 1988, p. E2.

［4］Brown, *JFK: History of an Image*, p. 76.

［5］这指的是 1983 年《新闻周刊》的一项民意调查，引自 Goldman, "Kennedy Remembered," p. 64。

［6］William Manchester, *One Brief Shining Moment*（Boston: Little, Brown, 1983）. 其他相关案例包括 Lowe, *Kennedy: A Time Remembered*; Kunhardt, *Life in Camelot*。

［7］Morley, "Camelot and Dallas," p. 649.

247

〔8〕"Camelot Revisited," p. 483;"Camelot on Tape," *Time*，4 July 1983，p. 122；另见 "In Camelot, They Taped a Lot," *Newsweek*，15 February 1982，p. 29。

〔9〕Goldman，"Kennedy Remembered," p. 63. 一些历史学家也表达了类似的观点，可追溯至 William E. Leuchtenburg，"John F. Kennedy, Twenty Years Later," *American Heritage Magazine*，December 1983，pp. 50 - 59。

〔10〕Parmet，*JFK：The Presidency of John F. Kennedy*.

〔11〕Wills，*Kennedy Imprisonment*；Collier and Horowitz，*Kennedys：An American Drama*.

〔12〕案例包括 "A Great President? Experts Size Up JFK," *U. S. News and World Report*，21 November 1983，p. 51；Lance Morrow，"After 20 Years, the Question：How Good a President?" *Time*，14 November 1983，p. 58。

〔13〕*New York Times*，17 February 1985，section 1，p. 51.

〔14〕James Reston, Jr.，*The Expectations of John Connally*（New York：Harper and Row，1989）；节选自 Reston，"Was Connally the Real Target?" *Time*，28 November 1988，pp. 30 - 41。1988 年 11 月 22 日，赖斯顿和康纳利还接受了 ABC《夜线》节目的采访。

〔15〕关于有组织犯罪的图书包括 John H. Davis's *Mafia Kingfish：Carlos Marcello and the Assassination of John F. Kennedy*（New York：McGraw-Hill，1988）and David E. Scheim's *Contract on America*（New York：Zebra Books，1988）。另见 "Did the Mob Kill JFK?" *Time*，28 November 1988，pp. 42 - 44。1991 年，马克·莱恩出版了《合理的否认》〔*Plausible Denial*（New York：Thunder's Mouth Press）〕一书，书中对中央情报局卷入刺杀事件进行了论述。对沃伦委员会的详尽讨论可参见 Henry Hurt，*Reasonable Doubt*（New York：Henry Holt，1985）。另可参见 Jim Marrs，*Crossfire：The Plot That Killed Kennedy*（New York：Carroll and Graf，1989）。

［16］Don DeLillo, *Libra*（New York：Viking，1988）；对 NBC 迷你系列剧的讨论参见 Morley，"Camelot and Dallas," p. 649。

［17］John Gregory Dunne, "Elephant Man"（review of Wills's *Kennedy Imprisonment*），*New York Review of Books*，15 April 1982，p. 10. *248*

［18］Morley，"Camelot and Dallas," p. 649.

［19］正如莫利所说，"《华盛顿邮报》说真相永远不会被知道。一名《洛杉矶时报》的记者敢于断定沃伦委员会是正确的。《新闻周刊》将公众对政府的事件版本的疑虑留给了艾奥瓦州的一名不善言辞的理发师"（同上）。

［20］Lasch, "Life of Kennedy's Death," p. 32.

［21］对这一点的详细讨论可参见 Scott, "From Dallas to Watergate," p. 358。

［22］James Reston, Jr., 引自 "25th Anniversary of JFK's Assassination," "Nightline," ABC News, 22 November 1988. 在某种程度上，这一点在重述的早期就已经有所预示。广播员埃里克·塞瓦赖德被请来评论 1968 年 CBS 的一份关于沃伦委员会的报告，却受到了批评，因为"作为一个见证人，他的资格……似乎完全由他对所观看的 CBS 纪录片的同意所构成"（Lane, *Citize's Dissent*，p. 96）。然而，由于缺乏可行的替代方案，他对次要信源的使用或者努力利用其他人的记录的行为至少被电视网认为是一种可接受的调查形式。

［23］"Who Shot President Kennedy?" "Nova," PBS. 这个节目实际上是1967 年 CBS 一个受到高度赞誉的特别节目的更新版，沃尔特·克朗凯特在其中讨论了现场声学测试。电视台主动对不同的技术、专业知识体系和证据进行概览，从而有可能对肯尼迪之死进行不同的"解读"，这一事实反映了与技术相关的周边话语的重要性。

［24］David S. Lifton, *Best Evidence*（New York：Carroll and Graf，1988），introductory remarks.

［25］同上；Reston, *Expectations*；Summers, *Conspiracy*；Robert J. Groden and Harrison Livingstone, *High Treason*（New York：Conservatory Press，1989）。

[26] Kurtz, *Crime of the Century*; Blakey and Billings, *Plot to Kill*.

[27] 引自 Summers, *Conspiracy*, p. xxiii。

[28] 参见 Parmet, *JFK: The Presidency of John F. Kennedy*; Wills, *Kennedy Imprisonment*; Collier and Horowitz, *Kennedys: An American Drama*。

[29] Kurtz, *Crime of the Century*; Brown, *JFK: History of an Image*.

[30] "Historians Lost in the Mists of Camelot," *Los Angeles Times*, 21 October 1988, p. I1.

[31] 例如，前记者吉姆·马尔斯（Jim Marrs）出版了一本讨论阴谋论的书，书名为《交火》；萨默斯出版了《阴谋》；罗伯特·麦克尼尔出版了《我们的方式》[*The Way We Were* (New York: Carroll and Graf, 1988)]。

[32] "Many Remember the Scene as It Was," *Washington Post*, 23 November 1988, p. A8.

[33] MacNeil, *Way We Were*；另见 John B. Jovich (ed.), *Reflections on JFK's Assassination* (N. p.: Woodbine House, 1988)。

[34] Mary McGrory, "You Had to Be There to Know the Pain," *Washington Post*, 20 November 1983, p. F1.

[35] 引自 Donner, "Assassination Circus," p. 657。

[36] "JFK," ABC News.

[37] "Remembering JFK," "Good Morning, America," ABC News, 22 November 1983.

[38]《肯尼迪：一个记忆中的时代》由苏斯金德公司和奥本豪斯电影公司联合制作，1988 年 11 月 21 日在 PBS 上播出。

[39] 案例包括 1964 年联美电影公司和合众国际社的纪录片《十一月的四天》以及休斯敦 KTRK 电视台的《肯尼迪：一年后》。

[40] 案例包括 "Being with John F. Kennedy," Drew Associates in association with Golden West Television, 1983; "America Remembers John

F. Kennedy," Thomas F. Horton Associates，1983。

［41］案例包括"JFK：That Day in November," NBC News，22 November 1988；*Week We Lost John F. Kennedy*，NBC News；"Four Days in November：The Assassination of President Kennedy," CBS News；"JFK Assassination：As It Happened," NBC News。

［42］"Kennedy Remembered," "Action News：Channel Six Late Night News," Philadelphia，22 November 1988；"25th Anniversary of JFK's Assassination," "Nightline," ABC News；"Assassination：Twenty-five Years Later," "CBS Evening News," eight-part series，CBS News，14–23 November 1988.

［43］Jack Anderson, in "Who Murdered JFK? American Exposé," Saban Productions，2 November 1988；Geraldo Rivera, in "On Trial," London Weekend Television；"Remembering President John F. Kennedy," "Oprah Winfrey Show," 22 November 1988.

［44］在约翰·肯尼迪遇刺 25 周年之际，《今夜娱乐》播出了一个可预测的片段，概述了肯尼迪与玛丽莲·梦露（Marilyn Monroe）之间的关系（"Where Were You When JFK Was Shot?" "Entertainment Tonight," 22 November 1988）。

［45］"TV Retells the Story of Slaying," *New York Times*，23 November 1988，p. A16.

［46］Morley, "Camelot and Dallas," p. 649.

［47］Judd Rose, in "25th Anniversary of JFK's Assassination," "Nightline," ABC News.

［48］Dan Rather, "CBS Evening News," CBS News，22 November 1988.

［49］Trillin, "Buffs," p. 65.

［50］Hugh Sidey, "History on His Shoulder," *Time*，8 November 1982，p. 26.

［51］Theodore White, "Camelot, Sad Camelot," p. 47.

［52］"Decade of Unanswered Questions," p. 43.

［53］Mary McGrory, "And Did You Once See Kennedy Plain?" *America*, 18 September 1965, p. 279.

［54］参见，例如 George Lardner, Jr., "On the Set: Dallas in Wonderland," *Washington Post*, 19 May 1991, p. D1; Anthony Lewis, "J. F. K.," *New York Times*, 9 January 1992, p. A23; Kenneth Auchincloss, "Twisted History," *Newsweek*, 23 December 1991, pp. 46–49; Tom Wicker, "Does 'J. F. K.' Conspire Against Reason?" *New York Times*, 15 December 1991, section 2, pp. 1, 18。

［55］DeLillo, "American Blood," p. 27.

［56］P. E. Tillinghast, *The Specious Past* (Reading, Mass: Addison-Wesley, 1972), p. 171.

［57］Lifton, *Best Evidence*, p. 9.

［58］Greenfield, "Kiss and Tell Memoirs," p. 17.

［59］Leuchtenburg, "John F. Kennedy, twenty Years Later," p. 58.

［60］"Did the Mob Kill JFK?" p. 42.

［61］Goldman, "Kennedy Remembered," p. 62.

［62］Jeff Greenfield, in "Remembering JFK," "Good Morning, America," ABC News.

［63］"TV Retells the Story of Slaying," *New York Times*, 23 November 1988, p. A8; "CBS Replays November 22," *New York Times*, 17 November 1988, p. B3; "JFK and a Tribute to TV," *Washington Post*, 23 November 1988, p. A2; "TV: The Ghost of a President Past," *Wall Street Journal*, 7 November 1988, p. A12.

［64］"TV Retells the Story of Slaying," p. A16. 甚至有一位历史学家在叙述刺杀事件时，也以与电视有关的序言开始，强调了这种媒介在延续刺杀故事中的核心地位和活力。"电视将刺杀事件及其后果生动地展现在全国观众的

面前。电子新闻媒体在最合适的时间捕捉到了达拉斯和华盛顿发生的事件，并将其即时传送给美国人民。电视荧屏描述了近期历史上一些最令人难忘的场景，远比印刷品更加生动和逼真。"（Kurtz，*Crime of the Century*，p. v）

［65］Hugh Sidey，"A Shattering Afternoon in Dallas，" *Time*，28 November 1988，p. 45. 赛迪的证词强调了这样一个事实，即许多宣称自己是目击者的记者实际上只是耳闻者。本书第四章和第五章讨论了肯尼迪死亡时耳闻者和目击者之间类似的紧张关系。

［66］Tom Wicker，引自 "JFK：A Time Remembered，" Susskind。

［67］MacNeil，*Way We Were*，p. 195；翻印自 Robert MacNeil，*The Right Place at the Right Time*（Boston：Little，Brown，1982）。

［68］Nancy Dickerson，引自 "JFK：A Time Remembered，" Susskind。

［69］Sander Vanocur，同上。

［70］John Chancellor，*Week We Lost John F. Kennedy*，NBC News.

［71］Jane Howard，"Do You Remember the Day JFK Died?" *Ladies Home Journal*，November 1983，p. 114.

［72］Peter Jennings，in "Changing South，" "ABC Nightly News，" ABC News，22 November 1988. 詹宁斯还担任了 1983 年 ABC 新闻部的电视回顾片《约翰·肯尼迪》的解说员。

［73］Chuck Stone，引自 "Kennedy Remembered，" "Action News：Channel Six Late-Night News"。

［74］Malcolm Poindexter，in "John F. Kennedy Remembered，" "KYW Eyewitness News. "

［75］Hugh Aynesworth，引自 Nora Ephron，"Twelve Years on the Assassination Beat，" *Esquire*，February 1976，p. 59。

［76］引自 "Four Days in November：The Assassination of President Kennedy，" CBS News。

［77］"The Plot to Kill President Kennedy：From the De-classified Files，"

M. G. Hollo with Fox/Lorber Associates，Inc. ，1983.

［78］Leo Sauvage，"Oswald in Dallas：A Few Loose Ends，" *Reporter*，2 January 1964，p. 24.

［79］"JFK：The Death and the Doubts，" *Newsweek*，5 December 1966，p. 26.

［80］Ephron，"Twelve Years，" p. 62.

［81］Albert Newman，*Assassination of John F. Kennedy*，p. ix.

［82］"JFK：The Death and the Doubts，" p. 25. 尽管《生活》杂志也因为发表扎普鲁德影片而引起了某些独立批评者的愤怒。

［83］Geraldo Rivera，in "On Trial，" London Weekend Television.

［84］Salisbury，"Editor's View，" p. 44.

［85］Jack Anderson，in "Who Murdered JFK?" Saban Productions.

［86］Walter Cronkite，in "Who Shot President Kennedy?" "Nova，" PBS.

［87］Mannes，"Long Vigil，" p. 16.

［88］Forrest Sawyer，in "25th Anniversary of JFK's Assassination，" "Nightline，" ABC News.

［89］Wright，*In the New World*，p. 309.

［90］Nicholas Lemann，"Growing Up with the Kennedy Myth：Not Quite Camelot，" *Washington Post*，20 November 1983，p. F1.

［91］Michael Matza，"Five Still Probing the JFK Killing，" *Philadelphia Inquirer*，22 November 1988，p. 8E.

［92］调查性报道系列节目《杀死肯尼迪的人》由奈杰尔·特纳（Nigel Turner）为库尔蒂斯制片公司制作，分别于 1991 年 9 月 27 日、1991 年 10 月 4 日、1991 年 10 月 11 日、1991 年 10 月 18 日和 1991 年 10 月 25 日在艺术与娱乐电视网播出。

第九章

［1］Leo Braudy，*The Frenzy of Renown*（New York：Oxford University Press，1986），p. 592.

[2] 这在其他时代也有相似之处。例如，在 1940 年代，新闻界名人是通过像爱德华·默罗和霍华德·史密斯这样的广播人物来定义的。传统上，某些报道形式会在呈现新闻故事的同时也突出新闻讲述者。举例来说，专栏让印刷媒体记者在转述新闻的同时突出自己，许多当代电视主播的经历也是如此。参见 Michael Baruch Grossman and Martha Joynt Kumar, *Portraying the Presidency* (Baltimore：Johns Hopkins University Press，1981)，p. 209。所以，从某种意义上说，新闻界名人的存在时间几乎与新闻业一样久远。因此，关于电视产生新闻界名人的说法可能是错误的，这种说法可能是因为卫星传输和视频设备的改进使人们更加关注电视主播，或许更直接地来自电视是最新的新闻媒介这一事实。而当这一地位发生变化时，关于新闻界名人的讨论也将随之改变。

252

[3] Schudson, "Politics of Narrative Form."

[4] Daniel Boorstin, *The Image* (New York：Atheneum, 1962), p. 57.

[5] Braudy, *Frenzy of Renown*, p. 10. 另见 Richard Dyer, *Stars* (London：British Film Institute, 1978)；John Rodden, *The Politics of Literary Reputation* (New York：Oxford University Press, 1989)。

[6] Broder, *Behind the Front Page*, p. 158.

[7] Wright, *In the New World*, p. 34. 某些记者利用了其在肯尼迪执政期间获得的名人地位，比如《华盛顿邮报》编辑本杰明·布拉德利出版了《与肯尼迪交谈》。

[8] 名人建构的另一面是它的病态，例如奥斯瓦尔德对达拉斯警察说："现在每个人都会知道我是谁。"（摘自 Donner, "Assassination Circus," p. 656）同样，《新闻周刊》在提到奥斯瓦尔德的母亲时说："她一直等待了 56 年，好像就是为了这一刻的名人光环。"（"The Assassination：A Week in the Sun," *Newsweek*, 24 February 1964, p. 29）

[9] Wills, *Kennedy Imprisonment*, p. 94.

[10] 我在这里使用了报道的象征维度和虚拟维度的概念，根据的不仅是

这两个术语在语法上的常见含义，还有维克多·特纳在《仪式过程》、法国语言学家埃米尔·本维尼斯特（Emile Beneviste）在《普通语言学问题》中提出的意义的价值。参见 Beneviste, *Problems in General Linguistics*（Coral Gables，Fla.：University of Miami Press，1981）。

[11] Salisbury, *Time of Change*, p. 71.

[12] Gay Talese, *The Kingdom and the Power*（New York：Laurel Books/Dell，1986），p. 34.

[13] 同上，第 505、36 页。

[14] 同上，第 37 页。

[15] Wicker, "Does 'J. F. K.' Conspire Against Reason?" p. 1.

[16] Dan Rather, 引自 "JFK：A Time Remembered," Susskind。

[17] Rather with Herskowitz, *Camera Never Blinks*, p. 122. 《拉瑟叙事》一书对拉瑟的表现进行了对比性评估，指责拉瑟通过其"长期以来对刺杀事件的不准确报道"而帮助了阴谋［Monte Evans, *The Rather Narrative：Is Dan Rather the JFK Conspiracy's San Andreas Fault?*（Barrington, R. I.：Barbara Books，1990），p. 194］。

[18] Gates, *Air Time*, p. 12.

[19] *People*, 28 November 1988, p. 70. 对于丹·拉瑟作为当代新闻名人典范的讨论，可参见 Barbie Zelizer, "What's Rather Public about Dan Rather：TV Journalism and the Emergence of Celebrity," *Journal of Popular Film and Television* 17 (2)(Summer 1989), pp. 74 - 80。

253　　[20] Gates, *Air Time*, p. 293.

[21] 这两个行为中的后者可能促使丹·拉瑟在 1989 年 10 月做出了类似的举动。他在主持 CBS 关于旧金山地震的突发新闻时忘了穿上西装外套。无论拉瑟的行为是有意还是无意，对于那些关注此事的人来说，它似乎都暗示了对专业性的最终牺牲，以及对快速传达最新新闻的执着。

[22] "What JFK Meant to Us," special issue, *Newsweek*, 28 November 1983,

p. 66.

[23] Matusow, *Evening Stars*.

[24] Joanna Elm, "From 'Good Evening, Everybody, Coast to Coast' to 'Courage,'" *TV Guide*, 6 May 1989, p. 31.

[25] Gates, *Air Time*, p. 6.

[26] 同上，第6～7页，第1页。

[27] 在电影中，杰奎琳·肯尼迪称怀特为"盟友之一"。

[28] Lance Morrow, "Of Myth and Memory," *Time*, 24 October 1988, p. 24.

[29] Evan Thomas, "A Reporter in Search of History," *Time*, 26 May 1986, p. 62. 这个标题是对怀特同名书籍的一种戏谑。

[30] Gates, *Air Time*, p. 169.

[31] *Broadcasting*, 2 December 1963, p. 46.

[32] Ephron, "Twelve Years," p. 60.

[33] Welsh and Turner, "In the Shadow of Dallas," p. 63.

[34] 他的风格体现在伦敦周末电视的节目《审判》之中。

[35] "Reporter Engagé," *Newsweek*, 23 December 1963, p. 70.

[36] Jack Anderson, in "Who Murdered JFK?" Saban Productions.

[37] Robert MacNeil, in "Good Morning, America," ABC News, 22 November 1988.

[38] Tom Wicker, in "JFK: A Time Remembered," Susskind.

[39] Wills, *Kennedy Imprisonment*; Manchester, *One Brief Shining Moment*.

[40] Greenfield, "Way Things Really Were," p. 98.

[41] 相关实例包括 "25 Years Later," special section, *U. S. News and World Report*, 24 October 1988, pp. 30 - 40; Goldman, "Kennedy Remembered"; "Ten Years Later: Where Were You?"; Kunhardt, *Life in Camelot*。

[42] 这种（写作）技巧受到大多数流行媒体论坛的青睐，特别是在《时尚先生》（"Ten Years Later: Where Were You?"）和《人物》（"November

22，1963：Where We Were，" special section，28 November 1988，pp. 54 - 70)
中。毫不奇怪，这些汇编也包括记者的回忆。

[43] 这些报道包括 "25th Anniversary of JFK's Assassination，" "Night-
line，" ABC News；"Who Shot President Kennedy?" "Nova，" PBS；"JFK Assas-
sination：As It Happened，" NBC News。最后一个报道是 NBC 为准确重现 25
年前的相关报道所做出的尝试。

[44] "The Warren Report，" "CBS Evening News，" CBS News，25 - 29
June 1967；"Four Days in November：The Assassination of President Kennedy，"
CBS News；"Who Shot President Kennedy?" "Nova，" PBS.

[45] Gamarekian，"Hundreds Are in Capital，" p. A24.

[46] "JFK：A Time Remembered，" Susskind.

[47] *Broadcasting*，2 December 1963，pp. 36 - 46.

[48] "JFK Assassination：As It Happened，" NBC News. 参与的记者所形
成的 "俱乐部" 也出现在与刺杀有关的半重构事件中。例如，作家詹姆斯·
柯克伍德（James Kirkwood）以如下方式讨论了报道吉姆·加里森调查新奥尔
良商人克莱·肖的记者："（其他记者）的战友情是显而易见的。哪怕不是所
有人，大多数人也都曾报道过两年前的预审会，他们就像战地记者一样。听
证会是他们的一个战场，现在他们又一次聚集在另一个战场上。他们都是经
验丰富的新闻记者。"（Kirkwood，*American Grotesque*，p. 78）

[49] Tobin，"If You Can Keep Your Head，" p. 54；*Editor and Publisher*，
7 December 1963，p. 44.

[50] "James Reston，" "ABC Evening News，" ABC News，31 July 1987.

[51] *UPI Reporter*，28 November 1963；UPI，*Four Days*.

[52] 引自 *Editor and Publisher*，30 November 1963，p. 8。

[53] Associated Press，*Torch Is Passed*.

[54] "Reporters' Story."

[55] Wicker，"That Day"；Wicker，"Reporter Must Trust His Instinct."

254

［56］Wicker，"Reporter Must Trust His Instinct," p. 81.

［57］Tom Wicker，"Kennedy Without Tears," *Esquire*，June 1964.

［58］Berendt，"Ten Years Later," p. 263.

［59］Wicker，*Kennedy Without Tears*；Wicker，"Kennedy Without Tears"（rpt.，*Esquire*，October 1973）.

［60］Wicker，"Kennedy Without Tears"（rpt.，*Esquire*，October 1973），p. 196.

［61］Wicker，*Kennedy Without Tears*，p. 63.

［62］Kunhardt，*Life in Camelot*，pp. 295 - 297.

［63］Theodore White，"Camelot，Sad Camelot," pp. 46 - 47. 即使不是由时代-生活图书公司制作的出版物也引用了"西奥多·怀特在《生活》杂志上发表的文章中凄美的'卡米洛特'尾声"［A. William Bluem，"Looking Ahead：The Black Horse," *Television Quarterly* 3 (1)（Winter 1964），p. 85］。

［64］1983 年的新闻系列片是 "The Kennedy Assassination：Myth and Reality," "CBS Evening News," CBS News，7 - 9 November 1983。1988 年的新闻系列片是 "Assassination：Twenty-five Years Later," "CBS Evening News," CBS News；"Four Days in November：The Assassination of President Kennedy," CBS News。

［65］Dan Rather，in "Four Days in November：The Assassination of President Kennedy," CBS News.

［66］Sandy Grady，"JFK：A Look Back," *Philadelphia Daily News*，22 November 1988，p. 5.

［67］一些记者在《亨特利-布林克利报告》中就他们的所见所闻接受了采访。Chet Huntley and David Brinkley，"Huntley-Brinkley Report," NBC News，22 November 1963.

［68］Ike Pappas，in "On Trial," London Weekend Television.

［69］"High Profile：Ike Pappas," *Philadelphia Inquirer Magazine*，10 September 1989，p. 8. 帕帕斯被描述为"19 岁时以合众国际社犯罪记者的身

份开始了他的职业生涯，当杰克·鲁比枪杀李·哈维·奥斯瓦尔德时，他正站在离杰克·鲁比五英尺的地方，最终目睹了'世纪之罪'"。

[70] Sidey, "Shattering Afternoon," p. 45.

[71] Dan Rather, in "Four Days in November: The Assassination of President Kennedy," CBS News.

[72] Steve Bell, in "John F. Kennedy Remembered," "KYW Eyewitness News."

[73] Wicker, "Kennedy Without End," p. 65.

[74] Tom Wicker, "Lyndon Johnson vs. the Ghost of Jack Kennedy," *Esquire*, November 1965, p. 152. 威克引用了这篇文章中的四段。

[75] Braudy, *Frenzy of Renown*, p. 585.

第十章

[1] 已经有大量关于专业性和新闻实践的文献，包括韦弗和威尔霍伊特（Wilhoit）的《美国记者》，以及其先驱约翰斯通（Johnstone）、斯拉夫斯基（Slawski）和鲍曼（Bowman）的《新闻人》。关于新闻专业性的概述，还可参见贝克尔等人（Becker et al.）的《培训与聘用》。

[2] 这个从民俗学中借来的术语意味着群体通过与群体起源有关的叙事来巩固自己的能力。贝拉等人（Bellah et al.）在《心灵的习惯》中提出了一个类似的术语——构成性叙事。

[3] Greenfield, "Way Things Really Were," p. 98.

[4] Barbara Walters, 引自 "Ten Years Later: Where were You?" p. 136。

[5] Gwenda Blair, *Almost Golden: Jessica Savitch and the Selling of Television News* (New York: Simon and Schuster, 1988), p. 71.

[6] Rather with Herskowitz, *Camera Never Blinks*, p. 152.

[7] 提到技术时，总是有着对新闻专业性的讨论。比如新闻培训手册往往会提供关于如何在新闻工作中操作任何合适的技术的章节。关于新闻与技术的讨论，可参见 Stephen Klaidman, *The Virtuous Journalist* (New York: Ox-

ford University Press，1987）；Goldstein，*News at Any Cost*。

［8］参见 Wicker，"Reporter Must Trust His Instinct"；Roberts，"Eyewitness in Dallas"。

［9］更详细的讨论见第五章。

［10］Gabe Pressman，转引自 Pressman，Shayon，and Schulman，"Responsible Reporter," p. 15。

［11］Steve Bell，in "John F. Kennedy Remembered," "KYW Eyewitness News."

［12］Salisbury，*Time of Change*，p. 70.

［13］同上，第 67 页。

［14］Wicker，"Reporter Must Trust His Instinct," p. 81.

［15］Wicker，"Lyndon Johnson," p. 152.

256

［16］Bradlee，*Conversations with Kennedy*，p. 7.

［17］"What's Fit to Print?" *Reporter*，2 January 1964，p. 12；"Reporter Engagé," p. 70.

［18］"Four Days in November：The Assassination of President Kennedy," CBS News.

［19］Edwin Newman，in "JFK Assassination：As It Happened," NBC News.

［20］见第三章关于提喻法的介绍。

［21］最近提出来的一个与之相似的观点是关于摄影权威的。参见 Fred Ritchin，*In Our Own Image*（New York：Aperture Foundation，1990）。

［22］"John F. Kennedy Memorial Edition," *Life*，Winter 1988；重新发表于 December 1963 issue。

［23］Kunhardt，*Life in Camelot*，p. 317.

［24］"John F. Kennedy Memorial Edition."

［25］Kunhardt，*Life in Camelot*，pp. 8，13.

[26] "Can You Believe That 20 Years Have Passed," *Forbes*, 5 December 1983, p. 26.

[27] "Assassination: Twenty-five Years Later," "CBS Evening News," CBS News.

[28] "JFK Assassination: As It Happened," NBC News; *Week We Lost John F. Kennedy*, NBC News. 一些同样的镜头还出现在艺术与娱乐电视网上播出的 NBC 新闻《传记：肯尼迪时代》中。

[29] Gates, *Air Time*, pp. 1 - 13.

[30] Blair, *Almost Golden*, p. 199.

[31] 参见马图索（Matusow）对金特纳的成功做法的讨论（*Evening Stars*, p. 76）。

[32] 或许与 ABC 最初对该事件的报道比其他两家电视网的报道问题更大这一事实相一致，刺杀叙事在这家新闻机构的历史中显得并不那么突出。

[33] Edwin Newman, in "JFK Assassination: As It Happened," NBC News.

[34] "The Assassination," p. 5.

[35] Ed Cray, Jonathan Kotler, and Miles Beller (eds.), *American Datelines: One Hundred and Forty Major News Stories from Colonial Times to the Present* (New York: Facts on File, 1990). 这部合集转载了梅里曼·史密斯通过合众国际社的电报发回的报道。另见 Harold Hayes (ed.), *Smiling Through the Apocalypse: Esquire's History of the Sixties* (New York: McCall 1969)。《壁垒》杂志揭丑报道的例子是 Welsh and Turner, "In the Shadow of Dallas."

[36] Larry Grove, "A City Is Tried and Convicted," *Dallas News* (March 1964)；重新发于 *The Quill*, November 1987, pp. 53 - 55。

[37] Barnouw, *Tube of Plenty*, pp. 332 - 340.

[38] Norm Goldstein (ed.) and the Associated Press, *The History of*

Television (New York: Portland House, 1991).

[39] Matusow, *Evening Stars*, p. 107.

[40] 同上，第 106 页。

[41] "The Moments You Can Never Forget," *TV Guide*, 6 May 1989, p. 4.

[42] "Four Days in November," CBS News.

[43] Halberstam, *Powers That Be*.

[44] Wright, *In the New World*, p. 71.

[45] Robinson, "Reporting the Death," p. 8E.

[46] Peter Kaplan and Paul Slansky, "Golden Moments," *Connoisseur*, September 1989, p. 136.

[47] Kurtz, *Crime of the Century*, p. v.

[48] Dan Rather, in "Four Days in November: The Assassination of President Kennedy," CBS News.

[49] 引自 Robinson, "Reporting the Death," p. 8E.

[50] 同上。

[51] Dan Rather, in "Four Days in November: The Assassination of President Kennedy," CBS News.

[52] "Icons: The Ten Greatest Images of Photojournalism," *Time*, special collector's edition, Fall 1989, p. 8.

[53] "New Challenges: 1950—80," *Time*, special collector's edition, Fall 1989, p. 56.

[54] 同上。

[55] 参见 Greenberg and Parker, *Kennedy Assassination*。

[56] Walter Cronkite, 引自 "Fifty Years of Television: A Golden Anniversary," CBS News, 26 November 1989。

[57] Lance Morrow, "Imprisoning Time in a Rectangle," *Time*, special collector's edition, Fall 1989, p. 76.

第十一章

［1］ Richard A. Blake, "Two Moments of Grief," *America*, 24 November 1973, p. 402.

［2］ Murray G. Murphey, *Our Knowledge of the Historical Past* (Indianapolis: Bobbs-Merrill, 1973), p. 1.

［3］ 参见，例如 Daniel Boorstin, *Hidden History* (New York: Harper and Row, 1987)；另见 Hayden White, "Value of Narrativity" 和 Kellner, *Language and Historical Representation*。

［4］ Michael H. Frisch, "The Memory of History," in *Presenting the Past*, ed. Susan Porter Benson et al. (Philadelphia: Temple University Press, 1986), p. 11. 值得一提的是，口述历史学家实际上是以与记者相同的方式使用记忆的，这表明他们提供了一种不同于传统历史学家的记录保存形式。

［5］ Patrick H. Hutton, "Collective Memory and Collective Mentalities: The Halbwachs-Ariès Connection," *Historical Reflections* 2 (1988), p. 312. 对这一点的讨论还可参见 Kammen, *Mystic Chords of Memory*。

［6］ Hutton, "Collective Memory," p. 317.

［7］ Leuchtenburg, "John F. Kennedy, Twenty Years Later," p. 58.

［8］ *Editor and Publisher*, 30 November 1963, p. 6.

［9］ "Assassination: History or Headlines?" *Newsweek*, 13 March 1967, p. 44.

［10］ 最早的一个例子出现在《编辑与发行人》（*Editor and Publisher*, 30 November 1963, p. 67）上，但在整个刺杀叙事的时间跨度中始终有媒体提到刺杀照片。在众多关于电影的讨论中，最早的是斯托利的《最伟大的家庭电影》。

［11］ 与照片和电影一样，在刺杀事件发生后也出现了记者声称进行了"历史报道"（参见，例如 *Broadcasting*, 2 December 1963）。

［12］ Theodore White, *America in Search of Itself*, pp. 1-2.

［13］ William Manchester, *Portrait of a President* [Boston: Little, Brown,

1967（1962）］，p. x. 曼彻斯特接着说，他的书构成了新闻，因为它是"在沿着当下的前进边缘移动时写的，它在任何意义上都不是确定的"（p. x）。

[14] Halberstam, *Powers That Be*, p. 229.

[15] *Broadcasting*, 2 December 1963，p. 50.

[16] *Editor and Publisher*, 30 November 1963，p. 67.

[17] *Broadcasting*, 2 December 1963，p. 51.

[18] "Shores Dimly Seen," *Progressive*, January 1964，p. 3.

[19] "Plot to Kill President Kennedy," Hollo with Fox/Lorber.

[20] Kenneth Auchincloss, "The Kennedy Years: What Endures?" *Newsweek*, 1 February 1971, p. 21.

[21] Theodore White, "Camelot, Sad Camelot."

[22] Norman Mailer, "Kennedy and After," *New York Review of Books*, 26 December 1963；重新发表于 *Current*, January 1964, p. 14。

[23] David Marannis, "In Dallas, the Lingering Trauma," *Washington Post*, 22 November 1988, p. E‑1.

[24] Talese, *Kingdom and Power*, p. 34.

[25] Dallas Morning News, *November 22: The Day Remembered* （Dallas: Taylor Publishing, 1990）.

[26] Don DeLillo, "Matters of Fact and Fiction," *Rolling Stone*, 17 November 1988, p. 117.

[27] 阿利埃斯对此的讨论参见 Hutton, "Collective Memory"。另见 Fernand Braudel, *On History* （Chicago: University of Chicago Press, 1980）; Pierre Nora, "Between Memory and History: *Les lieux de mémoire*," *Representations* （Spring 1989）, p. 13。

[28] 参见 Hayden White, "Value of Narrativity"; Kellner, *Language and Historical Representation*；另见 Canary and Kozicki, *Writing of History*。

[29] Halberstam, *Best and Brightest*.

［30］Wills, *Kennedy Imprisonment*；John H. Davis, *The Kennedys*（New York：McGraw-Hill，1984）；Collier and Horowitz, *Kennedys：An American Drama*. 另见 Manchester, *Portrait of a President*，pp. 239－266。

［31］Parmet, *JFK：The Presidency of John F. Kennedy*，pp. 341－349.

［32］Murphey, *Historical Past*，p. 11. 例子包括 Schlesinger, *Thousand Days*；Sorensen, *Kennedy*。其他例子包括肯尼迪的工作人员的回忆录，比如 Paul B. Fay, Jr., *The Pleasure of His Company*（New York：Harper and Row，1966）；Frank Saunders, *Torn Lace Curtain*（New York：Holt，Rinehart and Winston，1982）。《美国遗产》杂志代表着另一种替代性的历史学模式，该杂志因成功地将新闻摄影技术应用于历史领域而受到赞扬。与其他形式的历史学一样，当这本杂志开始容纳当代主题并放弃对先前话题按照时间顺序的强调时，这标志着一种转型的情绪。它被誉为"历史和新闻联姻的生动产物"，并被定义为"针对过往的新闻杂志"［*History News* 13（February 1957），p. 26；转引自 Roy Rosenzweig, "Marketing the Past," in *Presenting the Past*，ed. Benson et al.，pp. 32，39，44］。

［33］最初的批评声音来自 McGrory, "And Did You Once See Kennedy Plain?"；Greenfield, "Kiss and Tell Memoirs" "Peephole Journalism." 最近，在对奥利弗·斯通的电影《刺杀肯尼迪》的讨论中，更多的记者表示了批评。参见，例如 Edwin M. Yoder, Jr., "With 'JFK,' Filmmaker Oliver Stone Shows He Isn't Up to the Job of Historian," *Philadelphia Inquirer*，27 December 1991，p. A10；Tanya Barrientos, " 'JFK' Film Has Students Talking About History," *Philadelphia Inquirer*，24 January 1992，p. D1。

［34］"Presidency：Battle of the Book," p. 18.

［35］McGrory, "And Did You Once See Kennedy Plain?" p. 279.

［36］Greenfield, "Kiss and Tell Memoirs." 格林菲尔德认为，针对肯尼迪政府的回忆录因编纂者对肯尼迪的过度放纵态度而受到影响。

［37］同上，第 15 页。

［38］同上。

［39］Raymond Moley, "Brief, Not a History," *Newsweek*, 20 December 1965, p. 108.

［40］Logan, "Stained Glass Image," p. 75.

［41］同上，第 4 页。

［42］Morley, "Camelot and Dallas," p. 649.

［43］Sidey, *John F. Kennedy, President*; Fairlie, *Kennedy Promise*; Salinger, *With Kennedy*; Bradlee, *Conversations with Kennedy*; Theodore H. White, In *Search of History* (New York: Warner, 1978) and *America in Search of Itself*.

［44］Talese, *Kingdom and Power*, p. 34.

［45］*New York Times*, 29 August 1964, p. 46.

［46］Bradlee, *Conversations with Kennedy*, p. 8.

［47］Berendt, "Ten Years Later," p. 141.

［48］Jack Anderson, in "Who Murdered JFK?" Saban Productions.

［49］*Week We Lost John F. Kennedy*, NBC News.

［50］斯通关于"电影历史学家"的宣称见 Stephen Talbot, "60s Something," *Mother Jones*, March/April 1991, pp. 46–49。文章说，他是"一个事实上的历史学家，这一代人的想法和观点越来越多地被电影和电视塑造"(p. 49)。斯通在《今日秀》中呼吁把历史交还给人民（"Who Killed JFK?" *260* "Today Show," NBC News, 7 February 1992)。

［51］William Manchester, "No evidence for a Conspiracy to Kill Kennedy," letter to the editor, *New York Times*, 5 February 1992, p. A22.

［52］DeLillo, *Libra*, p. 301.

［53］John Connally, 引自 "25th Anniversary of JFK's Assassination," "Nightline," ABC News。

［54］Halberstam, *Powers That Be*, p. 568. 有趣的是，有人针对《美国

遗产》杂志提出了类似的说法，称该杂志"由于致力于将美国历史可视化"，产生了一种不同类型的历史记录（Rosenzweig，"Marketing the Past，" p. 39）。

［55］Eric Breitbart，"The Painted Mirror，" in *Presenting the Past*，ed. Benson et al. ，p. 116.

［56］Nora，"Between Memory and History，" p. 13.

［57］Breitbart，"Painted Mirror，" p. 111.

［58］Tillinghast，*Specious Past*，p. 171.

［59］Steve Bell，in "Return to Camelot：Steve Bell and the JFK Years，" Group W Television，22 November 1988.

第十二章

［1］Morrow，"Of Myth and Memory，" p. 22.

［2］Hayden White，" 'Figuring the Nature of the Times Deceased'：Literary Theory and Historical Writing，" in *The Future of Literary Theory*，ed. Ralph Cohen（New York：Routledge，1989），p. 27.

［3］Davis and Starn，"Introduction，" p. 5.

［4］有关新媒体如何塑造社会交流的讨论，可参见 Carolyn Marvin，*When Old Technologies Were New*（New York：Oxford University Press，1988）；Carolyn Marvin，"Experts，Black Boxes and Artifacts：News Categories in the Social History of Electric Media，" in Brenda Dervin et al.（eds. ），*Rethinking Communication*，Vol. 2：*Paradigm Exemplars*（London：Sage，1989），pp. 188 - 198。

［5］参见 Barbie Zelizer，"CNN，the Gulf War，and Journalistic Practice，" *Journal of Communication* 42（1），Winter 1992，pp. 68 - 81。

［6］Michael Arlen，*The Living-Room War*（New York：Viking，1969）.

［7］Davis and Starn，"Introduction，" p. 2.

［8］彼得·罗林斯（Peter C. Rollins）对记者和越南战争的关系提出了类似的观点。见 Rollins，"The American War：Perceptions Through Literature，Film and Television，" *American Quarterly* 3 (1984)，pp. 419 - 432。诺拉的《记忆与历史之间》（"Between Memory and History"，p. 13）讨论了档案记忆的概念。另见 Hayden White，"Figuring the Nature," p. 20。

[9] Halbwachs，*Collective Memory*，p. 7.

[10] Mary Douglas，*How Institutions Think*（Syracuse：Syracuse University Press，1986），p. 70.

[11]"集体尊严"的概念来自 Barry Schwartz，Yael Zerubavel，and Bernice Barnett，"The Recovery of Masada：A Study in Collective Memory," *Sociological Quarterly* 2（1986），p. 149。

[12] Tuchman，*Making News*，pp. 59 - 63.

[13] Halbwachs，*Collective Memory*，p. 86.

[14] 该术语出自 Hayden White，"Figuring the Nature," p. 21。

[15] Clifford Geertz，"Thick Description：Toward an Interpretive Theory of Culture," in *The Interpretation of Cultures*（New York：Basic Books，1973），p. 5.

[16] Lasch，"Life of Kennedy's Death."

后记

[1] 斯通的电影讲述了 1960 年代末，新奥尔良地区前检察官吉姆·加里森试图证明肯尼迪之死与阴谋有关但未获成功的故事。加里森的主张——暗杀事件可以归咎于一个平行的右翼政府，其动机是一个正在崛起的军事工业综合体——在审判时没有得到支持，对被告当地商人克莱·肖的指控被驳回。这部电影主要基于三份资料：加里森的《刺客的踪迹》、马尔斯的《交火》以及约翰·纽曼（John Newman）的《肯尼迪与越南》[*Kennedy and Vietnam*（New York：Warner，1992）]。斯通选择加里森的书其实是有问题的，因为多年前批评者们在评价加里森对肖的调查上就有分歧。参见 Epstein，"Garrison"；William Turner，"Assassinations：Epstein's Garrison"；and Kirkwood，*American Grotesque*。

［2］Talbot，"60s Something，" p. 49.

［3］Lardner，"On the Set，" p. D1. 斯通对拉德纳的回应见 "Stone's 'JFK'：A Higher Truth?" *Washington Post*，2 June 1991，p. D3。

［4］Jon Margolis，"JFK Movie and Book Attempt to Rewrite History," *Chicago Tribune*，14 May 1991，p. 19；Richard Zoglin，"More Shots in Dealey Plaza," *Time*，10 June 1991，pp. 64 - 66；Lardner，"On the Set，" p. D1.

［5］《我们时代的谎言》用很大的篇幅讨论了预先审查的问题。参见，例如 Carl Oglesby，"Who Killed JFK? The Media Whitewash," *Lies of Our Times*，September 1991，pp. 3 - 6；Zachary Sklar，"Time Magazine's Continuing Cover-Up," *Lies of Our Times*，September 1991，pp. 7 - 8；Herbert Schiller，"JFK：The Movie," *Lies of Our Times*，September 1991，pp. 6 - 7。更为公正的媒体观点可见于 Elaine Dutka，"Oliver Stone Fights Back," *Los Angeles Times*，24 June 1991，pp. F1, F2；Jay Carr，"Oliver Stone Defends His Take On 'JFK,'" *Boston Globe*，11 August 1991，pp. 81, 84。评论家哈里森·利文斯通和哈罗德·韦斯伯格都对该片进行了攻击，韦斯伯格称其为"（对真相的）歪曲"（引自 Zoglin，"More Shots in Dealey Plaza," p. 64）。

［6］Arthur Schlesinger, Jr.，"'JFK'：Truth and Fiction," *Wall Street Journal*，10 January 1992，p. A8.

［7］Manchester，"No Evidence for a Conspiracy," p. A22.

［8］Lewis，"J. F. K.，" p. A23. 斯通对刘易斯的指控的回应见 "Warren Panel Findings Should Stir Outrage," letter to the editor，*New York Times*，3 February 1992，p. A14。

［9］Auchincloss，"Twisted History." 有趣的是，《新闻周刊》的影评人赞扬了这部电影，说："如果历史是一个战场，那么《刺杀肯尼迪》必须被视为一个大胆的尝试，以为未来的战斗抢占地盘。"David Ansen，"A Troublemaker for Our Times," *Newsweek*，23 December 1991，p. 50.

［10］Wicker，"Does 'J. F. K. ' Conspire Against Reason?" pp. 1, 18. 第

九章讨论了威克在刺杀故事中的长期在场。

[11] 同上，第 18 页。

[12] 同上。

[13] "JFK," "48 Hours," CBS News，5 February 1992. 拉瑟和 CBS 所体现出来的那些重述模式由来已久，在第九章中已经讨论过。

[14] Bill Carter, "Rather Pulls CBS News Back to the Assassination," *New York Times*，4 February 1992, p. C11. 事实上，这不是拉瑟的独家新闻，而是不太出名的埃迪·巴克的独家新闻。第三章讨论了这个把省略法作为叙事调整的案例。

[15] 同上，第 C16 页。

[16] Gail Shister, "Rather and JFK," *Philadelphia Inquirer*，5 February 1992，pp. E1，E7.

[17] 同上，第 E1 页。

[18] Rather，引自 "JFK" "48 Hours."

[19] 同上。

[20] 同上。

[21] Steve Bell，引自 Gail Shister, "Steve Bell Discounts Assassination Theories," *Philadelphia Inquirer*，10 January 1992，p. 6D。在同一篇文章中，贝尔还讲述了报道肯尼迪之死是多么"艰难"。

[22] Lisa Grunwald, "Why We Still Care," *Life*，December 1991，pp. 35 - 46；Robert Sam Anson, "The Shooting of JFK," *Esquire*，November 1991，pp. 93 - 102，174 - 176；Chris Heath, "Killer Instincts," *Details*，January 1992，pp. 60 - 65，114.

[23] "Oliver Stone's 'JFK,'" "Nightline," ABC News，19 December 1991；"The JFK Assassination Files," "Nightline," ABC News，22 January 1992.

[24] David Ehrenstein, "JFK—A New Low for Hollywood," *The Advocate*，14 January 1992，pp. 78 - 81；G. Robert Blakey，引自 "JFK：Fact or

Fiction?" "Crossfire," CNN, 23 December 1991。

[25] "Lyndon B. Johnson: JFK's Vice-President or Assassin?" "Geraldo," NBC, 23 December 1991; "The JFK Controversy," "Oprah Winfrey Show," ABC, 22 January 1992; "Director Oliver Stone on the JFK Assassination," "Larry King Live," CNN, 20 December 1991; "JFK's Assassination: The Continuing Controversy," "Larry King Live," CNN, 16 January 1992; "JFK," *263* "The Ron Reagan Show," 19 November 1991. PBS 的流行文化杂志《边缘》在 1991 年 12 月放映了一段对斯通电影的恶搞片段,声称"奥利弗·斯通又一次试图把 1960 年代的事情说清楚"。

[26] 前美国众议院特别委员会官员罗伯特·塔嫩鲍姆(Robert Tanenbaum)在接受采访时提出了这一点,见 "JFK: Fact or Fiction?" "Croossfire."。

[27] 引自 Bernard Weinraub, "Substance and Style Criticized in 'J. F. K.,'" *New York Times*, 7 November 1991, p. C19。

[28] Larry King, 引自 "Director Oliver Stone," "Larry King Live"。

[29] 引自 "Lyndon B. Johnson," "Geraldo."。

[30] Robert Sam Anson, 引自 "JFK," "The Ron Reagan Show"。正如安森所说:"新闻界从未进行过系统的持续调查……我认为这对我们来说是不可原谅的。"当被问及为什么媒体没有在刺杀故事中拥有自己的伍德沃德和伯恩斯坦时,安森说:

> 首先,这是一个令人难以置信的复杂故事。仅沃伦委员会就产生了近百万页的证词和证据,很少有新闻机构有足够的资源来处理这一难题。其次,与那些对刺杀事件感兴趣的人们打交道并不总是容易的,你会听到一些非常疯狂的观点……坦率地说,记者总体而言是具有中产阶级式冷静思考能力的人,他们有自己的消息来源并且想保护它们。当他们遇到一个阴谋,至少在涉及总统这个层级时,他们不可能有足够的时间考虑这个问题。

[31] 引自 Carr, "Oliver Stone Defends His Take," p. 84。

[32] Lardner，"On the Set，" p. D4.

[33] Yoder，"With 'JFK，' Stone Shows He Isn't Up to the Job，" p. 10A.

[34] "JFK's Assassination：The Continuing Controversy，" "Larry King Live."

[35] "Oliver Stone Address to National Press Club，" C-Span，15 January 1992.

[36] 同上。

[37] "Director Oliver Stone，" "Larry King Live." 这种对记者在故事中的角色的轻视也在电影中得到了体现，它将大多数记者描绘成或是对加里森案漠不关心或是公然阻挠案件推进的形象。

[38] 同上。

[39] Shister，"Rather and JFK，" p. E7.

[40] "Who Killed JFK?" "Today Show." 斯通在《夜线》节目的《奥利弗·斯通的〈刺杀肯尼迪〉》中提出了同样的说法。"如果这些批评者对他们的真相是如此笃定，"他说，"那么为什么我们不让美国人民看到它，把文件公开出来……让美国人民信任这个真相和他们的历史。"

[41] 引自 "Director Oliver Stone，" "Larry King Live."

[42] Talbot，"60s Something，" p. 49.

[43] Mark Rowland，"Stone Unturned，" *American Film*，March 1991，pp. 41 - 43.

[44] Wicker，"Does 'J. F. K.' Conspire Against Reason?"

[45] Ellen Goodman，"The Problem With 'JFK' Is Facts，" *Philadelphia Inquirer*，4 January 1992，p. 7A.

[46] Arlen Specter，"'JFK' the Film Mangles the Facts，" *Philadelphia Inquirer*，5 January 1992，p. 5C. 斯通在一周后回应了斯佩克特（"Oliver Stone Replies to Sen. Specter，" letter to the editor, *Philadelphia Inquirer*，12 January 1992，p. 4C）；另见 Katharine Seelye，"New Film Fires a Bullet at Specter's Re-election，" *Philadelphia Inquirer*，5 January 1992，pp. 1A，8A.

264

〔47〕Ron Rosenbaum, "Taking a Darker View," *Time*, 13 January 1992, pp. 38 – 40.

〔48〕Clifford Krauss, "A Move to Unseal the Kennedy Files," *New York Times*, 22 January 1992, pp. A1, A14;另见 Larry Margasek, "Film Adds Pressure to Open JFK Files," *Philadelphia Inquirer*, 20 January 1992, p. D1。

〔49〕Krauss, "A Move to Unseal the Kennedy Files. ";另见 Pete Yost, "Warren Panel Lawyers Ask Release of JFK Files," *Philadelphia Inquirer*, 31 January 1992, p. A17;以及 *New York Times*, 27 March 1992, p. A14。

〔50〕"Get the Rest of the J. F. K. Story," editorial, *New York Times*, 16 January 1992, p. A22.

〔51〕Robert Sam Anson,摘自 "JFK," "The Ron Reagan Show. "

〔52〕"Director Oliver Stone," "Larry King Live. "

〔53〕Stephen E. Ambrose, "Writers on the Grassy Knoll：A Reader's Guide," *New York Times Book Review*, 2 February 1992, pp. 1, 23 – 25.

〔54〕Rosenbaum, "Taking a Darker View. "

〔55〕Assassination Symposium on John F. Kennedy, 14 – 15 November 1991, Dallas, Texas. 事实上，在研讨会的最后一次会议上，斯通的电影对独立批评者的努力起到了核心作用，当时的批评者马克·莱恩指责观众中的一名记者"对美国人民撒谎，试图在电影上映之前破坏它"。

〔56〕Ambrose, "Writers on the Grassy Knoll，" p. 25.

〔57〕Michael Isikoff, " 'JFK' Is No Hit With the Archives," *Philadelphia Inquirer*, 22 January 1992, p. C9.

〔58〕参见，例如 "Readers Find Fault With Doubters of 'JFK,'" letters to the editor, *Philadelphia Inquirer*, 12 January 1992, p. 4C. 一封读者来信这样说："《费城问询者报》编辑部一再抨击任何有关刺杀的新证据，包括最近的电影《刺杀肯尼迪》……为什么新闻界会如此愚蠢?"参见 Richard Laverick, "Why So Reluctant?" letter to the editor, *Philadelphia Inquirer*, 12 January 1992，p. 4C；另见 "Letters," letters to the editor, *New York Times*，5 January 1992，p. H4。这些读者来信表现出（写信者）有相当程度的专业知识，读者的目标包括电影、主流媒体、官方调查机构和参议员阿伦·斯佩克特。

［59］这四本图书是 Garrison, *On the Trail of the Assassins*；Groden and Livingstone, *High Treason*；Marrs, *Crossfire*；Lane, *Plausible Denial*。

［60］ "Who Killed JFK?" "Today Show."

［61］ Anson, "Shooting of JFK."

［62］电影上映后不久，安可书店（Encore Books）就安排了特殊区域来摆放与刺杀有关的文献资料。

［63］ Maralyn Lois Polak, "Mark Lane：Deep in His Plots," *Philadelphia Inquirer Magazine*，19 January 1992，pp. 7 - 8.《杰拉尔多》采访了评论家罗伯特·格罗登、吉姆·马尔斯和第三位理论家克雷格·齐贝尔（Craig Zirbel）。见 "Lyndon B. Johnson：JFK's Vice-President or Assassin?" "Geraldo."

［64］ "Who Killed JFK?" "Today Show."

［65］ Sam Donaldson, "PrimeTime Live," special segment on the Kennedy assassination，ABC News，16 January 1992.

［66］ Dan Rather, "CBS Evening News With Dan Rather," CBS News，13 December 1991.

［67］ Yoder, "With 'JFK,' Stone Shows He Isn't Up to the Job," p. 10A.

［68］ Auchincloss, "Twisted History"；摘自 "PrimeTime Live," ABC News。

［69］ "Director Oliver Stone," "Larry King Live."

［70］ Goodman, "Problem with 'JFK' Is Facts," p. 7A.

［71］ "Get the Rest of the J. F. K. Story," p. A22.

［72］引自 "Director Oliver Stone," "Larry King Live."

［73］ "PrimeTime Live," ABC News.

〔74〕"JFK Assassination Files," "Nightline."

〔75〕引自 "Director Oliver Stone," "Larry King Live."

〔76〕Wicker, "Does 'J. F. K.' Conspire Against Reason?" p. 18.

〔77〕Goodman, "Problem with 'JFK' Is Facts," p. 7A.

〔78〕Dutka, "Oliver Stone Fights Back," p. F1.

〔79〕Anson, "Shooting of JFK."

〔80〕电视回顾节目中虚构情节的例子包括伦敦周末电视的《谁杀了约翰·肯尼迪?》《美国揭秘》和《审判》。

〔81〕在斯通的这个案例中，这些边界早前已被证明是有问题的，因为那些声称拥有更多专业知识的人指责他在电影中对越南战争和摇滚乐行业的再现是不符合历史的。参见 "A True Story That's Not So True," *Insight*, 2 April 1990, p. 58; "The Eyes Have It," *Premiere*, July 1991, p. 14。

〔82〕摘自 "Who Killed JFK?" "Today Show." 类似的说法还出现在 "JFK," "48 Hours." 中。

〔83〕Kammen, *Mystic Chords of Memory*, pp. 667 - 668.

〔84〕Ambrose, "Writers on the Grassy Knoll," p. 25.

参考文献

与肯尼迪和肯尼迪遇刺事件有关的参考书目

American Society of Newspaper Editors. "Dallas Revisited. " In *Problems of Journalism*. Proceedings of the 1964 Convention of the American Society of Newspaper Editors, 16 – 18 April 1964, pp. 22 – 49. Washington, D. C. : ASNE, 1964.

Associated Press. *The Torch Is Passed* …. New York: Associated Press in association with Western Publishing, 1963.

Belin, David W. *Final Disclosure*. New York: Macmillan, 1988.

Bird, S. Elizabeth. "Media and Folklore as Intertextual Communication Processes: John F. Kennedy and the Supermarket Tabloids. " In *Communication Yearbook* 10, ed. Margaret McLaughlin, pp. 758 – 72. Newbury Park, Cal. : Sage, 1987.

Bishop, Jim. *The Day Kennedy Was Shot*. New York: Bantam, 1968.

Blair, Gwenda. *Almost Golden: Jessica Savitch and the Selling of Television News*. New York: Simon and Schuster, 1988.

Blakey, G. Robert, and Richard N. Billings. *The Plot to Kill the President*. New York: New York Times Books, 1981.

Bradlee, Benjamin. *Conversations with Kennedy*. New York: W. W. Norton, 1975.

Broder, David S. *Behind the Front Page*. New York: Touchstone, 1987.

Brown, Thomas. *JFK: History of an Image*. Bloomington: Indiana University Press, 1988.

Buchanan, Thomas G. *Who Killed Kennedy?* New York: Putnam, 1964.

Collier, Peter, and David Horowitz. *The Kennedys: An American Drama*. New York: Warner, 1984.

Condon, Richard. *Winter Kills*. New York: Dial, 1974.

Dallas Morning News. *November 22: The Day Remembered*. Dallas: Taylor Publishing, 1990.

Davis, John H. *The Kennedys*. New York: McGraw-Hill, 1984.

——. *Mafia Kingfish: Carlos Marcello and the Assassination of John F. Kennedy*. New York: McGraw-Hill, 1988.

DeLillo, Don. *Libra*. New York: Viking, 1988.

Dickstein, Morris. *Gates of Eden: American Culture in the Sixties*. New York: Penguin, 1989.

Epstein, Edward J. *Inquest: The Warren Commission and the Establishment of Truth*. New York: Viking, 1966.

——. *Legend: The Secret World of Lee Harvey Oswald*. New York: McGraw-Hill, 1978.

Evans, Monte. *The Rather Narrative: Is Dan Rather the JFK Conspiracy's San Andreas Fault?* Barrington, R. I. : Barbara Books, 1990.

Evica, George Michael. *And We Are All Mortal*. West Hartford, Conn. : University of Hartford Press, 1978.

Faber, H. *The Kennedy Years*. New York: Viking, 1964.

Fairlie, Henry. *The Kennedy Promise*. New York: Dell, 1972.

Fay, Paul B. , Jr. *The Pleasure of His Company.* New York: Harper and Row, 1966.

Fensterwald, Bernard, Jr. *Coincidence or Conspiracy?* New York: Zebra Books, 1977.

Final Assassinations Report, The. New York: Bantam, 1979.

Ford, Gerald, and John R. Stiles. *Portrait of the Assassin.* New York: Simon and Schuster, 1965.

Garrison, Jim. *On the Trail of the Assassins.* New York: Sheridan Square Press, 1988.

Gitlin, Todd. *The Sixties: Years of Hope, Days of Rage.* New York: Bantam, 1987.

Greenberg, Bradley, and Edwin Parker (eds.). *The Kennedy Assassination and the American Public.* Palo Alto: Stanford University Press, 1965.

Groden, Robert J. , and Harrison Livingstone. *High Treason.* New York: Conservatory Press, 1989.

Halberstam, David. *The Best and the Brightest.* New York: Random House, 1972.

——. "Introduction. " In *The Kennedy Presidential Press Conferences*, pp. i-iv. New York: Earl M. Coleman Enterprises, 1978.

——. *The Powers That Be.* New York: Laurel Books, 1979.

Hayes, Harold (ed.). *Smiling Through the Apocalypse: Esquire's History of the Sixties.* New York: McCall, 1969.

Hurt, Harry. *Reasonable Doubt.* New York: Henry Holt, 1985.

Jameson, Fredric. "Periodizing the Sixties. " In *The 60s Without Apology*, ed. Sohnya Sayres et al. , pp. 178 – 209. Minneapolis: University of Minnesota Press in cooperation with *Social Text*, 1984.

Jones, Penn, Jr. *Forgive My Grief.* Midlothian, Tex. : Midlothian Mirror，1966.

Jovich，John B. （ed.）. *Reflections on JFK's Assassination*. N. p.：Woodbine House，1988.

Kantor，Seth. *Who Was Jack Ruby?* New York：Everest House，1978.

Kennedy，John F. *Why England Slept*. New York：Funk and Wagnalls，1961 [1940].

——. *Profiles in Courage*. New York：Harper and Row，1956.

Kirkwood，James. *American Grotesque：An Account of the Clay Shaw-Jim Garrison Affair in the City of New Orleans*. New York：Simon and Schuster，1970.

Kunhardt，Philip B.，Jr. （ed.）. *Life in Camelot：The Kennedy Years*. New York：Time-Life Books，1988.

Kurtz，Michael L. *Crime of the Century：The Kennedy Assassination from a Historian's Perspective*. Knoxville：University of Tennessee Press，1982.

Lane，Mark. *Rush to Judgment*. New York：Holt，Rinehart and Winston，1966.

——. *A Citizen's Dissent*. New York：Holt，Rinehart and Winston，1968.

——. *Plausible Denial*. New York：Thunder's Mouth Press，1991.

Lane，Mark，and Donald Freed. *Executive Action*. New York：Dell，1973.

Lasky，Victor. *JFK：The Man and the Myth*. New York：Dell，1977 [1963].

Lieberson，Goddard （ed.）. *JFK：As We Remember Him*. New York：Atheneum，1965.

Lifton，David S. *Best Evidence*. New York：Carroll and Graf，1988.

Love，Ruth Leeds. "The Business of Television and the Black Weekend. "

In *The Kennedy Assassination and the American Public*, ed. Bradley Greenberg and Edwin Parker, pp. 73 – 86. Palo Alto: Stanford University Press, 1965.

Lowe, Jacques. *Kennedy: A Time Remembered*. New York: Quartet/Visual Arts, 1983.

Lower, Elmer. "A Television Network Gathers the News." In *The Kennedy Assassination and the American Public*, ed. Bradley Greenberg and Edwin Parker, pp. 67 – 72. Palo Alto: Stanford University Press, 1965.

McDonald, Hugh C. *Appointment in Dallas*. New York: Zebra Books, 1975.

MacNeil, Robert. *The Right Place at the Right Time*. Boston: Little, Brown, 1982.

—— (ed.). *The Way We Were*. New York: Carroll and Graf, 1988.

Manchester William. *Portrait of a President*. Boston: Little, Brown, 1967 [1962].

——. *The Death of a President*. New York: Harper and Row, 1967.

——. *One Brief Shining Moment*. Boston: Little, Brown, 1983.

Marrs, Jim. *Crossfire: The Plot That Killed Kennedy*. New York: Carroll and Graf, 1989.

Mayo, John B. *Bulletin from Dallas*. New York: Exposition Press, 1967.

Meagher, Sylvia. *Subject Index to the Warren Report and Hearings and Exhibits*. New York: Scarecrow Press, 1966.

——. *Accessories after the Fact*. New York: Bobbs-Merrill, 1967.

Meagher, Sylvia, and Gary Owens. *Master Index to the J. F. K. Assassination Investigations*. Metuchen, N. J. : Scarecrow Press, 1980.

Newman, Albert H. *The Assassination of John F. Kennedy*. New York: Clarkson N. Potter, 1970.

Newman, John. *Kennedy and Vietnam*. New York: Warner, 1992.

Nielsen Co. *TV Responses to the Death of a President*. New York: Nielsen,

1963.

1968 *Panel Review of Photographs, X-Ray Films, Documents and Other Evidence Pertaining to the Fatal Wounding of President John F. Kennedy on November 22, 1963, in Dallas, Texas.* Washington, D. C. : National Archives, n. d.

O'Donnell, Kenneth P. , and David F. Powers. "*Johnny, We Hardly Knew Ye.*" Boston: Little, Brown, 1970.

Oglesby, Carl. *The Yankee and Cowboy War.* New York: Berkley Medallion, 1976.

Paper, Lewis. *The Promise and the Performance.* New York: Crown, 1975.

Parmet, Herbert S. *Jack: The Struggles of John F. Kennedy.* New York: Dial, 1980.

——. *JFK: The Presidency of John F. Kennedy.* New York: Penguin, 1983.

Pettit, Tom. "The Television Story in Dalls. " In *The Kennedy Assassination and the American Public*, ed. Bradley Greenberg and Edwin Parker, pp. 61 – 66. Palo Alto: Stanford University Press, 1965.

Rather, Dan, with Mickey Herskowitz. *The Camera Never Blinks.* New York: Ballantine, 1977.

Report to the President by the Commission on CIA Activities Within the United States. Washington, D. C. : U. S. Government Printing Office, 1975; New York: Manor Books, 1976.

Reston, James, Jr. *The Expectations of John Connally.* New York: Harper and Row, 1989.

Rivers, William. "The Press and the Assassination. " In *The Kennedy Assassination and the American Public*, ed. Bradley Greenberg and Edwin Parker, pp. 51 – 60. Palo Alto: Stanford University Press, 1965.

Roberts, Charles. *The Truth about the Assassination.* New York: Grosset and Dunlap, 1967.

———. "JFK and the Press." In *Ten Presidents and the Press*, ed. K. W. Thompson, pp. 63 – 77. Lanham, Md.: University Press of America, 1983.

Rovere, Richard. "Introduction." In *Inquest: The Warren Commission and the Establishment of Truth*, Edward J. Epstein, pp. ix – xiv. New York: Viking, 1966.

Salinger, Pierre. "Introduction." In *Kennedy and the Press*, H. W. Chase and A. H. Lerman, pp. ix – xi. New York: Thomas Y. Crowell, 1965.

———. *With Kennedy*. New York: Doubleday, 1966.

Salinger, Pierre, and Sander Vanocur (eds). *A Tribute to John F. Kennedy*. New York: Dell, 1965.

Salisbury, Harrison E. "The Editor's View in New York." In *The Kennedy Assassination and the American Public*, ed. Bradley Greenberg and Edwin Parker, pp. 37 – 45. Palo Alto: Stanford University Press, 1965.

———. *A Time of Change: A Reporter's Tale of Our Time*. New York: Harper and Row, 1988.

Saunders, Paul. *Torn Lace Curtain*. New York: Holt, Rinehart and Winston, 1982.

Sayres, Sohnya, Anders Stephanson, Stanley Aronowitz, and Fredric Jameson (eds.). *The 60s Without Apology*. Minneapolis: University of Minnesota Press in cooperation with *Social Text*, 1984.

Schachtman, Tom. *Decade of Shocks: Dallas to Watergate* 1963 – 74. New York: Poseidon, 1983.

Scheim, David E. *Contract on America*. New York: Zebra Books, 1988.

Schlesinger, Arthur M., Jr. *A Thousand Days*. Boston: Houghton Mifflin, 1965.

Schorr, Daniel. *Clearing the Air*. Boston: Houghton Mifflin, 1977.

Schramm, Wilbur. "Communication in Crisis. " In *The Kennedy Assassination and the American Public*, ed. Bradley Greenberg and Edwin Parker, pp. 1 - 25. Palo Alto: Stanford University Press, 1965.

Scott, Peter Dale. *Crime and Cover-Up*. Berkeley: Westworks, 1977.

Scott, Peter Dale, Paul L. Hoch, and Russell Stetler (eds.). *The Assassinations: Dallas and Beyond*. New York: Vintage, 1976.

Sidey, Hugh. *John F. Kennedy, President*. New York: Atheneum, 1964.

Singer, Loren. *The Parallax View*. Garden City, N. Y. : Doubleday, 1970.

Sorensen, Theodore C. *Kennedy*. New York: Harper and Row, 1965.

——. *The Kennedy Legacy*. New York: Macmillan, 1969.

Stone, I. F. "The Rapid Deterioration in Our National Leadership. " In *In a Time of Torment*, 1961 - 67, pp. 5 - 8. Boston: Little, Brown, 1967.

Summers, Anthony. *Conspiracy*. New York: Paragon, 1980; rev. ed. , 1989.

Talese, Gay. *The Kingdom and the Power*. New York: Laurel Books/ Dell, 1986.

Thompson, Josiah. *Six Seconds in Dallas*. New York: Bernard Geis Associates, 1967.

Thompson, K. W. (ed.). *Ten Presidents and the Press*. Lanham, Md. : University Press of America, 1983.

United Press International and *American Heritage* Magazine. *Four Days: The Historical Record of President Kennedy's Death*. New York: UPI and American Heritage Publishing, 1964.

U. S. Congress, Select Committee to Study Governmental Operations with Respect to Intelligence Activities. *Alleged Assassination Plots Involving Foreign Leaders: An Interim Report*. Washington, D. C. : U. S. Government Printing Office, 20 November 1975.

Warren Report. New York: Associated Press, 1964.

Warren Report: *Report of the President's Commission on the Assassination of President John F. Kennedy.* Washington, D. C. : U. S. Government Printing Office, 1964.

Watson, Mary Ann. *The Expanding Vista.* New York: Oxford University Press, 1990.

Weisberg, Harold. *Whitewash*: *The Report on the Warren Report.* Hyattstown, Md. , 1965.

——. *Whitewash II*: *The FBI-Secret Service Cover-Up.* Hyattstown, Md. , 1966.

White, Theodore H. *The Making of the President*, 1960. New York: Atheneum, 1961.

——. *In Search of History.* New York: Warner, 1978.

——. *America in Search of Itself.* New York: Warner, 1982.

Wicker, Tom. *Kennedy Without Tears*. New York: William Morrow, 1964.

——. *JFK and LBJ*. New York: William Morrow, 1968.

——. *On Press.* New York: Berkley, 1975.

Wills, Gary. *The Kennedy Imprisonment.* New York: Pocket Books, 1983.

Wright, Lawrence. *In the New World*: *Growing Up with America from the Sixties to the Eighties.* New York: Vintage, 1983.

报纸和期刊文章

" 'Accused' or 'Assassin. '" Editorial. *Editor and Publisher*, 14 December 1963, p. 6.

Allen, Henry. "JFK: The Man and the Maybes. " *Washington Post*, 22 November 1988, p. E2.

Ambrose, Stephen E. "Writers on the Grassy Knoll: A Reader's Guide. " *New York Times Book Review*, 2 February, 1992, pp. 1, 23 – 25.

"And Then It Was November 22 Again. " *Newsweek*, 30 November 1964, pp. 25 - 28.

　　Ansen, David. "A Troublemaker for Our Times." *Newsweek*, 23 December 1991, p. 50.

　　Anson, Robert Sam. "The Shooting of JFK." *Esquire*, November 1991, pp. 93 - 102, 174 - 176.

　　"Assassination, The." *Columbia Journalism Review* (Winter 1964), pp. 5 - 3.

　　"Assassination—Behind Moves to Reopen JFK Case." *U. S. News and World Report*, 2 June 1975, pp. 30 - 33.

　　"Assassination: History or Headlines?" *Newsweek*, 13 March 1967, pp. 44 - 47.

　　"Assassination of President Kenned, The." *Life*, 29 November 1963, pp. 23 - 38.

　　"Assassination Story Raises Legal Snares." *Editor and Publisher*, 14 December 1963, p. 12.

　　"Assassination, The: A Week in the Sun." *Newsweek*, 24 February 1964, pp. 29 - 30.

　　Association for Education in Journalism. "Official Minutes of the 1964 Convention." *Journalism Quarterly* 42 (Winter 1965), pp. 149 - 64.

　　"As We See It." *TV Guide*, 29 July 1967, p. 1.

　　"At Issue: Judgment by Television." *Columbia Journalism Review* (Winter 1964), pp. 45 - 48.

　　Auchincloss, Kenneth. "The Kennedy Years: What Endures?" *Newsweek*, 1 February 1971, p. 21.

　　——. "Twisted History." *Newsweek*, 23 December 1991, pp. 46 - 49.

　　Bagdikian, Ben H. "The Assassin." *Saturday Evening Post*, 14 December 1963, pp. 22 - 27.

Banta, Thomas J. "The Kennedy Assassination: Early Thoughts and Emotions." *Public Opinion Quarterly* 28 (2)(1964), pp. 216 - 24.

Barrientos, Tanya. " 'JFK' Film Has Students Talking About History. " *Philadelphia Inquirer*, 24 January 1992, pp. D1, D3.

Bell, Jack. "Eyewitnesses Describe Scene of Assassination. " *New York Times*, 23 November 1963, p. 5.

Berendt, John. "Ten Years Later: A Look at the Record. " *Esquire*, November 1973, pp. 140, 263 - 65.

"Birch View of JFK. " *Newsweek*, 24 February 1964, pp. 29 - 30.

Blake, Richard A. " Two Moments of Grief. " *America*, 24 November 1973, pp. 402 - 4.

Bluem, A. William. " Looking Ahead: The Black Horse. " Editorial. *Television Quarterly* 3 (1)(Winter 1964), pp. 84 - 87.

Boeth, Richard. "JFK: Visions and Revisions. " *Newsweek*, 19 November 1973, pp. 76 - 78.

Boorstin, Daniel. "JFK: His Vision, Then and Now. " *U. S. News and World Report*, 24 October 1988, pp. 30 - 31.

Brackman, Jacob. "The Sixties: Shock Waves from the Baby Boom. " *Esquire*, June 1983, pp. 197 - 200; rpt. from *Esquire*, October 1968.

Branch, Taylor. "The Ben Bradlee Tapes: The Journalist as Flatter. " *Harper's*, October 1975, pp. 36 - 45.

Brucker, Herbert. "When the Press Shapes the News. " *Saturday Review*, 11 January 1964, pp. 75 - 85.

Bruning, Fred. "The Grief Has Still Not Gone Away. " *MacLean's*, 28 November 1988, p. 13.

"Camelot Censured. " *Newsweek*, 3 November 1966, pp. 65 - 66.

"Camelot Revisited. " Editorial. *The Nation*, 19 November 1983, pp. 483 - 84.

"Camelot on Tape. " *Time*, 4 July 1983, p. 122.

"Can You Believe That 20 Years Have Passed. " *Forbes*, 5 December 1983, p. 26.

Carleton, William G. "Kennedy in History: An early Appraisal. " *Antioch Review* 24 (Fall 1964), pp. 277 - 99.

Carr, Jay. "Oliver Stone Defends His Take on 'JFK. '" *Boston Globe*, 11 August 1991, pp. 81, 84.

Carter, Bill. "Rather Pulls CBS News Back to the Assassination. " *New York Times*, 4 February, 1992, pp. C11, C16.

Catledge, Turner. "Until Proven Guilty. " Letter to the editor. *New York Times*, 27 November 1963, p. 36.

"CBS Replays November 22. " *New York Times*, 17 November 1988, p. B3.

Commager, Henry Steele. "How Explain Our Illness?" *Washington Post*, 1 December 1963; rpt. as "The Pervasiveness of Violence," *Current*, January 1964, pp. 15 - 18.

"Comments on Coverage: ' Well Done. '" *Broadcasting*, 2 December 1963, p. 50.

"Cover Ups and Conspiracies: A Unique Investigation into the Dark Side of the Kennedy Legend. " Special issue. *Revelations* 1 (Summer 1988).

"Dallas Rejoinder, The. " *The Nation*, 25 May 1964, p. 519.

"Dark Side of Camelot, The. " *People*, 29 February 1988, pp. 106 - 14.

"Day Kennedy Died, The. " *Newsweek*, 2 December 1963, p. 21.

"Decade of Unanswered Questions, A. " *Ramparts*, 12 (December 1973), pp. 42 - 44.

DeLillo, Don. "American Blood: A Journey Through the Labyrinth of Dallas and JFK. " *Rolling Stone*, 8 December 1983, pp. 21 - 28.

——. "Matters of Fact and Fiction. " *Rolling Stone*, 17 November 1988, pp. 113 - 21.

"Did the Mob Kill JFK?" *Time*, 28 November 1988, p. 42.

Donner, Frank. "The Assassination Circus: Conspiracies Unlimited." *The Nation*, 22 December 1979, pp. 483, 654 - 660.

Dugger, Ronnie. "The Last Voyage of Mr. Kennedy." *Texas Observer*, 29 November 1963; rpt. in "The Reporters' Story," *Columbia Journalism Review* (Winter 1964), pp. 6 - 17.

——. "November 22, 1963: The Case Is Not Closed." *Texas Observer*, 11 November 1966, pp. 1 - 2.

——. "Batter Up." *Texas Observer*, 3 February 1967.

Dunne, John Gregory. "Elephant Man" (review of Kennedy Imprisonment by Gary Wills), *New York Review of Books*, 15 April 1982, p. 10.

Dutka, Elaine. "Oliver Stone Fights Back." *Los Angeles Times*, 24 June 1991, pp. F1, F12.

Ehrenstein, David. "JFK—A New Low for Hollywood." *The Advocate*, 14 January 1992, pp. 78 - 81.

Elfin, Mel. "Beyond the Generations." *U. S. News and World Report*, 24 October 1988, pp. 32 - 33.

Elm, Joanna. "From 'Good Evening, Everybody, Coast to Coast' to 'Courage.'" *TV Guide*, 6 May 1989, pp. 30 - 31.

Ephron, Nora. "Twelve Years on the Assassination Beat." *Esquire*, February 1976, pp. 58 - 62.

Epstein, Edward J. "Garrison." "A Reporter at Large" column. *The New Yorker*, 13 July 1968, pp. 35 - 81.

"Eyes Have it, The." *Premiere*, July 1991, p. 14.

Fairlie, Henry. "Camelot Revisited." *Harper's*, January 1973, pp. 67 - 78.

"FBI's Report on JFK's Death, The." *Time*, 19 December 1977, pp. 18 -

23.

Feldman, Harold. "Fifty-One Witnesses: The Grassy Knoll. " *Minority of One*, March 1965, pp. 16 – 25.

Fensterwald, Bernard. "Ten Years Later: A Legacy of Suspicion. " *Esquire*, November 1973, pp. 141 – 43.

Friedman, Rick. "Pictures of Assassination Fall to Amateurs on Street. " *Editor and Publisher*, 30 November 1963, pp. 16 – 17, 67.

——. "The Weekly Editor: The Kennedy Story. " *Editor and Publisher*, 7 December1963, pp. 44 – 46.

Gamarekian, Barbara. "Hundreds Are in Capital for 25th Remembrance. " *New York Times*, 22 November 1988, p. A24.

"Get the Rest of the J. F. K. Story. " Editorial. *New York Times*, 16 January 1992, p. A22.

Goldman, Peter. "A Shadow over Camelot. " *Newsweek*, 29 December 1975, pp. 14 – 16.

——. "Kennedy Remembered. " *Newsweek*, 28 November 1983, pp. 60 – 66.

Goodman, Ellen. "The Problem with 'JFK' Is Facts. " *Philadelphia Inquirer*, 4 January 1992, p. 7A.

Grady, Sandy. "JFK: A Look Back. " *Philadelphia Daily News*, 22 November 1988, p. 5.

"Great President, A? Experts Size Up JFK. " *U. S. News and World Report*, 21 November 1983, p. 51.

Greeley, Andrew M. "Leave John Kennedy in Peace. " *Christian Century*, 21 November 1973, pp. 1147 – 51.

Greenfield, Meg. "The Kiss and Tell Memoirs. " *The Reporter*, 30 November 1967, pp. 14 – 19.

——. " The Way Things Really Were. " *Newsweek*, 28 November

1988，p. 98.

Griffin, Leland M. "When Dreams Collide: Rhetorical Trajectories in the Assassination of President Kennedy." *Quarterly Journal of Speech* 70（2）（May 1984），pp. 111 - 31.

Grove, Larry. "A City Is Tried and Convicted." *Dallas News*, March 1964; rpt. in *The Quill*, November 1987, pp. 53 - 55.

Grunwald, Lisa. "Why We Still Care." *Life*, December 1991, pp. 35 - 46.

Halberstam, David. "President Video." *Esquire*, June 1976, pp. 94 - 97.

Hamill, Pete. "JFK: The Real Thing." *New York Magazine*, 28 November 1988, pp. 44 - 51.

Hayden, Casey. "The Movement." *Witness* 2（2/3）(Summer/Fall 1988), pp. 244 - 48.

Heath, Chris. "Killer Instincts." *Details*, January 1992, pp. 60 - 65, 114.

Henry, William A., III. "The Meaning of TV." *Life*, March 1989, pp. 66 - 74.

"High Profile: Ike Pappas." *Philadelphia Inquirer Magazine*, 10 September 1989, p. 8.

Hinckle, Warren, III. "The Mystery of the Black Books." *Esquire*, April 1973, pp. 128 - 31.

"Historians Lost in the Mists of Camelot." *Los Angeles Times*, 21 October 1988, p. Il.

Horn, John. "Television: A Transformation." *Columbia Journalism Review* (Winter 1964), pp. 18 - 19.

Howard, Jane. "Do You Remember the Day JFK Died?" *Ladies Home Journal*, November 1983, p. 114.

"Icons: The Ten Greatest Images of Photojournalism." *Time*, special collector's edition, Fall 1989, pp. 4 - 10.

"I Just Heard Some Shots…. Three Shots." *Editor and Publisher*, 30 November 1963, p. 14.

"In Camelot, They Taped a Lot." *Newsweek*, 15 February 1982, p. 29.

"International Press Institute Rejects Move to Admit Radio-TV Newsmen." *New York Times*, 8 June 1983, p. 52.

Isikoff, Michael. " 'JFK' Is No Hit with the Archives." *Philadelphia Inquirer*, 22 January 1992, p. C9.

"JFK: The Death and the Doubts." *Newsweek*, 5 December 1966, pp. 25 - 29.

"JFK/MLK: Is There More to the Story?" *Senior Scholastic*, 18 November 1976, pp. 9 - 13.

"JFK and the Mobsters' Moll." *Time*, 29 December 1975, pp. 16 - 18.

"JFK: Reflections a Year Later." *Life*, 20 November 1964, p. 4.

"JFK: Ten Years Later." Special section. *The Christian Century*, 21 November 1973, pp. 1138 - 51.

"JFK and a Tribute to TV." *Washington Post*, 23 November 1988, p. A2.

"JFK: The Truth Is Still at Large." *New Times*, 18 April 1975.

"John Fitzgerald Kennedy." Special section. *Newsweek*, 2 December 1963, pp. 15 - 53.

"John F. Kennedy Memorial Album: His Life, His Words, His Deeds." Special issue. *Life*, 1964.

"John F. Kennedy Memorial Edition." *Life* (Winter 1988); rpt. of December 1963 issue.

Johnson, Gerald W. "Once Touched By Romance." *New Republic*, 7 December 1963; rpt. as "The Birth of a Myth," *Current*, January 1964, pp. 7 - 8.

Kaiser, Charles. "The Selling of a Conspiracy." *Rolling Stone*, 16 April 1981,

p. 11.

Kaplan, John. "The Assassins." *American Scholar* (Spring 1967), pp. 271 – 306.

Kaplan, Peter, and Paul Slansky. "Golden Moments." *Connoisseur*, September 1989, pp. 135 – 38.

"Kennedy Assassination: Question of a Second Investigation." *New Republic*, 12 November 1966, p. 8.

Kennedy, Jacqueline. "These Are the Things I Hope Will Show How He Really Was." *Life*, 29 May 1964, pp. 32 – 38.

"Kennedy Retained Newsman's Outlook." *Editor and Publisher*, 30 November 1963, p. 65.

"Kennedy, Vietnam Topped' 63 News." *New York Times*, 29 March 1964, p. 16.

Kopkind, Andrew. "JFK's Legacy." *The Nation*, 5 December 1988, p. 589.

Kraft, Joseph. "Portrait of a President." *Harper's*, January 1964, pp. 96 – 100.

Krauss, Clifford. "28 Years After Kennedy's Assassination, Conspiracy Theories Refuse to Die." *New York Times*, 5 January 1992, section 1, p. 18.

——. "A Move to Unseal the Kennedy Files." *New York Times*, 22 January 1992, pp. Al, A14.

Krock, Arthur. "Mr. Kennedy's Management of the News." *Fortune*, March 1963, pp. 82, 199 – 202.

Lane, Mark. "A Defense Brief for Lee Harvey Oswald." *National Guardian*, 19 December 1963; rpt. in *The Assassinations: Dallas and Beyond*, ed. Peter Dale Scott, Paul L. Hoch, and Russell Stetler, pp. 49 – 52 (New York: Vintage, 1976).

Lardner, George, Jr. "On the Set: Dallas in Wonderland." *Washington*

Post, 19 May 1991, pp. D1, D4.

Lasch, Christopher. "The Life of Kennedy's Death." *Harper's*, October 1983, pp. 32 – 40.

Laverick, Richard. "Why So Reluctant?" Letter to the editor. *Philadelphia Inquirer*, 12 January 1992, p. 4C.

Lemann, Nicholas. "Growing Up with the Kennedy Myth: Not Quite Camelot." *Washington Post*, 20 November 1983, p. F1.

"Letters." Letters to the editor. *New York Times*, 5 January 1992, p. H4.

Leuchtenburg, William E. "John F. Kennedy, Twenty Years Later." *American Heritage Magazine*, December 1983, pp. 50 – 59.

Lewis, Anthony. "J. F. K." *New York Times*, 9 January 1992, p. A23.

"Life and Death of John F. Kennedy, The." *Current*, January 1964, pp. 6 – 45.

Logan, Andy. "JFK: The Stained Glass Image." *American Heritage Magazine*, August 1967, pp. 4 – 7, 75 – 78.

"Lone 'Pro' on Scene Where JFK Was Shot." *Editor and Publisher*, 7 December 1963, p. 11.

MacDonald, Dwight. "Critique of the Warren Report." *Esquire*, March 1965, pp. 59 – 63.

McGrory, Mary. "And Did You Once See Kennedy Plain?" *America*, 18 September 1965, p. 279.

——. "You Had to Be There to Know the Pain." *Washington Post*, 20 November 1983, p. F1.

McMillan, Priscilla. "That Time We Huddled Together." *New York Times*, 22 November 1973, p. 37.

"Magazines: Good and Bad." *Columbia Journalism Review* (Winter 1964), pp. 24 – 25.

Mailer, Norman. "Kennedy and After." *New York Review of Books*, 26 December 1963; rpt. in *Current*, January 1964, p. 14.

——. "Enter Prince Jack." *Esquire*, June 1983, pp. 204 – 8; excerpted from "Superman Comes to the Supermarket," *Esquire*, November 1960.

Manchester, William. "No Evidence for a Conspiracy to Kill Kennedy." Letter to the editor. *New York Times*, 5 February 1992, p. A22.

Mannes, Marya. "The Long Vigil." *The Reporter*, 19 December 1963, pp. 15 – 17.

"Many Remember the Scene as It Was." *Washington Post*, 23 November 1988, p. A8.

Marannis, David. "In Dallas, the Lingering Trauma." *Washington Post*, 22 November 1988, pp. E1 – E2.

Margasek, Larry. "Film Adds Pressure to Open JFK Files." *Philadelphia Inquirer*, 20 January 1992, p. D1.

Margolis, Jon. "JFK Movie and Book Attempt to Rewrite History." *Chicago Tribune*, 14 May 1991, p. 19.

"Marxist Marine, The." *Newsweek*, 2 December 1963, p. 27.

"Matter of Reasonable Doubt, A." *Life*, 25 November 1966, pp. 38 – 48.

Matza, Michael. "Five Still Probing the JFK Killing." *Philadelphia Inquirer*, 22 November 1988, p. 8E.

Meagher, Sylvia. "Notes for a New Investigation." *Esquire*, December 1966, p. 211.

Minnis, Jack, and Staughton Lind. "Seeds of Doubt: Some Questions about the Assassination." *New Republic*, 21 December 1963, pp. 14 – 20.

Moley, Raymond. "Lasky's Estimate of JFK." *Newsweek*, 16 September1963, p. 96.

——. "Brief, Not a History." *Newsweek*, 20 December 1965, p. 108.

"Moments You Can Never Forget, The. " *TV Guide*, 6 May 1989, pp. 2 - 8.

Morley, Jefferson. "Camelot and Dallas: The Entangling Kennedy Myths. " *The Nation*, 12 December 1988, pp. 646 - 49.

Morrow, Lance. "After 20 Years, the Question: How Good a President?" *Time*, 14 November 1983, p. 58.

——. "Of Myth and Memory. " *Time*, 24 October 1988, p. 22.

——. "Imprisoning Time in a Rectangle. " *Time*, special collector's edition, Fall 1989, p. 76.

Muggeridge, Malcolm. "Books" column. *Esquire*, October 1966, pp. 14 - 15.

Nestvold, Karl J. "Oregon Radio-TV Response to the Kennedy Assassination. " *Journal of Broadcasting* 8 (2)(Spring 1964), pp. 141 - 46.

"New Challenges: 1950—80. " *Time*, special collector's edition, Fall 1989, pp. 56 - 64.

"New Kennedy Book Set for Release. " *New York Times*, 24 October 1968, p. 95.

"News Managing Laid to Kennedy. " *New York Times*, 25 February 1963, p. 5.

"News Media Act to Study Charges. " *New York Times*, 9 October 1964, p. 21.

"Newspapers: Hunger for Print. " *Columbia Journalism Review* (Winter 1964), pp. 20 - 23.

"November 22, 1963: Where We Were. " Special section. *People*, 28 November 1988, pp. 54 - 70.

"Office Memo. " *The Progressive*, January 1964, p. 1.

Oglesby Carl. "Who Killed JFK? The Media Whitewash. " *Lies of Our Times*, September 1991, pp. 3 - 6.

"Oswald Shooting a First in Television History. " *Broadcasting*, 2 December 1963, p. 46.

"*Parade* Reprints Because of Death. " *Editor and Publisher*, 30 November 1963, p. 73.

Payne, Darwin. "The Press Corps and the Kennedy Assassination. " *Journalism Monographs* 15 (February 1970).

"Peephole Journalism. " *Commonweal*, 3 September 1965, p. 613.

Polak, Maralyn Lois. "Mark Lane: Deep in His Plots. " *Philadelphia Inquirer Magazine*, 19 January 1992, pp. 7 – 8.

Policoff, Jerry. "The Media and the Murder of John Kennedy. " *New Times*, 8 September 1975; rpt. in *The Assassinations: Dallas and Beyond*, ed. Peter Dale Scott, Paul L. Hoch, and Russell Stetler, pp. 262 – 70 (New York: Vintage, 1976).

"Presidency, The: Battle of the Book. " *Time*, 23 December 1966, pp. 15 – 18.

"President's Assassin Shot to Death. " *New York Times*, 25 November 1963, p. 1.

Pressman, Gabe, Robert Lewis Shayon, and Robert Schulman. "The Responsible Reporter. " *Television Quarterly* 3 (2)(Spring 1964), pp. 6 – 27.

"Press, Radio and TV. " *Editor and Publisher*, 30 November 1963, p. 6.

"Primer of Assassination Theories, A. " *Esquire*, December 1966, pp. 205 – 10.

"Professionalism in News Photography. " *The Quill*, November 1968, pp. 54 – 57.

"Question That Won't Go Away, The. " *Saturday Evening Post*, December 1975, pp. 38 – 39.

Quindlen, Anna. "Life in the 30's. " *New York Times*, 24 November 1988, p. C2.

"Radio-TV's Deportment. " *Broadcasting*, 2 December 1963, p. 54.

"Readers Find Fault with Doubters of 'JFK.'" Letters to the editor. *Philadelphia Inquirer*, 12 January 1992, p. 4C.

"Re-evaluating the Kennedys." *U. S. News and World Report*, 4 May 1987, p. 68.

"Reporter Engage." *Newsweek*, 23 December 1963, p. 70.

"Reporters' Story, The." *Columbia Journalism Review* (Winter 1964), pp. 6 -17.

Reston, James. Jr. "Why America Weeps." *New York Times*, 23 November1963, p. 1.

——. "What Was Killed Was Not Only the President But the Promise." *New York Times*, 15 November 1964, section 6, pp. 1, 7.

——. "Was Connally the Real Target?" *Time*, 28 November 1988, pp. 30 - 41.

Roberts, Charles. "Eyewitness in Dallas." *Newsweek*, 5 December 1966, pp. 26 - 28.

Robinson, Alan. "Reporting the Death of JFK." Associated Press dispatch printed in *Philadelphia Inquirer*, 22 November 1988, p. 8E.

Rosenbaum, Ron. "Taking a Darker View." *Time*, 13 January 1992, pp. 38 - 40.

Rowland, Mark. "Stone Unturned." *American Film*, March 1991, pp. 41 - 43.

Salinger, Pierre. "John Kennedy—Then and Now." *MacLean's*, 28 November 1983, pp. 18 - 30.

Sauvage, Leo. "Oswald in Dallas: A Few Loose Ends." *The Reporter*, 2 January 1964, pp. 24 - 26.

Schiller, Herbert. "JFK: The Movie." *Lies of Our Times*, September 1991, pp. 6 - 7.

Schlesinger, Arthur, Jr. " 'JFK': Truth and Fiction. " *Wall Street Journal*, 10 January 1992, p. A8.

Scott, Peter Dale. "From Dallas to Watergate—the Longest Cover-Up. " *Ramparts*, 1973; rpt. in *The Assassinations: Dallas and Beyond*, ed. Peter Dale Scott, Paul L. Hoch, and Russell Stetler, pp. 357 - 74 (New York: Vintage, 1976).

Seelye, Katharine. "New Film Fires a Bullet at Specter's Re-election. " *Philadelphia Inquirer*, 5 January 1992, pp. 1A, 8A.

Sgarlat, John P. "A Tragedy on TV—and the Tears of a Crestfallen Nation. " *Philadelphia Daily News*, 22 November 1988, p. 35.

"Shadow over Camelot, A. " *Newsweek*, 29 December 1975, pp. 14 - 16.

Shister, Gail. "Steve Bell Discounts Assassination Theories. " *Philadelphia Inquirer*, 10 January 1992, p. 6D.

——. "Rather and JFK. " *Philadelphia Inquirer*, 5 February 1992, pp. E1, E7.

"Shores Dimly Seen. " *The Progressive*, January 1964, p. 3.

Sidey, Hugh. "History on His Shoulder. " *Time*, 8 November 1982, p. 26.

——. "A Shattering Afternoon in Dallas. " *Time*, 28 November 1988, p. 45.

"Sixties, The. " Special double issue. *Witness* 2 (2/3) (Summer/Fall 1988).

Sklar, Zachary. "Time Magazine's Continuing Cover-Up. " *Lies of Our Times*, September 1991, pp. 7 - 8.

Smith, Merriman. "The Murder of the Young President. " United Press International dispatch, 23 November 1963; rpt. In "The Reporters' Story," *Columbia Journalism Review* (Winter 1964), p. 7.

Sorensen, Theodore. "May 29, 1967. " *McCall's*, June 1967, p. 59.

Spector, Arlen. " 'JFK' the Film Mangles the Facts. " *Philadelphia In-*

quirer，5 January 1992，p. 5C.

Stine，Peter. "Editor's Comment." *Witness* 2 （2/3），special double issue on "The Sixties" （Summer/Fall 1988），pp. 9－11.

Stolley，Richard B. "The Greatest Home Movie Ever Made." *Esquire*，November 1973，pp. 133－35.

Stone，Oliver. "Stone's 'JFK'：A Higher Truth?" *Washington Post*，2 June 1991，p. D3.

——. "Oliver Stone's 'JFK.'" Letter to the editor. *Time*，1 July 1991，p. 4.

——. "Oliver Stone Replies to Sen. Specter." Letter to the editor，*Philadelphia Inquirer*，12 January 1992，p. 4C.

——. "Warren Panel Findings Should Stir Outrage." Letter to the editor. *New York Times*，3 February 1992，p. A14.

Talbot，Stephen. "60s Something." *Mother Jones*，March/April 1991，pp. 46－49.

"Television's Fiftieth Anniversary." Special issue. *People*，Summer 1989.

"Ten Years Later：Where Were You?" *Esquire*，November 1973，pp. 136－37.

Thomas，Evan. "A Reporter in Search of History." *Time*，26 May 1986，p. 62.

Thompson，Josiah. "The Crossfire That killed Kennedy." *Saturday Evening Post*，2 December 1967，pp. 27－31.

Tobin，Richard L. "If You Can Keep Your Head When All about You…" "Communications" column. *Saturday Review*，14 December 1963，pp. 53－54.

Trillin，Calvin. "The Buffs." "A reporter at Large" column. *The New Yorker*，10 June 1967，pp. 41－71.

"True Story That's Not So True，A." *Insight*，2 April 1990，p. 58.

Turner，William. "Assassinations：Epstein's Garrison." *Ramparts*，7

September 1968, pp. 8, 12.

"TV: A Chapter of Honor." *New York Times*, 6 November 1963, p. 11.

"TV: The Ghost of a President Past." *Wall Street Journal*, 7 November 1988, p. A12.

"TV Retells the Story of Slaying." *New York Times*, 23 November 1988, p. A16.

"25 Years Later." Special section. *U. S. News and World Report*, 24 October 1988, pp. 30 - 40.

"Unresolved Issues." *Columbia Journalism Review* (Winter 1964), pp. 26 - 36.

Van der Karr, Richard K. "How Dallas TV Stations Covered Kennedy Shooting." *Journalism Quarterly* 42 (1965), pp. 646 - 47.

Vidal, Gore. "Camelot Recalled: Dynastic Ambitions." *Esquire*, June 1983, p. 210; excerpted from "The Holy Family," *Esquire*, April 1967.

Wainwright, Loudon. "Atlantic City and a Memory." *Life*, 4 September 1967, p. 17.

"Warren Report." *TV Guide*, 24 June 1967, p. A29.

"Washington Shoot-out, The." *The Quill*, May 1981, pp. 8 - 13.

Weinraub, Bernard. "Substance and Style Criticized in 'J. F. K. '" *New York Times*, 7 November 1991, pp. C19, C22.

Weisman, John. "An Oral History: Remembering J. F. K, Our First TV President." *TV Guide*, 19 November 1988, pp. 2 - 9.

Welsh, David, and William Turner. "In the Shadow of Dallas." *Ramparts*, 25 January 1969, pp. 61 - 71.

"What JFK Meant to Us." Special issue. *Newsweek*, 28 November 1983, pp. 3 - 91.

"What's Fit to Print." *The Reporter*, 2 January 1964, p. 12.

White, Theodore H. "Camelot, Sad Camelot." *Time*, 3 July 1978, pp. 46 - 48; excerpted from *In Search of History: A Personal Adventure* (New York: Warner, 1978).

Wicker, Tom. "Kennedy Is Killed by Sniper as He Rides in Car in Dallas." *New York Times*, 23 November 1963, p. 2.

——. "That Day in Dallas." *Times Talk* (New York Times internal publication), December 1963.

——. "A Reporter Must Trust His Instinct." *Saturday Review*, 11 January 1964, pp. 81 - 86.

——. "Lyndon Johnson vs. the Ghost of Jack Kennedy." *Esquire*, November 1965, pp. 87, 145 - 58.

——. "Kennedy Without Tears." *Esquire*, June 1964; rpt. in *Esquire*, October 1973, pp. 196 - 200.

——. "Kennedy Without End, Amen." *Esquire*, June 1977, pp. 65 - 69.

——. "Does 'J. F. K.' Conspire Against Reason?" *New York Times*, 15 December 1991, section 2, pp. 1, 18.

"World Listened and Watched, A." Special report. *Broadcasting*, 2 December 1963, pp. 36 - 58.

"Year after the Assassination, A: The U. S. Recalls John F. Kennedy." *Newsweek*, 30 November 1964, pp. 26 - 27.

Yoder, Edwin M., Jr. "With 'JFK,' Filmmaker Oliver Stone Shows He Isn't Up to the Job of Historian." *Philadelphia Inquirer*, 27 December 1991, p. 10A.

Yost, Pete. "Warren Panel Lawyers Ask Release of JFK Files." *Philadelphia Inquirer*, 31 January 1992, p. A17.

Zoglin, Richard. "More Shots in Dealey Plaza." *Time*, 10 June 1991, pp. 64 - 66.

纪录片、录像带和电视新闻片段

"American Assassins, The." "CBS Evening News," CBS News, 25 – 26 November 1975.

"America Remembers John F. Kennedy." Narrator: Hal Holbrook. 100 min. Produced by Thomas F. Horton Associates, Inc.; shown on Arts and Entertainment Network, 1983.

"Assassination: An American Nightmare." "ABC Evening News," ABC News, 14 November 1975.

"Assassination: Twenty-five Years Later." Eight-part series. "CBS Evening News," CBS News, 14 – 23 November 1988.

"Being with John F. Kennedy." Narrator: Nancy Dickerson. 90 min. Produced by Robert Drew Associates, in association with Golden West Television; shown on Arts and Entertainment Network, 1983.

"Biography: The Age of Kennedy." Narrator: Peter Graves. 60 min. NBC News; shown on Arts and Entertainment Network, 13 March 1989. (Uses 1960s NBC News coverage, identical to that in "The Age of Kennedy: The Presidency," vol. 2 of *The Week We Lost Kennedy* [see below].)

"Changing South." "ABC Nightly News," ABC News, 22 November 1988.

"Director Oliver Stone on the *JFK* Assassination." "Larry King Live," CNN, 20 December 1991.

"Edge." PBS popular culture magazine. Segment spoofing Oliver Stone's JFK, PBS, 25 December 1991.

"Fifty Years of Television: A Golden Anniversary." CBS News, 26 November 1989.

"Four Dark Days, The: From Dallas to Arlington." Narrator: Charles Collingwood. 60 min. CBS News, 25 November 1963.

"Four Days in November." Narrator in-film: Richard Basehart. 150

min. Produced by David L. Wolper for United Artists and United Press International, originally shown 7 October 1964; reshown by Combined Broadcasting Corporation Channel 57, November 1988. (Uses 1963 news coverage from networks and local TV stations.)

"Four Days in November: The Assassination of President Kennedy." Narrator: Dan Rather. 120 min. CBS News, 17 November 1988. (Uses 1963 CBS News coverage.)

"Good Night, America." Narrator/anchor: Geraldo Rivera. ABC News, 26 March 1975.

"James Reston." "ABC Nightly News," ABC News, 31 July 1987.

"JFK." 120 min. Narrator: Peter Jennings. ABC News, 11 November 1983.

"JFK." "48Hours." Narrator: Dan Rather. CBS News, 5 February 1992.

"JFK." "Ron Reagan Show," 19 November 1991.

"JFK Assassination: As It Happened." Narrator: Edwin Newman. 365 min. NBC News; shown on Arts and Entertainment Network, 22 November 1988. (Uses 1963 NBC News coverage.)

"JFK Assassination Files, The." Narrator/anchor: Ted Koppel. "Nightline," ABC News, 22 January 1992.

"JFK Controversy, The." "Oprah Winfrey Show," ABC, 22 January 1992.

"JFK: Fact or Fiction?" Anchors: Michael Kinsley and Robert Novak. "Crossfire," CNN, 23 December 1991.

"JFK: In His Own Words." 60 min. Kunhardt Productions, Inc.; shown by HBO, November 1988.

"JFK's Assassination: The Continuing Controversy." "Larry King Live," CNN, 16 January 1992.

"JFK: That Day in November." Narrator: Tom Brokaw. 60 min. NBC News, 22 November 1988.

"JFK: A Time Remembered. " Narrator: Mark Obenhaus. 60 min. Produced by Susskind Company, in association with Obenhaus Films, Inc. ; shown on PBS, 21 November 1988.

" John F. Kennedy Remembered. " Narrator/anchor: Steve Bell. 10 min. Segment on "KYW Eyewitness News, Channel Three Eyewitness News Nightcast," Philadelphia 22 November 1988.

"Kennedy Assassination, The: Myth and Reality. " Series aired on "CBS Evening News;" CBS News, 7 - 9 November 1983.

"Kennedy: One Year Later. " 30 min. KTRK-TV, Houston, 1964.

"Kennedy Remembered. " Anchor: Jim Gardner. 10 min. Segment on "Action News: Channel Six Late-Night News," Philadelphia, 22 November 1988.

"Kennedy v. Wallace: A Crisis Up Close. " Narrator: David McCullough. 60min. Produced by Drew Associates as film *Crisis: Behind a Presidential Commitment*, 1963; shown on "The American Experience," PBS, November 1988.

"Lyndon B. Johnson: JFK's Vice-President or Assassin?" " Geraldo," NBC, 23 December 1991.

"Men Who Killed Kennedy, The. " "Investigative Reports," produced by Nigel Turner for Kurtis Productions; shown on Arts and Entertainment Network, 27 September 1991, 4 October 1991, 11 October 1991, 18 October 1991, and 25 October 1991.

"November 22 and the Warren Report. " "CBS Evening News," CBS News, 27 October 1964.

"Oliver Stone Address to National Press Club. " C-Span, 15 January 1992.

"Oliver Stone's 'JFK. '" Narrator/anchor: Forrest Sawyer. "Nightline," ABC News, 19 December 1991.

"On Trial: Lee Harvey Oswald. " Narrator: Geraldo Rivera. 300 min. Simulation of trial of Lee Harvey Oswald, London Weekend Television, 1986; production of trial with Rivera inserts by Peter R. Marino for Tribune Entertainment Company; shown on Fox Network, 22 – 23 November 1988.

"Plot to Kill President Kennedy, The; From the De-classified Files. " Narrator; Larry McCann. 60 min. Produced by M. G. Hollo with Fox/Lorber Associates, Inc. ; shown on Arts and Entertainment Network, 1983.

"PrimeTime Live. " Narrator; Sam Donaldson. Special segment on the Kennedy assassination, ABC News, 16 January 1992.

"Remembering JFK. " Segment on "Good Morning, America," ABC News, 22 November 1983.

"Remembering President John F. Kennedy. " "Oprah Winfrey Show," ABC, 22 November 1988.

"Return to Camelot; Steve Bell and the JFK Years. " Narrator; Steve Bell. 30 min. Group W Television, Inc. ; shown on KYW News, Philadelphia, 22 November 1988.

"25th Anniversary of JFK Assassination. " Segment on "Good Morning, America," ABC News, 22 November 1988.

"25th Anniversary of JFK's Assassination. " Narrator/anchor; Forrest Sawyer. 60 min. Special program of "Nightline," ABC News, 22 November 1988.

"Warren Report, The. " Segment on "CBS Evening News," CBS News, 25 – 29 June 1967.

Week We Lost John F. Kennedy, *The*. Narrator; John Chancellor. Set of 3 videotapes. NBC News, March 1989. Vol. 1, "The Age of Kennedy; The early Years," 60 min. , 1966, 1988; vol. 2, "The Age of Kennedy; The Presidency," 60 min. , 1966, 1988; vol. 3, "The Death of a President," 120 min. , 1963, 1988. (Uses 1963 NBC News coverage.)

"Where Were You When JFK Was Shot?" Segment on "Entertainment Tonight," NBC, 22 November 1988.

"Who Killed JFK?" "Today Show," NBC News, 7 February 1992.

"Who Murdered JFK? American Exposé." Narrator: Jack Anderson. 120 min. Saban Productions; shown on the Discovery Channel, 2 November 1988.

"Who Shot President Kennedy?" Narrator: Walter Cronkite. 90 min. Special edition of "Nova"; shown on PBS, 15 November 1988.

其他历史、批评和理论参考资料

Abrahams, Roger. "Ordinary and Extraordinary Experience." In *The Anthropology of Experience*, ed. Victor Turner and Edward Bruner, pp. 45 - 72. Urbana: University of Illinois Press, 1986.

Arlen, Michael. *The Living-Room War*. New York: Viking, 1969.

Barnouw, Eric. *Tube of Plenty*. London: Oxford University Press, 1975.

Barthes, Roland. "Introduction to the Structural Analysis of Narratives." In *Image, Music, Text*, pp. 79 - 124. New York: Hill and Wang, 1977.

Bauman, Richard, and Roger Abrahams (eds.). '*And Other Neighborly Names.*' Austin: University of Texas Press, 1981.

Becker, Lee, et al. *The Training and Hiring of Journalists*. Norwood, N. J.: Ablex, 1987.

Bellah, Robert, R, Madsen, W. Sullivan, A. Swidler, and S. Tipton. *Habits of the Heart: Individualism and Commitment in American Life*. Berkeley: University of California Press, 1985.

Beneviste, Emile. *Problems in General Linguistics*. Coral Gables, Fla.: University of Miami Press, 1981.

Berger, Peter L. *Invitation to Sociology: A Humanistic Perspective*. New York: Anchor Press, 1963.

Berger, Peter L., and Thomas Luckmann. *The Social Construction of Reality*. New York: Anchor Press, 1967.

Blau, Peter, and M. Meyer. *Bureaucracy in Modern Society*. New York:

Random House，1956.

Boorstin，Daniel. *The Image*. New York：Atheneum，1962.

——. *Hidden History*. New York：Harper and Row，1987.

Bosk，Charles L. *Forgive and Remember*. Chicago：University of Chicago Press，1979.

Braudel，Fernand. *On History*. Chicago：University of Chicago Press，1980.

Braudy，Leo. *The Frenzy of Renown*. New York：Oxford University Press，1986.

Breed，Warren. "Social Control in the Newsroom. " *Social Forces* 33 (1955)，pp. 326 – 35.

Breitbart，Eric. "The Painted Mirror. " In *Presenting the Past*，ed. Susan Porter Benson et al. ，pp. 105 – 17. Philadelphia：Temple University Press，1986.

Canary，Robert H. ，and Henry Kozicki (eds.). *The Writing of History*. Madison：University of Wisconsin Press，1978.

Carey，James W. "A Cultural Approach to Communication. " *Communication* 2 (1975)，pp. 1 – 22.

——. "The Dark Continent of American Journalism. " In *Reading the News*，ed. R. K. Manoff and Michael Schudson，pp. 146 – 96. New York：Pantheon，1986.

——. *Communication as Culture*. Boston：Unwin Hyman，1989.

——. (ed.). *Media，Myths and Narratives*. Beverly Hills：Sage，1988.

Carter，R. F. ，and Bradley Greenberg. "Newspapers or Television：Which Do You Believe?" *Journalism Quarterly* 42 (1965)，pp. 22 – 34.

Cray，Ed，Jonathan Kotler，and Miles Beller (eds.). *American Datelines：One Hundred and Forty Major News Stories from Colonial Times to the Present*. New York：Facts on File，1990.

Curran，James，Michael Gurevitch，and Janet Woollacott (eds.). *Mass*

Communication and Society. Beverly Hills: Sage, 1977.

Darnton, Robert. "Writing News and Telling Stories." *Daedalus* 120 (2) (Spring 1975), pp. 175 – 94.

Davis, Fred. *Yearning for Yesterday*. New York: Free Press, 1979.

Davis, Natalie Zemon, and Randolph Starn. "Introduction." *Representations* (Spring 1989), pp. 1 – 6.

Dayan, Daniel, and Elihu Katz. *Media Events: The Live Broadcasting of History*. Cambridge, Mass. : Harvard University Press, 1992.

Degh, Linda. "Folk Narrative." In *Folklore and Folklife*, ed. Richard M. Dorson, pp. 53 – 83. Chicago: University of Chicago Press, 1972.

Douglas, Mary. *How Institutions Think*. Syracuse: Syracuse University Press, 1986.

Dundes, Alan. "What is Folklore?" In *The Study of Folklore*, pp. 1 – 3. Englewood Cliffs, N. J. : Prentice-Hall, 1965.

Durkheim, Emile. *The Elementary Forms of the Religious Life*. New York: Free Press, 1965 [1915] .

Dyer, Richard. *Stars*. London: British Film Institute, 1978.

Eason, David. "On Journalistic Authority: The Janet Cooke Scandal." *Critical Studies in Mass Communication* 3 (1986), pp. 429 – 47.

Elliott, Philip. *Sociology of the Professions*. London: Macmillan, 1972.

Epstein, Edward J. *News from Nowhere*. New York: Vintage, 1974.

——. *Between Fact and Fiction: The Problem of Journalism*. New York: Vintage, 1975.

Fisher, Walter R. "Narration as a Human Communication Paradigm." *Communication Monographs* (March 1984), pp. 1 – 22.

Fishkin, Shelley. *From Fact to Fiction: Journalism and Imaginative Writing in America*. Baltimore: Johns Hopkins University Press, 1985.

Fishman, Mark. *Manufacturing the News*. Austin: University of Texas Press, 1980.

Fish, Stanley. *Is There a Text in This Class?* Cambridge, Mass. : Harvard University Press, 1980.

Fiske, John. *Television Culture*. London: Methuen, 1987.

Fowler, Roger. *Language in the News*. London: Routledge, 1991.

Friedson, Eliot. *Professional Powers*. Chicago: University of Chicago Press, 1986.

Frisch, Michael H. "The Memory of History. " In *Presenting the Past*, ed. Susan Porter Benson et al. , pp. 5 – 17. Philadelphia: Temple University Press, 1986.

Gallagher, Margaret. "Negotiation of Control in Media Organizations and Occupations. " In *Culture, Society and the Media*, ed. Michael Gurevitch et al. , pp. 151 – 73. London: Methuen, 1982.

Gans, Herbert. *Deciding What's News*. New York: Pantheon, 1979.

Gates, Gary Paul. *Air Time*. New York: Harper and Row, 1978.

Geertz, Clifford. "Thick Description: Toward an Interpretive Theory of Culture. " In *The Interpretation of Cultures*, pp. 3 – 30. New York: Basic Books, 1973.

Gerbner, George. "Cultural Indicators: The Third Voice. " In *Communications Technology and Social Policy: Understanding the New "Social Revolution,"* ed. George Gerbner, Larry Gross, and William Melody, pp. 555 – 72. New York: John Wiley, 1973.

Giddens, Anthony. *Central Problems in Social Theory*. Berkeley: University of California Press, 1979.

Gitlin, Todd. *The Whole World Is Watching*. Berkeley: University of California Press, 1980.

Glaser, Barney, and Anselm Strauss. *The Discovery of Grounded Theory.* New York: Aldine, 1967.

Glasgow University Media Group. *Bad News.* London: Routledge, 1976.

———. *More Bad News.* London: Routledge, 1980.

Goffman, Erving. *Forms of Talk*. Philadelphia: University of Pennsylvania Press, 1981.

Goldstein, Norm (ed.) and the Associated Press. *The History of Television.* New York: Portland House, 1991.

Goldstein, Tom. *The News at Any Cost.* New York: Simon and Schuster, 1985.

Grossman, Michael Baruch, and Martha Joynt Kumar. *Portraying the Presidency.* Baltimore: Johns Hopkins University Press, 1981.

Habermas, Jürgen. *The Theory of Communicative Action*, vol, 1. Boston: Beacon Press, 1981.

Halbwachs, Maurice. *The Collective Memory.* New York: Harper and Row, 1980; trans. of *La mémoire collective* (Paris: Presses Universitaires de France, 1950).

Hall, Stuart. "Culture, the Media and the Ideological Effect. " In *Mass Communication and Society*, ed. James Curran, Michael Gurevitch, and Janet Woollacott, pp. 315 – 48. Beverly Hills: Sage, 1977.

Hall, Stuart, Dorothy Hobson, Andrew Lowe, and Paul Willis (eds.). *Culture, Media, Language.* London: Hutchinson, 1980.

Hartley, John. *Understanding News.* London: Methuen, 1982.

Hutton, Patrick H. "Collective Memory and Collective Mentalities: The Halbwachs-Ariès Connection. " *Historical Reflections* 2 (1988), pp. 311 – 22.

Hymes, Dell. "Functions of Speech. " In *Language in Education*: *Ethnolinguistic Essays*, pp. 1 – 18. Washington, D. C. : Center for Applied Linguistics, 1980.

Innis, Harold A. *Empire and Communications*. Toronto: University of Toronto Press, 1972.

Jamieson, Kathleen Hall. *Eloquence in an Electronic Age*. New York: Oxford University Press, 1988.

Janowitz, Morris. "Professional Models in Journalism: The Gatekeeper and the Advocate." *Journalism Quarterly* 52 (Winter 1975), pp. 618-26.

Johnson, Richard, G. McLennan, B. Schwartz, and D. Sutton (eds.). *Making Histories: Studies in History-Writing and Politics*. Minneapolis: University of Minnesota Press, 1982.

Johnson, Terence. *Professions and Power*. London: Macmillan, 1972.

Johnstone, J., E. Slawski, and W. Bowman. *The News People*. Urbana: University of Illinois Press, 1976.

Jones, Clement. *Mass Media Codes of Ethics and Councils*. New York: UNESCO, 1980.

Kammen, Michael. *Mystic Chords of Memory: The Transformation of Tradition in American Culture*. New York: Alfred A. Knopf, 1991.

Kellner, Hans. *Language and Historical Representation: Getting the Story Crooked*. Madison: University of Wisconsin Press, 1989.

Klaidman, Stephen. *The Virtuous Journalist*. New York: Oxford University Press, 1987.

Knapp, Stephen. "Collective Memory and the Actual Past." *Representations* (Spring 1989), pp. 123-49.

Knight, Graham, and Tony Dean. "Myth and the Structure of News." *Journal of Communication* 32 (2)(Spring 1982), pp. 144-61.

Kress, Gunther, and Robert Hodge. *Language as Ideology*. London: Routledge and Kegan Paul, 1979.

Kristol, Irving. *Our Country and Our Culture*. New York: Orwell

Press, 1983.

Kruger, Barbara, and Phil Mariani (eds.). *Remaking History*. Seattle: Bay Press, 1989.

Larson, Magali Sarfatti. *The Rise of Professionalism*. Berkeley: University of California Press, 1977.

Lasch, Christopher. *Culture of Narcissism*. New York: W. W. Norton, 1979.

Lévi-Strauss, Claude. *The Savage Mind*. Chicago: University of Chicago Press, 1966.

Lipsitz, George. *Time Passages*. Minneapolis: University of Minnesota Press, 1990.

Loftus, Elizabeth F. *Eyewitness Testimony*. Cambridge, Mass. : Harvard University Press, 1979.

Lowenthal, Ralph. *The Past Is a Foreign Country*. Cambridge, Mass. : Cambridge University Press, 1985.

Lucaites, John L. , and Celeste Condit. "Reconstructing Narrative Theory: A Functional Perspective. " *Journal of Communication* 35 (4)(Autumn 1985), pp. 90 - 108.

McLuhan, Marshall. *Understanding Media*. London: Routledge and Kegan Paul, 1964.

Marvin, Carolyn. *When Old Technologies Were New*. New York: Oxford University Press, 1988.

——. "Experts, Black Boxes and Artifacts: New Categories in the Social History of Electric Media. " In *Rethinking Communication*. Vol. 2: *Paradigm Exemplars*, pp. 188 - 98, ed. Brenda Dervin et al. London: Sage, 1989.

Matusow, Barbara. *The Evening Stars*. Boston: Houghton Mifflin, 1983.

Mead, G. H. *The Philosophy of the Present*. Chicago: University of Chicago Press, 1932.

"Memory and American History." Special issue. *Journal of American History* 75 (1989).

"Memory and Counter-Memory." Special issue. *Representations* (Spring 1989).

Middleton, David, and Derek Edwards (eds.). *Collective Remembering*. Beverly Hills: Sage, 1990.

Molotch, Harvey, and Marilyn Lester. "News as Purposive Behavior." *American Sociological Review* 39 (February 1974), pp. 101–12.

Moore, Wilber. *The Professions: Roles and Rules*. New York: Russell Sage Foundation, 1970.

Moscovici, Serge. "The Phenomenon of Social Representations." In *Social Representations*, ed. Robert M. Farr and Serge Moscovici, pp. 3–69. Cambridge: Cambridge University Press, 1984.

Murphey, Murray G. *Our Knowledge of the Historical Past*. Indianapolis: BobbsMerrill, 1973.

Neisser, Ulric. "Snapshots or Benchmarks?" In *Memory Observed*, ed. Ulric Neisser, pp. 43–48. San Francisco: W. H. Freeman, 1982.

Nerone, John. "Professional History and Social Memory." *Communication* 11 (2)(1989), pp. 89–104.

Nerone, John, and Ellen Wartella. "Introduction: Studying Social Memory." Special issue on "Social Memory." *Communication* 11 (2)(1989), pp. 85–88.

"News as Social Narrative." Special issue. *Communication* 10 (1)(1987).

Nora, Pierre. *Les lieux de mémoire*. Paris: Editions Gallimard, 1984–.

——. "Between Memory and History: *Les lieux de mémoire*." *Representations* (Spring 1989), pp. 7–25.

O'Brien, Dean. "The News as Environment." *Journalism Monographs* 85

(September 1983).

Park, Robert E. "News as a Form of Knowledge. " *American Journal of Sociology* 45 (March 1940), pp. 669 - 86.

Rimmer, Tony, and David Weaver. "Different Questions, Different Answers: Media Use and Media Credibility. " *Journalism Quarterly* 64 (Spring 1987), pp. 28 - 36.

Ritchin, Fred. *In Our Own Image.* New York: Aperture Foundation, 1990.

Rodden, John. *The Politics of Literary Reputation.* New York: Oxford University Press, 1989.

Roeh, Itzhak, Elihu Katz, Akiba A. Cohen, and Barbie Zelizer. *Almost Midnight: Reforming the Late-Night News.* Beverly Hills: Sage, 1980.

Rollins, Peter. "The American War: Perceptions Through Literature, Film and Television. " *American Quarterly* 3 (1984), pp. 419 - 32.

Rosenzweig, Roy. "Marketing the Past. " in *Presenting the Past*, pp. 21 - 49, ed. Susan Porter Benson et al. Philadelphia: Temple University Press, 1986.

Roshco, Bernard. *Newsmaking.* Chicago: University of Chicago Press, 1975.

Rubin, Bernard. *Questioning Media Ethics.* New York: Praeger, 1978.

Schiller, Dan. *Objectivity and the News.* Philadelphia: University of Pennsylvania Press, 1981.

Schmuhl, Robert. *The Responsibilities of Journalism.* Notre Dame, Ind. : University of Notre Dame Press, 1984.

Schudson, Michael. *Discovering the News.* New York: Basic Books, 1978.

——. "The Politics of Narrative Form: The Emergence of News Conventions in Print and Television. " *Daedalus* 3 (4)(Fall 1982), pp. 97 - 112.

——. "What Is a Reporter? The Private Face of Public Journalism. " In *Media, Myths and Narratives*, ed. James W. Carey, pp. 228 - 45. Beverly Hills: Sage, 1988.

——. *Watergate in American Memory: How We Remember, Forget and*

Reconstruct the Past. New York: Basic Books, in press.

Schwartz, Barry, Yael Zerubavel, and Bernice Barnett. "The Recovery of Masada: A Study in Collective Memory." *Sociological Quarterly* 2 (1986), pp. 147 - 64.

Shaw, Eugene. "Media Credibility: Taking the Measure of a Measure." *Journalism Quarterly* 50 (1973), pp. 306 - 11.

Simmel, George. *The Sociology of George Simmel*. New York: Free Press, 1950.

Smith, Barbara Herrnstein. *On the Margins of Discourse*. Chicago: University of Chicago Press, 1978.

"Social Memory." Special issue. *Communication* 11 (2)(1989).

Stephens, Mitchell. *A History of News*. New York: Viking, 1988.

Sternsher, Bernard. *Consensus, Conflict and American Historians*. Bloomington: Indiana University Press, 1975.

Tillinghast, P. E. *The Specious Past*. Reading, Mass: Addison-Wesley, 1972.

Tuchman, Gaye. "Making News by Doing Work: Routinizing the Unexpected." *American Journal of Sociology* 79 (July 1973), pp. 110 - 31.

———. *Making News*. New York: Free Press, 1978.

———. "Professionalism as an Agent of Legitimation." *Journal of Communication* 28 (2)(Spring 1978), pp. 106 - 13.

Tunstall, Jeremy. *Journalists at Work*. Beverly Hills: Sage, 1971.

Turner, Victor. *The Ritual Process*. Ithaca, N. Y. : Cornell University Press, 1969.

Turow, Joseph. "Cultural Argumentation Through the Mass Media: A Framework for Organizational Research." *Communication* 8 (1985), pp. 139 - 64.

Weaver, David, and G. Cleveland Wilhoit. *The American Journalist*. Bloomington: Indiana University Press, 1986.

Weber, Max. *Max Weber: Selections in Translation*. Cambridge: Cambridge University Press, 1978.

White, Hayden. "The Value of Narrativity in the Representation of Reality." In *On Narrative*, ed. W. J. T. Mitchell, pp. 1 – 23. Chicago: University of Chicago Press, 1980.

——. "Historical Pluralism." *Critical Inquiry* 12 (Spring 1986), pp. 480 – 93.

——. " 'Figuring the Nature of the Times Deceased': Literary Theory and Historical Writing." In *The Future of Literary Theory*, ed. Ralph Cohen, pp. 19 – 43. New York: Routledge, 1989.

Wolfe, Tom. *The New Journalism*. New York: Harper and Row, 1973.

Wuthnow, Robert, James Davison Hunter, Albert Bergesen, and Edith Kurzweil. *Cultural Analysis*. London: Routledge and Kegan Paul, 1984.

Zelizer, Barbie. " 'Saying' as Collective Practice: Quoting and Differential Address in the News." *Text* 9 (4)(1989), pp. 369 – 88.

——. "What's Rather Public about Dan Rather: TV Journalism and the Emergence of Celebrity." *Journal of Popular Film and Television* 17 (2)(Summer 1989), pp. 74 – 80.

——. *"Covering the Body": The Kennedy Assassination and the Establishment of Journalistic Authority*. Ph. D. dissertation. University of Pennsylvania, 1990.

——. "Achieving Journalistic Authority Through Narrative." *Critical Studies in Mass Communication* 7 (1990), pp. 366 – 76.

——. "Where Is the Author in American TV News? On the Construction and Presentation of Proximity, Authorship and Journalistic Authority." *Semiotica* 80 (1/2)(1990), pp. 37 – 48.

——. "CNN, the Gulf War, and Journalistic Practice." *Journal of Communication 42 (1)(Winter 1992), pp. 68 - 81.

——. "From the Body as Evidence to the Body of Evidence. " In *Bodylore*, ed. Katharine Young. American Folklore Society, and University of Tennessee Press, in press.

——. "The Making of a Journalistic Celebrity, 1963. " In *American Heroes in a Media Age*, ed. Robert Cathcart and Susan Drucker. Norwood, N. J. : Ablex, in press.

Zerubavel, Eviatar. *Hidden Rhythms*. Berkeley: University of California Press, 1981.

索　引

图书在版编目（CIP）数据

报道肯尼迪之死：新闻媒体与集体记忆塑造／（美）芭比·泽利泽（Barbie Zelizer）著；白红义译. --北京：中国人民大学出版社，2024.4

书名原文：Covering the Body：The Kennedy Assassination，the Media，and the Shaping of Collective Memory

ISBN 978-7-300-32141-7

Ⅰ.①报… Ⅱ.①芭… ②白… Ⅲ.①历史事件-报道 Ⅳ.①K712.545

中国国家版本馆 CIP 数据核字（2023）第 169455 号

报道肯尼迪之死

新闻媒体与集体记忆塑造

［美］芭比·泽利泽　著

白红义　译

Baodao Kennidi zhi Si

出版发行		中国人民大学出版社			
社　　址		北京中关村大街 31 号	**邮政编码**		100080
电　　话		010 - 62511242（总编室）	010 - 62511770（质管部）		
		010 - 82501766（邮购部）	010 - 62514148（门市部）		
		010 - 62515195（发行公司）	010 - 62515275（盗版举报）		
网　　址		http://www.crup.com.cn			
经　　销		新华书店			
印　　刷		涿州市星河印刷有限公司			
开　　本		890 mm×1240 mm　1/32	**版　　次**		2024 年 4 月第 1 版
印　　张		14.125 插页 4	**印　　次**		2024 年 4 月第 1 次印刷
字　　数		339 000	**定　　价**		108.00 元